医事程序法律实务

主　编　王　萍　邓　虹
副主编　刘　博　张　静

浙江工商大學出版社
ZHEJIANG GONGSHANG UNIVERSITY PRESS

“卫生法学系列丛书”总主编

吴崇其

“卫生法学系列丛书”副总主编

王国平
张　静
古津贤
蒲　川

本书作者

王　萍(哈尔滨医科大学)(第一主编)
邓　虹(昆明医学院)(第二主编)
刘　博(内江师范学院)(第一副主编)
张　静(哈尔滨医科大学附属第一医院)(第二副主编)
张晓杰(吉林大学)
刘迎新(吉林大学)
李海军(锦州医学院)
王番宁(锦州医学院)
赵　敏(湖北中医药大学)
岳远雷(湖北中医药大学)
杨自根(滨州医学院)
刘维全(黑龙江省教育学院)
张　雪(哈尔滨医科大学)
姜　鑫(哈尔滨医科大学)
徐晗宇(哈尔滨医科大学)
张赫楠(哈尔滨医科大学)
赵　永(哈尔滨医科大学)

前　言

随着现代医学科学的发展和法制建设的日臻完善，医学与法学的交叉融合已不以人的意志为转移。生命权益的保障、医疗机构医务人员的医疗行为无一不是法律问题。医事纠纷、医疗损害责任的处理、卫生行政诉讼、民事诉讼、刑事诉讼等案件处理都需要有符合医学科学自身规律的法律、法规，医疗卫生领域越来越多的事件需要通过专业技术手段和法律规范经过依法科学准确地查验、核实、认定。可见，医事程序法律规范对于规范医疗行为、处理医疗损害责任作用日益凸显。

医事程序法有狭义和广义之分。狭义的医事程序法仅指保障医事实体法所规定的权利义务关系的实现制定的诉讼程序的法律规范，是医事实体法的对称，可称其为医事审判法、医事诉讼法；广义的医事程序法既包含医疗行为法律规范，又包括合理解决医事纠纷的程序性法律规范，即规范医疗行为和解决医疗纠纷的程序性法律规范的总和。本书从广义上阐释医事程序法，其所指医事程序法律实务旨在明确界定医疗行为法律规范基础上，规范医疗事务基本程序以及医疗纠纷解决机制的法律问题。

《医事程序法律实务》作为“卫生法学系列丛书”之一，旨在提高人们对医事程序法律意识，普及医事程序法律基本知识和基础理论，规范医疗行为，提高医务人员及广大患者对应用医事法的认识和基本能力。本书力求做到科学性、系统性、实用性、通俗性，坚持理论与实践的密切结合，以案说法。本书不仅适用于作为医学院校医事法学专业学生的教科书，也为广大读者如何运用医事法律程序，依法维护自身合法权益提供帮助，亦可为法律工作者及医患各方在诉讼事件中提供参考。

限于作者水平，书中难免存在不妥之处，尚祈广大读者批评指正。

编　者
2012 年 8 月

目　录

第一章　医事程序法律规范概述 …… 1

第一节　医事程序法的概念、特征和作用 …… 2

第二节　医事程序法律关系 …… 10

第三节　我国医事程序法律规范的现状及发展趋势 …… 14

第二章　诊疗护理规范 …… 24

第一节　接诊规范 …… 25

第二节　医疗护理规范 …… 29

第三节　医疗检验检查规范 …… 33

第四节　输血规范 …… 39

第五节　消毒规范 …… 43

第三章　医学证明规范 …… 49

第一节　医学证明文件概述 …… 50

第二节　病历书写规范 …… 52

第三节　处方规范 …… 56

第四节　其他医学证明文件规范 …… 61

第五节　医学证明文件的保存 …… 64

第四章　药品使用规范 …… 69

第一节　药品使用规范概述 …… 69

第二节　基本药物使用规范 …… 73

第三节　麻醉药品和精神药品的使用规范 …… 80

第四节　医疗用毒性药品的使用规范 …… 89

第五节　放射性药品的使用规范 …… 93

第六节　中草药的使用规范 …………………………………… 96

第五章　医疗器械使用规范 ………………………………… 103

第一节　医疗器械概述………………………………………… 103
第二节　医疗器械的临床准入与评价管理…………………… 106
第三节　医疗器械临床使用和临床保障……………………… 110
第四节　医疗器械突发性群体不良事件的应急管理………… 112
第五节　医疗机构违规使用医疗器械的法律责任…………… 114

第六章　急救处置规范 ……………………………………… 117

第一节　急救设施及措施……………………………………… 118
第二节　急救处置规范………………………………………… 120
第三节　死亡报告制度………………………………………… 124
第四节　违反急救责任的法律后果…………………………… 125

第七章　知情同意规范 ……………………………………… 130

第一节　知情同意的告知制度………………………………… 131
第二节　患者病情的告知策略………………………………… 133
第三节　违反患者病情告知制度的法律后果………………… 140
第四节　患方同意的表述规范………………………………… 145

第八章　临床试验规范 ……………………………………… 150

第一节　临床试验概述………………………………………… 150
第二节　临床试验的基本原则………………………………… 153
第三节　药物临床试验的法律规定…………………………… 155
第四节　医疗器械临床试验的法律规定……………………… 160

第九章　医事诉讼基础理论 ………………………………… 168

第一节　医事诉讼基本原则…………………………………… 169
第二节　诉、诉权与诉讼标的 ………………………………… 175
第三节　医事诉讼参加人……………………………………… 182
第四节　医事诉讼的受案范围………………………………… 188

第十章　医事诉讼管辖 ……………………………………… 192

第一节　医事诉讼管辖概述…………………………………… 193

第二节　医事诉讼立案管辖 …………………………………………… 196
第三节　医事诉讼地域管辖 …………………………………………… 197
第四节　医事诉讼级别管辖 …………………………………………… 201
第五节　医事诉讼管辖权冲突 ………………………………………… 205

第十一章　医事诉讼证据与证明 ………………………………… 207

第一节　医事诉讼证据概述 …………………………………………… 207
第二节　证据分类与法定证据种类 …………………………………… 210
第三节　医事诉讼证据的收集和保全 ………………………………… 218
第四节　医事诉讼质证及证据规则 …………………………………… 223

第十二章　医疗损害鉴定制度 …………………………………… 239

第一节　医疗损害鉴定概述 …………………………………………… 240
第二节　医疗事故技术鉴定及其程序 ………………………………… 244
第三节　医疗过错司法鉴定及其程序 ………………………………… 254
第四节　医疗损害鉴定双轨制的法律弊端 …………………………… 261
第五节　构建一元化医疗损害鉴定制度的设想 ……………………… 268

第十三章　医事诉讼保障制度 …………………………………… 277

第一节　期间和送达 …………………………………………………… 278
第二节　诉讼费用和司法救助 ………………………………………… 283
第三节　财产保全和先予执行 ………………………………………… 286
第四节　强制措施 ……………………………………………………… 290

第十四章　医事诉讼程序 ………………………………………… 294

第一节　医事诉讼程序类别 …………………………………………… 295
第二节　医事诉讼第一审程序 ………………………………………… 302
第三节　医事诉讼第二审程序 ………………………………………… 306
第四节　医事诉讼审判监督程序 ……………………………………… 308
第五节　医事诉讼执行程序 …………………………………………… 309

第十五章　医事程序法典型案例评析 …………………………… 312

案例一：因新生儿先天缺陷诉产前医疗机构案 ……………………… 312
案例二：韩某诉济南市某医院侵犯知情同意权纠纷案 ……………… 315

案例三：牛某因体检漏检诉某市中心医院赔偿纠纷案 …………… 318
案例四：深圳“缝肛门”事件引发名誉侵权纠纷案 …………… 321
案例五：因接生操作不规范导致新生儿损害赔偿纠纷案 …………… 324
案例六：张某诉北京某大学附属医院医疗损害赔偿案 …………… 326
案例七：急诊过度检查延误治疗引发医疗损害案 …………… 330
案例八：因出血性水痘引发医疗损害赔偿纠纷案 …………… 332

参考文献 …………… 336

第一章　医事程序法律规范概述

引导案例

一起交通事故，警察呼叫急救车，急救车及医护人员迅速赶到现场检查伤者，初步诊断为“腰椎骨折”。根据伤者病情，急救车在35分钟内将其送到市内有名的骨科专科医院（三级），伤者最终死亡。伤者家属将急救中心告上法庭，认为急救车不应将伤者送到专科医院，而应送到附近的二级医院。送到专科医院（三级）耽误时间，要求急救车赔偿。急救车医护人员认为，当时伤者神志清楚，没有失血性休克表现，仅表现腰椎骨折，附近二级医院骨科技术力量不很强，在现场征得警察和伤者的同意，将伤者送到骨科专科医院没有错误，对伤者有益。如果伤者就近送到二级医院，二级医院还需将其转送三级医院，那么家属是否仍要追究医院不将伤者直接送到骨科专科医院的过错？

通过上述案例，不由让我们想到，到目前为止，在医事领域许多法律法规不完善，包括没有入院前急救规范标准；急救车应在接到呼救后多长时间出车；现场患者病情达到什么程度和标准，应当转送什么级别医院；急救现场抢救治疗的内容和范围；急救车送达医院后如何履行交接手续、如何进行急救记录等。

另外，其他亟待解决的医事法律问题也很突出，包括诊疗护理规范；医学证明规范；医学美容规范、整形手术成功和操作规范；预防接种、防疫中的问题处理规范；临床科研、教学、试用药品等操作规范和法律保障；医疗器械使用规范；急救处置规范；知情同意规范、临床实验规范等医疗事务法律规范。针对目前频发的患者家属因医疗纠纷围困医院、纠缠院长、殴打医务人员、停尸医院现象，或患者已达到出院标准却拒不出院及欠费患者的治疗等问题的医事法律规范等诸多方面亟须完善。

第一节　医事程序法的概念、特征和作用

一、医事法与医事程序法

（一）医事法是一门新兴的法律科学

医事法律是一门新兴的法律科学，许多先进国家的立法也刚刚起步。近年来，我国引入医事法概念，但还没有专门的医事实体法，也没有单独的医事程序立法。

我国医事法一词源引于日本。在日本，医疗相关的法律被概括地称为医疗法或医疗事务法(醫療サービスは、法律)，其研究范围十分广泛，按照日本学者植木哲教授的观点，医疗事务法是跨越公法与私法的开放的体系，内容包括民法中的医疗合同、债务不履行与侵权责任、说明义务、损害赔偿，公法中的自我决定权、食品与药品安全、公共卫生、医疗业的许可、医疗技术的统治、医疗与刑法、医疗纠纷的解决与预防、生命伦理与法律等。可以说，与医疗事务相关的法律制度都可纳入医事法律的范围。在英美国家，相关的卫生法或医事法概念为 Health Law 和 Medical Law，如果直译，前者为卫生法或健康法，后者为医疗法。英美医疗法的最主要特征是从民法角度研究医疗领域存在的民事法律问题。如英国学者布伦丹·格瑞尼(Brendan Greene)在其著作《医疗法基础》(*Essential Medical Law*)一书中将医疗法的研究内容集中于患者的同意、医疗过失、保密义务、患者权利保护和辅助生殖技术、器官移植、死亡、堕胎等的法律问题。在美国有法律医学(Legal Medicine)、医学法学(Medical Law)等名称，所涉及的内容基本上都是与医疗执业相关的法律规范。德国也有医事法(Medizinische Rechtskunste)。从这些国家和地区建立的与医学、法律相关的法律部门的内容和体系来看，主要是医疗执业者对人体实施医疗行为的相关法律规则。医事程序法与医事实体法兼容。

（二）我国关于医事法的争议

在我国，有学者认为，医事概念的内涵较之卫生更为广大，医事法包含卫生法，卫生法已成为医事法的组成部分。如台湾地区的学者黄丁全在其著作《医事法》中说："卫生法是由立法部门制定的有关卫生行政的法律、法规、条例、规程等，例如《食品卫生管理法》《空气污染防治法》《劳工安全卫生法》，等等。研究上述法规之学问，称为卫生法。卫生法学是以卫生法制建设及其发展规律的法律为内容，其主要任务是预防疾病、改善环境卫生、保护与增进人类身心健康……但伴随近代医学发展不断的进步，卫生法学已不能适应医学模式的转变，必将为

医事法学所取代。换言之，医事法学已包括卫生法学，卫生法学已成为医事法学之一部分。”[①]此观点对提升医事法的地位和作用有着不可忽视的影响。随着医事法的研究与发展，综观黄丁全所著的《医事法》，其所说到的卫生法仅仅指的是公共卫生法，而非广义的卫生法范畴。如果将卫生法仅视为公共卫生与疾病预防控制方面的法律，自然得出“卫生法是医事法之一部分”的结论。

也有观点认为，医事法是卫生法的重要组成部分。因为卫生这一概念远比医事外延大。医事仅指医疗活动及其所发生的各种社会关系，而大卫生的概念不仅包含公共卫生和疾病控制，还包含了医事、药事等一切与人体生命健康相关的活动。所谓卫生法，是指由国家制定或认可的，有关食品安全、医疗卫生、医疗事故的处理、卫生防疫、药品药械管理、从业资格、突发性公共卫生事件的应急处理等方面的法律规范的总称。[②] 卫生法，是行政法法律部门的组成部分，属于特殊行政法。医事法是调整医疗服务关系以及与医疗服务关系有密切联系的其他社会关系的法律规范的总称。在这个意义上讲，卫生法的外延大于医事法的外延，二者应当是种属概念关系，卫生法是属概念，医事法是种概念。

另有观点认为，在我国医事法与卫生法只是名词上的差异。争议诸多，越来越多的学者已趋同淡化医事和卫生在内涵和外延上的区别，以法的基本属性概括医事法，将研究的重点倾向于医事法内容、体系与理论的构建，进而界定医事程序法。

（三）医事法与医事程序法含义

法是由国家权力机构制定或认可的具有特定表现形式的社会规范。医事法是由国家制定或认可，并由国家强制力保证实施的，旨在调整医疗卫生领域中所形成的各种社会关系的法律规范的总和。它有狭义和广义之分，狭义的医事法是指由全国人民代表大会及其常务委员会所制定的，在调整医疗服务活动中所形成的各种社会关系的法律规范的总和，它包括医疗业务的法律规章及行政命令等方面的医学法规。广义的医事法除包括狭义的医事法外，还包括被授权的其他国家机关所制订和颁布的医事法规、规章，以及宪法和其他规范性法律文件中有关医事的条款和规定。

医学科学在探索人类健康和生命的过程中充满着难以预料的风险，需要一定的社会保证条件，其中包括法律对其的保护和导向作用。医事法与医学等自然科学紧密联系、相互促进、互为依存的关系是其他众多法律所难以比拟的。医事法律是法学与医学、卫生学、药物学等自然学科相结合的产物，其许多具体内容是依据基础医学、临床医学、预防医学和药物学、生物学的基本原理和研究成

① 黄丁全：《医事法》，中国政法大学出版社2003年版。

② 张文显：《法理学》，法律出版社2000年版。

果而制定的。随着医学的不断发展与进步，需要更多的立法，如关于器官移植、脑死亡、基因诊断与治疗、生殖技术等。同时，随着医学技术的进步，原有的医事法也需要不断修改和完善。医疗工作是一项科学技术性很强的工作，当前科技的发展更使医学诊断和治疗过程日益复杂，这就要求将直接关系到公民健康的医疗方法、程序、操作规范、卫生标准等大量的技术规范法制化，把遵守技术法规确定为医疗机构及其医务人员的法定义务，以确保公民健康权的实现。因此，众多医事法律文件中，都包含着大量的操作规程、技术常规和卫生标准。在医疗纠纷界定、纠纷解决机制方面，《民事诉讼法》《侵权责任法》《医疗纠纷处理条例》等法律法规中作程序性安排，涵盖各类纠纷解决机制中的程序性法律，如诉讼、仲裁、ADR、鉴定、公证等，旨在增强各种程序法律制度彼此之间的联系，实现整体性医疗纠纷解决机制的合理构建。可见，完善的医事法不仅是调整医疗服务活动中所形成的各种社会关系的法律规范的总和，也是保障医事实体法所规定的权利义务关系的实现的诉讼程序的法律，是“实体与程序的组合”，二者缺一不可。

医学属于自然科学，如果缺乏医疗事务的基本程序规范，不仅不利于医学人才培养，有碍于医学发展，而且会造成患者的猜疑和误解，为医疗纠纷埋下隐患。医事即医疗事务的简称。医事程序字面之意是医疗事务的基本程序，但这只是其一。规范化操作是从事科学工作的重要手段，只有在严格的医疗事务的基本程序规范下，才能建立评价标准和体系，提高临床治疗水平，促进医学发展，进而构建和谐医患关系。随着医事法律的不断完善，医疗事务基本程序已经逐渐上升为法律层面的规范。医事程序指处理医疗事务纠纷的基本程序。可见，医事程序涵盖医疗事务基本程序规范和医疗纠纷争议解决规范两大方面。

医事程序法亦是一个广义的概念，包括一系列医事程序法律规范。医事程序法不仅是指最高国家权力机关制定的医事程序法律，还应包括由国家有关权力机关制定的医事程序法规、规章和规范性文件，以及在合理规范医疗纠纷解决程序中形成的程序法律规范的总和。医事程序法就是明确界定医疗行为法律规范和设置合理的公正程序以解决医疗纠纷和争议的程序法律规范，表现为法律规范的程序性设计。医事程序法旨在明确界定医疗行为法律规范基础上，规范医疗纠纷解决机制。医事程序法的目的是处理医疗纠纷、解决医疗争议。构建医事程序法的最终目的是完善医疗纠纷解决机制中的一些程序问题，最大可能地化解医疗纠纷，实现医患法律关系的公平、稳定、和谐发展。而纠纷解决机制在本质上是一种程序性安排，现阶段医疗纠纷的解决主要包括协商解决、行政解决和法院诉讼三种形式。从各国医疗纠纷的解决来看，还包括替代性纠纷解决方式（Alternative Dispute Reslution，简称 ADR），包括调解、仲裁等。因其灵活多变、成本低、效率高、修复当事人之间的关系的特点被广泛关注并逐步采用。

综上所述，广义的医事程序法既包含医疗行为法律规范，又包括合理解决医疗纠纷的程序性法律规范，是规范医疗行为和解决医疗纠纷的程序性法律规范的总和。狭义的医事程序法仅指为保障医事实体法所规定的权利义务关系的实现而制定的诉讼程序的法律，是医事实体法的对称，可称其为医事审判法、医事诉讼法。

本书从广义上阐释医事程序法，其所指医事程序法律实务旨在明确界定医疗行为法律规范基础上，规范医疗事务基本程序以及医疗纠纷解决机制的法律问题。

二、医事程序法的特征

医事程序法包括医疗事务的基本程序法和医疗争议处理程序法。医疗事务的基本程序法具有科技性、普适性、复杂性的特征。医事程序法作为解决医疗争议的程序法律规范具有如下特征。

（一）科学技术性

随着医学科学技术的进步，人类医疗技术涉足空前广泛的领域，一系列新药物、新技术广泛使用于医疗护理过程中，使得医疗过程存在更大的风险性，这也是导致医疗事故几率增大、医患间的关系不断恶化的原因之一。医疗纠纷经常涉及医学科学技术专业性的问题，普通人很难对医疗纠纷的性质、事实的因果关系作出判断，因此医事程序法在解决医疗争议时，其科学技术性表现得尤为明显。医事法领域有不少技术性很强的法律事实，需要通过技术性程序解决审核事实，必要时可求助于科学检测等手段，以便科学准确地查清事实。例如，医疗事故鉴定程序是一项科学性、技术性、实用性很强且极其复杂的工作。鉴定专家不仅需要法律理论知识，还需要专业技能和临床经验。专家鉴定认定事实、分清责任，对于正确解决医疗纠纷具有重要的作用。再如，在医疗诉讼领域，医疗专家意见或行业“普遍做法”是强有力的证据。医事仲裁程序往往通过采用医学专家、法学专家、医疗管理专家作为仲裁员，来保证仲裁的专业性和权威性，其技术性要求不言而喻。

（二）普遍适用性

医事程序法作为解决医疗争议的程序法律规范，具有普遍适用的特点。20世纪以来，世界各国医疗纠纷均呈上升的趋势，医疗纠纷的特殊性越来越受到世界各国的重视，如何快速、有效、低成本地解决医疗纠纷，建立和维持良好的医患关系，已经成为各国学者们共同研究的重要课题。同样，世界各国医疗纠纷处理模式及其医事程序法律制度对我国具有一定的借鉴意义，而且医事程序法对于处理特殊医疗纠纷的方式和程序上的新动向，医疗纠纷处理中的新特点，各种医疗保障、社会保障以及医疗风险保险快速的发展都具有前瞻性研究意义，对多元化的医疗纠纷解决机制的采用在不断地探索后，将逐步形成普适的模式。

（三）复杂多样性

医学是生命科学，生命的多样性、复杂性、差异性，势必导致医疗纠纷的复杂化与多样化。然而，实践中医疗纠纷的有效解决很大程度取决于能否根据医疗纠纷的特点而选择相适应的医疗纠纷处理程序。不同情况、不同特点的医疗纠纷要求适用不同的医疗纠纷处理程序，医事程序法所规范的医疗纠纷处理程序不是单一的，而体现的是复杂多样的纠纷处理程序。就目前而言，医事诉讼程序在探索中不断改革发展，仍然是各国解决医疗纠纷最主要的程序。这是由诉讼本身的特点所决定的。因为严格的程序制度、最高权威的裁判及以国家强制力保证裁判结果的实施等因素使得诉讼在各种医事处理程序中始终占据着最主要的地位。尽管如此，医事程序法所规范的医疗纠纷处理程序还体现为复杂多样的诉讼外医事处理程序，而且其形式的多样性和复杂性仍处于探索中。例如，现代 ADR 运动的蓬勃发展可以看做是医事程序法在研究人类不断完善纠纷解决机制这一历史过程的延续。随着认识的不断深入，医事程序法规范除复杂多样的诉讼外，纠纷处理程序会因其优点和特殊的价值而越来越受到人们的重视和青睐，在解决民事纠纷中发挥越来越大的作用。

三、医事程序法的作用

随着医学的飞速发展，医事程序法律规范对于规范医疗行为、鉴别医疗事故等作用日益凸显。在我国法治社会不断发展的今天，医事程序法对于医疗纠纷处理程序的作用更为突出，既包含在医疗纠纷的预防机制中，又体现于医疗纠纷处理过程，而且也验证在医疗纠纷的证明标准上。医事程序法是促进医疗卫生法制建设的发展，实现人类文明社会和谐发展不可或缺的部门法。

（一）有利于缓解新时期医患关系危机，构建和谐社会秩序

医患关系是一个十分复杂的问题，涉及每一个人的切身利益，社会影响大。随着我国社会、经济形势的变迁，人们的就医观念、权利意识发生很大的变化，对医疗服务的要求也越来越高。伴随着医疗改革的深入，现行医疗体制存在的问题越来越突出，加上社会因素、舆论导向等原因，医疗纠纷呈逐年上升的趋势，医疗纠纷的形态和内容日趋多样化、复杂化，医患关系陷入新一轮危机。遵循法定程序处理医疗纠纷有利于医患双方心理对抗的缓和，有利于纠纷的公正有效解决。对于维系医患之间的和谐关系具有重要的理论意义和实践价值。医患法律关系的实体与程序研究显得十分重要，医事程序法在规范医疗行为和程序机制

上的作用对于缓解医疗纠纷、构建和谐社会具有重要意义。

（二）明确医疗纠纷证明标准，规范医疗纠纷处理

按程序实施医疗行为、依法界定医疗纠纷、依法解决医事争议，既有利于规范医疗活动，又便于患者维权。医疗纠纷多种多样，表现在医疗卫生、预防保健、医学美容等具有合法资质的医疗企事业法人或机构中，一方（或多方）当事人认为另一方（或多方）当事人在提供医疗服务或履行法定义务和约定义务时存在过失，造成实际损害后果，应当承担违约责任或侵权责任，但双方（或多方）当事人对所争议的事实认识不同，出现相互争执、各执己见等诸多情形。面对新时期医患矛盾的多样化，医事程序法的作用是提供客观证明标准，使医患双方及调解、仲裁、审判等多方主体对于医事行为有相对明晰的认识，能够妥善规范和选用医疗纠纷所适合的程序制度和程序法理，使我国医疗纠纷解决机制多元化、合理化、规范化。

（三）促进医疗卫生法制建设的发展

医患纠纷不仅给医院带来经济损失和不良影响，也影响到医护人员执业心态的稳定和工作的积极性。医事领域中程序性问题的规范化不仅对处理好医患矛盾具有重要意义，医事程序法的构建还对完善医事法律体系具有深远的推动作用，可以有效地带动我国医疗卫生法制建设不断深入。加强医疗卫生法制建设，建立与卫生事业发展相适应的医事法律体系显得尤为必要。医疗卫生法制建设是保障公民健康权利的需要。维护公民健康权利的根本出路在于建立完善的医事法律体系，只有建立完整的医事法律体系，充分依据法律来规范管理医疗卫生市场，才能使医疗卫生事业步入公平、公正、合理、公开的法治化管理轨道。医事程序法的构建能够保证医疗卫生事业的可持续发展。

（四）实现人类文明社会和谐发展

程序，通俗地说是人们在实施行为时应遵循的时间顺序和空间上的步骤。人们处理事情时离不开程序，按照程序处理是成功办事的保障。法定程序是指法律所确定的人们实施法律行为时所必需遵循的时间和空间上的安排即步骤和方式。按照法定程序解决人们之间的冲突，是解决社会矛盾的正确有效的手段，是人类文明社会得以实现的基础。医疗纠纷也是如此，医事程序法律规范的作用是为医疗纠纷的解决设定了一系列的程序，这些程序可以缓解当事人之间的心理对抗情绪。所以，相信程序、选择程序，就是选择了文明和有序，抛弃了野蛮和无序。进入程序，当事人之间的复杂的社会关系演变为单一的程序关系，从而排斥了非程序因素和其他不文明的处理方式，使人类文明社会得以和谐发展。

四、学习医事程序法律规范的意义

学习医事程序法律，树立医事法制观念，提高遵守医事程序法律规范的自觉

性，对于建设社会主义法治国家，保护人体健康，构建和谐医患关系，有着积极意义。

（一）依法治国，建设社会主义法治国家的需要

医疗卫生事业是社会主义事业的重要组成部分，关系到亿万人民群众的健康利益，关系到社会稳定与和谐，关系到国民经济健康持续发展，对于贯彻“三个代表”重要思想，落实以人为本的科学发展观，构建社会主义和谐社会都有极其重要的意义。同时，依法管理医疗卫生事业，是实现依法治国，建设社会主义法治国家的重要内容。只有加强法制宣传教育，包括医事法制教育，不断提高广大医务人员和民众的法制观念和法律意识，才能实现依法治国，建设社会主义法治国家的目标。

（二）发展医疗卫生事业，构建和谐社会的需要

我国正在努力构建社会主义和谐社会，并最后全面进入小康社会。医疗卫生保障是社会的重要保障体系，也是构建社会主义和谐社会的重要部分。医疗卫生事业的发展，要以人民群众的健康服务为中心，适应社会主义社会发展，适应广大人民群众不断增长的多层次医疗卫生的需求以及医学模式由生物医学模式向生物—心理—社会医学模式转变的需要，必须加强法制建设和法制管理。不仅医疗卫生机构的设置、各类医务人员的执业要进行法制管理，而且医务人员的行医行为、病人的求医行为和遵医行为都要纳入法制管理的轨道。因此，学习和研究医事法律对于促进我国医疗卫生事业健康发展、构建和谐社会有着十分积极的意义。

（三）提高医疗卫生执法水平的需要

我国医疗卫生事业的重要功能之一是社会公共卫生管理。医疗卫生行政执法是政府管理全社会医疗卫生的基本方式，是实现预防战略、保护人体健康的基本手段。医疗卫生行政执法水平的高低，不仅关系到改善社会公共医疗卫生状况，提高社会医疗卫生水平和人民生活质量的问题，而且关系到规范市场经济秩序，优化投资环境、促进经济发展的问题。因此，提高医疗卫生执法水平，必须要有一支既有丰富的专业知识，又熟悉自己执法范围的医疗卫生法律法规，乃至了解整个医疗卫生法律体系基本情况的高素质的医疗卫生行政执法队伍。而学习医事法律理论，将有助于医疗卫生行政执法人员更好地做到依法行政，有法必依，执法必严，违法必究，不断提高医疗卫生行政执法水平。

（四）造就高素质的医疗卫生工作队伍的需要

医疗卫生部门以救死扶伤、保障人民健康为其行业特征，医药卫生人员担负着崇高的使命和神圣的职责。因此，社会对他们的综合素质提出了较高的要求。医疗卫生队伍的依法行医的水平和业务技术素质，直接关系到为人民健康服务

的质量。目前，我国医疗卫生工作队伍已有600多万人，为提高人民健康水平作出了巨大贡献。但也必须看到，其整体素质和水平还不能适应社会主义现代化建设的要求。要采取有效措施搞好医学教育、继续教育等，鼓励他们努力学习、刻苦钻研，在技术上精益求精，建设一支适应国情和社会需要，多层次、结构合理的医疗卫生专业技术队伍。同时也要学习和研究医事法律，不断提高医务人员的法律意识，规范医疗行为，改善服务态度，搞好医患关系，这对保证医疗质量和提高医疗卫生管理水平有着重要的作用。

（五）维护公民健康权利的需要

对于广大公民来说，通过学习和了解医事法律基本知识，树立医事法制观念，在自己的健康权利受到侵害时，正确对待医疗事故的处理，以保险、法律等途径解决，运用法律武器来维护自己的合法权益。同时，对健康权有一个全面、科学、系统的认识，从而提高遵守医事法律规范的自觉性，避免暴力维权，远离医闹。

典型案例

患者王某，女，56岁，2009年6月因子宫内膜移位症，在当地某市甲医院接受子宫全切除和右侧卵巢剔除术。术后王某腹痛未减轻而且病情加重，于是在其女儿的陪同下到当地某省乙医院诊治，发现右侧卵巢依然存在，左侧卵巢已被切除，王某只好又进行了一次手术。王某认为，甲医院的诊治行为存在过错，给自己造成了严重的伤害。王某希望自己能获得赔偿，该如何寻求救济。

本案所产生的医疗纠纷是由于医疗行为是否存在过错而引起的。王某想获得赔偿救济，也就是在寻求此案的法定处理程序。

我国《医疗事故处理条例》第46条规定："发生医疗事故的赔偿等民事责任争议，医患双方可以协商解决；不愿意协商或者协商不成的，当事人可以向卫生行政部门提出调解申请，也可以直接向人民法院提起民事诉讼。"这一规定说明我国医疗事故争议的法定处理程序有三种：协商、调解和诉讼。王某可以先向甲医院提出赔偿，双方协商确定医疗事故的等级及赔偿数额；如果需要，双方可以共同委托鉴定部门进行医疗事故技术鉴定确定事故等级；如果王某与甲医院协商不成，可以提请当地卫生行政部门处理，卫生行政部门应对已经确定的医疗事故（必要时移交医学会进行鉴定）进行赔偿调解；如果王某对卫生行政部门调解结果不满意，可以不执行调解协议，向当地法院提起医疗纠纷民事诉讼，要求法院处理赔偿纠纷。王某亦可直接提起民事诉讼。

《侵权责任法》第54条规定，患者在诊疗活动中受到损害，医疗机构及其医务人员有过错的，由医疗机构承担赔偿责任。确立了医疗机构对受害患者承担过错赔偿责任的一般原则，使医疗侵权行为回到一般民事侵权行为的立法轨道上来。

此医疗纠纷案件的处理过程突出表现了我国医事程序法的特征和实践作用。医疗纠纷需要通过技术性程序审核事实，医疗责任鉴定有利于认定事实、分清责任，对于正确解决医疗纠纷具有重要的作用。医事程序法律规范为医疗纠纷的解决设定了一系列的程序，这些程序可以缓解当事人之间的心理对抗情绪，解决冲突，有效解决矛盾。

第二节　医事程序法律关系

一、医事程序法律关系概念

(一)法律关系的概念

法律关系是在法律规范调整的特定法律关系主体之间所形成的以实际法律权利、义务为内容的社会关系。此概念有以下三层含义。

1.法律关系是依据法律规范建立的一种社会关系。法律规范是法律关系产生的前提。如果没有相应的法律规范存在，就不可能产生法律关系。

2.法律关系是以法律上的权利、义务为纽带而形成的一种社会关系。它是法律规范在现实社会关系中的体现。没有特定法律关系主体的实际法律权利和法律义务，就不可能有法律关系的存在。

3.法律关系基于特定法律关系主体的实际法律权利义务的存在而存在。从实质上看，法律关系作为一定社会关系的特殊形式，体现国家的意志。法律关系是根据法律规范有目的、有意识地建立的。法律关系像法律规范一样必然体现国家的意志。在这个意义上，破坏了法律关系，其实也违背了国家意志。

(二)程序法律关系的概念

程序法律关系是程序法律规范调整的程序法律关系主体之间所形成的以程序权利、义务为内容的社会关系。广义的程序包含立法程序、司法程序(诉讼程序)和行政程序三类。相应地，程序法律关系亦应分为立法程序法律关系、司法程序法律关系(诉讼法律关系)和行政程序法律关系三类。其中，司法程序法律关系(诉讼法律关系)是程序法律关系的核心内容。诉讼法律关系是由审判法律关系和争讼法律关系构成。所谓审判法律关系，是指法院与当事人和其他诉讼参与人之间的，由诉讼法律规范所调整的具体社会关系。所谓争讼法律关系表现为当事人之间形成的由诉讼法律规范所调整的具体社会关系。

（三）医事程序法律关系的概念

医事程序法律关系是医事程序法律规范调整的医事程序法律关系主体之间所形成的以医事程序权利、义务为内容的社会关系。其中，医事诉讼法律关系是指受医事诉讼法律规范调整的法院、当事人及其他诉讼参与人之间存在的以诉讼权利义务为内容的具体社会关系。医事诉讼法律关系始于起诉止于诉讼终结，不依赖于医事诉讼是否合法或者是否有理由。

二、医事程序法律关系的种类与特征

狭义的医事程序法是合理解决医疗纠纷的程序性法律规范。解决医疗纠纷的程序纷繁复杂，其程序类别也表现得复杂多样，归纳起来有医事调解、医事行政、医事仲裁、医事鉴定、医事诉讼等程序。对这些程序进一步梳理归纳，可以发现存在两种法律关系：一种是医患争议双方和其他程序参加人与程序的主持者（第三方）产生的法律关系。例如，在卫生行政处理中，卫生行政部门是程序主持者，医患争议双方中的某一方提出医疗事故处理申请，就会产生程序主持者与其之间的法律关系。这里的程序主持者可以是人民法院、卫生行政机关、人民调解组织、仲裁机构等，这里的医患争议双方是指患者、医疗机构、医务人员等，这里的其他程序参加人主要有鉴定人、证人、辩护人等，有时也包含公安机关、人民检察院等。另一种是医患争议双方之间或医患争议双方与其他程序参加人之间产生的法律关系。例如，在医事民事诉讼程序中，原告患者与被告医疗机构之间形成权利义务关系。

医事诉讼法律关系具有如下特征：

1. 医事诉讼法律关系是由审判法律关系和争讼法律关系构成的特殊社会关系。

医事诉讼法律关系中审判法律关系表现为法院和当事人之间的关系。一般的医事诉讼是患方通过行使诉权为法院行使审判权提供契机和条件。患方起诉，法院认为符合法定条件，决定受理，由此开始了患方（原告）与法院之间的诉讼关系；法院在法定期间内将起诉状副本送达医方（被告），又产生法院与被告之间的诉讼关系。在诉讼过程中，为保障顺利裁判，法院还要与其他诉讼参与人发生诉讼关系。例如，告知证人作证的义务，指定鉴定人等。在审判法律关系中，法院始终是一方主体，审判权是这一法律关系得以存在的必要条件。

医事诉讼法律关系中争讼法律关系表现为当事人之间以及当事人与其他诉讼参与人之间在诉讼过程中形成的诉讼关系。例如，医患双方当事人为了获得对自己有利的裁判，在诉讼过程中相互抗辩，实施攻击或防御等诉讼行为，或者当事人间签订合意管辖、不上诉契约等诉讼契约。在诉讼中,医患双方均可以委托诉讼代理人代为实施诉讼行为,当事人对证人证言进行质证。医事争讼法律关系的存在以医患双方当事人和其他诉讼参与人的诉讼权利和诉讼义务为基础。

2.医事诉讼法律关系体现了法院的审判权与医患双方当事人诉讼权利的对立与平衡。

如果没有法院审判权与当事人诉权的结合,那么一切医事诉讼法律关系均不可能发生。现代诉讼程序重视当事人诉讼权利与法院审判权的相互制衡与配合,强调法院审判权与医患双方诉讼权利并重,加强法院的释明义务,以确保医事诉讼法律关系的均衡。

在医事诉讼中,有关医患双方证据规则、证明责任等的不同规定对正确处理医事诉讼法律关系有着重要影响。详尽阐述见本书第十一章医事诉讼证据与证明。

三、医事程序法律关系的构成

任何一个具体的法律关系都是由法律关系的主体、客体和内容这三个要件构成,缺少其中任何一个要素,就构不成法律关系。医事程序法律关系同样由医事程序法律关系的主体、客体、内容三要素构成。

(一)医事程序法律关系的主体

医事程序法律关系的主体是医事程序法律关系的参加者,即在医事程序法律关系中享有权利或承担义务的人或组织。这里所指的"人"包括公民、外国人和无国籍人。这里所指的"组织"包括法人组织、国家机关组织和其他社会组织。

在我国多种多样的医事法律程序中,医事程序法律关系主体的种类非常多。例如,人民法院、卫生行政机关、人民调解组织、仲裁机构、鉴定人、证人、辩护人、公安机关、人民检察院、医患双方当事人及其代理人、第三人等,都可以成为医事程序法律关系的主体。它不同于医事关系的主体。医事关系的主体只能由医疗机构、医务人员和医疗相对人及其法定代理人或者监护人组成。需要注意,在主持者(第三方)程序法律关系中,程序主持者(如人民法院、卫生行政机关、人民调解组织、仲裁机构等)永远是一方主体。

(二)医事程序法律关系的客体

医事程序法律关系的客体是指医事程序法律关系主体的权利和义务所指向的对象。依据医事法律程序的特殊性,医事程序法律关系的客体主要包括如下几类。

1.物。物是客观存在的,能被人支配利用,有一定价值或使用价值。例如,医事诉讼程序中的证据:药品、医疗器械、病案等。

2. 医疗行为。法律关系的主体行为在很多情况下成为法律关系的客体,医疗行为包括医疗合法行为和医疗违法行为。

3. 智力成果。智力成果是通过智力活动创造的精神财富。例如,医疗学术论文、专利、发明等。

4. 人身利益。人身利益包括人格利益和身份利益。例如,生命健康利益。随着现代科技和医学的发展,输血、植皮、器官移植、精子提取等现象大量出现,可与身体分离之物逐渐成为捐献、买卖等法律关系的客体。

(三)医事程序法律关系的内容及运行

医事程序法律关系的内容,是指医事程序法律关系主体依法所享有的权利和承担的义务。医事程序法律关系主体的种类繁多,导致具体的程序性权利和义务十分广泛,例如审判权、调解权、申请鉴定权、应诉义务、告知义务,等等。

医事程序法律关系的运行,是指医事程序法律关系的产生、变更和消灭的过程。医事程序法律关系的产生,是指医事程序中权利和义务的形成。医事程序法律关系的变更,是指医事程序法律关系发生一定的变化,医事程序法律关系的主体、客体、内容只要有一方发生一定的变化即可。医事程序法律关系的消灭,即医事程序中权利和义务的终止。医事程序法律关系的产生、变更和消灭要基于法律事实的出现,法律事实分为法律事件和法律行为。

典型案例

2004 年 6 月,市民吴某因身体不适到甲医院就医,被诊断为非淋菌性尿道炎,吴某在该医院治疗 1 个月后未有好转,而且生活变得无法自理。治疗期间,吴某共花费医药费 2061.60 元。同年 7 月,吴某又被该医院诊断为前列腺癌,吴某家属知道后很诧异,随后陪同吴某到该市某大医院就医,经确诊患有前列腺癌而且已经是晚期。2004 年 8 月,吴某因前列腺癌去世。吴某家属认为,甲医院存在误诊、误治的行为,延误了吴某最佳治疗时期导致吴某死亡,应当承担赔偿责任。吴某家属提请当地卫生行政部门处理此事,卫生行政部门在法定期限内对该医事赔偿争议给予了调解。吴某家属对调解结果不满意,遂以甲医院为被告向当地法院起诉,要求解决赔偿争议。

案例分析

整个案件并不复杂,那么如何运用医事程序法知识确定本案中究竟产生了哪些医事程序法律关系呢?

医事程序法律关系是医事程序法律规范调整的医事程序法律关系主体之间所形成的以医事程序权利、义务为内容的社会关系。本案中吴某家属在解决医事争议时先后选择了两种途径:行政救济和司法救济。案件产生的医事程序法律关系应有:主持者(第三方)程序法律关系和医患争议程序法律关系。

主持者(第三方)程序法律关系具体表现为卫生行政部门作为程序主持者与医患争议双方之间的法律关系,以及人民法院作为程序主持者与医患争议双方之间的法律关系。医患争议程序法律关系具体表现为医患双方在行政调解程序中依法形成的权利义务关系,以及医患双方在民事诉讼程序中依法形成的权利义务关系。

第三节　我国医事程序法律规范的现状及发展趋势

广义上讲,我国的医事程序法律规范从无到有,经历了与医事实体法律规范相互纠结的60年的发展,表现为以宪法、基本法和医药卫生科学、法学为根据,医学与法学相结合为原则,保障公民生命健康权利为目的,人人享有基本医疗卫生服务为目标,保护医药卫生服务者和接受服务者的合法权益,规范医药卫生服务行为,维护医药卫生服务和管理秩序,促进人口数量增长与社会保障能力、生命健康需求与医药卫生保障能力、医药卫生教学与科研协调发展,政事分开、管办分开、医药分开、营利性和非营利性分开,履行国际医药卫生义务的社会主义和谐社会的医事法律规范及医事程序法律规范体系。

一、我国医事法律规范的立法历程

我国的医事法律规范立法,从新中国建立到现在,大致经历了四个发展阶段。

(一)起步阶段(从1949年到1954年)

新中国建立以来,人民政府十分关心人民健康事业和医事法制建设,在起到临时宪法作用的《共同纲领》中就提出要"推广卫生医药事业,保护母亲、婴儿和儿童的健康"。1952年,全国第二届卫生工作会议提出了医事立法和卫生事业发展的四大方针:预防为主,面向工农兵,中西医结合,卫生工作与群众运动相结合。以此为据,先后制定了一系列医事卫生法规和规章,其中由政务院制定发布或批准发布的医事卫生法规就有46件,如《种痘暂行办法》《医师暂行条例》《中医师暂行条例》《医院诊所管理条例》等。

(二)初步发展阶段(1954年至1966年)

国家先后颁布了大量的医事卫生法规,其中国务院发布或批准发布的医事卫生法规有 31 件，卫生部制定了 500 多件医事规章或规范性文件。例如，1954 年卫生部颁发了《卫生防疫暂行办法》，稍后又发布了《卫生防疫站工作条例》，保证了卫生防疫工作的顺利开展。1955 年卫生部颁发了《传染病管理办法》。在劳动卫生和食品卫生方面，先后颁发了《工厂安全卫生规程》《工业企业卫生设计暂行卫生标准》《职业病范围和职业病患者处理办法》《食品卫生管理暂行条例》《饮用水质标准》等。值得一提的是，1957 年 12 月第一届全国人大常委会通过的《中华人民共和国国境卫生检疫条例》，作为新中国第一部医事法律，成为中国医事法治史上的一个重要标志。该条例及国务院公布的实施细则，使国境卫生检疫工作有了法律保证。在药政方面，先后颁布了《关于加强药政管理的若干规定》《管理毒药、限制剧毒药暂行规定》等，1965 年又再版了《中华人民共和国药典》。所有这些都有力地促进和保证了医事卫生事业的发展。

（三）停滞阶段（1966 年至 1976 年）

十年动乱，医事卫生立法处于停滞状态，已有的医事卫生法律、法规、规章也不能正常发挥作用。

（四）全面发展阶段（1978 年至现在）

医事卫生立法有了突破性进展，医事卫生法制建设进入了健康、稳步、兴旺发展的新阶段。1982 年宪法中有关国家发展医药卫生事业、保护人民健康的规定，为新时期医事立法指明了方向，提供了依据。1985 年，卫生部组建了医疗立法调研起草小组，制定了医疗卫生行政立法规则。1988 年，卫生部又成立了政策法规司，使医事法制建设有了组织保证，随后又组建了卫生监督司，以强化全国卫生监督的调控、管理和指导。依法治国，建设社会主义法治国家的重要目标，更为医事立法工作创造了空前良好的社会环境。迄今为止，全国人大常委会通过了《中华人民共和国食品安全法》《中华人民共和国国境卫生检疫法》《中华人民共和国传染病防治法》《中华人民共和国红十字会法》《中华人民共和国药品管理法》《中华人民共和国母婴保健法》《中华人民共和国献血法》《中华人民共和国执业医师法》《中华人民共和国职业病防治法》《中华人民共和国人口与计划生育法》10 部医事法律。国务院制定和批准了 20 多个医事行政法规，如《麻醉药品和精神药品管理条例》《医疗用毒性药品管理办法》《放射性药品管理办法》《医疗机构管理条例》《公共场所卫生管理条例》《医疗事故处理条例》等。卫生部制定颁发的医事规章及其他规范性文件 400 余件。各省、自治区、直辖市人大常委会、人民政府制定的地方性法规和卫生规章近 400 件，初步形成了我国的医疗卫生法制体系，医疗卫生基本上做到了有法可依，走上了法制化的轨道，为保障公民身体健康和生命安全、为医学科学和医疗卫生事业的发展提供了有效的法律保障。

二、我国医事程序法律规范的具体内容

我国医事程序法律规范的内容从广义上讲包括以下几个方面。

(一)医事卫生主体的法律制度

1.规范医疗机构的制度,实行医疗机构执业许可和医疗事故赔偿制度。代表性的相关法律法规如《医疗机构管理条例》《医疗事故处理条例》等。受法律约束的医疗机构包括临床、预防和保健机构三大类,具体来说包括医院、卫生院、疗养院、门诊部、诊所、卫生所(室)、急救站以及个体诊所等医疗机构。有关立法的内容包括医疗机构设立的基本条件,医疗机构审批的程序和要求,医疗机构执业的基本规则,医疗机构的权利和义务,行政监管以及违法违规的处罚,医疗事故的界定、预防与处置,医疗事故技术鉴定,医疗事故的行政处理与监督,医疗事故的赔偿项目与标准等。

2.规范医务人员的制度。这里的医务人员主要是指执业医师、乡村医生、执业护士、执业技师及医疗辅助人员。有关立法的内容包括各类具体医务人员资格获得的基本条件,申请注册的程序要求,执业的基本原则、权利和义务,行政监管以及违法违规的处罚等。

3.规范医药卫生社会团体登记管理制度。

4.规范医疗器物生产销售者的制度,食品生产经营企业实行许可证制度,药品生产、经营企业和医疗机构生产(包括配制)、经营药品实行许可证制度。

5.规范医药卫生教育发展机构的制度,医药卫生科学研究机构管理制度,附设性医疗研究机构制度。

(二)医事卫生行为的法律制度

在医事法律中,规范预防保健方面的法律制度、突发公共卫生事件应急制度、职业病防治制度,规范公共卫生管理制度、母婴妇幼保健、人口与计划生育,规范传统医学保护的法律制度,规范卫生公益事业的法律制度、医药卫生教育科研发展的制度,建立医疗卫生服务质量信息(建立和完善互联网医疗卫生、药品保障和监测、医学教育教学信息服务系统,医药卫生服务质量评价体系)管理制度等,确立国防卫生(国境卫生检疫和军、警卫生)制度。

(三)医事卫生用品的法律制度

与人体健康相关的食品、药品、化妆品和医疗器械是医事卫生用品。其相关法律制度如下。

1.强化食品安全管理制度。主要包括以下内容:

(1)食品应当无毒、无害,符合应当有的营养要求,具有相应的色、香、味等感官性状,专供婴幼儿的主、辅食品必须符合国家规定的营养、卫生标准;

(2)食品生产经营过程必须符合法定的卫生条件和卫生要求；

(3)生产经营和使用食品添加剂，必须符合国家卫生标准和卫生管理办法的规定，凡是不符合规定的食品添加剂，一律不得经营、使用；

(4)对食品、食品添加剂、食品容器、包装材料、食品用工具、设备，以及用于清洗食品和食品用工具、设备的洗涤剂、消毒剂，必须按照国家卫生标准、检验规程进行监督管理；

(5)对食品生产、经营过程依法进行监督管理；

(6)对食品生产经营企业和食品生产人员实行许可证和健康证的制度；

(7)在县级以上人民政府卫生行政部门设立食品卫生监督员的制度；

(8)保健食品、保健食品说明书审批。

2.确保药品安全制度。主要包括以下制度：

(1)药品生产实行批准文号管理，重点生化药品定点生产，进口药品注册审批，统一国家药品标准；

(2)药品生产、经营企业和医疗机构生产(包括配制)、经营药品实行许可证制度，规范药品储备、不良反应报告、新药分类保护、药品价格、中药品种保护、中药急煎、中药饮片采购的制度，实行国家基本药物制度；

(3)对处方药与非处方药实行分类管理制度；

(4)药品生产企业、经营企业进货检查验收药品及药品入库、保管、出库检查，严格按照《药品生产质量管理规范》(GMP)和《药品经营质量管理规范》(GSP)实行规范化管理的制度，医疗机构药品和无菌器械进货检查、验收、保管；

(5)放射性药品、精神药品、医疗用毒性药品实行特殊管理和专项检查制度，定点生产和定点经营制度；

(6)建立血液制品管理制度，单采血浆站和血液制品生产单位实行统一规划、设置和严格质量管理制度，单采血浆消毒管理及疫情上报，预防和控制经血液途径传播的疾病，无偿献血制度。

3.重视化妆品管理制度。主要包括以下内容：

(1)化妆品生产企业实行卫生许可证、监督、管理及岗位责任制度；

(2)直接从事化妆品生产的人员，实行健康检查制度；

(3)对生产化妆品所需的原料、辅料以及直接接触化妆品的容器和包装材料，实行卫生标准管理制度；

(4)对进口化妆品、特殊用途的化妆品和化妆品新原料进行安全性评审制度，化妆品不良反应监测报告制度。

4.保障医疗器械安全制度。主要包括以下内容：

(1)医疗器械实行分类管理和产品生产注册制度，进口医疗器械的注册制度；

(2)医疗器械生产、经营实行许可证制度，检测机构资格认可制度，大型医用设备配置规划和配置证管理制度；

(3)医疗器械实行强制性安全认证制度；

(4)无菌器械质量跟踪，医疗器械不良事件反应监测管理，生物材料和医疗器材不良反应报告，医疗器械质量事故报告、公告，医疗器械再评价及淘汰制度。

另外，规范了医事卫生监督的法律制度，确立医事卫生监督17项制度(卫生系统新闻发布、宣传，卫生系统档案管理，卫生部业务主管境外基金会代表机构管理，卫生信访工作，卫生系统立法工作管理，卫生系统评选精神文明单位及个人规范，全国卫生统计信息网络直报规定，卫生管理部门接受社会捐赠财物管理，全国城市社区卫生服务调查及国家卫生服务调查规范，医院“院务公开”相关规定，完善全国精神卫生工作体系建设相关规定，烟草控制相关规定，打击利用互联网从事虚假医疗广告行为的规定，打击非法行医和非法采供血制度，国家级国际卫生合作项目管理，医疗事故处理和医疗产品损害赔偿制度，医疗纠纷调解，裁决制度等)。规范医事卫生国际义务的法律制度，确立医事卫生国际义务的9项制度(打击非法贩卖麻醉药品和精神药物跨国犯罪，烟草控制，建筑业卫生安全保障，初级卫生保健，突发全球性公共卫生事件时国与国之间信息披露，对交通工具及交通工具运营者、国际旅行者、货物、集装箱、集装箱装卸区检查管理、互相合作与援助，国际及地区间战时保护伤者、战俘、平民，国际与地区之间预防和控制传染病大流行)。

从狭义上看，医事程序法律规范的内容主要围绕容易引发医疗纠纷的医疗行为的规范性程序及具体解决医疗纠纷的程序性规范。

三、我国现有医事程序法律规范的缺陷

我国目前的医事程序法律规范体系，一方面借助于医药卫生管理、服务、保障、监督等实体规范，基本做到有章可循、有法可依，另一方面缺陷也比较明显，首先表现为实体本身的问题。

(一)总体缺陷

1.内容相互矛盾、抵触、冲突，使人无所适从，或过于笼统、抽象、原则、模棱两可、模糊不清、弹性过大，使人难以准确把握。

2.政策性强，导致适用时效短，或是混同了法和道德的界限，无法有效实行。

3.结构不完整，许多法律条文只有行为模式，没有后果模式，或是缺少配套规定，无法实行。

4.时代性弱，有的规定严重滞后而不修改，往往阻碍社会发展；有的规定不

适当的超前，往往失却必要的社会基础。

5.医药卫生行政管理方面的立法，民主性、科学性、法学性较差。

6.没有医药卫生基本法，法律法规数量少，医药卫生法律关系基本靠规章和规范性文件调整，医药卫生法制文件尚未归纳、提炼、编纂树型和网状结构的模型。

7.基本医疗在体系中的法律地位、医药卫生经费在国家财政支出的法定比例、医疗保障筹资的法律强制、公立医院办医主体的法律地位、医院院长的自主权的法律保证等诸多关系到医药卫生事业健康发展的内容未能得到法律明确和依法办医的理想效果。

(二)具体不足

1.医事法制中管理规范不足，进而导致相关行为的标准不一

(1)医疗卫生主体方面：对医师协会、护士协会等行业组织没有管理规范，对试药者、保健、疗养、美容、血防等医药卫生服务者没有管理规范，对药物食品生产销售者、医药卫生教学者、医药卫生科研者等没有管理规范。

(2)医疗卫生行为方面：对医药卫生行政职能、许可没有专门的管理规范，对公共卫生服务、美容保健服务没有专门的管理规范，对医药卫生消费(求诊、问药、治疗、保健、美容、防疫、接种、疗养等)、医药卫生教育、医药卫生科研、人体实验、国防卫生(国境卫生检疫、军警卫生)没有专门的管理规范。

(3)国际义务：对履行我国签约并承诺履行的国际医药卫生义务没有专门的管理规范。

2.公共卫生及国际卫生问题与社会要求的不适应，引发医患危机

在公共卫生方面，未建立精神卫生法律制度和生活饮用水卫生监督法律制度，法律级别低，仅限于部门规章；在不同历史时期，对公共卫生在增进全体社会成员健康方面的意义和责任主体的认识差异非常大，造成所确立的制度之间矛盾重重；预防和治疗的关系在不同历史时期的公共卫生立法中有较大差异；公共卫生立法分散；公共卫生某些领域目前还没有立法，许多领域的立法要么缺乏操作性，要么已不适应社会的要求。在国际卫生方面，缺乏对酗酒、酒精中毒等危害全人类健康的行为的干预和处罚制度；未高度重视并建立阻止色情、恐怖、凶杀、暴力内容的影视和文学作品对青少年的身心健康危害的制度。在国际贸易中，缺乏制止质量较差药品或者在发达国家已禁止销售的药物大量倾销于发展中国家的制度；尚待建立国际间统一的阻止艾滋病扩散的法律制度等，使得这类事件干扰医事规范程序，引发医事纠纷。

3.其他医事法规不足，导致医事规范程序及医事程序规范矛盾

在红十字会方面，缺乏提高红十字会工作人员素质的制度保障；红十字会接

受捐赠的财物去向信息披露制度不完善。在医事发展方面，体系不全，如缺乏科研规划、多部门协作等内容；档次不高，这方面医药卫生法最高级别为行政法规，多为规章，其他参见的法律在衔接上不紧凑；与国际医药卫生法的配套度不明显，结合传统医学（中医、民族医等）研究较弱。在医事教育方面，缺乏对传统医学教育（师承等）方式的探索性管理。在药物食品方面，未建立国家短缺药物管理制度；未建立药品召回制度；药品广告制度不完善，其中表现在广告夸大疗效及使用医疗术语；未建立中药炮制制度；未建立中药验收制度；未建立医疗用血评价制度。在母婴妇幼保健方面，没有母婴保健专项技术人员教育培训规范，没有孕妇产中、产后服务规范及管理，缺乏贫困、急危孕妇救助制度和母婴保健损害救济制度。在人口与计划生育方面，没有计划生育技术服务人员教育培训、资格认证规范；没有计划生育技术服务规范及管理；没有计划生育技术服务损害救助救济制度，等等。

四、我国医事程序法律规范的发展趋势

随着社会经济和科学的发展进步，医药卫生所涉及的范围和研究领域不断扩大，其功能与作用越来越重要，与社会的关系越来越密切。当今，医学科学技术的飞速发展，使医事法学面临着严重的挑战。诸如医药卫生资源的配置、死亡方式的转变、高技术生殖的应用、脏器移植及人工器官的应用和行为控制、人体实验、遗传工程、人口控制和计划生育、公共卫生与人类健康、食品安全、药品管理等。正因为上述问题关系到全人类的健康与生存，需要制定明确的准则，并将其用法律的形式确定下来，才能更好地为人类健康服务。因此，医药卫生事业的发展更加需要有法律的支持和保障，医事法学实体规范将逐渐完善。同时，法律作为人类社会发展的过程化产物，从人类社会早期的行为和社会关系习惯法的产生，到国家的诞生和诉讼、审判的出现，再到权利和义务区别开来，虽在不同的国家在不同的时代，法律被赋予了不同的含义，但一成不变的是，法律是被国家赋予强制力的社会规范。医事程序法律将随着人们的社会物质生活条件的改善而改变，以适应社会发展的需要。所以，我国不断加快医事程序立法进程，努力完善医事程序法律体系，并呈现出如下发展趋势。

（一）理论研究深入化

目前，我国已有很多地方都建立了医事法学这门学科，40 余所院校开办医事法学专业，开展了医事法学的教育工作，开设了医事法学课程，并应用医事法学理论指导医事立法和执法工作。

（二）法律体系完整化

随着时间的推移，我国的医事程序法律将从单项立法到综合立法逐步过渡。

在此基础上，建立起较为完整的医事法律体系；在医事实体法律不断细化、不断完善基础上，形成国家机关依照立法程序制定的医事程序规范性文件。

（三）立法范围适应化

随着医学科学新技术和社会的发展，制定一批新的医事法律及程序规范，诸如器官移植和利用人工器官法、生殖技术法、病人权利法、基因工程应用法等。医事立法开始涉及一些以往不可能涉及的伦理道德问题，如死亡的权利、标准、方式，计划生育和堕胎等。通过立法促进个人生活方式和行为健康化，制定初级卫生保健法，老年保健法，社会心理和卫生行为法，同时加强医疗保险和控制医疗费用增长的立法，普及全民卫生保健。加强环境、药品、食品等的法制管理，使人人都有一个宁静、安全、舒适的生活环境。

（四）技术规范法律化

现代医药卫生事业，在很大程度上是在现代自然科学及工程技术高度发展的基础上展开的。现代自然科学及工程技术给人类健康带来了巨大的利益，但也带来了许多复杂的问题，如何最大限度地用其利避其害，这涉及很多技术规范。由于技术规范与法律规范属于不同的范畴，因此，必须把技术规范上升为技术法规，把遵守技术规范确定为法律义务，才能达到保护人类健康的目的。

（五）法律条文完善化

在现阶段可完善几项具体工作中，重点完善医事程序规范。

1. 制定一部医事法典，包括实体法和程序规范。将分散于众多法律、法规、规章的制度按照时代的要求进行整合，从而提炼出共同的制度设计，以避免单行法规存在的挂一漏万和相互矛盾；将国家、医院、患者三者间的责、权、利加以明晰，降低纠纷产生几率，使医疗纠纷解决的法律途径进一步明晰。

2. 借鉴国际医事立法，完善中西医兼容的科研制度体系。将医药卫生教育与普教体系相衔接，注意现代学校班级式教学与其他教育教学方式的互补，针对医学教育特殊性制定相应的特别程序法。

3. 改、废与和谐社会不相适应的保健及诊疗制度，建立与和谐社会相适应的、充分反映保健及诊疗科学和法制科学的法制体系。

典型案例

急救通道不畅　引发医疗事故

某日晚上10点，某人睡眠中突发咳嗽，半小时后呼吸异常，呼之不应，小便失禁。家属急忙打120电话求救。约11点半，120急救车赶到。但随车的只有一名实习医生，无论在现场还是在路上该出诊人员未采取任何急救措施。11点

45分急救车赶到某县人民医院，当时病人血压190/80mmHg、呼吸12次/分、脉搏96次/分，医嘱立即做心电图。给病人做好准备后，心电图机出现故障，反复做了三次也没出图，这时病人深度昏迷，呼吸缓慢，口唇紫绀，大夫放弃了做心电图，让去楼上做头部和双肺的CT检查，路上有医务人员护送。从CT室出来后家属发现病人病情加重，这时赶来的会诊大夫将患者的枕头抽去，并摸了其脉搏后要求立即抢救。推病人回到急救室开始进行人工呼吸，吸痰，气管插管，并给予药物抢救，用另一台心电图机给患者做检查，但病人的心电图已成直线。次日凌晨3点15分，病人临床死亡，病人死亡后CT检查结果送到了家属手里：头部和肺部无异常。事情发生后，患者家属追问医院为什么没有正式大夫出诊，为什么心电图做不出来，院方说当晚有其他病人先打了120电话，急诊大夫出诊了，院里要留值班大夫，所以派实习大夫出急诊，病人死因可能是异物堵塞了呼吸道，也可能是呼吸暂停综合征的发作，还可能是酒精中毒。院方给出的最后诊断：一是昏迷原因待诊。二是猝死。在死因不明的情况下，院方没有根据《医疗事故处理条例》第16条、第18条的规定，在双方在场的情况下对病历进行封存，通知患方家属对尸体进行解剖。

三个月后，家属向当地人民法院起诉。医院申请对该纠纷进行医疗事故技术鉴定。鉴定会上，患方代理人主要观点为：院方没有出诊条件而不告知120指挥中心改派其他医院出诊；救护车的急救人员和急救器械不符合要求；未进行现场和途中救治；值班人员经验不足，没有严格按诊疗护理常规去观察病人、治疗护理病人；院方采取的急救措施不利，必要的心电图检查故障而做不必要的CT检查从而延误救治；必备医疗器械存在故障；死因不明而未告知患方做尸检。代理人认为，根据《医疗事故处理条例》、医疗事故分级标准、120急救规范、医院管理制度等相关规定，该医疗事故争议应鉴定为一级甲等医疗事故，院方负主要责任。

到会专家一致认为，医院违背急救原则，延误抢救时机，其行为与病人死亡之间有因果关系，构成医疗事故。

最后，原、被告双方达成调解协议，院方给予患者家属经济赔偿的同时表示要接受教训，提高医疗服务质量，避免类似事情再次发生，全力维护120绿色生命通道畅通。

小　结

医学科学在探索人类健康和生命的过程中，充满着难以预料的风险，需要一定的社会条件保证，其中包括法律对其的保护和导向作用。医疗争议和纠纷的解决，一直都是各国医事法律的重要组成部分。虽然各国没有一部具体的医疗争议解决的法律，但是在司法实践中都有具体的评判标准和原则。和谐医患关系的构建，虽有待方方面面的努力，但是作为医患双方来讲从法定程序的角度来处理医患产生的问题有利于二者利益的平衡。医事程序法本身作为交叉学科和知识融通的产物，势必会为日益增多的医患纠纷的解决开辟广阔的道路，医事程序法将关注的目光投向医疗事故的处理，寻求的是社会的公平与正义，对推动医疗事业的发展，最大限度地保障医患双方合法权益具有重要意义。

思 考 题

1. 医事程序法有哪些特征？
2. 什么是医事 ADR，医事 ADR 主要有哪些形式？
3. 医事程序法律关系的主体有哪些？
4. 简述我国医事程序法律规范的发展趋势。

（王 萍 杨自根）

第二章　诊疗护理规范

引导案例

被告人:谢某,男,53 岁,大学文化,是 A 市医院外科副主任医师。被告单位:A 市医院。法定代表人:李某,A 市医院院长。

原告人:战某,男,32 岁。死者之子,是 A 市卫生局干部。死者:战父,男,61 岁,生前是 A 市钢铁厂职工。1990 年 8 月 28 日,因为大呕血,量为 500ml,大便呈柏油样,在矿物局医院住院治疗。查体:呈贫血症状,眼结膜苍白,腹部膨隆饱满,肝肿大达右肋 7cm,B 超显示脾肿大达肋下 3.5cm。1990 年 9 月,某医院曾为其做超声波显像及核磁共振扫描,确诊为肝肿大和脾大,增厚,并建议其手术治疗,但被其拒绝。(证人:某医院影像科主管技师甲,女,38 岁,超声波显像证明;技师乙,男,40 岁,核磁共振证明)

1991 年 2 月 27 日夜间 10 时,患者再次呕血、便血,呕血量为 1200ml,便血 2 次,量不详。患者自己用肾上腺素加盐水口服止血,效果不佳。查体:体温 36.8℃,脉搏 108 次/分,呼吸 20 次/分,血压 100/70mmHg,神智清醒,表情淡漠,呈急性痛苦病容,面色苍白,腹部隆起,肝肋下二横指,腹水症(+)。化验检查:血色素 7.5g。当晚 12 时以肝硬化腹水,门脉高压,急性上消化道出血并休克急诊入院。入院后于 2 月 28 日 5 时 30 分又忽然呕血 2 次,病人恐惧不安,经给止血芳酸 400mg,垂体后叶素 1 支推注,吸氧及三腔管压迫止血,效果不佳。(证人:外科护士丙,女,26 岁)医院打电话请来了正在家里休假的本院外科主任医师丁(男,46 岁,外科主任,主任医师)来院会诊,经会诊决定为患者做脾脏切除加胃冠状血管结扎止血术,进行抢救。手术由主任医师丁主刀,并辅以三名副主任医师为助手。客观上由于前就诊医院的核磁共振对脾肿大的诊断有误,加上这是急诊手术,一心只想时间就是生命,手术要快。在一打开腹腔见到一个“包块”时,四位手术者便认为是脾(实际上那是一个肿大变异的左外侧叶),用手探查手感良好,较游离。主刀和三个副手均未再作仔细探查,便将“脾脏”给切了下来。在做完胃冠状血管断流术清理腹腔时又发现一个脾,大家方知原来他们切下的不是脾脏而是肝叶。患者手术后曾一度出现肝昏迷,经抢救好转。因腹水，在其右下腹打孔引流，大量放腹水。虽经全力抢救，终因病情严重于3月16日死亡。

5日后，肝病理报告为肝左叶体大，表面不光滑，灰白色呈大小不等颗粒状，体积19cm×13cm×8cm，重量590g。诊断：肝硬化，脂肪肝。（证人：市肿瘤医院病理科主任，主治医师，做病理报告）

死亡81日后，尸体检验报告见右下腹有一引流口，腹腔内有淡红色血性冰块1500ml，脾脏形态位置正常，重量为330g，肝脏体积19cm×15cm×10cm，重量为1285g，肝左外侧叶已被切除，靠廉状韧带处的切面有4.1cm×2cm面积未作处理，胃内有大量血性冰块约500cm。（证人：市中级人民法院法医，做勘验结论）

医疗机构以救死扶伤、防病治病、为公民的健康服务为宗旨。医疗机构及医务人员应严格遵守接诊规范、医疗护理规范、医疗检验检查规范、处方规范、输血规范、消毒规范等诊疗护理规范。医务人员的任何不当行为，医院的任何管理漏洞都可能成为医疗纠纷的隐患。医疗机构必须按照核准登记的诊疗科目开展诊疗活动。医疗机构对危重病人应当立即抢救，对限于设备或者技术条件不能诊治的病人，应当及时转诊。医疗机构发生医疗事故，按照国家有关规定处理。

第一节　接诊规范

一、接诊规范的含义

接诊规范是指通过对患者接诊过程进行控制，使急诊、门诊、住院患者及时、准确地得到诊治，危重患者及时得到抢救，避免多科转诊，延误救治时机。

接诊医务人员要严格执行首诊负责制度。病人初诊的科室即为首诊科室，首先接诊的医师即为首诊医师。各科首诊医师均应将患者的生命安全放在第一位，严禁在患者及家属面前争执、推诿。首诊医师不得以任何理由拒绝诊治患者，而应热情接待，详细检查，认真书写病历，提出诊断和处理意见。首诊医师对所接诊的病人实行负责制，即为首诊负责制。

2008年，卫生部下发的《医院管理评价指南》明确要求，医院必须认真执行首诊负责制度。卫生部2009年1月12日发布《医院急诊科设置与管理规范》（征求意见稿），要求各医疗机构急诊科不得以任何理由拒绝或推诿急诊患者。

二、首诊负责制原则性接诊规范

（一）门诊首诊负责制

1.门诊患者经分诊台分诊、挂号后到相关科室就诊，首诊医师应详细询问病史，完成病历记录和体格检查，精心诊治。如经检查后判断患者病情属他科疾患，应耐心解释，介绍患者到他科就诊。

2.如遇到诊疗有困难或涉及多学科的患者，首诊应先完成病历记录和体格检查，及时请上级医师进行指导，必要时邀请他科会诊。

3.首诊医师邀请他科会诊时，被邀请医师应及时会诊，做好病历记录，必要时协助首诊医师进行诊治。

4.病情涉及两个科室以上的患者，如需住院治疗，应按照“专病专治”原则根据患者的主要病情收住，如有争议则由双方的上级医师商定，在确定接受科室前，由首诊医师对患者全面负责。

（二）急诊首诊负责制度

1.分诊患者经分诊、挂号后到相关诊室就诊（危重患者应先入抢救室救治后挂号），分诊护士有绝对分诊权力，各科不得以任何理由推诿病人（尤其在对分诊有疑议时）。护士分诊时应了解患者的基本情况，对于危重患者应在医师到来之前给予基本抢救处理（如吸氧、吸痰、监护等）。

2.如首诊医师经检查患者后，判断确实为其他科疾患，亦应书写病历，做必要的检查和处理，尤其对于危重抢救患者，首诊医师必须及时实施抢救措施，之后提请有关科室会诊或申请转科，在与有关科室当面交接患者后方可离开。在患者未正式转科前，严格执行首诊负责制。

3.凡遇到不能明确诊断、治疗上有困难的患者，首诊医师应先承担诊治责任，及时请示上级医师。上级医师应亲临现场查看患者，提出处理意见，并及时记录病历，必要时牵头邀请有关科室会诊。各科在做出“排除本专业疾病”的结论时应非常慎重，在未确定接受科室前，首诊科室和首诊医师要对患者全面负责。

4.如不同科室的医师会诊意见不一致时，应分别请本科上级医师直至主任会诊。如仍不一致时，由急诊科主任裁决该患者应由哪科负责。急诊科主任不在或裁决有困难时，正常工作时间由医务科裁决，夜间或节假日由总值班裁决，仍有困难时及时请示分管院长。在尚未作出裁决前，由首诊科室负责诊治，不得推诿。

5.凡涉及多科室的危重患者，相关科室必须以患者为中心，协同抢救，不得擅自离开，各科室所做的相应检查和处理应及时记录。首诊科室在抢救过程中起主要协调作用。

6.急诊科严格限制以“共管”形式管理跨科、跨专业患者，应根据患者的主诉与病情程度分清主次，由一科为主管理患者，其他科室以会诊的形式协助诊治。若无法分清主次，则首诊科室全面负责，其他相关科室会诊。

7.急诊一线医师无权将患者转院，如患者病情确需转院，必须经上级医师诊查患者，同意后方可转院。患者生命体征不平稳，或在转院途中可能出现生命危险时，不得转院，如家属强行要求转院必须履行签字手续。

首诊负责制度是医疗质量和医疗安全的核心制度之一。首诊负责制的法律价值在于，在现行的医疗转型期，规范医疗行为，减少医患纠纷。当纠纷产生后，以是否按照接诊规范区分行为性质，认定法律后果。

三、接诊规范分类要点

(一)急诊患者的接诊

急诊科专门设立急诊班医生、护士，负责接待来诊的急诊患者，24 小时值班。接诊护士应按急诊患者病情轻、重、缓、急分别处理。

1.对接受治疗的患者，当班护士根据需要安排坐姿或卧位，并介绍环境，交待注意事项及患者须知。

2.对外伤的患者，接诊护士应做相应的初步处理，如止血包扎、固定制动等。

3.高热患者按医嘱予以测量体温、物理降温，并安排床位、保暖等。在病历上做相应的记录，并按医嘱给予治疗及护理。

4.急诊护士接到危重患者直接送入抢救室，通知相关医生抢救，并参加抢救工作，开通各种抢救通道，准备各种抢救仪器。遇到因科内条件限制不能处理的急诊患者(如心脏破裂、股动脉破裂等)应立即送往手术室，争取抢救时间，在护送途中做好相应救治工作(如开通静脉通道等)。

5.对神志不清而无人照看者，在做好救治工作的同时，接诊护士和医生同时检查、清点患者的物品并登记、签名后暂时保管。根据患者随身物品所提供的资料，设法通知其家人或朋友。

(二)门诊患者的接诊

1.当患者来门诊时，由门诊导诊护士指引就诊路线。

2.需住院患者，门诊导诊护士负责指引路线，危重患者应由导诊护士护送至病房。

3.根据患者需求提供轮椅或平车。

4.主动向患者介绍医院环境情况，耐心解答患者的咨询。维持就诊秩序，督促医务人员及患者保持医院清洁卫生。

5.高热患者给予测量体温、物理降温,优先就诊。

6.外伤流血患者给予包扎止血,送急诊科处理。

7.中毒患者病情严重协助家属立即送急诊科治疗。

8.遇到由路人送来的无名氏,做好接诊救治工作的同时,护士应向患者询问其地址、姓名、电话,根据患者提供的资料,联系其家人或朋友。

(三)住院患者的接诊

1.接到住院病人通知后,病房护士准备床位及用物,对急诊手术或危重病人须立即做好抢救的一切准备工作。

2.病人入院后应及时报告主管医生,及时开出医嘱,长期医嘱和临时医嘱一般要求在接诊2小时内开出。急、危重病人要及时下达医嘱,分秒必争,不得以任何借口推迟抢救。

3.卫生处理,根据个人卫生,有条件可沐浴更衣。

4.热情接待病人及家属,介绍责任护士和主管医生。

5.使病人及家属熟悉病区环境。

6.解释相关的病房常规、入院病人须知。

7.测体温、脉搏、呼吸、血压和体重。

四、接诊中言语和态度规范

(一)态度和蔼

当患者出现在医生面前时,或接诊病人时的整个过程,医生应注重个人的形象,笑脸相迎,态度和蔼,树立良好的第一印象。

(二)尊重隐私

询问病史时要注意尊重病人的隐私,当问及敏感话题时要第三者(其他病人、家属、随从人员)回避,并主动起身关科室的门,以表示对患者的尊重。同时,要注意问话的方式和内容,以示对病人的理解和同情,特别应注意问话交流的艺术性,医生态度要认真,要体现出对工作的负责,并有针对性地进行病情分析,加深患者对医生的良好印象。

(三)释明检查目的

体征检查时要求动作轻柔,体贴病人,并对病人说明检查的目的,要求其配合,并通过问话方式来分散病人对检查的心理紧张。要特别体现医生检查病人的认真态度,动作熟练,体现出医生的专业水平,让病人放心,增加对医生的可信度。设备检查“开单”时应与患者说明检查的必要性和科学性,消除病人误为医生是乱“开单”、乱检查的想法。

(四)提示注意事项

以关心的口吻向患者做些必要的解释和提示注意事项,让病人充分认识到医生的责任感和良好的服务态度，建立良好的医患关系为复诊打下基础。对在做其他治疗或留院观察的病人，经治医生应抽时间前往探视病人，对病人的痛苦、疼痛给予安慰。应交待病人定期复诊，以免疾病的复发。不可以对病人使用"好了，不要来了！没事了！"等类语言。

所有到医院门诊、急诊就诊的患者均应得到有效的就医指导，接诊医师应认真负责地进行诊治，耐心解答患者所提出的问题。不能处理的问题应及时请上级医师诊治；不是本科的疾病应认真、及时转诊或请会诊，并向患者及家属解释清楚，不得推诿患者。对于急诊转诊，值班医师应负责护送，以免发生危险。

所有收入各病区的患者均应得到及时的检查、治疗。若发现本科不能处理的问题应及时请有关科室会诊，必要时转入相应科室进行治疗，并向患者及家属解释清楚。若有本科相关的疾病应负责随诊，继续协助治疗。

典型案例

某日晚6时左右，几名过路群众急匆匆把一名被刀刺成重伤、危在旦夕的老人抬进了某市医院急诊室。值班医生草率地看了一下，未做任何处置。同班的3名护士见伤者血流如注，已处于失血性休克状态，情况万分危急，因此一边喊医生，一边把患者抬上平车，迅速处理伤口，准备送手术室抢救。可是身为值班医生的医师，既不积极参与抢救，也不对患者进行认真检查，只是看了一下患者瞳孔有散大现象，就说："不行了！不用抢救了！"然后拂袖而去。值班医生的这种极不负责任的态度理所当然地引起当场围观群众的极大愤慨。

与值班医生相反，这3名值班护士表现了对这名危重伤患的高度负责精神，她们没有按值班医生的草率"医嘱"行事，而是边积极为患者输液，做人工呼吸，边往手术室护送患者。经手术抢救，当夜该患者开始转危为安。

第二节　医疗护理规范

一、医疗护理规范的含义

医疗护理规范是指基于维护公民健康权利的原则，在总结以往医学科学经验和医疗技术成果的基础上对医疗过程的定义和所应用技术的规范或指南。

医疗护理规范，是医疗活动科学化、规范化、制度化和标准化的集中体现，更是推动医护工作，提高医疗质量，防范医疗风险，减少医疗纠纷的根本保证。所有医护人员必须认真遵守诊疗护理规范和常规。医疗护理规范通常分为广义和狭义两种。广义的医疗护理规范是指卫生行政部门以及全国性行业协(学)会针对本行业的特点,制定的各种标准、规程、规范、制度的总称。这些规范经卫生行政部门和全国性行业协(学)会制定和发布后,具有技术性、规定性和可操作性,能够指导、规范医疗行为,医务人员在执业活动中必须严格遵守,认真执行。狭义的医疗护理规范是指医疗机构制定的本机构医务人员进行医疗、护理、检验、医技诊断治疗,以及医用物品供应等各项工作应遵循的工作方法、步骤。狭义的诊疗护理规范和常规涵盖了临床医学二、三级专业学科和临床诊疗辅助专业,包括从临床的一般性问题到专科性疾病,从病因诊断到护理治疗,从常用的诊疗技术到高新诊疗技术等内容。一般护理规范包括护理文件书写规范、出入院护理、分级护理、消毒隔离、高热护理、昏迷护理、瘫痪护理、抽搐护理、休克护理、气管切开术后护理、临终护理等;专科护理分内科、外科、妇科、儿科、眼耳鼻喉科、口腔科、皮肤科护理,急救护理及手术室护理等。其护理操作规程亦有不同。随着现代医学技术的进步与发展,新技术、新项目不断涌现,各种诊疗设备不断更新,医疗机构应根据不断变化的新形势,及时修订或制定新的诊疗护理规范、常规。医疗机构应当向患者提供规范的医疗护理服务流程,以免在护理环节引发医疗纠纷。

二、医疗护理缺陷

(一)医疗护理缺陷界定

医疗护理缺陷是指医务人员在医疗活动中,违反医疗卫生管理法律、行政法规、部门规章和诊疗护理规范、常规而发生诊疗护理过失的行为。根据其对患者的影响程度,可分为轻、中、重三度。重度缺陷是指严重影响疗效或造成重要组织器官损害致功能障碍,甚至造成残废、死亡等严重不良后果。中度缺陷是指影响疗效、延长疗程,造成组织器官的可愈性损害,或违反操作规程,增加患者痛苦与医疗费用,但无严重后果。轻度缺陷是指对患者不造成影响,或对患者有轻微影响而无不良后果。

护理在整个卫生医疗服务中占有极重要的位置。国务院 2002 年 4 月 14 日发布的《医疗事故处理条例》对医疗事故概念作了界定:“本条例所称的医疗事故,是指医疗机构及其医务人员在医疗活动中,违反医疗卫生管理法律、行政法规、部门规章和诊疗护理规范、常规,过失造成患者人身损害的事故。”医疗事故概念的界定虽有很大的变化,但对于违反诊疗护理规范、常规导致缺陷后果,作为认定医疗事故的条件是毋庸置疑的。

(二)医疗护理缺陷界定

1. 重度缺陷

(1)护理监控失误,查对不严造成错误诊治导致不良后果者;

(2)擅离职守而延误诊断治疗护理,造成严重后果;

(3)违反无菌技术操作,造成患者严重感染者;

(4)输液(静注)外漏造成组织坏死达 3cm×3cm 以上;

(5)护理不当发生坠床、窒息、昏倒而造成不良后果;

(6)因交接班不认真而延误诊治、护理工作,造成不良后果。

2. 中度缺陷

(1)护理不当造成褥疮、烫伤、冻伤、体腔引流不畅;

(2)未按时做好术前准备而延误手术、检查、治疗时间;

(3)各种记录有遗漏或不准确,影响诊断治疗;

(4)遗失检查标本影响诊断治疗。

3. 轻度缺陷

(1)违章操作而增加患者痛苦;

(2)各种记录不准确,但未影响诊断治疗者;

(3)标本留置或术前准备不及时,尚未影响诊治者;

(4)无菌技术操作不熟练,造成顾客轻度感染;

(5)病危顾客无护理计划者。

三、医疗护理规范的界定及效力层次

医疗行为的违法性,是客观衡量医疗行为有责性的标准。《医疗事故处理条例》在对医疗事故概念的界定中,增加规定了医疗行为的违法性,即“违反医疗卫生管理法律、行政法规、部门规章和诊疗护理规范、常规”。医疗机构的行为具有违法性,就具有了构成医疗事故的可能性。这里规定的违法性分为三个层次,一是国家法律,二是行政法规,三是部门规章和规范、常规。同时也要注意,医疗行为违反了保护自然人合法权利的法律,也是医疗行为违法性的主要特点。

纵观诊疗护理规范和常规,一方面包含国家的法律、法规及部门规章、规范;另一方面业内权威著作、教科书、约定俗成的操作规范也具有参考性,甚至成为医患纠纷诉讼中的证据材料。

1. 国务院卫生行政部门及其所属部门(以及与全国行业性学会、协会合作制定)或军队卫生行政部门制定(以及与全军行业性学会、协会合作制定)的全国性的诊疗护理规章制度、技术操作规程、医疗护理技术操作规范、常规和法定的药物及器械使用说明书。例如,《医院工作制度》和《医院工作人员职责》(1982 年 4 月 7 日卫生部发布);《临床输血技术规范》(2000 年 6 月 1 日卫医发〔2000〕180 号);《医疗机构诊断和治疗仪器应用规范(一)》(2000 年 9 月 28 日卫医发

〔2000〕325号);《血站基本标准》(2000年12月14日卫医发〔2000〕448号);《医院感染诊断标准(试行)》(2001年1月2日卫医发〔2001〕2号);《病历书写基本规范》(2010年1月22日卫医政发〔2010〕11号);《医疗护理技术操作常规》(中国人民解放军总后勤部卫生部编,仲剑平主编,人民军医出版社2007年5月第4版);《手术学全集》各卷(中国人民解放军总后勤部卫生部组织编写,人民军医出版社出版);《全国临床检验操作规程》(卫生部医政司编,叶应妩、王毓三主编,东南大学出版社2006年11月第3版)等。

2.地方卫生行政部门制定(以及与地方行业性学会、协会合作制定)的诊疗护理规章制度、技术操作规程、医疗护理技术操作规范和常规。例如,《江苏省医院手术分级管理规范(暂行)》(江苏省卫生厅2002年9月30日发布);《诊疗常规》(上海市卫生局、中华医学会上海分会合编,共9分册,上海科学技术出版社1999年8月第1版)。

3.全国行业性学会、协会或学科组制定的诊疗护理规章制度、技术操作规程、医疗护理技术操作规范和常规。例如,系列《临床技术操作规范》(中华医学会编著,人民军医出版社2004年1月起出版);系列《临床诊疗指南》(中华医学会编著,人民卫生出版社2005年11月起出版);《中华人民共和国药典·临床用药须知·化学药和生物制品卷》(国家药典委员会编,人民卫生出版社2005年12月第1版);《新编常见恶性肿瘤诊治规范(合订本)》(中国抗癌协会编,徐光炜主编,中国协和医科大学出版社1999年11月第1版);《肺血栓栓塞症的诊断与治疗指南(草案)》(中华医学会呼吸病学分会制定,《中华结核和呼吸》2001年5月第24卷第5期)。

4.高等医药院校教材等大型系列权威医学丛书中收录的医疗护理技术操作规范、规程和常规。例如,人民卫生出版社出版的高等医药院校《内科学》《外科学》《妇产科学》《儿科学》等系列教材(目前已为第7版);上海科学技术出版社出版的《中国医学百科全书》各分册。

5.业内公认的著名专家学科通著和专著中收录的医疗护理技术操作规范、规程和常规。例如,《黄家驷外科学》(吴阶平、裘法祖主编,人民卫生出版社1960年5月第1版,2000年5月第6版);《实用内科学》(陈灏珠主编,人民卫生出版社,目前已为第11版。此系列著作尚有《实用外科学》《实用眼科学》《实用放射科学》,等等)。

6.地方行业性学会、协会或学科组制定的诊疗护理规章制度、技术操作规程、医疗护理技术操作规范和常规。例如,南京市高温中暑防治研究协作组制定的《中暑诊断标准》(收录于茅志成、邬堂春主编的《现代中暑诊断治疗学》,人民军医出版社2000第1月第1版)。

7. 医学和药物使用工具书籍中收录的医疗护理技术操作规范、规程、常规，以及药物使用说明。例如，《传染病诊疗指南》（魏镜龙、宋佩辉主编，科学出版社2005年6月第2版）；《新编药物学》（陈新谦等主编，人民卫生出版社2011年1月第17版）；《不合理用药分析手册》（中国药学会上海分会编，杨毓瑛等主编，上海科学技术出版社2000年11月第1版）；《最新医学检验参考值手册》（蔡淦等编著，上海辞书出版社2001年12月第1版）。

8. 国家级权威医药出版机构出版的诊疗常规书籍中收录的医疗护理技术操作规范、规程和常规等。例如，《诊疗常规》（谢立信主编，人民卫生出版社1999年10月第2版）；《全科医师操作规程手册》（陈子让、徐超元主编，中国科学技术出版社1998年8月第2版）；《美容医疗技术》（新世纪美容医学继续教育丛书之一，吴继聪等主编，科学出版社2004年3月第1版）。

9. 国家级权威医药出版机构出版的知名专家专著中收录的医疗护理技术操作规范、规程和常规。例如，《人工晶体植入学》（谢立信、董晓光主编，1997年4月第2版）；《腰椎间盘突出症》（胡有谷主编，人民卫生出版社2004年5月第3版）；《准分子激光屈光性角膜手术学》（陆文秀主编，科学技术文献出版社2006年1月第1版）；《妇产科手术学》（刘新民主编，人民卫生出版社2007年2月第3版）。

10. 地方科学技术等出版社和高等院校出版社出版的诊疗常规书籍以及有关专家学科通著或专著中收录的医疗护理技术操作规范、规程和常规。例如，《实用内科诊疗规范》（江苏省人民医院黄峻、陆凤翔主编，江苏科学技术出版社2002年10月第1版；此系列诊疗规范尚有《实用外科诊疗规范》《实用妇产科诊疗规范》《实用儿科诊疗规范》）；《恶性淋巴瘤的诊断与治疗》（王奇璐主编，北京医科大学中国协和医科大学联合出版社1997年11月第1版）；《人工肝脏》（李兰娟主编，浙江大学出版社2001年4月第1版）。

11. 医疗机构内部制定的、供本机构医务人员使用的医疗护理技术操作规范、规程和常规。

12. 其他虽不成文，但属约定俗成，大家在实践中都一致遵循的诊疗护理规范常规。

第三节　医疗检验检查规范

一、医疗检验检查规范的含义

医疗检验检查规范是指对各种检验检查技术操作方法、步骤和程序的要求；

同时要求临床医护人员按照诊疗常规，为患者开具检验检查，并指导正确留取检验标本、做好检查前准备。

医学检验检查是为临床医疗提供可靠的诊断依据，直接服务于病人，服务于临床。医疗检验检查规范是保证检验检查质量的重要措施，临床医生必须遵循诊疗常规为患者作必要的医学检验检查。

二、医疗检验检查规范的特点

(一)医学影像检查

1.建立每日集体阅片。每日对前日或当日的疑难病历进行分析讨论，经三级医生会诊后提出最后诊断。并对投照质量进行评价，及时反馈到技术组，避免差错事故的发生。

2.当班医师对疑难病例应及时请上级医师会诊，疑难病例诊断报告由科主任或其他上级医师审阅后签发。

3.诊断报告由具有执业医师资格医师以上人员书写，住院医师或进修医师报告必须由主治医师职称以上人员审阅签字盖章，以确保诊断质量。未经审阅的诊断报告不得发出。

4.报告单要写清日期、编号、姓名、性别、年龄、住院号、疗区等。报告内容必须包括所见的描述和印象诊断或诊断两部分，要求字迹清楚、应用医学术语、描述全面、重点突出、结论明了，有针对性地回答临床所需要解决的问题，签名盖章要清楚。

5.及时发报告，心电、脑电、B超、彩超当时写报告、当时发报告，动态脑电、动态心电24小时后发报告，急诊、门诊X线片30分钟出结果，住院病人24小时出结果。

6.报告单不得错报、漏报，书写合格率为100%。如为申请单书写错误及时通知临床科室更正。

7.执行设备操作规程及使用注意事项，注意用电安全，机器设备应定期维修、保养，建立维修保养制度。每台设备要有维修、保养和使用记录本。

8.实行专机专人负责制，他人操作要做好交接班。机器故障时，要立即停机，报告工程技术人员。

9.执行医学资料保管和患者随访制度。所有原始资料(X线片、CT片、MRI片)必须进行登记编号、保管。按规定应给病人的胶片及报告待病人出院后由专人收回，登记保存(存期不得少于15年)，未经允许不得擅自带离放射线科。临床医师或病人借阅时，应填写借阅单，限期归还。所有诊断报告必须留底存档。

10.做好医务人员和病人的防护。

11. 对科内各种材料及公用物品由专人管理，建立管理账目。负责清点胶片使用情况，降低废片率。报废物品（含 X 线胶片）未经科主任同意不得擅自处理。

12. 检查投照时应尊重病人隐私权，保护病人隐私部位，做必要的遮挡。

13. 严格执行查对制度。

14. 严格执行医患沟通制度，特殊检查、治疗签署书面知情同意书。

15. 严格执行传染病疫情报告制度，对传染病疫情诊断有疑异的检查阳性报告做好登记。传染病病人的检查，严格执行消毒隔离制度，对使用的探头、接触物等要及时消毒或消毒后处理，防止交叉感染。

16. 抢救工作期间，应尽力满足临床抢救工作的需要，不得以任何借口加以拒绝或推迟。

17. 危重病人或特殊项目（如经食管超声检查，运动负荷试验等）的检查，须有临床医护人员陪同并做好急救及检查前的各项准备，科内要备有急救药品和急救器械（如呼吸器等）。

（二）医学检验

1. 检验人员在收取、采取标本及发报告、微机录入时，认真核对患者姓名、年龄、性别、科别、住院号（门诊号）、床号、检验标本与检验目的是否相符，发现错误及时更正，如为申请单书写错误及时通知临床科室更正。

2. 检验标本的编号必须与申请单编号相符。与疗区做好检验标本及报告单交接手续，确保检验结果无错发、错收及漏发、漏收。

3. 指导临床科室正确采集标本或患者正确留取标本，标本不符合要求的重新采集。

4. 按规定时间发报告，急检常化半小时内发报告，穿刺液检验按急诊对待，急检生化 1 小时内发报告，一般检验当天发报告，特殊检验按规定发报告，需预约检验的要有预约期限，特殊异常结果主动复查，发现急诊检验结果明显超过或低于参考值并可危及生命时，应及时电话通知临床医生或护士并作好记录。确保检验结果无错报、漏报。

5. 手术快速病理检查提前预约，30～40 分钟后报告结果，一般病理检查 3 日内发报告，特殊病理检查不迟于 4 日发报告。

6. 做脱落细胞检查的标本（分泌物、穿刺物等）必须新鲜，取材后应立即送交病理科。盛标本的用具必须洁净，以免污染，影响诊断。

7. 做冰冻切片检查的患者（或委托人），应在前一日到病理科签署“冰冻切片检查知情同意书”。

8. 病理科要实行每日集体阅片制，病理诊断报告由具有执业医师资格的医师以上人员书写、签字、盖章，特殊及疑难病例必须由主治医师以上人员审阅签字盖章。

9.报告单要求字迹清楚，结果准确，签名盖章清晰，书写合格率为100%。并在检验单标明具体完成时间。

10.认真保管检验标本及原始数据备查。所有原始记录、报费存根、结果登记、不返回临床的检验申请单保存半年，特殊标本发出报告后保留48小时，一般标本和用具立即消毒处理，病理资料设专人管理分类编目，病理切片和蜡块应编号长期保存，大体标本一般保存两周(有争议的标本可适当延长保存期)，有科研和教学价值的标本均长期保存，蜡块一律不外借。

11.菌种、毒种、剧毒试剂、易燃易爆物、强酸强碱及试剂库、耗材、贵重仪器指定专人保管，定期检查。

12.严格执行技术操作规范、常规，遵守仪器设备操作规程，按要求保养仪器，出现故障及时上报维修。衡器应按“计量法”定期检验，确保衡器计量的准确、可靠。

13.研究工作实验记录清晰、完整，随时记录，不得涂改。

14.新开展项目实施前及时向相关科室医务人员宣讲适应症、禁忌及临床意义、标本采集方法。

15.按质量检验中心要求参加空间质控，参加项目PT值≥80分，临检、生化、免疫、细菌每天坚持做室内质控，并绘制质控图。对异常质控结果及时分析，查找原因。有定期试剂冰箱温度记录。

16.严格执行查对制度。

17.严格执行医患沟通制度，特殊检查、治疗签署书面知情同意书。

18.严格执行传染病疫情报告制度，对传染病疫情诊断有疑异的检查阳性报告做好登记。受污染的报告单经消毒处理后方可发出，不得随意公布传染病及涉及患者隐私的检验结果。

三、医疗检验差错引发医疗纠纷的原因

检验科直接面对患者和接触患者各种各样的标本，且标的来源涉及面广，中间环节多，是引发检验医疗差错及医疗纠纷的主要原因之一。但纠纷来源不仅缘于检验科本身，还可以是临床科、护理部门及患者自身。

(一)检验科

导致检验医疗纠纷产生的常见原因包括以下几种情形：

1.检验人员服务不到位。由于检验人员的服务不到位，接诊病人时态度冷淡，动作生硬，服务不周到，解释不耐心，候验时间过长，与病人及其家属交流不

够，极易引起病人及家属的不满。

2. 检验人员责任心不强。检验人员不能以病人为中心，工作态度不严肃，草率应付，造成标本采集量不够，抗凝剂选错，检验项目少做或标本丢失，致使病人须重新采集标本，招致病人及其家属的投诉。

3. 检验人员操作不规范或违反检验规程。检验人员业务不熟练，验收标本不仔细，未能及时发现不合格标本并反馈给临床，影响检验报告的及时发出；标本离心时速度过快，造成试管破裂需病人再次抽血；颠倒检验程序；标本放置前后左右搞错，导致结果错误。极个别检验人员工作马虎，弄虚作假，阴性结果报阳性，阳性结果报阴性，甚至血型验错，交叉错配，造成病人输血后溶血反应经抢救无效死亡的重大医疗责任事故。

4. 三查六对制度执行不力。检验人员对三查六对（三查：接到检验单或条码单时查填写项目是否完整，采血血管选择是否正确，采血量是否足够。六对：对姓名、性别、年龄、编号、项目、结果）制度执行不认真，检验报告单审核不严谨，编错检验标本号码，检验报告书写不规范，字迹不清，将病人姓名张三写成李四，性别男写成女，报告单发出审核不仔细，导致病人及家属对检验结果不信任。

（二）临床科室

1. 临床医生开具检验申请单时字迹潦草。某些临床医生在开具检验单时缺乏完整性（检验单上的姓名、性别、年龄、门诊号、科别、临床诊断、检验项目、标本类型、送检医生、送检日期等不齐全）和正确性，书写患者的姓名潦草，以致病人找不到自己的检验结果。

2. 临床医生缺乏责任心。个别临床医生责任心不够，填错患者的性别导致病人不满，因为部分检验项目（如性腺激素），是根据性别来提供正常参考值范围，由于性别错误可导致检验结果判断错误。

3. 临床诊断未填或填写不完整。检验人员在核对检验结果时既要根据室内质控情况来评价结果的准确性，又要依据临床诊断的提示，筛选出一些结果变异较大的标本来复检。若无临床诊断作参考，就无法筛查复检标本，极易造成检验结果与临床诊断不符；若临床医生未及时发现错误，待检验科将标本处理后才提出问题，则既要重新采集标本，又增加了病人的费用，造成病人不满。

4. 检查项目开错或漏检。病人本来是查尿常规，临床医生开的却是尿妊娠试验；病人本来是查肾功能，检查单开的却是肝功能；病人初以为是检验人员出错，追查到最后才明白是临床医生的笔误所致，引起病人不满。

（三）护理部门

护士负责大部分检验标本的采集，正确采集标本对减少或杜绝医疗差错及医疗纠纷至关重要。

1.采集标本时间不对。采集标本必须在病人输液前进行，且不应在患者静脉输液的同时同侧肢体取血，因为此时此处抽取的血标本的成分已被液体稀释，可使血红蛋白、白细胞、红细胞、血小板、血细胞比容及其他多项生化检验结果较正常取血时明显降低，凝血时间明显延长。如取血时输入的是葡萄糖、氯化钾，则所测的血糖、血钾会出现假阳性；若在急诊、危重病人检验标本的采集时发生这种情况，极易造成临床误诊和误治。

2.检验标本处理不规范。如血气分析要求标本采用肝素抗凝，标本量一般为0.5ml～1.0ml，采动脉血时不能有气泡存在，采血全程采用厌氧技术，严格避免血液与空气接触，采血后应立即用一小块橡皮封住针头隔绝空气，若在操作中混入气泡，应在抽血后立即排出气泡，空气混入气泡会使血气分析 $PaCO_2$ 下降，PaO_2 升高，导致检验结果不准确。若静脉采血不畅造成标本溶血应重新采集，否则可影响多种检验项目结果，特别是血钾、乳酸脱氢酶、酸性磷酸酶、AST、血红蛋白、总胆红素、凝血因子等项目，因为溶血后的检测值要比正常参考值高几倍至几十倍。

3.采集标本时出错。若护士责任心不强，采血时弄错标本管造成标本张冠李戴，或错误使用抗凝管，或错把肝素抗凝管当做血凝管使用，或在抽取血气标本时把血气标本血顺便推在血凝试管中，造成凝血时间检测失败，从而影响医生用药甚至延误病人的治疗和手术时间。

(四)患者本身

检验的对象是病人，检验标本取自患者的血液、体液等。若采集标本时患者状态不稳定，如在激动、恐惧、劳累及刺激状态下采血，会导致血细胞和酶类结果升高而影响医生的判断。患者饮食不当也可导致检验结果不准确，许多检验项目受饮食影响较大，如血糖、血清总胆汁酸需空腹采血；血脂检验前24小时需禁食高脂肪食品，禁食12小时，空腹采血；在餐后采集标本做凝血功能检查时，若标本严重脂浊(指血清中含有大量脂肪类物质)会引起凝血酶原时间、活化部分凝血活酶时间结果延长。脂浊标本还可引起血清转氨酶、总胆红素、总蛋白、尿酸、尿素等结果增高。分析急危重病人的检验结果时要考虑饮食因素的影响。做粪便潜血试验应嘱咐患者收集标本前3日禁食动物的血、肝、精肉和含铁食物及药物。以上情况及服用的药物造成的检验结果不稳定常使医生、病人甚至检验人员对检验结果疑惑不解，也常引起争执和纠纷。

现代医学技术的发展推动医学检验检查不断更新，医学检验检查所处的地位和作用越来越被临床所重视。因此它对疾病的诊断及疗效的监测，预后判断等提供了可靠的依据，在临床医学中起到不可替代的作用，临床医生必须遵循诊疗常规，不能遗漏常规检验检查。

近年来临床检验检查的方法和检测检查项目不断更新，使得临床检验检查在医学中的作用越来越重要，在保证质量的同时，还开展更多更深层次的检验项目。作为检验检查人员应该及时掌握医学检验检查新理论、新知识、新技术，重视对有关检验检查项目和方法的评价、筛选，更新知识，努力提高检验检查项目的准确性，这样才能更好地为临床服务，提高自身的地位。检验检查人员应服从于临床需要，按检验检查申请进行认真检测。如送检标本不符合要求，则应及时重新采集标本，按照操作规程进行操作，而不能盲目发出报告，否则会影响对疾病的诊断治疗，给病人带来痛苦。因此，检验检查人员应本着全心全意为病人服务的精神，在服从临床的前提下，及早发现检验申请或临床采集标本中存在的问题，及时校正更改，减少误差。

典型案例

某日21时许，14岁的杨某(女)腹痛难忍，被父亲送往某镇医院。当地的大夫诊断为阑尾炎，急送县医院手术治疗。县医院接待患者的是主治医生甲和医生乙，他们再次对病人进行会诊，并初步诊断为阑尾炎，签署了手术治疗知情同意书，术前未做血常规化验、B超等一系列检查便对病人实施了剖腹探查术。术中见病人腹腔有大量积血，医生甲没有找到出血原因。医生甲打车去请某市知名专家，但没有找到，病人在手术室病床上“开腹”等待。医生甲回来后开始为病人清除腹腔积血，但始终没有找到出血原因。3小时后，医生甲问患者家属同不同意“关腹”。“关腹”后医生甲为病人做妇科检查，发现其患有妇科疾病，医院立即安排急救车，送杨父带女儿去某市大医院做手术。

第四节　输血规范

一、输血规范的含义

输血规范是指临床医师严格掌握输血适应症，正确应用成熟的临床输血技术和血液保护技术，规范、科学、合理用血。

输血治疗包括输全血、成分血，是临床治疗的重要措施之一，也是临床抢救急危重患者生命行之有效的手段。

血液资源必须加以保护、合理应用，避免浪费，杜绝不必要的输血。

医疗机构应当加强临床输血管理，设立由院领导、业务主管部门、相关科室负责人及专家组成的临床输血管理委员会，贯彻落实临床用血相关法律法规，规范、指导和监督临床用血工作;协调处理临床用血工作中的重大问题;开展临床科学、合理、安全用血的教育和培训。

规范的输血治疗必须在执业医师的全面负责下进行。临床输血应当遵照合理、科学的原则,避免浪费,杜绝不必要的输血。真正的临床需要是输血治疗的唯一基础,治疗性用血80%以上应输成分血。开具输血处方不应受经济利益的驱动,血液是公共资源,用血不应受到限制,检验科必须优先、重点保证每次输血量在600ml以上的大型手术用血或急救治疗用血,病人应该尽可能只接受临床上有效且能够提供最大安全性的某一种血液成分(血细胞,血浆和血浆制品)。为了保护献血者和潜在受血者的利益,应该避免浪费血液。

二、输血规范的特点

(一)输血申请

申请输血应由经治医师逐项填写"临床输血申请单",由主治医师核准签字,连同受血者血样于预定输血日期前送交输血科(血库)备血。

决定输血治疗前,经治医师应向患者或其家属说明输同种异体血的不良反应和经血传播疾病的可能性,征得患者或家属的同意,并在"输血治疗同意书"上签字。"输血治疗同意书"入病历。无家属签字的无自主意识患者的紧急输血,应报医院职能部门或主管领导同意、备案,并记入病历。

术前自身贮血由输血科(血库)负责采血和贮血,经治医师负责输血过程的医疗监护。手术室内的自身输血包括急性等容性血液稀释、术野自身血回输及术中控制性低血压等医疗技术由麻醉科医师负责实施。

新生儿溶血病如需要换血疗法的,由经治医师申请,经主治医师核准,并经患儿家属或监护人签字同意,由血站和医院输血科(血库)提供适合的血液,换血由经治医师和输血科(血库)人员共同实施。

(二)受血者血样采集与送检

确定输血后,医护人员持输血申请单和贴好标签的试管,当面核对患者姓名、性别、年龄、病案号、病室、门急诊、床号、血型和诊断,采集血样。

由医护人员或专门人员将受血者血样与输血申请单送交输血科(血库),双方进行逐项核对。

(三)受血者和供血者的血样保存期

血液发出后,受血者和供血者的血样保存于2~6℃冰箱,至少7日,以便对输血不良反应追查原因。

三、发血的过程与输血过程

（一）发血的过程

配血合格后，由医护人员到输血科（血库）取血。

取血与发血的双方必须共同查对患者姓名、性别、病案号、门急诊、病室、床号、血型、血液有效期及配血试验结果，以及保存血的外观等，准确无误时，双方共同签字后方可发出。

血液发出后不得退回。

注意发血禁忌，凡血袋有下列情形之一的，一律不得发出：

（1）标签破损、字迹不清；

（2）血袋有破损、漏血；

（3）血液中有明显凝块；

（4）血浆呈乳糜状或暗灰色；

（5）血浆中有明显气泡、絮状物或粗大颗粒；

（6）未摇动时血浆层与红细胞的界面不清或交界面上出现溶血；

（7）红细胞层呈紫红色；

（8）过期或其他须查证的情况。

（二）输血的过程

输血前由两名医护人员核对交叉配血报告单及血袋标签各项内容，检查血袋有无破损渗漏，血液颜色是否正常，准确无误方可输血。

输血时，由两名医护人员携带病历共同到患者床旁核对患者姓名、性别、年龄、病案号、门急诊/病室、床号、血型等，确认与配血报告相符，再次核对血液后，用符合标准的输血器进行输血。

取回的血应尽快输用，不得自行贮血。输用前将血袋内的成分轻轻混匀，避免剧烈震荡。血液内不得加入其他药物，如需稀释只能用静脉注射生理盐水。

输血前后用静脉注射生理盐水冲洗输血管道。连续输用不同供血者的血液时，前一袋血输尽后，用静脉注射生理盐水冲洗输血器，再接下一袋血继续输注。

输血过程中应先慢后快，再根据病情和年龄调整输注速度，并严密观察受血者有无输血不良反应，如出现异常情况应及时做以下处理：

1. 减慢或停止输血，用静脉注射生理盐水维持静脉通路；

2. 立即通知值班医师和输血科（血库）值班人员，及时检查、治疗和抢救，并查找原因，做好记录。

四、发生输血反应的处理

疑为溶血性或细菌污染性输血反应，应立即停止输血，用静脉注射生理盐水维护静脉通路，及时报告上级医师，在积极治疗抢救的同时，做以下核对检查：

1.核对用血申请单、血袋标签、交叉配血试验记入。

2.核对受血者及供血者ABO血型、Rh(D)血型。用保存于冰箱中的受血者与供血者血样、新采集的受血者血样、血袋中血样，重测ABO血型、Rh(D)血型、不规则抗体筛选及交叉配血试验（包括盐水相和非盐水相试验）。

3.立即抽取受血者血液加肝素抗凝剂，分离血浆，观察血浆颜色，测定血浆游离血红蛋白含量。

4.立即抽取受血者血液，检测血清胆红素含量、血浆游离血红蛋白含量、血浆结合珠蛋白测定、直接抗人球蛋白试验并检测相关抗体效价，如发现特殊抗体，应作进一步鉴定。

5.如怀疑细菌污染性输血反应，抽取血袋中血液做细菌学检验。

6.尽早检测血常规、尿常规及尿血红蛋白。

7.必要时，溶血反应发生后5～7小时测血清胆红素含量。

五、输血完毕后医护人员的职责

输血完毕，医护人员对有输血反应的应逐项填写患者输血反应回报单，并返还输血科（血库）保存。输血科（血库）每月统计上报医务处（科）。

输血完毕后，医护人员将输血记录单（交叉配血报告单）贴在病历中，并将血袋送回输血科（血库）至少保存1日。

典型案例

某女患者，34岁，因妊娠足月，腹阵痛7小时，全身浮肿半月，6月6日入住某医院。查体：体温36.5℃，脉搏90次/分，呼吸18次/分，血压130/80mmHg，贫血貌、全身浮肿，双下肢指压痕（+++），妊娠足月腹型，宫高32cm，儿头下方，未入盆，儿背右侧，胎心弱120次/分，宫口开大3.5cm，胎胞（+），儿头先露，骨盆侧壁内收，耻骨弓角度90°。腹平片示头盆不称。B超示：BDP 9.0cm，羊水5.2cm。临床诊断为1胎0产、妊娠足月、右枕横位、临产、漏斗型骨盆、重度妊高症、继发贫血、胎儿窘迫。于当日17时在硬膜外麻醉下行子宫下段剖宫产术，娩出一足月发育正常男婴，评分7分，手术顺利。术中输A型红细胞悬液100ml，术后血压130/80mmHg，输余RBC悬液300ml，血浆200ml，病人从手术室回到病房出现寒战、恶心、呕吐，给予安定10mg肌注，爱茂尔2支肌注，地塞米松10mg静点。病人于当日20时出现酱油色尿。6月7日上午尿量50ml，酱油色，给予速尿200mg静注仍无尿。提检尿常规，肾功能，请肾内科会诊，考虑肾功能衰竭，代谢酸性中毒。给予利尿脱水治疗，纠正肾功能衰竭及代谢性酸中毒。于6月10日转入内科进行血液透析及抢救治疗。于6月11日备血时，经多次检验血型均为B型与入院手术时血型不同，患者贫血、肾功能衰竭，原因为医院违反诊疗常规，为病人输入异型血，造成急性肾功能衰竭所致，继续治疗，于10月8日病情好转出院。

第五节　消毒规范

一、消毒规范的含义

消毒规范是指诊疗器械、器具和物品处理的基本原则、操作流程和被朊毒体、气性坏疽及突发原因不明的传染病病原体污染器械、器具和物品的规范处理流程，及医院环境、人员和用品的消毒处理流程。在医院消毒中消毒后媒介物携带的微生物等于或少于国家规定的标准。若能使人工污染的微生物减少99.9%或使消毒对象上污染的自然微生物减少90%，则为消毒合格。

二、诊疗器械、器具和物品的消毒

（一）回收

1.使用者应将重复使用的诊疗器械、器具和物品与一次性使用物品分开放置。重复使用的诊疗器械、器具和物品直接置于封闭的容器中，由医院消毒供应中心集中回收处理；被朊毒体、气性坏疽及突发原因不明的传染病病原体污染的诊疗器械、器具和物品，使用者应双层封闭包装并标明感染性疾病名称，由医院消毒供应中心单独回收处理。

2.不应在诊疗场所对污染的诊疗器械、器具和物品进行清点，采用封闭方式回收，避免反复装卸。

3.回收工具每次使用后应清洗、消毒，干燥备用。

（二）分类

1.在医院消毒供应中心的去污区进行诊疗器械、器具和物品的清点、核查。

2.根据器械物品材质、精密程度等进行分类处理。

（三）清洗

清洗步骤包括冲洗、洗涤、漂洗、终末漂洗。精密器械的清洗，应遵循生产厂家提供的使用说明或指导手册。

（四）消毒

清洗后的器械、器具和物品应进行消毒处理。方法首选机械热力消毒，也可采用75%乙醇、酸性氧化电位水或取得国务院卫生行政部门卫生许可批件的消毒药械进行消毒。

（五）干燥

宜首选干燥设备进行干燥处理。无干燥设备的及不耐热的器械、器具和物品，可使用消毒的低纤维絮擦布进行干燥处理。穿刺针、手术吸引头等管腔类器械，应使用压力气枪或95%乙醇进行干燥处理。不应使用自然干燥方法进行干燥。

（六）器械检查与保养

应采用目测或使用带光源放大镜对干燥后的每件器械、器具和物品进行检查。器械表面及其关节、齿牙处应光洁，无血渍、污渍、水垢等残留物质和锈斑；功能完好，无损毁。清洗质量不合格的，应重新处理；有锈迹，应除锈；器械功能损毁或锈蚀严重，应及时维修或报废。带电源器械应进行绝缘性能等安全性检查。应使用润滑剂进行器械保养，不应使用石蜡油等非水溶性的产品作为润滑剂。

（七）包装

1.包装包括装配、包装、封包、注明标志等步骤。器械与敷料应分室包装。包装前应依据器械装配的技术规程或图示，核对器械的种类、规格和数量，拆卸的器械应进行组装。手术器械应摆放在篮框或有孔的盘中进行配套包装。盘、盆、碗等器皿，宜单独包装。剪刀和血管钳等轴节类器械不应完全锁扣。有盖的器皿应开盖，摞放的器皿间应用吸湿布、纱布或医用吸水纸隔开；管腔类物品应盘绕放置，保持管腔通畅；精细器械、锐器等应采取保护措施。

2.灭菌包重量、体积、包装材料、封包、指示物符合要求。

（八）灭菌

压力蒸汽灭菌适用于耐湿、耐热的器械、器具和物品的灭菌。快速压力蒸汽灭菌适用于对裸露物品的灭菌。干热灭菌适用于耐热、不耐湿、蒸汽或气体不能穿透物品的灭菌，如玻璃、油脂、粉剂等物品的灭菌。环氧乙烷灭菌适用于不耐高温、湿热如电子仪器、光学仪器等诊疗器械的灭菌。过氧化氢等离子体低温灭菌适用于不耐高温、湿热的电子仪器、光学仪器等诊疗器械的灭菌。低温甲醛蒸汽灭菌适用于不耐高温医疗器械的灭菌。

（九）储存

灭菌后物品应分类、分架存放在无菌物品存放区。一次性使用无菌物品应去除外包装后，进入无菌物品存放区。物品存放架或柜应距地面高度20～25cm，离墙5～10cm，距天花板50cm。物品放置应固定位置，设置标志。接触无菌物品前应洗手或手消毒。消毒后直接使用的物品应干燥、包装后专架存放。

环境的温度、湿度达到 WS 310.1 的规定时，使用纺织品材料包装的无菌物品有效期宜为 14 日；未达到环境标准时，有效期宜为 7 日。医用一次性纸袋包装的无菌物品，有效期宜为 1 个月；使用一次性医用皱纹纸、医用无纺布包装的无菌物品，有效期宜为 6 个月；使用一次性纸塑袋包装的无菌物品，有效期宜为 6 个月。硬质容器包装的无菌物品，有效期宜为 6 个月。

（十）无菌物品发放

无菌物品发放时，应遵循先进先出的原则。发放时应确认无菌物品的有效性。植入物及植入性手术器械应在生物监测合格后，方可发放。发放记录应具有可追溯性，应记录一次性使用无菌物品出库日期、名称、规格、数量、生产厂家、生产批号、灭菌日期、失效日期等。

（十一）被朊毒体、气性坏疽及突发原因不明的传染病病原体污染的诊疗器械、器具和物品的处理流程

1. 疑似或确诊朊毒体感染的病人宜选用一次性诊疗器械、器具和物品，使用后应进行双层密闭封装焚烧处理。可重复使用的污染器械、器具和物品，应先浸泡于 1mol/l 氢氧化钠溶液内作用 60 分钟，再按照标准方法进行清洗、消毒与灭菌，压力蒸汽灭菌应选用 134～138℃，18 分钟，或 132℃，30 分钟，或 121℃，60 分钟。使用的清洁剂、消毒剂应每次更换。每次处理工作结束后，应立即消毒清洗器具，更换个人防护用品，进行洗手和手消毒。

2. 气性坏疽污染的处理流程应符合《消毒技术规范》的规定和要求。应先采用含氯或含溴消毒剂 1000mg/l～2000mg/l 浸泡 30～45 分钟后，有明显污染物时应采用含氯消毒剂 5000mg/l～10000mg/l 浸泡至少 60 分钟后再清洗，并按一般程序灭菌。

3. 突发原因不明的传染病病原体污染的处理应符合国家当时发布的规定要求。

三、医院环境的消毒

（一）医院环境分类

医院环境分为四类：Ⅰ类环境包括层流洁净手术室和层流洁净病房；Ⅱ类环境包括普通手术间、产房、婴儿室、早产儿室、普通保护性隔离室、供应室洁净区、烧伤病房、重症监护病房；Ⅲ类环境包括儿科病房、妇产科检查室、注射室、换药室、治疗室、供应室清洁区、急诊室、化验室、各类普通病室和房间；Ⅳ类环境包括传染病科和病房。

（二）环境的空气消毒

Ⅰ类环境的空气消毒：由于在这类环境要求空气中的细菌总数≤10cfu/m³，

所以，只能采用层流通风，才能使空气中的微生物减到此标准以下。Ⅱ类环境的空气消毒：循环风紫外线空气消毒器，静电吸附式空气消毒器。Ⅲ类环境的空气消毒：可采用Ⅱ类环境的空气消毒方法，臭氧消毒，紫外线消毒，熏蒸或喷雾消毒。Ⅳ类环境的空气消毒：可用Ⅰ、Ⅱ、Ⅲ类空气消毒的方法进行。

（三）物体和环境表面消毒

1. Ⅰ、Ⅱ类环境物体表面消毒

地面消毒：当地面无明显污染情况下，通常采用湿拭清扫，用清水或清洁剂拖地每日 1～2 次；当地面受到病原菌污染时，用二溴海因消毒剂 200mg/l～500mg/l，消毒作用 30 分钟；当受到致病性芽胞菌污染时，用二溴海因消毒剂 1000 mg/l～2000mg/l，消毒作用 30 分钟；当结核病人污染地面时，用 0.2％过氧乙酸或含氯消毒剂或二溴海因擦洗；当受到烈性传染病病原体污染时，用有效氯或有效溴 1000mg/l～2000mg/l，消毒作用 30 分钟。

墙面消毒：通常不需要消毒。当受到病原菌污染时，可采用化学消毒剂喷雾或擦洗。墙面消毒一般为 2m～2.5m 高即可。细菌繁殖体污染：有效氯或有效溴 250mg/l～500mg/l；肝炎病毒污染：有效氯或有效溴 2000mg/l；芽孢污染：有效氯或有效溴 2000mg/l～3000mg/l。喷雾量根据墙面结构不同，以湿润不向下流水为度，一般 $50ml/m^2$～$200ml/m^2$。

病房各类用品表面的消毒：各类用品指桌子、椅子、床头柜等。一般情况下，用清洁的湿抹布或季胺盐类消毒液，每日 2 次擦拭。当室内各种用品受到病原菌的污染时，可用以下消毒方式：

(1)用 100mg/l～200mg/l 二溴海因或含有效氯 200mg/l～500mg/l 或含有效碘 250mg/l～500mg/l 的碘伏，擦拭或喷洒；

(2)紫外线灯照射。

离污染表面不宜超过 1m，消毒有效区为灯管周围 1.5m～2.0m。

灯管表面必须保持清洁，每 1～2 周用酒精纱布擦拭 1 次，照射时间不少于 30 分钟。

高强度、低臭氧紫外线杀菌灯，照射 30～60 分钟。

2. Ⅲ类环境物体表面消毒

除上述介绍的外，还可用 1000mg/l 洗必泰溶液，进行喷洒或擦洗。

3. Ⅳ类环境物体表面消毒

同Ⅰ、Ⅱ类消毒方法。

四、医务人员手的消毒

1. 外科手消毒：消毒刷洗手臂法；先刷洗后消毒手臂法；连续进行手术的洗

手消毒法，按照相关标准和操作流程进行。

2. 卫生手消毒：医护人员在各种操作前，应用皂液流动水冲洗双手。进行各种操作后，应进行手的卫生消毒，包括各种治疗、操作前的消毒，连续治疗和操作的消毒，接触传染病病人后手的消毒。

3. 注意事项：

(1)洗手时应用皂液和流动水将手洗净；

(2)当手与病人接触前后或微生物污染接触后(包括脱掉手套后)必须用皂液流动水或用含醇的手消毒剂洗净双手，包括手部皮肤和指甲的所有表面；

(3)在进行侵入性操作前如放置血管导管、导尿管，可选用手快速消毒剂进行洗手消毒；

(4)外科洗手应将双手和前臂、指甲等彻底洗净后，再按程序作外科手消毒。

典型案例

杨某8个月的儿子，因呼吸道感染，到某医院住院，出院前一天到深夜12时左右，突然病房里的壁灯不知何故熄灭。杨某立即下床摸到安装在墙壁上的线盒开关，随手一打开，发现在自己病房上空2米的地方，亮起了紫色灯光，因灯光较暗，加上是夜间杨某并没有过多地想就入睡了。第二天清晨5时，杨某感到视力模糊看不清、头昏，其宝贝儿子已脸色发红。一位值班医生获悉后，不声不响地将紫色灯关掉，随后离开了病房。出院后杨某的眼睛越来越看不见东西，甚至出现了眼痛、眼睑痉挛、怕光、流泪。另外，面部、手部等部位有烧灼感，且眼睑红肿。杨某发现儿子嫩嫩的脸面皮肤上有灼伤、不断溃烂、嘴唇起泡的症状，紧急送儿子赶往儿童医院。医院立刻下达了病危通知。杨某病危的儿子病因系紫外线灼伤所致。

小 结

医务人员的任何不当行为、医院的任何管理漏洞都可能成为医疗纠纷的隐患。诊疗护理规范是在总结以往医学科学经验和医疗技术成果的基础上对医疗过程的定义和所应用技术的规范或指南。广义的诊疗护理规范是指卫生行政部门以及全国性行业协(学)会针对本行业的特点，制定的各种标准、规程、规范、制度的总称。这些规范经卫生行政部门和全国性行业协(学)会制定和发布后，具有技术性、规定性和可操作性，能够指导、规范医疗行为，医务人员在执业活动中必须严格遵守，认真执行。狭义的诊疗护理规范是指医疗机构制定的本机构医务人员进行医疗、护理、检验、医技诊断治疗及医用物品供应等各项工作应遵循的工作方法、步骤。医疗机构及医务人员应严格遵守接诊规范、医疗护理规范、医疗检验检查规范、处方规范、输血规范、消毒规范等诊疗护理规范，以保证诊疗护理质量，保障患者健康，避免医疗纠纷。

思考题

1.接诊的医务人员必须遵守的医疗核心制度有哪些？

2.医疗护理规范是什么？

3.医疗检验检查规范是什么？

4.发生输血反应的处理是怎样的？

5.医院环境的分类及空气、物体和环境表面消毒的要求有哪些？

（张晓杰　刘迎新）

第三章　医学证明规范

引导案例

2008 年 3 月 31 日，患者王某因肝癌晚期被收治入院。4 月 17 日头颅 CT 检查证实脑出血，4 月 18 日脑外科会诊结果为四肢肌力为Ⅴ级，4 月 22 日患者家属主动要求出院，5 月 28 日患者病逝。王某病故后留下巨额遗产，对遗产继承分配问题亲属间产生纠纷，之后其母将其妻范某告上法院。范某为了获得全部财产，遂伪造“遗产全部归其妻范某所有”的遗嘱，并声称遗嘱是其丈夫王某生前用左手签署(注：左手签名在司法鉴定上没有可比性)。为此，同年 9 月中旬，范某以其夫“出院小结”内容有遗漏为由，找到主治医师徐某，要求在其夫“出院小结”上补记“右侧肢体肌力Ⅱ级”等字样。徐医师在没有翻阅病人病历，也记不清病人当时病情的情况下，仅仅根据范某讲述推测肌力有可能Ⅱ级，便在范某所持的“出院小结”中补写了上述描述。

法庭审理中，范某向法院出示了伪造的“遗产全部归其妻范某所有”的遗嘱，并向法院提供了徐医师修改加注过有关内容的“出院小结”，以证明其夫生前由于“右侧肢体肌力Ⅱ级”，无法握笔不得已用左手书写遗嘱的所谓事实。

法庭庭审时发现，范某所持的“出院小结”中有头颅 CT 显示脑出血导致“右侧肢体肌力Ⅱ级”的手写加注意见，但医院已存档的该患者的“出院小结”中没有此段描述。经调查核实，该段手写加注意见为患者王某的主治医师徐某所写。医师徐某在法院审理时到庭作证，陈述了自己因一时疏忽轻信他人在记不起病人病情，也没有认真翻阅病人病历的情况下，应范某要求，修改加注了“出院小结”部分内容的事实。

鉴于医师徐某能够认识到自己错误，主动到庭陈述事实，并有悔过表现，未造成严重的后果，人民法院没有追究其妨碍诉讼的法律责任。但是医师徐某的行为违反了《中华人民共和国执业医师法》(以下简称《执业医师法》)第 23 条第 1 款的规定，卫生行政部门以“未经亲自诊查、调查签署医学证明文件”对徐某作出警告的行政处罚。本案对医疗机构及医务人员具有警示作用。病历不仅是患者病情和诊疗过程的如实记录，同时也是一种法定证据材料，可能涉及有关当事人的法定权利、义务及过错和责任的认定及处理。因此，医疗机构及医务人员应当严格按照《执业医师法》《医疗机构病历管理规定》等相关法律法规的规定规范书写病历。

第一节　医学证明文件概述

一、医学证明文件的概念

医学证明文件，又称为医学意见书或医学诊断证明，是医疗机构及医务人员经检查和医学处置后做出的规范性书面结论。其又称医学诊断证明。医学证明文件的范围按照医学界的惯常做法和一般理解，应该包括人的出生与患者疾病预防、诊断、治疗、预后、康复、死亡等有关法定的书面证明，包括出生医学证明、健康证明、疾病证明、病假证明、诊断证明、伤残证明、功能鉴定书、医学死亡证明等证明文件。

医学证明文件是最具有法律效力的重要医学文书，依法出具医学证明文件是法律赋予医疗机构及其执业医师的权利和义务。《执业医师法》第 23 条规定，医师实施医疗、预防、保健措施，签署有关医学证明文件，医师不得出具与自己执业范围无关或者与执业类别不相符的医学证明文件。

二、医学证明文件的特征

（一）主体特定性

医学证明文件必须由特殊资质的医务人员直接主持下或参与方可形成，即必须由具备相应资格的医务人员依职务行为做出。同时要求医务人员亲自参加诊疗过程，因为只有经治医生才能完整、准确地记录病人的生命体征、病情的发展、诊治的效果。如果是由实习医生代为记录的，则应由经治医生进行补充，并在确认记录的准确性、完整性后签名，才具备法律效力。若是由不具备合法资质的医务人员记录，即使记录内容与当时的情况一致，也不能成为有效证明。

《医疗机构管理条例》第 32 条规定，未经医师（士）亲自诊查病人，医疗机构不得出具疾病诊断书、健康证明书或者死亡证明书等证明文件；未经医师（士）、助产人员亲自接产，医疗机构不得出具出生证明书或者死产报告书。出具医学证明文件是法律赋予医疗机构及其执业医师的权利和义务，不具有法定资质人员出具的医学证明文件不具有法律效力。同时医师出具与自己执业类别和执业范围相关的医学证明时，必须亲自诊查、调查并获得一定科学依据方可出具医学证明文件。

（二）内容特殊性

医学证明文件不同于一般的医学文书，它不仅记载着患者病情和诊疗记录，而且能够对患者产生赋予权利或限制、剥夺权利的行政法律后果。依据《民事诉讼法》证据种类的规定，医学证明文件属于书证，具有较强的法律证明力。如出生医学证明具有亲权关系证明作用、死亡医学证明具有民事主体资格消灭证明作用等。

（三）格式法定性

医学证明文件具有法定格式，法律法规对其格式和制作程序都有明确规定，医疗机构及医务人员制作医学证明文件时必须严格依法进行，否则不具有法律效力。如病历的书写格式要依据《病历书写基本规范》，处方的书写格式要依据《处方管理办法》等。

三、医学证明文件的分类

医学证明文件的种类较多，范围较广。根据医学证明文件的内容和制作程序，可以分为普通医学证明文件和特殊医学证明文件。

（一）普通医学证明文件

普通医学证明是医疗机构提供的最重要、最大量、最典型的医学证明文件，它与疾病治疗有密切关系。这类证明是医疗机构及医务人员依据某些疾病的诊断与治疗情况，出具证明患者疾病治疗事实的医学证明。普通医学证明文件主要是指病历资料，其中门（急）诊病历、入院记录（住院志）、手术记录等具有典型的医学证明作用。

（二）特殊医学证明文件

特殊医疗证明与疾病治疗一般没有直接关系，但是社会意义较大，它常常具有一定的法律责任和效果，对社会、家庭和个人的稳定发展颇具影响，对法律责任的判定具有举足轻重的作用。这类证明是医疗机构及医务人员应社会特殊需要，依据特殊法定程序出具的证明特殊医学事实的医学证明，主要包括疾病诊断证明、健康证明、病假证明、医学出生证明、医学死亡证明、人身伤害涉法证明（斗殴伤害证明、交通肇事伤害证明）、计划生育证明等。

四、医学证明文件的审查、登记

1. 医师出具的医学证明必须加盖医疗机构医学证明专用章（或指定部门公章）后方为有效。

2. 医疗机构的医务管理部门是医学证明文件的日常监管部门，负责对本院医师出具的医学证明文件的规范性、签署证明人员的资格、出具证明的医学依据、诊疗意见的合理性等进行审查。保留医学证明存根，其内容包括患者姓名、性别、年龄、单位或住址、联系电话、疾病诊断、诊疗意见、证明签署医师姓名、出具证明日期、审查人员签名等，按规定年限存档，一般的证明文件至少保存5年。

3.医疗机构的医务管理部门要指定专门人员负责医疗机构医学证明专用章的保管、使用。

4.医疗机构要对本院医学证明出具程序制定实施细则，并告知全院医师和患者。

第二节　病历书写规范

一、病历书写的概念

病历是指医务人员在医疗活动过程中形成的文字、符号、图表、影像、切片等资料的总和，包括门(急)诊病历和住院病历。病历书写是指医务人员通过问诊、查体、辅助检查、诊断、治疗、护理等医疗活动获得有关资料并进行归纳、分析、整理形成医疗活动记录的行为。

病历是反映医务人员全部医疗活动的具有法律效力的文字资料。规范书写病历，既能促进医疗质量的提高，又可以最大限度地保护医务人员避免医疗事故或医疗纠纷。《侵权责任法》第61条规定，医疗机构及其医务人员应当按照规定填写并妥善保管住院志、医嘱单等病历资料。为了提高病历管理的质量，保障医疗的质量和安全，卫生部于2010年初制订了《病历书写基本规范》，对病历书写进行了详细规范。

二、病历书写的基本原则

(一)客观、真实

客观和真实是病历资料书写最基本的要求，它要求病历资料记载的内容应当真实，不得随意涂改。医护人员要充分认识到每份病历的医疗价值和法律意义，严格按《病历书写基本规范》书写，应当在客观、真实地记录患者的病情变化和诊断治疗过程的前提下尽可能保证其完整和详细，不能为了掩盖原病历的内容而违背客观事实进行涂改、更换、漏写和伪造。

(二)准确、及时

病历记载的内容应当准确无误、文字工整、字迹清晰、表述准确、语句通顺、标点正确。如果病历资料书写不准确，一旦发生医疗纠纷提起诉讼可能导致证据瑕疵，使医疗机构在诉讼中处于非常被动的局面。

医务人员应当在规定的时间内完成病历内容的书写。医务人员应当在患者入院后24小时完成入院记录，入院记录对病危患者应当根据病情变化随时书写，病程记录每日至少1次，记录时间应当具体到分钟。对病重患者，至少2日记录1次病程记录。对病情稳定的患者，至少3日记录1次病程记录。对病情稳定的慢性病患者，至少5日记录1次病程记录。如果因抢救急危患者而未能及时书写病历时，可以在抢救结束后6小时内据实补记，并加以说明。

（三）完整、规范

病历的完整性往往为医务人员所忽略，病历中缺少关键性的检查报告，输血后病历中无输血单等使得医疗机构在诉讼中经常处于不利的法律地位，甚至承担举证不能的法律后果。

在书写和记录病历的过程中，必须使用通用的语言和文字，严格遵守修改格式和签字等制度。病历修改必须严格依照《病历书写基本规范》的要求进行修改，不得采用刮、粘、涂等方法掩盖或去除原来的字迹。医疗纠纷发生后医疗机构禁止对病历内容进行任何形式的修改，包括“整理”或“完善”病历。

三、病历书写的规范

病历书写既是培养和提高临床医务人员诊治疾病的正确思维方法的过程，也是临床医务人员的职责和必须掌握的基本技能。病历的内容较多，其中门（急）诊病历、入院记录和手术记录能够证明患者与医疗机构之间的医疗事实，是典型医学证明文件。本节仅对门（急）诊病历、入院记录和手术记录书写作简单介绍。

（一）门（急）诊病历的内容及要求

门诊病历内容包括门（急）诊病历首页[门（急）诊手册封面]、病历记录、化验单（检验报告）、医学影像检查资料等。

1.门（急）诊病历的书写内容

门（急）诊病历首页内容应当包括患者姓名、性别、出生年月日、民族、婚姻状况、职业、工作单位、住址、药物过敏史等项目；门诊手册封面内容应当包括患者姓名、性别、年龄、工作单位或住址、药物过敏史等项目。

门（急）诊病历记录可分为初诊病历记录或复诊病历记录两种。初诊病历记录书写内容应当包括就诊时间、科别、主诉、现病史、既往史、阳性体征、必要的阴性体征和辅助检查结果，诊断及治疗意见或医师签名。复诊病历记录书写内容应当包括就诊时间、科别、主诉、病史、必要的体格检查，以及辅助检查结果、诊断、治疗处理意见和医师签名等。

2.门（急）诊病历的书写要求

门(急)诊病历的书写要严格遵守《病历书写基本规范》。门(急)诊病历记录应当由接诊医师在患者就诊时及时完成,书写就诊时间应当具体到分钟。抢救危重患者时应当书写抢救记录,对收入急诊观察室的患者应当书写留观期间的观察记录。

(二)入院记录书写内容及要求

入院记录的书写形式可分为入院记录、再次或多次入院记录、24 小时内入出院记录、24 小时内入院死亡记录。入院记录、再次或多次入院记录应当于患者入院后 24 小时内完成,24 小时内入出院记录应当于患者出院后 24 小时内完成,24 小时内入院死亡记录应当于患者死亡后 24 小时内完成。入院记录由住院医师或以上医师书写,不能由实习、进修医师书写。

1.入院记录

入院记录是指患者入院后,由经治医师通过问诊、查体、辅助检查等获得有关资料并对这些资料归纳分析书写而成的记录。记录的内容包括:

(1)患者一般情况,包括姓名、性别、年龄、民族、婚姻状况、出生地、职业、入院时间、记录时间、病史陈述者。

(2)主诉是指促使患者就诊的主要症状(或体征)及持续时间。主诉部分要求重点突出,须有高度概括性,文字简明扼要,一般不超过 20 个字,不能用诊断或检查结果来代替主诉。起病短者,应以小时记述;主诉多于一项者,应按发生的先后次序分别写出,如上腹痛 10 年,便血 1 年,呕吐 4 小时。

(3)现病史是指患者本次疾病的发生、演变、诊疗等方面的详细情况,应当按时间顺序书写。其内容包括发病情况、主要症状特点及其发展变化情况、伴随症状、发病后诊疗经过及结果、睡眠和饮食等一般情况的变化,以及与鉴别诊断有关的阳性或阴性资料等。现病史部分要求内容具体、精确,对具有鉴别诊断意义的阴性症状亦应列入。症状出现的时间,如系急性病,常以住院日期前推算,如住院前第×日(或×小时),如症状已多年,记述应为×年×月×日如何发病。

(4)既往史是指患者过去的健康和疾病情况,其内容包括既往一般健康状况、疾病史、传染病史、预防接种史、手术外伤史、输血史、食物或药物过敏史等。

(5)个人史、婚育史、月经史和家族史。个人史:记录出生地及长期居留地,生活习惯及有无烟、酒、药物等嗜好,职业与工作条件及有无工业毒物、粉尘、放射性物质接触史,有无冶游史。婚育史、月经史:婚姻状况、结婚年龄、配偶健康状况、有无子女等。女性患者记录初潮年龄、行经期天数、间隔天数、末次月经时间(或闭经年龄),月经量、痛经及生育等情况。家族史:父母、兄弟、姐妹健康状况,有无与患者类似疾病,有无家族遗传倾向的疾病。

(6)体格检查应当按照系统循序进行书写。其内容包括体温、脉搏、呼吸、血压，一般情况，皮肤、黏膜，全身浅表淋巴结，头部及其器官，颈部，胸部(胸廓、肺部、心脏、血管)，腹部(肝、脾等)，直肠肛门，外生殖器，脊柱，四肢，神经系统等。

(7)专科情况应当根据专科需要记录专科特殊情况。

(8)辅助检查指入院前所作的与本次疾病相关的主要检查及其结果。应分类按检查时间顺序记录检查结果，如在其他医疗机构所作的检查，应当写明该机构名称及检查号。

(9)初步诊断是指经治医师根据患者入院时情况，综合分析所作出的诊断，如初步诊断为多项时，应当主次分明，对待查病例应列出可能性较大的诊断。

(10)书写入院记录的医师签名。

2.再次或多次入院记录

再次或多次入院记录是指患者因同一种疾病再次或多次住入同一医疗机构时书写的记录。其要求及内容基本同入院记录。主诉是记录患者本次入院的主要症状(或体征)及持续时间，现病史中要求首先对本次住院前历次有关住院诊疗经过进行小结，然后再书写本次入院的现病史。

3.24小时内入出院记录

患者入院不足24小时出院的，可以书写24小时内入出院记录，内容包括患者姓名、性别、年龄、职业、入院时间、出院时间、主诉、入院情况、入院诊断、诊疗经过、出院情况、出院诊断、出院医嘱、医师签名等。

4.24小时内入院死亡记录

患者入院不足24小时死亡的，可以书写24小时内入院死亡记录，内容包括患者姓名、性别、年龄、职业、入院时间、死亡时间、主诉、入院情况、入院诊断、诊疗经过(抢救经过)、死亡原因、死亡诊断，医师签名等。

(三)手术记录书写内容及要求

手术记录是手术者书写的反映手术经过、术中发现及处理等情况的特殊记录，是病历资料中的重要部分。手术记录不仅可以反映手术者的理论水平和技能水平，是医教研的第一手资料，而且在发生医疗纠纷或对手术过程有疑义时是重要的直接的法律证据，是澄清手术中是否存在缺陷的重要依据。

手术记录的内容包括一般项目(患者姓名、性别、科别、病房、床位号、住院病历号或病案号)、手术日期、术前诊断、术中诊断、手术名称、手术者及助手姓名、麻醉方法、手术经过、术中出现的情况及处理等。

及时规范地书写手术记录是手术医师的基本职责之一。手术医师要认真记录手术一般情况、手术经过、术中发现及处理等情况，特殊记录应当在术后24小时内完成。在特殊情况下，由第一助手书写时应有手术者签名，但手术者必须在术后48小时内审阅签字。

第三节 处方规范

一、处方规范的含义

处方是指由注册的执业医师和执业助理医师在诊疗活动中为患者开具的、由取得药学专业技术职务任职资格的药学专业技术人员审核、调配、核对并作为患者用药凭证的医疗文书。处方包括医疗机构病区用药医嘱单。注册的执业医师和执业助理医师指依据《执业医师法》规定，依法取得医师资格证书和执业证书，经所在医疗保健机构业务管理部门考核合格授予处方权的医务人员（以下简称“医师”）。处方药必须凭医师处方销售、调剂和使用。医师处方和药学专业技术人员调剂处方应当遵循安全、有效、经济的原则，并注意保护患者的隐私权。

处方规范是指医师根据医疗、预防、保健需要，按照诊疗规范，药品说明书中的药品适应症、药理作用、用法、用量、禁忌、不良反应和注意事项等开具处方的规定。处方包括医疗机构病区用药医嘱单。

注册的执业医师和助理执业医师在执业地点取得相应的处方权后，须在注册的医疗、预防、保健机构签名留样及专用签章备案后方可开具处方。实习医师、进修医师和试用期的医师开具处方，须经所在医疗、预防、保健机构有处方权的执业医师审核并签名或加盖专用签章后方才有效。

开具麻醉药品、精神药品、医疗用毒性药品、放射性药品的处方须严格遵守有关法律、法规和规章的规定。

二、处方规范的特点

（一）处方的格式和有效期

处方由各医疗机构按规定的格式统一印制，可标明某某医院处方。麻醉药品和第一类精神药品处方的印刷用纸为淡红色，处方右上角分别标注“麻”“精一”；第二类精神药品处方的印刷用纸为白色，处方右上角标注“精二”。急诊处方、儿科处方、普通处方的印刷用纸分别为淡黄色、淡绿色、白色，并在处方右上角以文字注明。

处方开具的当日有效。特殊情况下要延长有效期的，由开具处方的医师注明有效期限，有效期最长不得超过 3 日。

（二）药品名称规范

药品名称以《中华人民共和国药典》收载、药典委员会公布的《中国药品通用名称》或经国家批准的专利药品名为准。中成药和医院制剂品名的书写应与正式批准的名称一致。药名书写可用中文名称或英文国际非专利名(INN),同一药品名称不得中英文混写。如需要可在其后括号内写出商品名。

药名的简写或缩写必须为国内通用写法,不得用化学分子式、别名或自造简写,如“KC1”“地米”“PN”。

(三)药品规格含量和用法规范

1.有明确规格含量的药品须使用公制单位写明准确剂量。重量以克(g)、毫克(mg)、微克(μg)、纳克(ng)为单位;容量以升(l)、毫升(ml)为单位,或以国际单位(IU)、单位(U)计算,以克(g)为单位时可以略去不写。液体剂型或注射剂以容量为单位时,须注明药品浓度(如写“0.2%替硝唑注射液 200ml”)。药品用量以阿拉伯数字表示,小数点前的“0”不得省略。整数后不写小数点和“0”。

2.无明确含量的药品,如片剂、丸剂、胶囊剂、冲剂分别以片、丸、粒、袋为单位,软膏及霜剂以支、盒为单位。

3.药品应按照说明书中的常用剂量使用。特殊情况需要超剂量使用时,应注明原因并再次签医师全名。

4.一组药物混合使用时,每种药物写一行,用量按等于或低于包装量的实际使用量书写。在一组药物后画一斜线,表明下药加入上面药液。

5.给药次数、给药方法用中文或规定的拉丁文缩写符号标出,不得使用“遵医嘱”“自用”等含糊不清字句。

6.处方中有规定作皮试的药品时,医师须在相应药品名称前注明“皮试阴性”。

(四)处方药量规范

1.一次处方一般不得超过 7 日用药量,急诊处方一般不得超过 3 日用量。对于某些慢性病、老年病或特殊情况,医师注明理由后可适当延长。

2.麻醉药品、第一类精神药品注射剂处方为一次用量,其他剂型处方不得超过 3 日用量,控缓释制剂处方不得超过 7 日用量。

3.癌症疼痛患者或慢性中、重度非癌痛患者开具的麻醉药品、第一类精神药品注射剂处方,不得超过 3 日用量。其他剂型处方不得超过 7 日用量。

4.对需要特别加强管制的麻醉药品,如盐酸二氢埃托啡处方为一次用量,药品仅限于二级以上医院内使用。盐酸哌替啶处方为一次用量,药品仅限于医疗机构内使用。

(五)特殊处方的管理与要求

医疗单位对使用的麻醉药品、精神药品、医疗用毒性药品、放射药品的专用处方应当专册登记。专册登记内容包括姓名、性别、年龄、身份证号、病历号、疾病名称、药品名称、规格、数量、处方医师、处方编号、处方日期、发药人、复核人,使用“麻醉药品专用卡”时还需填写卡号、取药人姓名、身份证号。

专用账册的保存应当在药品有效期满后不少于2年。

1.麻醉药品、精神药品

(1)医疗机构应对麻醉药品、精神药品处方单独存放,按月汇总,至少保存2年。

(2)开具麻醉药品应使用专用处方(纸质)。开具处方应书写完整、字迹清晰,写明患者姓名、性别、年龄、身份证号、病历号、疾病名称、药品名称、规格、数量、用法用量、医师签名。

(3)医疗机构使用的麻醉药品空白专用处方应统一编号,计数管理,建立完善的保管、领取、使用、退回、销毁管理制度。

(4)医师开具麻醉、精神药品处方时,应在病历中记录。不得为他人开具不符合规定的处方或为自己开处方使用麻醉、精神药品。

(5)麻醉药品注射剂处方一次不超过3日用量,麻醉药品控(缓)释制剂处方一次不超过15日用量,其他剂型的麻醉药品处方一次不超过7日用量;第一类精神药品注射剂处方一次不超过7日用量,其他剂型的第一类精神药品处方一次不超过15日用量。

(6)中、重度慢性疼痛患者使用麻醉、精神药品,根据国家药品监督管理局、卫生部联合下发的《癌症患者申办麻醉药品专用卡的规定》(国药监安〔2002〕199号),中、重度慢性疼痛患者可以申请办理“麻醉药品专用卡”。患者可委托其亲属或监护人持取药人身份证及“麻醉药品专用卡”到指定医疗机构开方取药。

(7)供药医疗机构应对凭“麻醉药品专用卡”使用麻醉、精神药品注射剂的患者建立随诊制度,并建立随诊记录。发药部门应在“麻醉药品专用卡”上按要求填写发药记录。

2.毒性药品处方

医用毒性药品,每次处方剂量不得超过2日剂量。处方保存2年备查。其余同一般处方。

3.放射药品处方

经核医学技术培训的技术人员具有使用放射性药品的权利,非核医学专业技术人员未经培训,不得从事放射性药品使用工作。其余同一般处方。本规范适用于书写西药、中药、中成药处方。

(六)其他注意事项

1.处方字迹书写清楚,不得涂改。修改时须在修改处签名及注明修改日期。开具处方后的空白处应画一斜线,以示处方完毕。

2.有处方权的医师在为患者首次开具麻醉药品、第一类精神药品处方时,应当亲自诊查患者，建立相应的病历，留存患者身份证明复印件，要求患者或家属签署“知情同意书”。病历由医疗机构保管。

3.医师在处方上的签名式样和专用签章必须与在药学部门留样备查的式样相一致，如有改动应重新登记留样备案。

4.用计算机开具普通处方时，需同时打印纸质处方一份，其格式与手写处方一致，打印的处方需经医师签名。

5.儿科患者到急诊科或其他临床科室就诊时，应当书写儿科处方。

6.处方由调剂、出售处方药品的医疗、预防、保健机构或药品零售企业妥善保存。普通处方、急诊处方、儿科处方保存1年，医疗用毒性药品、精神药品及戒毒药品处方保留2年，麻醉药品处方保留3年。

处方保存期满后，经医疗、预防、保健机构或药品零售企业主管领导批准、登记备案，方可销毁。

三、处方书写的规则

(一)处方的书写常规

1.处方上填写的一般项目应清晰完整，与病历记载一致。年龄须写实足年龄，婴幼儿书写日龄或月龄，必要时注明体重。医师开具处方时须注明临床诊断。

2.每张处方只限于一名患者的用药，西药、中成药、中药饮片要分别开具处方。每种药品须单独一行，药名后写出剂型、规格、数量，另起行书写单次给药量、给药次数、给药方法。每张处方不得超过5种药品。

3.中药饮片处方的书写可按“君、臣、佐、使”的顺序排列。药物调剂、煎煮的特殊要求注明在药品之后上方，并加括号(如布包、先煎、后下等)。对药物的产地、炮制有特殊要求时应在药名之前写出。饮片以剂或付为单位。

4.医师利用计算机开具普通处方时，需同时打印纸质处方，其格式与手写处方一致，打印的处方经签名后有效。药学专业技术人员核发药品时，必须核对打印处方无误后发给药品，并将打印处方收存备查。

(二)处方书写具体规则

为了规范处方管理，提高处方管理水平，促进合理用药，保障医疗安全，卫生部于2006年制定《处方管理办法》，对处方的书写等进行详细的规定。处方书写规则具体如下：

1.患者一般情况、临床诊断要填写清晰、完整并与病历记载相一致。

2.每张处方限于一名患者的用药。

3.字迹清楚，不得涂改；如需修改，应当在修改处签名并注明修改日期。

4.药品名称应当使用规范的中文名称书写，没有中文名称的可以使用规范的英文名称书写。医疗机构或者医师、药师不得自行编制药品缩写名称或者使用代号，书写药品名称、剂量、规格、用法、用量，要准确、规范，药品用法可用规范的中文、英文、拉丁文或者缩写体书写，但不得使用“遵医嘱”“自用”等含糊不清的字句。

5.患者年龄应当填写实足年龄，新生儿、婴幼儿写日、月龄，必要时要注明体重。

6.西药和中成药可以分别开具处方，也可以开具一张处方。中药饮片，应当单独开具处方。

7.开具西药、中成药处方，每一种药品应当另起一行，每张处方不得超过5种药品。

8.中药饮片处方的书写，一般应当按照“君、臣、佐、使”的顺序排列；调剂、煎煮的特殊要求注明在药品右上方，并加括号如布包、先煎、后下等；对饮片的产地、炮制有特殊要求的，应当在药品名称之前写明。

9.药品用法用量应当按照药品说明书规定的常规用法用量使用；特殊情况需要超剂量使用时，应当注明原因并再次签名。

10.除特殊情况外应当注明临床诊断。药品剂量与数量用阿拉伯数字书写。剂量应当使用法定剂量单位：重量以克(g)、毫克(mg)、微克(ug)、纳克(ng)为单位；容量以升(L)、毫升(ml)为单位；国际单位(IU)、单位(U)；中药饮片以克(g)为单位。片剂、丸剂、胶囊剂、颗粒剂分别以片、丸、粒、袋为单位；溶液剂以支、瓶为单位；软膏及乳膏剂以支、盒为单位；注射剂以支、瓶为单位应当注明含量；中药饮片以剂为单位。

医师开具处方后，应在空白处画一斜线以示处方完毕。处方医师的签名式样和专用签章应当与院内药学部门留样备查的式样相一致，不得任意改动，否则应当重新登记留样备案。

处方标准由卫生部统一规定，处方格式由省、自治区、直辖市卫生行政部门统一制定，处方由医疗机构按照规定的标准和格式印制。

四、处方出具规范

医师应当根据医疗、预防、保健需要，按照诊疗规范、药品说明书中的药品适应症、药理作用、用法、用量、禁忌、不良反应和注意事项等开具处方。开具医疗用毒性药品、放射性药品、麻醉药品和精神药品的处方应当严格遵守有关法律、法规、规章和卫生部制定的临床应用指导原则的规定。

医师开具院内制剂处方时应当使用经省级卫生行政部门审核、药品监督管理部门批准的名称。医师可以使用由卫生部公布的药品习惯名称开具处方。

处方开具当日有效。特殊情况下需延长有效期的，由开具处方的医师注明有效期限，但有效期最长不得超过3日。处方一般不得超过7日用量；急诊处方一般不得超过3日用量；对于某些慢性病、老年病或特殊情况，处方用量可适当延长，但医师应当注明理由。

典型案例

喹诺酮类药物在说明书中明确规定未成年人禁用，由于医生没有详细阅读说明书及相关资料，给1例12岁患者用了此类药物。患者用药后，其父母看到说明书而找医院索赔。喹诺酮类药物有抑制γ—氨基丁酸的作用，因此能诱发癫痫病，同时也可影响软骨发育。此案例虽近期未造成患儿明显身体损害，但远期是否有影响尚难以预料。

某些基层医院的医生在给病人用药时往往喜欢大剂量给药，误以为用药剂量大则疗效就好，忽视了不良反应也会增加。某乡村医生给1例感冒病人1次静滴甲磺酸培氟沙星0.8g，结果病人用药后发生脑水肿，导致死亡。由于氟喹诺酮类药物所含的氟为疏水性，故该类药物易透过血脑屏障，引起脑水肿，大剂量用药增加了此种危险性。1例卵巢癌病人，应用顺铂化疗时，医生不慎将剂型搞错，用了常用量的3倍多，致病人出现急性肾功能衰竭而死亡。

第四节　其他医学证明文件规范

一、疾病诊断证明

(一)疾病诊断证明的含义和法律效力

疾病诊断证明，也称诊断证明，是临床医生出具给病人用以证明其所患疾病的具有法律效力的证明文书。常常作为病休、病退、伤残鉴定、保险索赔等的重要依据。

疾病诊断证明是医师行使诊断权后签署的具有法定效力的医疗文书，也是医疗机构和医师的法定义务。疾病诊断证明具有双重含义，一层含义，“诊断证明”用以说明“被证明人”所患疾病的现状及医师的诊疗建议，要求其内容具备严格的客观性；另一层含义，“诊断证明”的法律价值，它对“受证明人”在所处民事或刑事案件中具有不可替代的证据作用。

(二)疾病诊断证明的书写

每位医生都要以科学、严谨、求实的态度亲自诊察病人，认真开具疾病诊断证明，每项诊断都应具备科学、客观的诊断依据。疾病诊断证明内容包括患者基本情况、疾病名称和疾病状况、诊断医师、日期等。疾病诊断证明书写应注意以下问题。

1.疾病诊断证明书须由主治医师以上职称的医师签字由门诊部或医务科盖章后方能生效。开具诊断书的医师应对所作出的诊断负法律责任。

2.疾病诊断证明书的内容应有病历记载并与门诊病历或出院小结相符，医生不得开具与自己执业范围无关或者与执业类别不相符的诊断证明书。

3.疾病诊断证明书(病休证明)日期应填写就诊当日且当日盖章有效。

4.对学术上有争议的诊断应由医院组织专家会诊后慎重开具疾病诊断证明书。

5.凡涉及司法办案、病退、评残、保险索赔、生育第二胎等特殊情况须持有关部门的介绍信方可开具疾病诊断证明书并由医务科审核盖章。

对一位病人一次疾病一般只能开给1张/次疾病诊断证明，并且应该在对病人诊疗终结或病人出院时才给予出具，以免在对病人的诊疗过程中出现可能被纠正的诊断，造成前后的“诊断证明”不一致。对于仍在诊疗中的病人，应该给予出具伤情介绍或病情摘要。

二、出生医学证明

(一)出生医学证明的概念和法律效力

出生医学证明是指医疗保健机构和从事家庭接生的人员依法出具的证明婴儿出生状态、血亲关系以及申报国籍、户籍取得公民身份的法定医学证明。

出生医学证明是一种特殊医学证明文件。《母婴保健法》第23条规定，医疗保健机构和从事家庭接生的人员按照国务院卫生行政部门的规定出具统一制发的新生儿出生医学证明。因此，出生证明是医疗保健机构和从事家庭接生的人员的法定职责。

中华人民共和国境内出生的新生儿应依法获得卫生部统一制发的出生医学证明。出生医学证明是具有医学法律效力的证明，新生儿父母或其监护人凭出生医学证明和公安机关规定的其他证明材料到户籍所在地的户口登记机关办理出生户籍登记手续。

(二)出生医学证明的书写

医疗保健机构和从事家庭接生的人员应当严格遵守有关技术操作规范，认真填写各项记录，提高助产技术和服务质量。各级医疗保健机构及接生人员应严格根据婴儿出生状态填写，填写时必须使用钢笔或炭素笔，字迹清楚、内容准确、不得涂改和弄虚作假。

凡出生在医疗卫生单位的活产婴儿，出生医学证明由接生该婴儿的医生或护士填写；如出生在家庭或其他地点的婴儿，由赴家庭接生的医务人员或该地区基层卫生组织的医生填写。填写主要内容包括新生儿姓名、性别、出生日期及时间、出生地、出生孕周、健康状况、体重、身长，母亲基本情况（姓名、年龄、国籍、民族和身份证号），父亲基本情况（姓名、年龄、国籍、民族和身份证号），接生机构名称等。填写时应注意以下问题：

1.婴儿姓名根据新生婴儿父母申报姓名填写，用字必须准确，不得使用不雅名称代替；

2.性别、健康状况、出生地点分类应根据新生婴儿出生时确认情况填写；

3.新生婴儿父母姓名、身份证号码必须依据公安机关签发的有效身份证件填写；

4.应准确标注新生婴儿出生的地点；

5.在出具出生医学证明时需反复核实产妇姓名和婴儿，严防冒充或填写错误。

出生医学证明由卫生部统一印制，以省、自治区、直辖市为单位统一编号。我国从 1996 年 1 月 1 日开始使用出生医学证明，2005 年 7 月 1 日正式在全国范围内启用新版。各级医疗保健机构及接生人员出具出生医学证明必须加盖出生医学证明专用章。使用打印机打印的出生医学证明，在婴儿母亲签章和接生人员签字项目中必须分别由本人盖章或签字。

三、死亡医学证明

（一）死亡医学证明的概念和法律效力

死亡医学证明是医疗卫生部门出具的、从医学角度记录居民死亡及其原因的证明。死亡医学证明是具有法律效力的证明文件，具体表现为：第一，居民死亡法定记录文件，属于法律凭证，办理保险、遗产继承等重要法律凭证；第二，医学死亡证明记载公民的各项基本情况和死亡原因，民政部门依此办理注销户口和殡葬火化等手续；第三，医学死亡证明是居民死亡原因的原始资料之一，可作为卫生部门制定卫生政策或疾病预防措施的重要依据。

（二）死亡医学证明的书写

死亡医学证明的书写必须使用钢笔或签字笔填写，务必项目齐全、内容准确、字迹清楚，不得勾画涂改，并由填写者所在单位加盖公章后方可生效。凡死于医疗卫生单位内者，死亡医学证明由经治医生填写；死于家中者由负责该地区基层卫生组织的医生填写；死于公共场所者由负责救治的医生填写；在医务人员到达之前，属于正常死亡者，由接诊医生根据死者家属中或知情人提供死者生前病史或体征进行推断后填写。医疗机构为死因不明者出具的死亡医学证明,只作是否死亡的诊断,不作为死亡原因的诊断。如有关机构要求进行死亡原因诊断的,医疗机构必须指派医生对尸体进行解剖和有关死因检查后,方能作出死因诊断。

死亡医学证明的内容包括死者基本情况(姓名、性别、年龄、职业、家庭住址)等、死亡疾病、死亡疾病的诊断依据等。填写需要注意以下几点:

1.死者基本信息中"性别""民族""职业""婚姻""出生日期""死亡日期"等6项基本信息与病史记录应相一致。

2.职业及工种栏尽可能同时填写职业和主要从事的工作,如工人、农民、干部、学生、军人、服务行业等;还可详细填写工种,如车工、钳工、电工、纺织工等。

3.常住户口地址栏应按户口簿上登记的住址填写完整、按照周岁填写。如为婴儿,可填写存活的月、日、小时。

4.致死的主要疾病诊断可分两部分报告。在第一部分中,填写最后造成死亡的那个疾病诊断,或损伤、中毒的临床主要表现,如肺心病、脑出血、颅骨骨折(不要填写呼吸、循环衰竭等情况);填写引起的疾病或情况,如肺气肿、高血压、损伤中毒的外部原因(骑自行车与汽车相撞、跳楼自杀等);填写引起的疾病或情况,如慢性支气管炎。在第二部分中填写那些与第一部分无关,但促进了死亡的其他疾病或情况。

5.疾病的最高诊断单位一般指死前主要疾病的最后诊断单位,也可填写在第一部分中报告的疾病的最高一级诊断单位。如省(市)级医院包括相当于省级及以上的各类医院,其他依此类推。

第五节 医学证明文件的保存

医学证明文件属于医药卫生科技档案,是国家档案的重要组成部分。医学证明文件是衡量医院技术水平与医疗质量的重要依据,作为医疗类型和治疗方法的标本,为医学研究、医疗统计资料的收集及疾病的分布提供信息起着重要的参考作用。作为国家法律承认的法律文书,它是最原始、最具有说服力医学依据,具有重要法律证明价值。医疗机构作为医学证明文件保存的法定机构,应妥善保管医学证明文件。

一、病历的保管

(一)病历保管机构

医疗机构应当建立病历管理制度,设置专门部门或者配备专(兼)职人员,具体负责本机构病历和病案的保存与管理工作。

在医疗机构建有门(急)诊病历档案的,其门(急)诊病历由医疗机构负责保管;没有在医疗机构建立门(急)诊病历档案的,其门(急)诊病历由患者负责保管;住院病历由医疗机构负责保管。急诊留观病历和住院病历分别编号保存。

(二)病历保管内容和注意事项

1.病历保管的内容

根据《医疗机构病历管理规定》的规定,在医疗机构建有门(急)诊病历档案患者的门(急)诊病历,应当由医疗机构指定专人送达患者就诊科室;患者同时在多科室就诊的,应当由医疗机构指定专人送达后续就诊科室。在患者每次诊疗活动结束后24小时内,其门(急)诊病历应当收回。医疗机构应当将门(急)诊患者的化验单(检验报告)、医学影像检查资料等在检查结果出具后24小时内归入门(急)诊病历档案。

在患者住院期间,其住院病历由所在病区负责集中、统一保管。病区应当在收到住院患者的化验单(检验报告)、医学影像检查资料等检查结果后24小时内归入住院病历。住院病历因医疗活动或复印、复制等需要带离病区时,应当由病区指定专门人员负责携带和保管。

2.病历保管的注意事项

(1)保障病历安全。医疗机构应当严格病历管理,严禁任何人涂改、伪造、隐匿、销毁、抢夺、窃取病历。

(2)病历的查阅。病历资料在医疗科研与教学中有重要的应用价值,医疗机构及其人员应依法使用病历资料。除涉及对患者实施医疗活动的医务人员及医疗服务质量监控人员外,其他任何机构和个人不得擅自查阅该患者的病历。因科研、教学需要查阅病历的需经患者就诊的医疗机构有关部门同意后查阅,阅后应当立即归还。

(3)病历保管过程中,不得泄露患者隐私,患者的隐私保护是医疗机构病历保管的重要方面。医护人员在诊疗护理过程中将获取的患者信息记载于病历资料中,实际上诊疗护理过程就是获取、知悉他人隐私的过程,只不过这种获取和知悉是经权利人同意或允许的。但是患者的隐私权并不因被医护人员合法获取就失去了受法律保护的基础。对因疾病诊疗获知的患者隐私,医疗机构及其医务人员必须履行保密义务,在未得到患者许可的情况下不得泄露给他人,确保其隐私权不受侵犯。

(4)病历的封存。发生医疗问题争议时,由院方指定相关人员在病员或其有关人员在场的情况下封存病历;封存的病历由病案室负责保管。封存的病历可以是复印件。

(5)患者依法定程序对病历进行复印或复制时，医疗机构应当予以协助和配合。不管医患双方是否发生医疗纠纷，医疗机构都有义务提供复印和复制病历的服务。

(三)病历保管的期限

根据《医疗机构管理条例实施细则》的规定，医疗机构的门诊病历的保存期限不得少于15年，住院病历的保存期限不得少于30年。门诊病历保存起始时间为患者最后一次就诊之日起，住院病历保存起始时间为患者出院之日起。同时，标有医疗机构标志的票据和病历本册，以及处方笺、名种检查的申请单、报告单、证明文书单、药品分装袋、制剂标签等不得买卖、出借和转让。

二、其他医学证明文件的保管

(一)处方的保管

医疗机构应建立完善的处方保存制度。普通处方、急诊处方、儿科处方保存期限为1年，医疗用毒性药品、第二类精神药品处方保存期限为2年，麻醉药品和第一类精神药品处方保存期限为3年。处方保存期满后，经医疗机构主要负责人批准、登记备案，方可销毁。医疗机构应当根据麻醉药品和精神药品处方开具情况，按照麻醉药品和精神药品品种、规格对其消耗量进行专册登记，登记内容包括发药日期、患者姓名、用药数量。专册保存期限为3年。

随着计算机和网络应用的不断普及，办公自动化在医疗机构得到广泛的推广。医师利用计算机开具、传递普通处方时，应当同时打印出纸质处方，其格式与手写处方一致，打印的纸质处方经签名或者加盖签章后有效。药师核发药品时，应当核对打印的纸质处方，无误后发给药品，并将打印的纸质处方与计算机传递处方同时收存备查。

(二)疾病诊断证明的保管

医疗机构的医务管理部门是疾病诊断证明的日常监管部门，负责对本院医师出具的疾病诊断证明的规范性、签署证明人员的资格、出具证明的医学依据、诊疗意见的合理性等进行审查。保留疾病诊断证明存根，其内容包括患者姓名、性别、年龄、单位或住址、联系电话、疾病诊断、诊疗意见、证明签署医师姓名、出具证明日期、审查人员签名等。

开具的疾病诊断证明一式两份，一份交申请方，且只能交给患者本人或患者委托人或死亡和昏迷患者的法定监护人或继承人；另一份与单位介绍信及委托书原件由医院门诊办公室(门诊患者)或医务处(住院患者)查存，按规定年限存档，一般至少保存5年。

(三)出生医学证明的保管

出生医学证明实行全国统一编号管理，副页是户口登记机关作为户口登记的原始凭证，各级医疗保健机构及人员不得改变。出生医学证明交新生婴儿父母或监护人妥善保管，任何人不得出卖、转让、出借和私自涂改。

出生医学证明的第一联为医疗卫生单位的存根，由填写单位妥善保存，以备查询；出生医学证明的第二联是户口登记的凭据，由户口登记机关收集后定期移交卫生部门保存。

（四）死亡医学证明的保管

死亡医学证明由卫生部门统一制发，卫生部门、公安部门和民政部门共同管理。死者的家属向户口登记机关注销户口手续，必须持医疗卫生单位和基层卫生组织出具的死亡医学证明，户口登记机关凭死亡医学证明办理户口注销手续；殡葬管理部门凭加盖户口登记机关公章的死亡医学证明的第四联《居民死亡殡葬证》办理殡葬手续。

死亡医学证明的第一联为医疗卫生单位的存根，由填写单位妥善保存，以备查询。死亡医学证明的第二、三联是户口登记机关进行死亡注销的凭据。死亡医学证明的第二联由户口登记机关收集后定期移交卫生部门作为统计依据并保存，第三联由户口登记机关保存。死亡医学证明书的第四联是死者殡葬的证明，由殡葬部门收集、保管，以备查询。第一、二、三联的相关项目的填写内容务必一致，对非经诊治的死亡原因不明者或经诊治仍死亡原因不明者，务必将死亡者生前的症状、体征、主要的辅助检查结果及诊治经过记录在死亡医学证明调查记录栏内。

典型案例

2009 年 6 月，河南省尉氏县人民法院受理了原告高某诉被告其丈夫韩某离婚纠纷一案。在法庭开庭时，高某因病住院未能出庭参加诉讼，其代理人到庭参加了诉讼，但未向法庭提供高某有病住院的相关证明。在案件审理期间，法庭要求原告高某在休庭后 3 日内提交其在医院住院的诊断证明。

法庭休庭期间，高某向法院提交了该县某医院骨科诊断证明。经被告质证，被告代理人提出异议，认为高某是在该院妇科住院而并非骨科，该骨科诊断证明系虚假证明，应追究该医院医生出具虚假疾病诊断证明的法律责任。

经过法庭调查核实，原告高某确实在该县某医院妇科住院，并未在其骨科住院，其所出具的疾病诊断证明是托关系找该院骨科医生张医师出具的。当法庭询问高某时，高某承认了托关系找该院骨科医生张医师出具虚假证明的事实，并对其错误行为表示悔过。

医师张某的出具虚假疾病诊断证明行为已经干扰了人民法院诉讼活动的

进行，影响法庭审理秩序，同时鉴于医师张某能够认识到自己错误行为，人民法院依据《中华人民共和国民事诉讼法》的相关规定，决定对医师张某罚款5000元。

疾病诊断证明书是临床医生出具给病人用以证明其所患疾病的具有法律效力的证明文书，常常作为病休、病退、伤残鉴定、保险索赔等的重要依据。每位医师都要以科学、严谨、求实的态度，亲自诊察病人，认真开具疾病诊断证明书，每项诊断都应具备科学、客观的诊断依据。医生不得开具与自己执业范围无关或者与执业类别不相符的诊断证明书。医师张某违反《执业医师法》和《医疗机构管理条例》的相关规定，为高某出具虚假疾病诊断证明，已经干扰法庭审理秩序。根据《民事诉讼法》第102条规定，诉讼参与人或其他人伪造、毁灭重要证据，妨碍人民法院审理案件的，人民法院可以根据情节轻重予以罚款、拘留；构成犯罪的，依法追究刑事责任。人民法院依法给予医师张某罚款5000元的处罚，符合法律规定。因此，医生应严格遵守《执业医师法》等相关的法律法规，认真谨慎出具医学证明文件，规范执业行为。

小　结

医学证明文件是重要的医学文书，出具医学证明文件是法律赋予医疗机构及其医务人员的权利和义务。医学证明文件涉及病人的财产权利和人身权利，具有重要的法律效力。医疗机构及医务人员必须重视医学证明文件的作用，规范医学证明文件的书写与保管，有利于提高医学证明文件的质量，维护医疗机构和患者的合法权益，避免医疗纠纷的发生。

思考题

1.简述医学证明文件的法律价值。

2.简述病历书写基本原则。

3.简述病历书写的基本项目。

4.简述其他医学证明文件书写注意的问题。

5.简述医学证明文件保管注意的问题。

（李海军）

第四章　药品使用规范

引导案例

男性患者乙，因好发脾气、情绪低落，找到一位县医院退休的医生甲，被诊断为“分裂情感性精神病”。随后，医生甲自带药品到患者家中为其治疗。给予肌肉注射葵氟奋乃静 125mg，静脉点滴氯丙嗪 300mg、氯硝西泮 5mg、东莨菪碱 0.6mg、0.9%生理盐水 250ml。患者在静脉点滴开始后十几分钟入睡，医生离开病人。在静脉点滴结束后约 2 小时，家属发现患者脸发紫，手凉、发青，呼吸微弱。在静脉点滴结束后约 3 小时被送到医院。诊断结果为临床死亡。

本案中的医务人员擅自将精神药品带到患者家中使用，用药过程中未对患者的生命体征及药物反应进行监测；而且错误地拟定了治疗方案，用药超剂量，联合用药更加重了药物的严重不良反应。由于医务人员违反了精神药物使用原则，违反了《麻醉药品和精神药品管理条例》，使患者因精神药物超量中毒而死亡。因此，药物是一把双刃剑，不合理使用会给患者造成伤害，引发医疗纠纷。医务人员要学好、用好医疗卫生管理法律法规、部门规章，合理用药，杜绝发生因违规用药给患者造成的医疗伤害。

第一节　药品使用规范概述

一、药品使用规范法律意义及其种类

（一）药品使用规范的法律意义

药品是用于预防、治疗、诊断人的疾病，有目的地调节人的生理机能，并规定有适应症、用法和用量的物质，也是一类极具特殊性的商品，使用不当可能造成新的、严重的疾病而加重患者的痛苦或危及生命。随着患者维权意识的提高，涉及药品使用合理与否的纠纷屡见不鲜。虽然规范药品使用的资料较多，如《中国药典》《中国药典临床用药须知》、药品说明书、各种药物手册、各类专业书籍和教

材、各种专业杂志、报道等，但患者在对药品一些不良反应或意外引起的事件进行投诉或法律诉讼的纠纷质证时，对于是否依照药品使用规范以及不同规范药品使用的资料中对某些药物合理使用的标准如何判断争论不休。明确药品的使用规范，不仅可以促进临床合理用药，实现防病治病目的，也是有效避免医疗纠纷的必然要求。

（二）药品使用规范种类

1.《中国药典》。国家食品药品监督管理局代表国务院行使药品监督管理的职责，担负着药品管理法赋予的权利，拟订、修改和颁布《中华人民共和国药典》。《中华人民共和国药典》2010 年版（以下简称《中国药典》）由卫生部 2010 年第 5 号公告颁布，自 2010 年 10 月 1 日起执行。2010 年版《中国药典》是我国编制的第九版药典，分为中药、化学药和生物制品三部出版，共收载品种 4600 余种，基本覆盖国家基本药物目录和国家医疗保险目录品种。《中国药典》属于国家食品药品监督管理局颁布的部门规章，有行政法规的性质，是国家行政机关履行管理药品行政职能的体现，由国家制定或认可，并由国家强制力保证其实施的具有普遍效力的法典。《中国药典》包括凡例、正文及附录，是药品研制、生产、经营、使用和监督管理等均应遵循的法定依据，故可称《中国药典》为法定标准。

2.《中国药典临床用药须知》。《中国药典临床用药须知》是《中国药典》的配套丛书之一。自 1990 年逐步替代《中国药典》中所收载的各类药品的作用与用途、用法与用量（剂量）等内容，故《中国药典临床用药须知》属于《中国药典》的一部分，有法学意义，需要强制执行。只有当其与宪法、药品管理法等上位法有悖或出版了新的中国药典临床用药须知时才能自行废止。

3.药品说明书。药品说明书是指药品生产企业印制并提供的，包含药理学、毒理学、药效学、医学等药品安全性、有效性重要科学数据和结论的，用以指导临床正确使用药品的技术性资料。药品说明书上所载内容经过国家食品药品监督管理部门审批核准后获得法定地位。在实际运用中，药品说明书不仅是医师临床指导用药的重要依据，而且其制定和修改也成为药品生产企业的一项法定义务。同时，在一些执法实践中，对药品说明书的判断往往还成为对违法行为定性的主要依据。

《药品管理法》第 32 条第 1 款明确规定“药品必须符合国家药品标准”。这是对药品质量的要求。药品标准的内容一般包括名称、成分或处方的组成；含量及其检查、检验的方法；制剂的辅料；允许的杂质及其限量、限度，技术要求以及作用、用途、用法、用量；注意事项；贮藏方法；包装等。由此可见，药品标准是衡量药品质量的一项技术性标准规范。而从药品说明书的内涵看，药品说明书应当包含药品安全性、有效性的重要科学数据、结论，用以指导安全、合理使用药品。由《药品管理法》第54条可知，药品说明书上必须注明药品的通用名称、成分、规格、生产企业、批准文号、产品批号、生产日期、有效期、适应症或者功能主治、用法、用量、禁忌、不良反应和注意事项。不难发现，该条所规定的药品说明书必须注明的一些款项内容，在国家药品标准中也作了规定。这样，药品标准和药品说明书的部分内容存在交叉、重复。这是由于药品说明书是药品内在质量的外在反映，而药品质量必须符合国家药品标准。因此，药品标准的部分内容必须通过药品标志予以表现。如果违反第54条规定，药品说明书上所标明的适应症或功能主治超出规定范围的按假药论处；如果说明书上没有标明有效期或生产批号的则按劣药论处。除依法按假劣药论处的情形外，药品标识不符合第54条规定的则将受到相应的行政处罚，重则撤消药品的批准证明文件。

药品说明书是经管理部门审批核准的公开性指导文件，其法定性使药品说明书成为临床决策的有章可循的重要行为路径。除药品说明书中所提供的药品的基本信息外，药品说明书中还会标注“请遵医嘱”或“请在医师指导下用药”的提示语，使得医师在法定范围内发挥主观能动性主导药品使用者如何针对治疗需要使用该药品。当然，除了基本信息外，“药品说明书还必须包括孕妇及哺乳期妇女用药、药物相互作用，缺乏可靠的实验或者文献依据而无法表述的，说明书保留该项标题并应当注明‘尚不明确’”。另外，“药品说明书还应当包括临床研究、儿童用药、老年用药和药物过量、药理毒理和药代动力学。缺乏可靠的实验或者文献依据而无法表述的，说明书不再保留该项标题”。

4.药物手册、各类专业书籍和教材、各种专业杂志报道等。药品说明书中尚存在一些临床决策所需但未能详尽的地方，这些方面就有待于寻找或依据其他的科学认知，例如医学教科书或者专业文献，等等。在药品说明书所涉及的范围内，医师根据其内容对患者作出临床用药的决策，是具有法定依据的，也可以成为发生医疗纠纷的免责条款。

药物手册、各类专业书籍和教材、各种专业杂志报道等信息多种多样、良莠不齐。根据行业的影响性可简单将上述材料分为著名的和一般性的。著名的书籍是指在行业内比较知名、数次出版修订、取得大家广泛认可的书籍，例如黄家驷的《外科学》、陈灏珠和林果主编的《实用内科学》。这些书籍代表集体、行业的意见，也属于行业规范，属于医学行业规范。这些著名的、多版次的书籍有一定的参考价值。在法律意义上，其地位低于《临床用药须知》和药品说明书。一般书籍和论文的观点仅代表个人或部分人员的意见，是个人或部分人的经验总结，不属于行业规范范畴，没有法学意义，仅供参考。

二、处方调剂规范

药师应当按照操作规程调剂处方药品，即认真审核处方，准确调配药品，正确书写药袋或粘贴标签，注明患者姓名和药品名称、用法、用量，包装；向患者交付药品时，按照药品说明书或者处方用法，进行用药交待与指导，包括每种药品的用法、用量、注意事项等。药师应当认真逐项检查处方前记、正文和后记书写是否清晰、完整，并确认处方的合法性。

药师应当对处方用药适宜性进行审核。审核内容包括：

(1)规定必须做皮试的药品，处方医师是否注明过敏试验及结果的判定；

(2)处方用药与临床诊断的相符性；

(3)剂量、用法的正确性；

(4)选用剂型与给药途径的合理性；

(5)是否有重复给药现象；

(6)是否有潜在临床意义的药物相互作用和配伍禁忌；

(7)其他用药不适宜情况。

药师经处方审核后，认为存在用药不适宜时，应当告知处方医师，请其确认或者重新开具处方。药师发现严重不合理用药或者用药错误，应当拒绝调剂，及时告知处方医师，并应当记录，按照有关规定报告。

药师调剂处方时必须做到"四查十对"：查处方，对科别、姓名、年龄；查药品，对药名、剂型、规格、数量；查配伍禁忌，对药品性状、用法用量；查用药合理性，对临床诊断。

药师对于不规范处方或者不能判定其合法性的处方，不得调剂。药师在完成处方调剂后，应当在处方上签名或者加盖专用签章。

三、其他药品规范

（一）药品生产质量管理规范

《药品生产质量管理规范》(*Good Manufacture Practice*，GMP)是药品生产和质量管理的基本准则，适用于药品制剂生产的全过程和原料药生产中影响成品质量的关键工序。大力推行药品 GMP，是为了最大限度地避免药品生产过程中的污染和交叉污染，降低各种差错的发生，是提高药品质量的重要措施。

世界卫生组织于 20 世纪 60 年代中开始组织制定药品 GMP。中国则从 80 年代开始推行，1988 年颁布了中国的药品 GMP，并于 1992 年作了第一次修订。十几年来，中国推行药品 GMP 取得了一定的成绩，一批制药企业(车间)相继通过了药品 GMP 认证和达标，促进了医药行业生产和质量水平的提高。但从总体看，推行药品 GMP 的力度还不够，药品 GMP 的部分内容也亟须做相应修改。多年来，《药品生产质量管理规范》已经多次修订，新版药品 GMP 于 2011 年 3 月 1 日起施行。

在国际上，GMP已成为药品生产和质量管理的基本准则，是一套系统的、科学的管理制度。实施GMP，不仅仅通过最终产品的检验来证明达到质量要求，而是在药品生产的全过程中实施科学的全面管理和严密的监控来获得预期质量，防止生产过程中药品的污染、混药和错药。GMP作为药品生产的一种全面质量管理制度，它的三大目标要素为：将人为的差错控制在最低的限度，防止对药品的污染和降低质量，保证高质量产品的质量管理体系。GMP已成为国际公认和通行的从事药品生产所必须遵循的基本准则。

（二）药品经营质量管理规范

GSP是英文Good Supplying Practice缩写，直译为良好的药品供应规范，在我国称为药品经营质量管理规范。它是指在药品流通过程中，针对计划采购、购进验收、储存、销售及售后服务等环节而制定的保证药品符合质量标准的一项管理制度。其核心是通过严格的管理制度来约束企业的行为，对药品经营全过程进行质量控制，保证向用户提供优质的药品。

1982年我国开始了GSP的起草工作。经过两年多的努力，1984年中国医药公司组织制定的《医药商品质量管理规范（试行）》，由原国家医药管理局发文在全国医药商业范围内试行。我国第一套GSP的发布实施，引起医药商业企业的广泛重视，许多企业将GSP逐步纳入企业发展的轨道，使之成为企业经营管理的重要组成部分。在经历几年的试行后，1991年中国医药商业协会组织力量对1984年版GSP进行了修订，1992年由原国家医药管理局正式发布实施，使GSP成为政府实行医药行业管理的部门规章。

1998年，国家药品监督管理局成立后，总结了十几年来GSP实施经验，在1992版GSP的基础上重新修订了《药品经营质量管理规范》，并于2000年4月30日以国家药品监督管理局第20号令颁布，2000年7月1日起正式施行。新版GSP对药品批发企业和零售企业进行了区分对待，内容更加具体、科学、丰富、实用。

新版GSP实施十年来，有力地推动了我国药品流通监督管理工作稳步向前发展，对维护药品市场的正常秩序，规范企业经营行为，保障人民用药安全、有效产生积极的作用。

第二节　基本药物使用规范

一、国家基本药物政策

（一）基本药物概念演变

1977年世界卫生组织（WHO）提出基本药物（Essential Drugs or Medicines)概念，并定义为：基本药物是指能满足大部分人口卫生保健需要的药物。WHO 最初将基本药物概念推荐给一些比较落后、药品生产能力低的国家，使它们能够按照国家卫生需要，以有限的资源购买并合理使用质量和疗效都有保障的基本药物。

1985 年，WHO 在内罗毕会议上扩展了基本药物的概念，基本药物不仅是能够满足大多数人口卫生保健需要的药物，国家应保证生产和供应，还应高度重视合理用药，即基本药物还必须与合理用药相结合。并推荐把基本药物的遴选同处方集和标准治疗指南的制定相结合。

2002 年，WHO 为了更精确地表述基本药物，将基本药物从 Essential Drugs 改成 Essential Medicines，并进一步定义为：基本药物是指满足人民群众重点卫生保健需要的药物。基本药物的选择要考虑到公共卫生实用性、效率和安全方面的依据以及相对的成本效益。在运转良好的卫生系统中，应当能随时获取足够数量、适当剂型、质量有保证并具有充分信息的基本药物，其价格能够被个人和社会接受。

目前，基本药物概念被广泛应用于卫生工作人员的培训、医疗保险费用的支付、临床合理用药的指导、标准化治疗指南的制订、药品的生产供应、药品的质量保证、初级医疗保健的建立、药品的捐赠、药品上市后的监测、抗感染药物的耐药监测等方面，所起的作用愈来愈广泛、深远。这一概念已经成为一个全球性的概念。

基本药物是国家药物政策的核心内容，它贯彻在药品生产、供应、应用等每一环节。基本药物也是合理用药的核心内容，是在国家水平上进行药品生产、供应、应用的基础，其制订与推行对加强药品的宏观调控和管理，保障人民群众用药安全、有效、合理有着十分重要的长远意义。

（二）国家基本药物政策概念和要素

20 世纪 80 年代，WHO 又提出国家基本药物政策（National Drug Policy，NDP），在国际上是指，国家对于药物整个前期研究、生产、使用、用后跟踪与评价的一系列的政策管制，是政府给医药界提出的目标、行动准则、工作策略与方法的指导性文件，以利政府各部门及社会各界对国家医药工作的目标与策略有全面与一致的认识，便于协调行动，达到政府要求。

国家基本药物政策是国家药物政策的一项重要内容，其目的是加强国家对药品生产、经营、应用环节的科学管理和宏观指导，合理配置药品资源，保证满足人民群众用药的基本要求。概括起来主要有以下三个要素。

1. 有药可治。所谓有药可治，就是确保所有疾病都能及时得到安全、有效的药品治疗。通过基本药物制度的推行，一方面保证一些临床必需、价格合理的普通药品的生产、供应，更好地满足广大人民群众防病治病的需要；另一方面尽最大努力对一些罕见病也要有相对安全、有效的药物以供治疗。由此可见，此要素是保障人民群众健康的前提条件，也是国家基本药物政策推行的基础性建设。

2. 可获得性。所谓可获得性，即对各种疾病（无论是普通病，还是罕见病），都能够方便地通过各种渠道，如医院、药店等获得相对应的治疗药物。基本药物政策的推行，为更合理、经济、有效的药物选择起到了推动作用，国家可通过改进药品的选择、筹资，规范药品的采购、分销和应用，从而提高药物的可获得性，这是国家基本药物政策推行的工程性建设。

3. 可支付性。所谓可支付性，即保证药品价格的合理性，使其控制在广大人民群众可以承受的范围之内。要保障人民群众基本药物的应用，首先要考虑人民群众对基本药物的可支付能力，这是他们能受益于基本药物政策的前提条件。

由此可见，国家药物政策是国家政府制定的有关药品研制、生产、经营、使用、监督管理的目标、行动准则、工作策略与方法的指导性文件。它是国家医药卫生政策的重要组成部分，是科学发展观在医药卫生领域的具体践行，也是促进国家药物研发、生产、流通和使用的指导性纲领。

国家药物政策的宗旨是加强国家财政对全体国民的基本医疗保障，建立国际基本药物制度，提高药物的可及性，完善新药创制制度和科技创新体系，促进医药产业的可持续发展，满足国民不断增长的健康需求。

（三）国家药物政策目标

1. 基本药物的可获得性，即药品生产企业、药品批发商、零售药房、医院药房能保证基本药物的品种、数量供应，保证提供准确、可靠的药品信息，还包括对病人的民族、性别、年龄、社会地位、经济状况等一视同仁，不歧视。

2. 保证向公众提供安全、有效、质量合格的药品，加强药品监督管理，建立药品监督管理机构，制定执行药品管理法律法规，确保所有药品的质量可靠、安全有效。

3. 合理用药，确保药品得到合理使用，提高临床合理用药水平，以最少的投入获得最大的医疗效果。

（四）国家药物政策的内容

国家药物政策的内容总体概括以下六个方面。

1. 基本药物：能够满足大多数人口的需求，且个人和社会在价格上能够负担得起的药品。基本药物的遴选充分考虑药物安全性、有效性、经济性的最优化结合。

2. 价格合理：可承受的价格是确保药物可获得性的先决条件，使药品的价格处于一个能够为大多数人所负担的水平上，需要在国家药物政策指导下协调多方利益，建立规范的药品价格体系。要对不同药品采取不同措施，确保药物价格的可负担性。

3.财政支持：不仅是确保药物可获得性的一个重要因素，而且直接关系到国家药物政策总体框架的可持续性。提倡“进步效率，减少浪费”，增加政府对基本药物、重点疾病、贫苦人口和困难人群的财政支持，增加健康保险的覆盖面及药品的可获得性。

4.供应体系：实施药品采购规范、制定批发配送策略、完善紧急情况下的药品供应，完善药品供应体系，提高药品的可获得性。

5.质量保证：药品监管和质量保证体系是国家药物政策目标中药品质量的根本保证，同时也是药品可获得和合理用药的基本保障。保证药品的质量、保障用药安全，以及对产品信息（包括说明书、药品广告宣传）真实性、正确性进行监控。

6.合理用药：作为国家药物政策的目标与内容，对于国家药物政策的实施具有极其重要的作用，提高合理用药水平是建立国家药物政策的主要目的之一。

国家药物政策由一系列政策目标和政策措施构成，它是一种宏观性的纲领，对各项药物制度的制定和实施以及药事管理立法具有普遍的导向作用，尤其是国家药物政策上升为法律以后，其内容得到具体化和定型化，法律的国家强制性、严格的程序性、切实的可诉性，使国家药物政策目标的实现得到可靠的保障。

二、我国基本药物政策

我国非常重视基本药物制度的建设工作，从1982年到2009年共公布了7版《国家基本药物目录》。2009年8月18日我国正式公布《关于建立国家基本药物制度的实施意见》《国家基本药物目录管理办法（暂行）》和《国家基本药物目录（基层医疗卫生机构配备使用部分）》（2009版），这标志着中国建立国家基本药物制度工作正式实施。

（一）我国基本药物制度的目标

2009年，我国各省（区、市）在30%的政府办的城市社区卫生服务机构和30%的县（基层医疗卫生机构）实施基本药物制度，包括实行省级集中网上公开招标采购、统一配送，全部配备使用基本药物并实现零差率销售。基本药物全部纳入基本医疗保障药品报销目录，报销比例明显高于非基本药物。到2011年，初步建立国家基本药物制度；到2020年，全面实施规范的、覆盖城乡的国家基本药物制度。

（二）我国基本药物制度的品种

我国先期公布的《国家基本药物目录（基层医疗卫生机构配备使用部分）》

(2009 版),包括化学药品和生物制品、中成药共 307 个药品品种。国家基本药物目录实行动态调整管理,原则上每 3 年调整一次,必要时,国家基本药物工作委员会适时组织调整。

国家基本药物目录中的药品包括化学药品、生物制品、中成药。不纳入国家基本药物目录遴选范围的药品包括含有国家濒危野生动植物药材,主要用于滋补保健作用,易滥用的;非临床治疗首选的;因严重不良反应,国家食品药品监督管理部门明确规定暂停生产、销售或使用的;违背国家法律、法规,或不符合伦理要求的。

国家基本药物遴选是按照防治必需、安全有效、价格合理、使用方便、中西药并重、基本保障、临床首选的原则,结合中国用药特点和基层医疗卫生机构配备的要求,参照国际经验,合理确定基本药物的品种(剂型)和数量。

(三)我国基本药物制度的政策框架

国家基本药物制度政策框架主要包括国家基本药物目录遴选调整管理,保障基本药物生产供应,合理制定基本药物价格及零差率销售,促进基本药物优先和合理使用,完善基本药物的医保报销政策,加强基本药物质量安全监管,健全完善基本药物制度绩效评估。

建立国家基本药物制度,有利于保障群众用药安全,维护人民健康;有利于转变"以药补医"、减轻群众看病负担。要统筹生产、流通、定价、使用、报销等各个环节,创新体制机制,确保基本药物生产供应,调动企业积极性,保障药品质量安全和不断档不缺货;确保基本药物配备使用,落实医保报销政策,形成合理用药习惯;确保基本药物零售价格有所降低,同时对医疗机构补偿到位,保障正常运转。

三、基本药物的优先使用

基本药物制度实施的一大难点是其使用环节。在医疗卫生界,有一种流行的说法,即基本药物由于价格低、利润少,很多企业不愿意生产,因此医疗机构对基本药物的使用越来越少。这种说法是倒因为果。其实,现实的情形是公立医院普遍不愿意使用价格低廉的药物,除非政府施加种种强制性的"规范"措施。因此,如何保证基本药物的优先使用和合理使用,是国家基本药物制度顺利实施的关键。基本药物必须医生们愿意开,否则基本药物的需求根本不存在,其生产和流通也就无从谈起。

《关于建立国家基本药物制度的实施意见》虽然规定基层医院全部配备使用基本药物,但 307 种药物毕竟不能涵盖人类所有的疾病。因此,在基本药物制度实施初期,基层医院还要按需要配备其他药品,但范围必须是医保甲类品种。同时，其他三级医院或二级医院，也要优先使用基本药物。目前，有关部门正在制定保证基本药物使用的相关规定，下一步还会继续制定大医院使用基本药物的比例。

(一)基本药物的使用现状

1. 医师处方行为不够规范。目前我国还没有出台专门的法律法规对医师处方行为进行监管，医师拥有较大的“处方自由权”。不少药品生产经营企业把给医师直接或变相回扣作为主要销售方法，个别医师为一己私利开价格高、回扣高的药品，而基本药物因为价格低、利润低，难以有回扣的空间，因此得不到充分利用。个别医疗机构医师开“大处方”的现象明显，且药物使用不合理。

2. 医疗保险制度对医疗机构使用基本药物缺乏监督。为解决患者医疗费用过高的问题，我国建立了医疗保险制度，并且参保范围逐步扩大。“用比较低廉的费用提供比较优质的医疗服务”是我国基本医疗保险制度的目标。2009 年公布《国家基本药物目录》后，国家明确要求所有进入目录的药品全额报销。由此看来，医疗保险制度和基本药物制度相辅相成。遗憾的是，现有医疗保险机构作为第三方付费机构，其作用尚未充分发挥，不能对医疗机构使用基本药物的情况进行有效监督，医生在开处方时不参照《国家基本药物目录》和《国家基本医疗保险药品目录》，多开贵重药、高档药，导致医疗费用增加，不能保障患者的用药权益和经济权益。

3.“以药养医”机制和“批零差价”政策导致医疗机构不愿采购基本药物。我国长期以来的“以药养医”机制和“批零差价”政策造成了价格高的药品很受医疗机构欢迎，价格低的基本药物因为利润空间小而进不了医疗机构的局面。基本药物政策在我国已经推行了 30 年，但因缺少相关的配套措施而得不到很好的贯彻实施。从 2009 年起，基本药物取消 15％药品加成，实行零差率销售，医疗机构的利润空间更小。在有多种同类药物可供选择的情况下，医疗机构不会主动优先使用基本药物，即使基本药物价格再低，患者也无法享受政策带来的好处。

4. 患者不愿使用基本药物。随着社会的发展和医疗知识的普及，尤其是非处方药广告繁杂，患者在用药时易受广告诱导，而国家基本药物因为价格低廉，企业不会花大的精力和财力做广告。另外，国家对基本药物宣传有限，患者对基本药物政策不了解，混淆《国家基本药物目录》和《国家基本医疗保险药品目录》，出现了部分患者不愿意接受基本药物的情况。

5. 基本药物使用比例没有强制规定。我国没有对基本药物使用比例作强制性规定，《基本药物目录》只是一种倡导性目录，缺少法律效力，无法约束医疗机构用药。

6. 基本药物的不合理使用。我国药物不合理使用现象在基层卫生机构尤其严重。据统计,我国不合理用药占用药者的12%～32%,因药品使用不当产生不良反应每年达250多万人次,其中死于药品不良反应的达20余万人次。抗生素滥用现象普遍,不合理用药比例为40%～50%。注射剂型尤其是静脉滴注制剂的过度使用,已经对医疗服务质量产生了严重的负面影响。

(二)基本药物优先使用的保障措施

1.改革医疗费用支付方式。目前,医疗付费方式是按照检查项目和药物使用情况付费,医院提供给患者多少检查项目、开多少药物,患者就支付多少费用,这种付费方式造成了目前疾病治疗过程中的"大检查""大处方"现象严重,造成医疗资源浪费和医疗费用增多。为保障基本药物在医疗机构中的顺利使用,可以实行按病种或人头付费等多元化付费机制。由于已经规定了治疗一个病人或一例病种的费用,医疗机构为了降低医疗成本提高医疗服务,就会使用价格低、疗效好的基本药物。因此,可以制定改革医疗费用支付的计划,逐步实现多元化的支付方式。

2.完善医疗保险体制。为保障参保人享有基本的医疗服务,有效控制医疗费用的过快增长,提高基本药物的使用比例,政府应加强对医疗服务的管理,完善《医疗保险药品目录》、诊疗项目和医疗服务设施标准,同时配合医疗保险体制改革,推动医疗机构和药品生产流通体制改革。通过建立医疗机构之间的竞争机制和药品生产流通的市场运行机制,努力实现"用比较低廉的费用提供比较优质的医疗服务"的目标。为了促进基本药物在医疗机构的使用,可通过立法赋予医疗保险机构一定权力,对医疗机构使用基本药物进行监督。

3.加强对医疗机构的监管。国家应尽快出台各级医疗机构使用基本药物的用药比例,出台相关管理办法要求医院处方明确标示哪些是基本药物,哪些不是基本药物,方便患者和监督部门查看;监管部门要加大对医院基本药物使用情况的考核力度,将基本药物的使用情况与国家财政补助、医院考核等方面直接挂钩。

4.规范医师用药行为。目前,各医疗机构均成立了药事委员会,但一直以来,药事委员会的职责更多地体现在医院药品购进方面,对医师的不合理用药现象和医院用药情况的监管未能发挥应有的作用。因此,应该进一步完善医院药事委员会制度,细化药事委员会职能,防止医师不合理用药,提高基本药物用药比例。应建立医院处方考核体系和标准,实施电子处方备案制度,以此来约束医师的用药行为。必要时采取惩罚措施,对不合理用药情况,药事管理委员会应组织调查,作出相应处理。目前,我国已公布《国家基本药物临床应用指南》和《国家基本药物处方集》,这就为药事管理委员会进行监督提供了法律和政策支撑。

5.加大宣传力度,推广基本药物理念。目前,消费者对基本药物制度还不了解，容易混淆《基本药物目录》和《医疗保险目录》；各种保险保障制度繁杂，参保人员分辨不清；医师和患者的医疗信息严重不平衡。医疗机构和患者接触最多，针对上述情况医疗机构应发挥自身优势，做好宣传。只有让消费者认识到现有制度的实惠，才能更好地促进基本药物的应用。另外，国家可以要求药品生产企业在药品包装盒上标示基本药物专有标志，方便消费者识别。

典型案例

A县食品药品监管局执法人员对乡镇涉药单位例行检查，在B诊所药品陈列柜台内发现一批药品，因该批药品价格较昂贵，一般也只在医院临床使用，且该批药品具多个批号，执法人员怀疑该药品的购进渠道是否合法。经调查，该批药品系当地一居民C某在县医院看病时所开具的，但C某病愈出院后一直未服用该药品，造成所开具的药品剩余，C某考虑到药品价格较贵，为挽回损失，故将药品放在B诊所内，请B诊所代其销售，并答应药品使用完后，付给B诊所一定的报酬。C某提供的出院结账清单证实至检查之日，该批药品尚未使用。

B诊所已取得《医疗机构执业许可证》，但C某无药品生产、经营资格，故可认为该诊所违反《药品管理法》第34条“医疗机构必须从具有药品生产、经营资格的企业购进药品”。依据《药品管理法》第80条规定对B诊所予以行政处罚“责令改正，没收违法购进的药品，并处违法购进药品货值金额2倍以上5倍以下的罚款；有违法所得的，没收违法所得；情节严重的，吊销医疗机构执业许可证书”。本案中的C某，将自用剩余药品放置B诊所销售，已构成经营药品行为，因其无《药品经营许可证》，违反《药品管理法》第14条“无《药品经营许可证》的，不得经营药品”。对C某按《药品管理法》第73条“未取得《药品生产许可证》《药品经营许可证》或者《医疗机构制剂许可证》生产药品、经营药品的，依法予以取缔，没收违法生产、销售的药品和违法所得，并处违法生产、销售的药品（包括已售出的和未售出的药品，下同）货值金额2倍以上5倍以下的罚款”进行处罚，考虑C某并非主观故意违法经营药品，且该批药品尚未使用，故可考虑从轻处罚。

第三节　麻醉药品和精神药品的使用规范

一、麻醉药品和精神药品的概念及特征

（一）麻醉药品的概念和特征

1. 麻醉药品的概念。麻醉药品（narcotics）是指连续使用后易产生身体依赖

性、能成瘾癖的药品，标签为白底蓝字明显标记。这里的“身体依赖性”是指机体对该药产生适应，当突然断药就产生异常反应即戒断症状；戒断症状的表现有精神烦躁不安、失眠、疼痛加剧、肌肉震颤、呕吐、腹泻、散瞳、流涕、流泪、出汗等。

麻醉药品具有明显的两重性：一是镇痛作用强，是临床上不可少的镇痛药；二是具有药物依赖性，若流入非法渠道就可成为毒品，会带来严重的“药物滥用”，造成社会危害。

麻醉药品与临床上常用的麻醉药(剂)不同。麻醉药(剂)是指医疗上用于全身麻醉和局部麻醉的药品，如乙醚、三氯甲烷、普鲁卡因、利多卡因等，这些药品在药理上虽具有麻醉作用，但不具有依赖性潜力。麻醉药品是具有依赖性潜力的药品，例如临床上常用的阿片、吗啡等麻醉镇痛药，其用量虽少，但作用强烈，连续使用能产生身体依赖性，危害人体健康。

2.麻醉药品的特征。麻醉药品连续使用所产生的身体依赖性的特征是：

(1)强迫性地要求连续用药，并且不择手段地去搞到药；

(2)由于耐受性，有加大剂量的趋势；

(3)停药后的戒断症状有精神烦躁不安、失眠、疼痛加剧、肌肉震颤、呕吐、腹泻、散瞳、流涕、出汗等；

(4)对用药者本人及社会均易产生危害。

(二)精神药品的概念和特征

1.精神药品的概念。精神药品(psychotropic substances)是指作用于中枢神经系统，能使之兴奋或抑制，连续使用能产生精神依赖性的药品，标签为白底绿字明显标志。精神药品在临床上主要用于治疗或改善异常的精神活动，使紊乱的思维、情绪和行为转为常态。

2.精神药品的特征。精神药品长期使用后所产生的药物依赖性是精神依赖性，不同于连续使用麻醉药品所致的身体依赖性。其精神依赖性的特征为：

(1)为追求该药产生的欣快感，有一种连续使用某种药物的要求(但非强迫性)；

(2)没有加大剂量的趋势或这种趋势很小；

(3)停药后不出现戒断症状；

(4)所引起的危害主要是用药者本人。

二、麻醉药品和精神药品品种及分类

(一)麻醉药品的品种及分类

麻醉药品的品种包括阿片类、可卡因类、大麻类、合成麻醉药品类及国务院药品监督管理部门指定的其他易成瘾癖的药品、药用原植物及其制剂。麻醉药品目录中的罂粟壳在我国只能用于中药饮片、中成药生产及医疗配方使用。

常用的麻醉药品为吗啡注射液、磷酸可待因、芬太尼注射液、瑞芬太尼注射液、盐酸哌替啶(杜冷丁)、二氢埃托啡、盐酸布桂嗪(强痛定)、复方樟脑酊等。

1996年1月16日,我国卫生部公布了包括饮片和制剂共118个品种的《麻醉药品品种目录》。2005年9月27日,国家食品药品监督管理局(SFDA)、公安部、卫生部重新修订《麻醉药品品种目录》,公布了121个品种;2007年10月11日再次修订《麻醉药品品种目录》公布了123个品种。

(二)精神药品的品种及分类

1989年2月,我国卫生部依据联合国《1971年精神药物公约》将104种精神药品分为两类,第一类39个品种,第二类65个品种。一般来说,第一类精神药品比第二类精神药品更易产生精神依赖性,且毒性和成瘾性较强。1996年1月国务院卫生部公布了《精神药品品种目录》共119种,第一类精神药品确定为47个品种,第二类精神药品确定为72个品种。2005年9月27日,国家食品药品监督管理局(SFDA)会同公安部、卫生部重新修订并公布《精神药品品种目录》(以下简称《目录》),其中第一类精神药品为52种,第二类为78种,于2005年11月1日起正式使用。2007年10月11日公布了第一类精神药品53个,第二类精神药品79个。国家食品药品监督管理局(SFDA)结合我国精神药品使用的实际情况,将布托啡诺及其注射液、芬氟拉明及其单方制剂列入第二类精神药品目录。

常用的第一类精神药品为氯胺酮注射液、丁丙诺啡、哌醋甲酯等。常用的第二类精神药品为苯巴比妥(鲁米那)、地西泮(安定)、艾司唑仑(舒乐安定)、咪达唑仑(力月西)、曲马多等。

我国现行的《麻醉药品和精神药品管理条例》,对目录调整作了明确规定:"上市销售但尚未列入《目录》的药品和其他物质或者第二类精神药品发生滥用,已经造成或者可能造成严重社会危害的,SFDA会同公安部、卫生部应当及时将该药品和物质列入目录或者将该第二类精神药品调整为第一类精神药品。"

三、麻醉药品和精神药品的立法概况

1950年11月,经政务院批准,由中央人民政府卫生部公布了《管理麻醉药品暂行条例》及实施细则。1963年5月,卫生部会同公安部、化工部、财政部、商业部发出加强麻醉药品管理的通知,进一步丰富了1950年11月条例的内容。1978年,经国务院重新修订后颁布了新的《麻醉药品管理条例》。1987年11月28日,中华人民共和国国务院第103号令发布了《麻醉药品管理办法》。1988年12月27日,中华人民共和国国务院第24号令发布了《精神药品管理办法》。

1998年10月30日，国家药品监督管理局制定了《罂粟壳管理暂行规定》。2000年2月22日，国家食品药品监督管理局、中华人民共和国卫生部联合发布了《医疗机构麻醉药品、一类精神药品供应管理办法》。2003年9月28日，国家食品药品监督管理局发布了《关于加强氯胺酮制剂管理工作的通知》。2005年8月3日，中华人民共和国国务院第442号令公布了《麻醉药品和精神药品管理条例》。2005年11月1日，国家食品药品监督管理局发布了《关于麻醉药品和精神药品实验研究管理规定的通知》。2005年11月14日，中华人民共和国卫生部发布了《医疗机构麻醉药品、第一类精神药品管理规定》。2006年5月31日，国家食品药品监督管理局、中华人民共和国公安部、中华人民共和国卫生部联合发布了《关于戒毒治疗中使用麻醉药品和精神药品有关规定的通知》。2007年12月7日，国家食品药品监督管理局、中华人民共和国卫生部联合发布了《关于加强曲马多等麻醉药品和精神药品监管的通知》。该类药品1987年为“限量”供应，1994年为“计划”供应，2000年麻醉药品非注射液、精神药品改为“备案”制管理，医疗机构使用麻醉药品、精神药品凭“麻醉药品、一类精神药品购用印鉴卡”（以下简称“印鉴卡”）到药品监督管理部门指定的麻醉药品经营单位购买。医疗机构不得自行提货。禁止使用现金进行麻醉药品和精神药品交易，但是个人合法购买麻醉药品和精神药品的除外。医疗机构购买该类药品时应当采取银行转账方式付款。

党和政府高度重视麻醉药品、精神药品的管理与使用，发布了一系列法规文件，使麻醉药品和精神药品的管理与使用更规范、更安全、更合理、更科学。

四、麻醉药品和精神药品的管理部门及职责

国务院药品监督管理部门负责全国麻醉药品和精神药品的监督管理工作，并会同国务院农业主管部门对麻醉药品药用原植物实施监督管理。国家公安部门对造成麻醉药品药用原植物、麻醉药品和精神药品流入非法渠道的行为进行查处。国务院其他有关主管部门在各自的职责范围内负责与麻醉药品和精神药品有关的监督管理工作。

省级药品监督管理部门负责本行政区域内麻醉药品和精神药品的监督管理工作。县级以上地方公安机关负责对本行政区域内造成麻醉药品和精神药品流入非法渠道的行为进行查处。县级以上地方人民政府其他有关主管部门在各自的职责范围内负责与麻醉药品和精神药品有关的监督管理工作。

国务院卫生部主管全国医疗机构麻醉药品和精神药品使用管理工作。

五、麻醉药品和精神药品的使用管理

(一)购用管理

麻醉药品和精神药品的使用购买主体仅限于以下几种：

(1)药品生产企业；

(2)科学研究、教学单位；

(3)食品、食品添加剂、化妆品、油漆等非药品生产企业；

(4)医疗机构。

医疗机构需要使用麻醉药品和第一类精神药品的，应当经所在地区的市级人民政府卫生主管部门批准，取得麻醉药品、第一类精神药品购用印鉴卡，凭印鉴卡向本省、自治区、直辖市行政区域内的定点批发企业购买麻醉品和第一类精神药品，购买付款应当采取银行转账的方式。购回的麻醉药品和第一类精神药品，必须由主管人员和质检员双人验收入库，做好登记。验收必须注明品名、产地、批准文号、注册商标、批号、有效期、规格、数量、质量验收情况、处理结果等。

(二)“印鉴卡”的申领条件和申领材料

1.申请“印鉴卡”的医疗机构应当符合的条件：

(1)有与使用麻醉药品和第一类精神药品相关的诊疗科目；

(2)具有经过麻醉药品和第一类精神药品培训的、专职从事麻醉药品和第一类精神药品管理的药学专业技术人员；

(3)有获得麻醉药品和第一类精神药品处方资格的执业医师；

(4)有保证麻醉药品和第一类精神药品安全储存的设施和管理制度。

2.医疗机构向卫生行政部门提出办理“印鉴卡”申请，需提交的材料：

(1)书面申请；

(2)“麻醉药品、第一类精神药品购用印鉴卡申请表”一式两份；

(3)“医疗机构执业许可证”复印件；

(4)法定代表人身份证复印件、技术职称复印件；

(5)获得麻醉药品和第一类精神药品处方资格的医师执业证书原件及复印件；

(6)药剂负责人、专职药品管理员技术职称原件及复印件；

(7)采购人员身份证原件及复印件；

(8)麻醉药品、第一类精神药品各项管理制度；

(9)麻醉药品和第一类精神药品安全储存设施情况。

(三)医疗机构麻醉药品精神药品的存储

1.专库专柜。麻醉药品和第一类精神药品应当设立专库或者专柜储存。专库应当设有防盗设施并安装报警装置，有条件的单位还应安装监控器。专柜应当使用保险柜，专库和专柜应当实行双人双锁管理。

2. 入专库验收。药品入库双人验收，验收必须货到即验，至少双人开箱验收，清点验收到最小包装，验收记录双人签字。入库验收应当采用专簿记录，内容包括日期、凭证号、品名、剂型、规格、单位、数量、批号、有效期、生产单位、供货单位、质量情况、验收结论、验收和保管人员签字。

3. 进出库记录。进出库麻醉、一类精神药品建立专用账册，进出逐笔记录，内容包括日期、凭证号、领用部门、品名、剂型、规格、单位、数量、批号、有效期、生产单位、发药人、复核人和领用签字，做到账、物、批号相符。储存专用账册的保存期限应当自药品有效期期满之日起不少于 5 年。药品处方专用账册的保存应当在药品有效期满后不少于 2 年。药房消耗量应专册登记，专册保存期限为 3 年。

4. 缺损、过期处理。在验收中发现缺少、缺损的麻醉药品、第一类精神药品应当双人清点登记，报医疗机构负责人批准并加盖公章后向供货单位查询、处理。对过期、损坏麻醉药品、第一类精神药品进行销毁时，应当向所在地卫生行政部门提出申请，在卫生行政部门监督下进行销毁，并对销毁情况进行登记。

（四）麻醉药品和精神药品专制处方管理

1. 处方笺标准。麻醉药品和第一类精神药品处方印制用纸为淡红色，在左上角印有编号，右上角标注“麻”、“精一”。第二类精神药品处方印制用纸为白色，右上角标注“精二”。

2. 处方管理。药房应对开具麻醉药品、第一类精神药品的处方统一编号。医院应对麻醉药品和精神药品处方进行计数管理，建立处方保管、领取、使用、退回、销毁管理制度。麻醉药品和第一类精神药品处方保存期限为 3 年，第二类精神药品处方保存期限为 2 年。处方保存期满后，经医疗机构主要负责人批准、登记备案，方可销毁。

3. 取得处方资格的条件。按照有关规定，医院应对本院执业医师进行有关麻醉药品和精神药品使用知识的培训、考核，经考核合格的，授予麻醉药品和第一类精神药品处方资格。执业医师取得麻醉药品和第一类精神药品的处方资格后，方可开具麻醉药品和第一类精神药品处方，但不得为自己开具该种处方。

4. 处方合格率。麻醉药品、一类精神药品处方合格率为 100%，二类精神药品处方合格率三级医院≥95%，二级医院≥90%。

（五）麻醉药品和精神药品的使用规定

1. 癌症疼痛患者

（1）首诊使用者。门（急）诊癌症疼痛患者和中、重度慢性疼痛患者需长期使用麻醉药品和第一类精神药品的，首诊医师应当亲自诊查患者，建立相应的病历，同时需要签署“知情同意书”。病历中应当留存下列材料复印件：①二级以上医院开具的诊断证明；②患者户籍簿、身份证或者其他相关有效身份证明文件；③为患者代办人员身份证明文件。

(2)使用要求。除需长期使用麻醉药品和第一类精神药品的门(急)诊癌症疼痛患者和中、重度慢性疼痛患者外，麻醉药品注射剂仅限于医疗机构内使用，需长期使用该种药品者，可由医务人员出诊至患者家中使用。

(3)使用量。门(急)诊癌症疼痛患者和中、重度慢性疼痛患者开具的麻醉药品、第一类精神药品注射剂，每张处方不得超过3日常用量，控缓释制剂，每张处方不得超过15日常用量，其他剂型每张处方不得超过7日常用量。

(4)长期使用者。医疗机构应当要求长期使用麻醉药品和第一类精神药品的门(急)诊癌症患者和中、重度慢性疼痛患者，每3个月复诊或者随诊一次。

2.普通疼痛患者

(1)使用量。门(急)诊患者开具的麻醉药品注射剂，每张处方为一次常用量，控缓释制剂，每张处方不得超过7日常用量，其他剂型每张处方不得超过3日常用量。第一类精神药品注射剂，每张处方为一次常用量，控缓释制剂，每张处方不得超过7日常用量，其他剂型每张处方不得超过3日常用量。哌醋甲酯用于治疗儿童多动症时，每张处方不得超过15日常用量。第二类精神药品一般每张处方不得超过7日常用量，对于慢性病或某些特殊情况的患者，处方用量可以适当延长，医师应当注明理由。

(2)住院患者用量。医师为住院患者开具的麻醉药品和第一类精神药品处方应当逐日开具，每张处方为1日常用量。

3.特别加强管制的品种

需要特别加强管制的麻醉药品，盐酸二氢埃托啡处方为一次常用量，仅限于二级以上医院内使用，只能用于住院患者，盐酸哌替啶处方为一次常用量，仅限于医疗机构内使用。

4.回收空安瓿

医疗机构的各病区、手术室等调配使用麻醉药品和第一类精神药品注射剂时，须收回空安瓿，由专人负责计数并核对批号和数量，监督销毁，作好记录。癌症患者不再使用麻醉药品和第一类精神药品时，应将剩余的麻醉药品和第一类精神药品无偿交回医疗机构，并办理注销手续，不得办理退药退费，交回药品由医疗机构按规定销毁。

5.剩余药品处理

患者不再使用麻醉药品、第一类精神药品时，医疗机构应当要求患者将剩余的麻醉药品、第一类精神药品无偿交回医疗机构，由医疗机构按照规定销毁处理。

6.固定发药窗口

门诊药房应当固定发药窗口，有明显标志，并由专人负责麻醉药品、第一类精神药品调配。药房应当有交接班记录。

7.临床使用麻醉药品精神药品的注意事项

(1)医务人员应当根据国务院卫生主管部门制定的麻醉药品和精神药品临床应用指导原则，正确使用麻醉药品和精神药品。

(2)在使用该类药品前，应仔细阅读药品说明书。药品说明书经过国家药品监督管理部门审批，具有法律效力。

(3)医务人员应进一步学习医药科学知识、有关法律法规知识，提高诊疗水平，增强自我保护意识。

麻醉药品精神药品属于特殊药品，应特殊管理，特殊使用。只有严格管理，合法、安全、合理使用特殊药品，才有利于人们的身心健康、科学的发展、社会的进步。

六、麻醉药品和精神药品的相关法律责任

发现下列情况之一，应当立即报告所在公安部门、药品监督管理部门和卫生主管部门。

1.在运输、储存、保管过程中，麻醉药品和第一类精神药品发生丢失或被盗、被抢事件的。

2.发现骗取或冒领麻醉药品和第一类精神药品事件的。

具有麻醉药品、第一类精神药品处方资格的执业医师，违反《麻醉药品和精神药品管理条例》的规定开具麻醉药品、第一类精神药品处方，或者未按照临床应用指导原则的要求使用麻醉药品、第一类精神药品的，由其所在医疗机构取消其麻醉药品、第一类精神药品处方资格，造成严重后果的，由原发证部门吊销其执业证书。未取得麻醉药品、第一类精神药品处方资格的执业医师擅自开具麻醉药品、第一类精神药品处方，由县级以上人民政府卫生主管部门给予警告，暂停其执业活动，造成严重后果的，吊销其执业证书；构成犯罪的，依法追究刑事责任。

处方的调配人、核对人违反《麻醉药品和精神药品管理条例》的规定未对麻醉药品、第一类精神药品处方进行核对，造成严重后果的，由原发证部门吊销执业证书。

典型案例

2005年6月初，沈阳市禁毒支队发现在沈阳的一些吸毒人员有大量杜冷丁，这是由国家指定麻醉药品生产企业生产的药用麻醉制剂。这批毒品批号相同，还成盒出售。经过侦查，发现这批杜冷丁是由国家指定麻醉药品生产企业沈阳一家制药厂和青海制药厂生产的药用麻醉制剂杜冷丁。警方在对毒品交易跟踪侦查中，发现这批杜冷丁虽然是沈阳一家制药厂生产的，却是从山东流入沈阳的。几经周折，最后警方发现杜冷丁来自山东××妇幼保健站肿瘤科的医生赵某某。6月26日上午，两地警方将赵某某及参与贩毒的乐陵市孔镇医院院长张某某抓获。从医几十年的张某某为牟求私利，竟铤而走险贩卖毒品。他向乐陵市孔镇医院、翟头堡医院等4家医院的院长高价购买杜冷丁，积少成多后再向外兜售。而张某某等4名院长拟向需要杜冷丁治疗的病人，套取杜冷丁后高价转卖给赵某某。几经转手，杜冷丁的价格从最初的3.6元/支涨到70元/支被卖到了吸毒者手中。2006年6月7日，医生与毒贩勾结贩卖杜冷丁案在沈阳中级人民法院公开审理。

沈阳中院认为，赵某某等5名被告人非法贩卖国家规定的能够使人形成瘾癖的麻醉药品杜冷丁，从中牟利，其行为均已构成贩卖毒品罪。法院最后对赵某某等5名被告人判处无期徒刑和有期徒刑5～10年不等。本案是一起严重违反《麻醉药品和精神药品管理条例》和有关禁毒法规的特殊药品流入非法渠道的案件，而且情节很严重。医疗机构医务人员，特别是乡镇卫生院的院长仿造假病历，高价收购和转卖杜冷丁，张某某等4名院长拟需要杜冷丁治疗的病人，授意相关科室的医生开具假病历，套取杜冷丁后高价转卖给他人牟取利益，不但违反了《中华人民共和国药品管理法》《麻醉药品精神药品管理条例》《处方管理办法》，而且触犯了刑法，应得到法律的严惩。从这个案件当中反映出目前的麻醉药品，特别是基层的医疗机构的麻醉药品管理还存在着一定的问题，国家食品药品监督管理局应举一反三，结合《麻醉药品和精神药品管理条例》，与有关部门密切配合采取措施，进一步加强麻醉药品，特别是基层医疗机构麻醉药品的管理。

第四节　医疗用毒性药品的使用规范

一、医疗用毒性药品概述

（一）医疗用毒性药品的概念

医疗用毒性药品（Poisonous Substances）指毒性剧烈，治疗剂量与中毒剂量相近，使用不当会致人中毒或死亡的药品。我国《药品管理法》明确规定将毒性药品作为特殊管理的药品，因为该类药一方面如果正确管理及使用，将造福于广大患者；另一方面如果管理不严或使用不当，将会对社会造成重大影响和危害。

（二）毒药与剧药、限剧药的区别

毒药是指药性作用剧烈，安全范围小，最大使用量与最小致死量非常接近，使用剂量很小，容易引起中毒或死亡的药物，其服用量一般在0.065g以下，最小致死量在1g以下。其药品外包装上均标有明显的“毒”字样。使用该类药品，必须严格按医嘱服药，以防发生不测，如用于巴比妥类中毒的硝酸士的宁、抗肿瘤用的三氯化二砷；我们熟悉的中药中的砒石（砒霜）、水银等也属毒药。砒石就是不纯的三氧化二砷。砒霜虽然长期以来都被认为是“杀人凶手”，但实际上，治疗剂量的砒霜自古以来就用于某些癌症的治疗。

剧药品指药理作用强烈，极量与致死量比较接近，服用超过极量可严重危害人体健康，甚至引起死亡的药，其最小致死量大约在15g以下。洋地黄、毒甙片、地戈辛片、秋水仙碱片等均属剧药，其药品外包装上均标有明显的“剧”字样。剧药必须在医师的指导下使用，严防超量发生中毒。

毒性较大而又常用的剧药称为限制性剧药。如治疗急性心衰的毒毛旋子甙K针、用于镇静抗癫痫的巴比妥片等，使用该类药物也须谨慎。其药品包装盒上按规定也标有“限剧”字样。

目前，我国已将毒药、剧药、限剧药统称为医疗用毒性药品。除精神病患者、癫痫和其他特殊病人应由医生掌握外，每次处方毒药不得超过1日极量，限剧药不得超过2日极量。

（三）医疗用毒性药品的立法概况

《药品管理法》《处方管理办法》等都只是间接提到毒性药品，与医疗用毒性药品直接相关的文件主要有三个：1988年12月27日国务院制定的《医疗用毒性药品管理办法》，1999年8月23日国家药品监督管理局制定的《关于加强亚砷酸注射液管理工作的通知》，2002年10月14日国家药品监督管理局制定的《关于切实加强医疗用毒性药品监管的通知》。

二、医疗用毒性药品品种及分类

医疗用毒性药品分毒性中药和毒性西药，具体品种如下：

(一)毒性中药品种(共27种)

砒石(红砒、白砒)、砒霜、生川乌、生马钱子、生甘遂、生草乌、雄黄、红娘虫、生白附子、生附子、水银、生巴豆、白降丹、生千金子、生半夏、斑蝥、青娘虫、洋金花、生天仙子、生南星、红粉(红升丹)、生藤黄、蟾蜍、雪上一枝蒿、生狼毒、轻粉、闹羊花。

(二)毒性西药品种(共11种)

去乙酰毛花苷丙、阿托品、洋地黄毒苷、氢溴酸后马托品、三氧化二砷、毛果芸香碱、升汞、水杨酸毒扁豆碱、亚砷酸钾、氢溴酸东莨菪碱、士的宁。

1988年12月27日出台的《医疗用毒性药品管理办法》发布以后，在实际贯彻过程中，各地都遇到一些具体问题。针对这一情况，卫生部原药政局于1990年5月作出了补充规定：

1.《医疗用毒性药品管理办法》中所指的毒性药品，西药品种是指原料药，中药品种系指原药材和饮片，不包含制剂；

2.毒性药品管理品种，西药品种士的宁、阿托品、毛果芸香碱等包括其盐类化合物；

3.毒性中药闹阳花、生马前子应按《中国药典》(1985年版)所用名称闹羊花、生马钱子；

4.毒性中药红粉、红升丹系同物异名。《中国药典》(1985年版)以“红粉”收载。今后毒性药品品种表修订时将取消“红升丹”的名称。

三、医疗用毒性药品的使用管理

(一)医疗用毒性药品的生产

毒性药品年度生产、收购、供应和配制计划，由省级药品监督管理部门根据医疗需要制定，下达给指定的毒性药品生产、收购、供应单位，并抄报国务院药品监督管理部门。生产单位不得擅自改变生产计划自行销售。

药品生产企业必须由医药专业人员负责生产、配制和质量检验，并建立严格的质量管理制度，严防与其他药品混杂。

每次配料，必须经二人以上复核无误，并详细记录每次生产所用原材料和成品数，经手人签字备查。所用工具、容器要处理干净，以防污染其他药品。标示量要准确无误，包装容器要有毒药标志。

凡加工炮制毒性药品，须按《中国药典》或经省级药品监督管理部门制定的炮制规范进行。经检验符合药用要求，方可用于供应、配方和中成药生产。炮制成品按国家药品标准检验，未经检验不得销售。炮制后为低毒的中药品种应列为毒性中药管理（如马钱子粉、巴豆霜）。

（二）医疗用毒性药品的经营

毒性药品的收购、经营有各级药品监督管理部门指定的药品经营单位负责，配方由国营药店、医疗机构负责。未经批准的单位或个人不得从事毒性药品的收购、经营和配方业务。

收购、经营、加工、使用毒性药品的单位必须建立健全保管、验收、领发、核对等制度，严防收假、收错，严禁与其他药品混杂，做到划定仓间、仓位，专柜加锁，专人负责、专账管理。

（三）医疗用毒性药品的使用程序

医疗机构供应和调配毒性药品须凭执业医师签名的正式处方。药品经营企业供应和调配毒性药品，凭盖有执业医师所在的医疗机构公章的正式处方。每次处方剂量不得超过 2 日极量。调配处方时必须认真负责，计量准确，按医嘱注明要求，并由配方人员及具有药师以上技术职称的复核人员复核，复核无误，签名盖章后方可发出。对处方未注明“生用”的毒性中药，应附炮制品。如发现处方有疑问时，需经原处方医师重新审定后再行调配。处方一次有效，处方保存 2 年备查。

（四）医疗用毒性药品使用中出现的问题

1.法规滞后，不利执行。《医疗用毒性药品管理办法》从 1988 年制定至今已 20 多年，尚未修订。这 20 多年来，我国的国情发生了翻天覆地的变化，药品的监管部门及体制也已发生较大变化，现行的毒性药品法规已不能满足实际管理的需要，如文件规定“国营药店供应和调配毒性药品，凭盖有医师所在的医疗单位公章的正式处方”等。而同样列为特殊管理的药品，麻醉药品及精神药品管理的文件已经历数次修订，配套文件齐全，执行管理的可操作性强。相比之下，毒性药品的管理法规相对滞后，不利执行。因此，相关部门应尽快修订毒性药品的法律法规并完善相关配套文件，科学地确定毒性药品的品种，既保障患者合理、安全地使用毒性药品，又使医务人员依法加强毒性药品的管理。

2.毒性药品的品种范围难以把握。1988 年国务院颁布的《医疗用毒性药品管理办法》中将医疗用毒性药品定义为：毒性剧烈、治疗剂量与中毒剂量相近，使用不当能引起中毒或死亡的药品，其中包括生白附子、生附子、生巴豆、生马钱子等。《中国药典》规定：生马钱子含士的宁 1.2%～1.5%，而临床常用的马钱子粉含士的宁 0.78%～0.82%，属非毒性中药，但马钱子粉如使用不当或连续服用后，也易导致患者中毒或积蓄中毒。因此，判断一个中药是否属毒性药不能简单地将生品归为毒性药，炮制品归为非毒性药，而应根据其毒性成分的中毒剂量是否与治疗量接近，使用不当时引起中毒或死亡及在体内的血药浓度是否达到中毒的血药浓度，来判断该药是否属毒性药或非毒性药。目前对中药的研究，监测人体内血药浓度是否达中毒剂量还难以做到，但在定义马钱子、巴豆类的毒性中药时不应仅将生品定义为毒性中药。

3.毒性中药的外用剂量及用法难以把握。临床中药剂科对毒性中药的内服剂量是严格控制的，但对其外用剂量却难以把握。《中国药典》上未详细规定外用剂量，但在中医界斑蝥治疗秃顶时就有一些民间经方、验方，如用斑蝥 4g，甚至 6g 溶于一定体积的酒精之中，每日搽 3 次，而临床中医生开具的斑蝥剂量及酒精的浓度和体积都凭医生各自的经验，没有统一规定。这样的处方就给药剂科毒性药品的管理带来了困扰，因不知毒性中药外用适量到何种程度，溶于多少毫升的何种溶剂中，患者才不会透皮吸收导致中毒以至于引起医疗纠纷。因此，毒性中药的外用量也应规定最大限量、药液浓度及选用的溶媒，从而杜绝临床上毒性中药外用时用量过大或时间过长而引起的蓄积中毒现象。

（五）违反《医疗用毒性药品管理办法》的法律责任

对违反《医疗用毒性药品管理办法》规定，擅自生产、收购、经营毒性药品的单位或个人，由县级以上药品监督管理部门没收全部毒性药品，并处以警告或按非法所得的 5～10 倍罚款。情节严重、致人伤残或死亡，构成犯罪的，由司法机关依法追究其刑事责任。

当事人对处罚不服的，可在接到处罚通知之日起 15 日内，向作出处理的机关的上级机关申请复议。但申请复议期间仍应执行原处罚决定。上级机关应在接到申请之日起 10 日内作出答复。对答复不服的，可在接到答复之日起 15 日内，向人民法院起诉。

典型案例

男性患者，因右肩疼痛到乡村诊所就医，该诊所医生开了一副中草药，处方含有制川乌 13g、制草乌 9g、生草乌 4g 等药物。嘱患者用白酒 750g 浸泡 10 日后口服，一日两次，每次 5ml。10 日后，患者在第一次服用药酒后（服用量不详），即出现下肢无力、四肢麻木、呕吐、憋气且迅速加重。经当地医生抢救无效死亡。患者死亡后，公安部门对药酒进行鉴定并进行尸体解剖。药酒鉴定结果：检出乌头碱含量 89ug/ml；尸检报告：服用含有乌头生物碱类的药酒导致呼吸、循环衰竭死亡。

在县、乡镇医疗机构发生的医疗纠纷案例中，经常可以看到，有些县、乡镇医疗机构的医务人员对国家颁布的有关医疗卫生管理法律、法规不了解，特别是某些乡村医务人员不曾接受过这方面的学习，不曾知道在执业过程中，需要按照国家规定的医疗卫生管理法律、行政法规，部门规章和诊疗护理规范、常规来规范自己的言行。本案中的乡村医生就是因为不知道而违反了《医疗用毒性药品管理办法》。文献中记载乌头碱致死量2～5mg。医生开具的处方、嘱服用的剂量达不到毒性物质的致死量。但是，患者就医后的整个医疗过程，均由乡村医生一人完成。开出的医用毒性药物没有按照《医疗用毒性药品管理办法》进行复核；开具药物的剂量超过《医疗用毒性药品管理办法》规定的2日极量；未告知患者药物在使用过程中可能会发生的反应及应对措施，酿成一起本可以避免但未能避免的致人死亡的严重医疗事故。

第五节 放射性药品的使用规范

一、放射性药品的概念

放射性药品(radioactive pharmaceuticals)系指用于临床诊断或治疗的放射性核素制剂或其标记药物，包括裂变制品、加速器制品、放射性同位素发生器及其配套药盒、放射免疫药盒等。而放射性药品管理法律制度，是指有关放射性药品管理的法律和制度。现行的关于放射性药品管理的法律制度，主要是国务院1989年1月13日发布的《放射性药品管理办法》。

二、放射性药品品种

《中国药典》共收载16种放射药品标准，具体如下：

1. 含碘[131I]的放射性药品。邻碘[131I]马尿酸钠注射液，碘[131I]化钠胶囊，碘[131I]化钠口服溶液。

2. 含磷[32P]的放射性药品。胶体磷[32P]酸铬注射液，磷[32P]酸钠注射液，磷[32P]酸钠口服溶液。

3. 含锝[99mTc]的放射性药品。高锝[99mTc]酸钠注射液，锝[99mTc]亚甲基二磷酸盐注射液，锝[99mTc]依替菲宁注射液，锝[99mTc]植酸盐注射液，锝[99mTc]焦磷酸盐注射液，锝[99mTc]聚合白蛋白注射液。

4. 其他。含氙[133X]注射液，枸橼酸稼[67Ga]注射液，铬[51Gr]酸钠注射液，氯化亚铊[201TI]注射液。

三、放射性药品的使用管理

国务院药品监督管理部门与核工业主管部门共同负责、监督管理全国放射性药品的研制、生产、流通、使用等工作。

(一)放射性新药的研制、临床研究和审批制度

放射性新药是指我国首次生产的放射性药品。对放射性新药研制的法律规定,主要体现在我国国务院《放射性药品管理办法》的规定。

1.药品研制单位的年度放射性新药的研制计划,应报能源部备案,并报当地省级卫生行政部门汇总后,报国家卫生部备案。放射性新药的分类,按新药审批办法规定办理。

2.放射性新药的研制内容,包括工艺路线、质量标准、临床前药理及临床研究。研究单位在制定新药工艺路线的同时,必须研究该药的理化性能、纯度(含核素纯度)及检验方法、药理、毒理、动物药代动力学、放射性比活度、剂量、剂型、稳定性等。

研制单位对放射免疫分析药盒必须进行可测限度、范围、特异性、准确度、精密度、稳定性等方法学研究。

3.新药研制单位研制的放射性新药,在进行临床试验或者验证前,应当向卫生部提出申请,按新药审批办法的规定报送资料和样品,经卫生部审核同意后,在卫生部指定医院进行临床研究。研究结束后,向卫生部提出申请,经卫生部审核(并征求能源部意见)同意后,发给新药证书。

4.放射性新药的投入生产,需由生产单位或者取得放射性药品生产许可证的研制单位,凭新药生产许可证书(副本)向卫生部提出申请并提供样品,由卫生部审核发给批准文号。取得新药批准文号后,方可批量生产。

(二)放射性药品的生产、经营、进出口制度

1.放射性药品的生产、经营企业,必须向能源部报送年度生产计划,并抄送卫生部;国家根据需要对放射性药品实行合理布局、定点生产制度;申请开办放射性药品生产、经营的企业,应征得能源部同意后,方可按规定办理筹建手续。

2.开办放射性药品生产、经营的企业,必须具备《药品管理法》第5条规定的基本条件,符合国家放射卫生防护基本标准,履行环境影响报告审批手续,经能源部审查同意、卫生部批准后,有所在地的省级卫生行政部门发给《放射性药品生产企业许可证》《放射性药品经营企业许可证》,方可从事放射性药品的生产、经营。

放射性药品的生产、经营企业,必须配备与生产、经营放射性药品相适应的专业技术人员,具有安全、防护装置和废气、废物、废水处理设施,并有严格的质

量管理制度。

3.《放射性药品生产企业许可证》《放射性药品经营企业许可证》的有效期为5年;放射性药品生产、经营企业如须继续生产、经营,必须在期满前6个月分别向原发证的卫生行政部门重新申请,按上述审批程序经审核批准、换发新证。

4.放射性药品生产企业生产已有国家标准的放射性药品,必须经卫生部征得能源部同意、审核批准,发给批准文号,方可生产;凡改变原生产路线和药品标准的,必须按原报批程序经卫生部批准后方可生产。

5.放射性药品的生产、经营企业,必须建立质量检验机构,严格实行生产全过程的质量控制和检验。产品出厂前,必须经过质量检验,不符合国家药品标准的一律不准出厂。经卫生部批准的含有短半衰期放射性核素的药品,生产企业可以边检验边出厂,但发现质量不符合国家药品标准时,应立即停止生产、销售,并立即通知使用单位停止使用,同时报卫生部和能源部。

6.放射性药品的生产、供销业务由能源部统一管理。放射性药品的生产、经营单位凭省级卫生行政部门发给的《放射性药品生产企业许可证》《放射性药品经营企业许可证》从事生产、经营;医疗机构凭省级公安、环保、卫生行政部门联合发给的《放射性药品使用许可证》,申请办理订货、使用。

7.放射性药品的进出口业务,由国家对外经济贸易部指定的单位按国家对外贸易的规定办理;进出口放射性药品,应报卫生部审批同意后,方可办理进出口手续。进口的放射性药品品种,必须符合我国的药品标准或者其他药用要求。

8.进口放射性药品,必须经我国药品生物制品检定所或者卫生部授权的药品检验所抽样检验,检验合格的方可进口。对于经卫生部批准的短半衰期放射性核素的药品,在保证使用的情况下,可以采取边进口检验边投入使用的办法,进口检验单位发现药品质量不符合要求时,应当立即停止使用,并报告卫生部和能源部。

(三)放射性药品的包装运输制度

1.放射性药品的包装必须安全实用,符合放射性药品质量要求,具有和放射性剂量相适应的防护装置。其包装必须分内包装和外包装两部分,外包装必须贴有商标、标签、说明书和放射性药品标志,内包装必须贴有标签。

标签必须注明药品品名、放射性比活度、装量,说明书除必须注明药品品名、放射性比活度、装量外,还必须注明生产单位、批准文号、批号、主要成分、出厂日期、放射性核素半衰期、适应症、用法、用量、禁忌症、有效期、注意事项。

2.放射性药品的运输,必须按国家运输、邮寄等部门制定的有关规定执行,严禁任何单位和个人随身携带放射性药品乘坐公共交通工具。

(四)放射性药品的使用

1.医疗机构使用放射性药品,必须符合国家放射性同位素卫生防护管理的有关规定，所在单位的省级公安、环保、卫生行政部门，应当根据医疗机构的核医疗技术人员的水平、设备条件，核发相应等级的《放射性药品使用许可证》，无《放射性药品使用许可证》的医疗机构不得临床使用放射性药品。《放射性药品使用许可证》的有效期为5年。使用放射性药品的医疗机构如需继续使用放射性药品，应当在《放射性药品使用许可证》期满前6个月，向原发证单位重新提出申请，经审核批准后，换发新证后方可继续使用放射性药品。

2.医疗单位设置核医学科、室(同位素室)，必须配备与其医疗任务相适应的并经过核医学技术培训的技术人员。非核医学专业技术人员未经培训，不得从事放射性药品使用工作。

3.持有《放射性药品使用许可证》的医疗单位，在研究配制放射性制剂并进行临床验证前，必须根据放射性药品的特点，提出该制剂的药理、毒性等资料，由省级卫生行政部门批准，并报卫生部备案。该制剂限本单位使用。

持有《放射性药品使用许可证》的医疗单位，必须负责对使用的放射性药品进行临床质量检验，收集药品的不良反应等项工作，并定期向所在地卫生行政部门报告，由省级卫生行政部门汇总后报卫生部。

第四，放射性药品使用的废物(包括患者排除物)，必须按国家有关规定妥善处置。

(五)放射性药品标准和检验

放射性药品的标准由国务院药品监督管理部门及国家药典委员会制定。放射性药品的检验由中国药品生物制品检定所或指定的药品检验所承担。

(六)违反《放射性药品管理办法》法律责任

对违反《放射性药品管理办法》规定的单位和个人，由县级以上药品监督管理部门，视情节轻重，给予警告、限期整改、罚款或没收非法所得、停产停业整顿，或会同有关部门吊销其许可证。情节严重，构成犯罪的，由司法机关依法追究其刑事责任。

第六节　中草药的使用规范

一、中草药使用规范概述

中药(Traditional Chinese Drug，TCM)是与西药相对而言的，起源于中国，用于预防、诊断、治疗疾病及康复保健等方面作用的中国传统药物的总称。中药主要由植物药(根、茎、叶、果)、动物药(内脏、皮、骨、器官等)和矿物药组成。因植物药占中药的大多数，所以中药也称中草药。中国是中草药的发源地，目前中国大约有12000种药用植物，这是其他国家所不具备的，在中药资源上我们占据垄断优势。古代先贤对中草药和中医药学的深入探索、研究和总结，使得中草药得到了最广泛的认同与应用。

临床上中药有中药材、中药饮片和中成药等不同应用形式。由于中药的产地、采收与贮存可影响药材的质量，因此中药具有“道地药材”的概念。中药具有四气五味的药性和君、臣、佐、使配伍使用方式，其功能是以解表、滋阴、理气等中医术语来描述。中药的临床使用特点是以单方或以配伍复方制剂形式在中医独特的理论体系下用于治病救人。

我国劳动人民几千年来在与疾病作斗争的过程中，通过实践，不断认识，逐渐积累了丰富的医药知识。由于太古时期文字未兴，这些知识只能依靠师承口授，后来有了文字，便逐渐记录下来，出现了医药书籍。由于药物中草类占大多数，所以记载药物的书籍便称为“本草”。据考证，秦汉之际，本草流行已较多，但可惜这些本草都已亡佚，无可查考。现知的最早本草著作称为《神农本草经》。

1949年新中国成立以后，由于政府对中医药事业的高度重视，制定了以团结中西医和继承中医药学为核心的中医政策，并采取了一系列有力措施发展中医药事业。随着现代自然科学和中国经济、文化、教育事业的迅速发展，中药学也因此取得了长足进步。从1954年起，国家有计划地整理、出版了一批重要的本草古籍，主要有《本经》《新修本草》《证类本草》《纲目》等数十种。20世纪60年代以来又辑复了《吴普本草》《别录》《新修本草》《本草拾遗》等10余种，对研究和保存古本草文献有重大意义。

为了统一制定药品标准，中国药典委员会于1953年、1963年、1977年、1985年、1990年、1995年和2010年先后出版发行了7版《中华人民共和国药典》。2010年版《中国药典》分三部出版，一部收载药材及饮片、植物油脂和提取物、成方和单味制剂等，品种共计2136种、修订612种。有关中药内容根据品种和剂型的不同分别依次列有中文名、汉语拼音与拉丁名、来源、处方、制法、性状、鉴别、检查、浸出物、含量测定、性味与归经、功能与主治、用法与用量、注意、规格、贮藏、制剂等。同时，附录的内容以及先进的检测方法等大为增加。

与此同时，国家一直重视药政法的建设工作，先后制定了多个有关中药的管理办法，并于1984年国家通过了《药品管理法》。另外，国家为保护中医药理论和中药品种，也制定了一系列的法律规定。这些现行的法律规定主要有《中医药条例》(2003年国务院第三次常务会议通过，2003年4月7日公布，2003年10月1日起施行)、《中药品种保护条例》(1992年10月14日国务院第106号令发布，1993年1月1日起施行)。

二、中药的合理使用

中药以其源远流长的历史以及确切的疗效在我国医药发展史上一直被广泛应用，中成药在临床应用中具有质量稳定、疗效温和可靠、剂量易控的特点，很多患者错误地认为中药无毒，近年来对常用中药的不良反应的报道越来越多。目前临床上中成药不合理应用非常普遍，同类药物并开，诊断和用药不符，药物之间相互拮抗等问题时有发生。因此，中药毒副作用及不良反应不仅在于药物本身的毒性，也在于用药不当所造成的损害。可以说，凡是药品，就会有不良反应发生的可能性。中西药结合治疗往往起到事半功倍的效果，中药源自天然，药性平和，但不良反应、毒副作用等也时有发生。因此，合理使用中药，才能促进中药事业的健康发展。

（一）中药的煎煮

1.冷水浸泡时间。用冷水浸泡使药物变软，细胞壁膨胀，药物的有效成分容易渗透到水分中。然后再煎煮，这样随着水温的逐渐增高，有效成分便容易被煎出。浸泡时间，一般以花、叶、茎类为主的药物可浸泡20分钟左右，以根、种子、果实为主的药物可浸泡30～60分钟。

2.煎药用水量。加水过多则药汁浓度过低，影响疗效；加水过少，不仅药物有效成分不易煎出，还容易煎焦。一般中药煎煮用水量以浸过药物3～4cm为宜，可视药量大小、药物的性能、吸水量以及病情需要适当增减。

3.煎煮火候。前人将火候分为武火（即大火）和文火（即小火）两种。一般来说，治疗伤风感冒的解表药以及清热药、芳香药，因煎煮时间短，宜用武火急煎；而味厚的滋补药，因煎煮时间长，宜用文火缓煎，武火使水分蒸发快，药汁易外溢，所以目前往往采用先用武火急煎，沸后改用文火缓煎的方法。

4.煎药时间。应根据疾病的情况和药物的性质来定，可分三种煎药时间。

(1)轻辛发散药：此类药物大多为治疗外感病的发汗解表药，多系花、叶、全草等，其性轻扬发散，味芳香，含挥发油较多，所以煎药时间要短，头煎从汤沸后再煎10分钟左右，二煮沸后5分钟左右。

(2)滋补调理药：此类药物大多为调补人体气血阴阳滋补药，含有大量营养物质，所以煎药的时间最长，头煎从沸后再煮30～60分钟，二煎沸后20～30分钟。

(3)一般药物：头煎从沸后再煎15～20分钟，二煎沸后10～15分钟。药汁要趁药液未冷时过滤最佳，用两层干净的纱布蒙在碗上，再进行滤药可保证药液清澄。

5.煎中药前“三忌”。一忌用霉变中药：中药最易霉变，其原因除药物本身含糖类物质较多外，或因制药时间已久，或因运输过程中破损，或因保管不善。如发现有霉点、霉灰，应停止使用，以防中毒。据资料表明，霉变的中药，有致癌的黄曲霉素。二忌用铁器煎煮：煎煮中药用陶瓷罐为宜，铜、铝制品次之，忌用铁器。因为陶瓷化学性能稳定，不会"干扰"药物的合成或分解。而铁器容易同中草药内所含的鞣质、甙类等起反应（如大黄、首乌等），以致改变药性，使药物失效或起反作用。三忌用开水煎药：植物性中药的有效成分，均分布在植物细胞中，如用开水煎煮，容易使其中的蛋白质、淀粉等凝固，使植物细胞不易破裂，即使破裂，药物的有效成分也因凝固而不易释放，无法充分发挥药效。

（二）中药的服用时间

1. 宜饭前服用的中药：补益药、化痰止咳平喘药、驱虫药；

2. 宜饭后服用的中药：解表药、健胃药、辛辣刺激性的药物；

3. 宜睡前服用的中药：安神药、润肠药；

4. 必要时服用的中药：妇科调经药宜在行经前数日开始服用。

（三）中药的服用方法

根据病情，有些方剂有特殊的服法。例如，汤剂一般应温服，发汗解表药除温服外，还应避风保暖，或喝些稀粥以助药力，真寒假热症，热药热服，若出现拒药呕吐现象，可热药冷服；真热假寒症，则应寒药热服，对脾胃不受，服药呕吐者，可用少量频服的方法；一般服药呕吐者，可用鲜姜擦舌，或加少量姜汁。

中成药一般用白开水送服。有些药物则可用一些特殊服法以提高疗效：

1. 治跌打损伤、风寒湿痹、腰腿肩臂疼痛、气滞血瘀、中风手足不遂等疾病的中成药，如云南白药、七厘散、牛黄醒消丸、华佗再造丸等，可用黄酒送服，有通经活血、散寒的作用。

2. 服治疗肾亏、肾虚等疾病的成药，如六味地黄丸、杞菊地黄丸、知柏地黄丸、大补阴丸、健步虎潜丸、全鹿丸、左归丸、右归丸等，宜用淡盐汤送服。食盐能引药入肾，疗效更显著。

3. 治疗风寒表症、肺寒、脾胃虚汗等中成药，如藿香正气片、香砂养胃丸等，可用姜汤送服。姜有散寒、温胃、止呃等作用。

4. 补气、养肠胃、健脾、利膈、止渴等成药，如消渴丸、回神丸等，可用米汤送服。米汤富有营养，具有保护胃气的作用。

5. 治疗妇女月经不调、痛经、肝气郁结的中成药，如归脾丸、逍遥丸、乌鸡白凤丸等，可用啤酒送服，疗效显著。

三、中药的联合使用

（一）中成药的联合使用

临床上使用中成药，对于病情单纯的，仅用一种即可。但由于中成药成分固定，有时难以适应错综复杂，数病相兼的病情，需选择2种或2种以上的中成药配合使用，就要注意药物联用时的配伍禁忌问题。

1.《中国药典》(2005年出版)中有不宜同用药的规定，“十八反”“十九畏”的药物，(“十八反”“十九畏”是指不要让有些药物合用，合用的后果是会产生各种副作用。在古代“十八反”“十九畏”指泛数的各种可以产生相互作用的药名。金元时期概括为“十九畏”和“十八反”，并编成歌诀，即甘草反甘遂、大戟、海藻、芫花，乌头反贝母、瓜蒌、半夏、白蔹、白芨，藜芦反人参、沙参、丹参、玄参、细辛、芍药。硫黄畏朴硝，水银畏砒霜，狼毒畏密陀僧，巴豆畏牵牛，丁香畏郁金，川乌、草乌畏犀角，牙硝畏三棱，官桂畏赤石脂，人参畏五灵脂。)应属配伍禁忌，原则上是禁止使用的。所以，只有熟悉中成药制剂的处方组成，才能避免发生此类配伍禁忌。

2.数种功效相似的中药联用，因其各自的制剂组成中往往有一种或几种相同的药味，联用时增加某一味或几味的剂量，故在使用时应注意药物的“增量”和药物中有毒成分的“叠加”以防机体受到损害。

3.对不同功效的药物联用，应注意用药中的禁忌，以达到合理用药的目的。

(二)中西药的联合使用

随着中西医结合的深入发展，中西药联用在临床上也越来越广泛，只有联用得当、合理，可相互为用，取长补短，使疗效增强，病程缩短，减少毒副作用。如果中西药配伍不当，剂量不适或用法不妥等，可使药效降低或消失，毒副作用增加或引起药源性疾病，延误病情，甚至危及患者生命，造成死亡。

1.西药大多成分单一，针对性强，起效迅速；中药大多成分复杂，双向调节，作用稳定持久。两者联用后，能标本兼顾，增强疗效。

2.人们在接受药物治疗作用的同时，也会受到其各种毒副作用的损害，西药尤为显著。而中西药合理联用却能使药物充分发挥其治疗作用，减少毒副作用的损害。目前临床主要用于：

(1)减轻激素反馈抑制作用；

(2)防治撤停激素后的反跳现象；

(3)防治化疗的毒副反应；

(4)防止一些药物在服用时产生胃肠或神经系统的副作用。

3.在中西药联用时，要防止药理作用相加产生的毒副作用或配伍不当在疗效上产生的拮抗作用。

4.在使用含有西药成分的中成药时，不能再使用同种成分的西药或随意加大该中成药的剂量，避免重复用药或用药过量。和其他西药联用要注意药物的相互作用，以免降低药物疗效，发生药物不良反应。

典型案例

2000 年 4 月，患者李某因患子宫肌瘤到北京某医院中医科就诊，至同年 10 月共服用中药汤剂 100 余剂，2001 年 4 月患者出现浮肿、少尿、恶心等症状。住院诊断：(1)药物性损害；(2)尿毒症。患方通过公证处调查取证，经药检所鉴定，证实服用的药物里存在对肾脏损害较大的关木通等药物，长期服用可以导致肾功能衰竭。患者遂以人身损害赔偿为由向人民法院起诉，要求医院赔偿医疗费、营养费、误工费、后期治疗费、精神损失费等 290 余万元。医院辩称未使用违禁药物，治疗中无过错，且用药与原告损害后果无因果关系，不应承担责任。人民法院委托北京市法庭科学技术研究所进行了司法鉴定，鉴定结论为："被告医院长期为李某提供含关木通成分的药物，属不当治疗行为，不能排除被告医院不当治疗与李某出现肾损害之间有因果关系；李某属一级伤残（劳动能力丧失 100％），今后仍需要血液透析维持或者进行肾移植。"

本案中李某因长期服用被告医院开具的中药关木通而导致尿毒症，被告医院具有不当治疗的过错，理应对造成原告身体损害的严重后果承担全部赔偿责任。

药品不良反应是指在正常用法、用量下出现的与用药目的无关的有害反应，包括副作用、毒性反应、过敏反应、致畸胎、致突变后遗效应、依赖性等。虽然药品不良反应大量发生并且给病人造成伤害，但是一般起诉到法院是得不到法律支持的。一是明知某些药物存在较大不良反应，但为了治疗疾病不得不用；二是对药物的认识存在滞后性，如认识到非那西汀可造成肾损害的过程长达 75 年。只要医院正常使用药物即不存在过错，从法律上讲不存在过错就不承担后果。为什么本案中医院要承担责任呢？纵观本案，医院在治疗子宫肌瘤的药物中使用了关木通，似乎并无不妥，因为当时关木通并未列入禁用药物，而且用量符合药典规定。但是长期应用此药达半年，用量达 100 余剂是不当的，因当时已有很多文献报道长期大量应用关木通可致肾脏损害。作为医院疏忽了或没有注意到此点，即构成了过错，既然有过错，而且过错行为与病人的损害后果有因果关系，法院是可以判决医院承担责任的。

通过本案，医务人员可以吸取到很多教训：第一，用药要慎重，不管是中药、西药，一定要在正确的用法、用量内使用。所谓正确用法、用量，是指药典规定的用法、用量。超出药典规定的用法、用量，即可以认为是违反了规章制度，如对病人发生损害后果，将承担责任。第二，充分注意到药物的不良反应，尽量避免使用不良反应较大的药物，必须充分履行告知义务，并详细记录病情及用药理由，由患者签字确认，避免病人病情变化后发生纠纷。第三，加强业务学习，掌握最新的药理研究动态，如最近美国食品药品监督管理局声明，芬必得、扶他林、西乐葆等药物均有潜在的心血管风险，医生对有心脏疾患的病人就应慎用此类药物。

小　结

安全用药是个系统工程，包括生产、流通、使用和患者自身的用药行为等。而作为药品流通的终端环节，药品的正确使用又是至关重要的一环。其中，各级医疗单位，是保证患者用药安全的一个非常重要的环节。医疗单位在保证患者用药安全方面，至少要强化两个环节：一是加强内部管理，尤其应加强对药品的审核、采购、保管和使用等环节的管理，保证每个管理环节的科学、合理，保证用药安全工作落实到每个细小的环节，让药品安全地到达患者手中。二是努力提高医疗技术人员临床药师和护理人员的专业技术水平，确保用药的有效性和科学性，减少药品不良事件的发生，保障人民群众的合法权益。

思　考　题

1. 如何确保基本药物的优先使用？
2. 麻醉药品和精神药品的基本特征是什么？
3. 什么是医疗用毒性药品，毒药与剧药、限剧药的区别有哪些？
4. 简单阐述放射性新药的研制、临床研究和审批制度。
5. 如何正确做到中药的正确使用？

（杨自根）

第五章　医疗器械使用规范

引导案例

患者钱某，曾被确诊患有先天性脊柱侧弯症。于2004年进入某医院接受治疗，并在同年10月进行了“哈氏杠”植入矫正术。术后3个月，钱某因感背部剧痛到该院进行检查，经诊断为“术后断杠”。在进行断杠取出手术后，医生取走了断杠并拒绝赔偿。钱某认为医院为其实施“哈氏杠”植入术并发生“断杠”事故，系医院过错行为导致的医疗事故，遂向法院提起诉讼，请求判令被告医院承担赔偿责任。医院认为，医院在对钱某实施“哈氏杠”植入矫正术时，已经与病人家属签署了手术同意书，手术同意书中告知了可能发生“断杠”等并发症的手术风险，所以不应承担赔偿责任。法院经审理认为，医院在对患者钱某进行“哈氏杠”植入矫正术时，所使用的“哈氏杠”不符合国家质量标准，导致“哈氏杠”断裂，所以判令被告医院向钱某承担赔偿责任。

第一节　医疗器械概述

一、医疗器械的概念

根据我国《医疗器械监督管理条例》的规定，医疗器械（Medical Apparatus and Instruments）是指单独或者组合用于人体的仪器、设备、器具、材料或者其他物品（包括所需要的软件）。其用于人体体表及体内的作用不用药理学、免疫学或者代谢的手段获得，但是可能有这些手段参与并起到一定的辅助作用。

医疗器械的使用旨在达到下列预期目的：(1)对疾病的预防、诊断、治疗、监护、缓解；(2)对损伤或者残疾的诊断、治疗、监护、缓解、补偿；(3)对解剖或者生理过程的研究、替代、调节；(4)妊娠控制。

医疗器械在中国的出现，可以追溯到几千年以前。根据医学史记载，那时人们已经借助某些专门工具来治疗疾病。例如，针灸使用的针具，最早由石头雕琢而成，称作“砭石”，后来逐渐由竹针、骨针代替，到了商代，中国已经掌握了冶炼技术，又逐步以铜、铁、金、银为材料先后制作了金属针灸针。此外还创造了手术用的刀、箭、钳、镊，以及骨折作固定、复位用的“杉篱”“软垫”和“小夹板”等医疗用具。到了19世纪中叶，外国的医疗器械开始进入中国，并在以后的很长时间内成为旧中国医疗器械的主要来源。新中国建立以后，我国的医疗器械生产有了很大的发展，产品的数量、品种不断增多，涉及物理（声、光、电、磁）、化学、机械、材料等多个科学。医疗器械产品将现代计算机技术、精密机械技术、激光技术、放射技术、核技术、磁技术、检测传感技术、化学检测技术、生物医学技术和信息技术结合在一起，具有数字化和计算机化的基本特征，是现代高新技术的结晶，在防病治病保护人体健康方面发挥了积极作用。

二、我国医疗器械的分类

实行医疗器械分类的目的是为了区别医疗器械产品设计的不同预期目的、不同的技术结构、不同的作用方式，并使之能够列入不同的管理要求，保证医疗器械使用的安全有效。

当前，国际上许多国家都根据医疗器械风险程度的不同对其实行分类管理。美国实行“目录制”，即将大约1700种不同类型的器械按照其风险划分为三类，并将其归于16种医学板块；欧盟、日本等国家实行“规则制”，即颁布法规、规章，将医疗器械按照其风险划分为四类，并制定相应的分类指导原则。

我国实施的是分类规则指导下的分类目录制，即根据我国国情及产业背景将美国的“目录制”与欧盟的“规则制”相结合的管理制度。2002年，我国颁布的《医疗器械监督管理条例》依据产品风险的不同将医疗器械分为三类，实行分类、分级管理。

第一类是指通过常规管理足以保证安全性、有效性的医疗器械。例如，手术刀柄和刀片、普通手术剪、普通止血钳、口罩、听诊器、打诊锤、视力表灯、普通病床、氧气袋等。

第二类是指对其安全性、有效性应当加以控制的医疗器械。例如，玻璃注射器、体温计、血压表、心电图机、针灸针等。

第三类是指植入人体，用于支持、维持生命，对人体具有潜在危险，对其安全性、有效性必须严格控制的医疗器械。例如，一次性使用无菌注射器、一次性静脉输液针、静脉留置针、骨钉、骨针、血管支架、植入式心脏起搏器、有创内窥镜等。

在颁布《医疗器械监督管理条例》的同时，我国也发布了《医疗器械分类规则》，对医疗器械产品分类的判定依据、判定原则及相关术语做出了明确解释，要点如下：

(1)实施医疗器械分类,应根据分类判定表进行;

(2)医疗器械分类判定主要依据其预期使用目的和作用进行,同一产品如果使用目的和作用方式不同,分类应该分别判定;

(3)与其他医疗器械联合使用的医疗器械,应分别进行分类;医疗器械的附件分类应与其配套的主机分离,根据附件的情况单独分类;

(4)作用于人体几个部位的医疗器械,根据风险高低、使用形式、使用状态进行分类;

(5)控制医疗器械功能的软件与该医疗器械按照同一类别进行分类;

(6)如果一个医疗器械可以适用两个分类,应采取最高的分类;

(7)监控或影响医疗器械主要功能的产品,其分类与被监控和影响器械的分类一致;

(8)国家药品监督管理局根据工作需要,对需进行专门监督管理的医疗器械可以调整其分类。

根据上述判定原则,2002 年国家食品药品监督管理局公布了《医疗器械分类目录》,将医疗器械分为 43 大类 260 小类,以此作为界定医疗器械分类的基本框架。作为对《分类目录》的补充,国家药监局还陆续发布了一些医疗器械产品分类界定的文件,并公布在网站上供各级监管部门和被监管人员查阅。

三、医疗器械管理立法

医疗器械和药品一样,是关系到人民群众身体健康和生命安全的特殊商品。近二十年来,随着科学技术的发展,具有高新技术的医疗器械工业也迅速发展,同时对医疗器械的管理也越来越受到各国政府的重视。1976 年美国国会正式通过了《食品、药品和化妆品法》修正案,加强了对医疗器械进行监督管理的立法,并确定了对医疗器械实行分类管理的办法。这是国际上第一个医疗器械管理的国家立法。1990 年美国又颁布了《医疗器械安全法》。日本 1989 年由药物局颁发了《医疗用具质量体系》,1994 年又对药事法进行了较大的修改,进一步完善了医疗器械管理立法。澳大利亚于 1989 年通过了治疗品法修正案,把药品和医疗器械统称为治疗品,并于 1990 年成立了治疗品管理局,负责医疗器械的监督管理。

我国政府一直重视医疗器械的管理,并在近二十年里颁布了一系列的行政法规和部门规章。1995 年 3 月,国家工商行政管理局发布了《医疗器械广告审查标准》《医疗器械广告审查办法》;1996 年 9 月,国家医药管理局颁发了《医疗器械产品注册管理办法》;1997 年 12 月,国家经贸委、国家医药管理局、财政部、中国人民银行、卫生部联合制定了《国家药品医疗器械储备管理暂行办法》;国家食品药品监督管理局先后颁发了《医疗器械分类规则》《医疗器械生产企业管理办法》《医疗器械经营企业管理办法》《医疗器械生产企业质量体系考核办法》等；2000 年 1 月 4 日，国务院颁布了《医疗器械监督管理条例》，同年 4 月 1 日正式实施；2003 年 12 月 22 日，国家食品药品监督管理局局务会议通过了《医疗器械临床试验规定》；2004 年 6 月 18 日，国家食品药品监督管理局局务会议通过了《医疗器械说明书、标签和包装标识管理规定》；2010 年 2 月 3 日，卫生部发布了《医疗器械临床使用安全管理规范（试行）》等。这些行政法规和规章构成了我国医疗器械管理的法律体系。

第二节 医疗器械的临床准入与评价管理

一、医疗器械临床准入与评价管理的概念

医疗器械临床准入与评价管理是指医疗机构为确保进入临床使用的医疗器械合法、安全、有效，而采取的管理和技术措施。

任何医疗器械产品应用于临床，都要经历两个监管层面：一是产品的性能监管即市场准入，二是应用技术监管即临床准入。临床准入管理应包括技术管理、医疗机构准入管理和动态监管三方面内容。技术管理包括对技术性能的评价，制定相关的应用规范、指南等；医疗机构准入管理则是对医疗机构的硬件设施、人员技能、配套支持条件实行严格的核准制度；动态监管是对应用技术的日常监管以及对实施效果进行再评价。

一项应用技术首先必须安全有效，并符合医学伦理要求，然后由具备适宜条件的医疗机构来开展，才能最大限度保障患者的利益。所以应对技术复杂、安全风险大、使用条件严格、可能产生重大影响的技术项目，实施严格的临床监管准入，而对众多具有可靠疗效、风险较小的技术，不应一概而论。

二、医疗器械的采购和技术评估

医疗器械的采购和评估是医疗器械质量与安全管理控制体系的第一道入口，它是确保医疗器械临床使用与安全以及所购医疗器械是否符合临床需要的关键所在。按照卫生部 2010 年发布的《医疗器械临床使用安全管理规范（试行）》的规定，医疗机构应当建立医疗器械采购论证、技术评估和采购管理制度，确保采购的医疗器械符合临床需求。

（一）建立医疗器械购置管理规定

为了加强医疗器械购置管理，医疗器械采购部门（一般是设备科），应根据国

家《医疗器械监督管理条例》《计量法》《政府采购法》等法律法规建立适合本单位医疗器械购置管理的有关制度，明确各自的职责，使医疗器械购置管理工作制度化、规范化，以便更好地适应现代医疗技术的发展和医疗质量管理工作的要求。

（二）设立医疗器械采购管理委员会

医疗机构可以根据自身的实际情况设立医疗器械采购管理委员会，负责医疗器械购置计划的评审和论证，避免盲目购置。一般医疗器械采购管理委员会应由院长担任委员会主任，成员由纪检、财务、设备、有关职能科室和各临床使用科室相关人员组成。

（三）医疗器械的采购论证

医疗器械采购管理委员会应当从以下几个方面对申请购置医疗器械的理由进行论证。

(1)依据医疗机构的规模、发展方向以及区域优势进行分析论证；

(2)依据医疗机构的专业方向以及专科优势进行分析论证；

(3)依据医疗机构医疗技术水平进行分析论证；

(4)依据医疗机构所在地卫生资源及患者的需求情况进行分析论证；

(5)依据医疗机构所在地同类医疗器械的分布情况等因素进行分析论证。

（四）医疗器械的技术评估

随着科学技术的发展，医疗器械的应用日益广泛，种类也日益繁多。如何在种类繁多的医疗器械品种中选择出技术先进、质量可靠，既满足临床需求、性价比又比较适中的医疗器械产品，是医疗器械技术评估的关键所在。医疗器械的评估除了要依靠医疗机构内部的医学工程技术人员、临床应用人员以及管理人员外，还要依靠医疗器械生产厂家或者市场营销专业人员。医疗机构在技术评估时，应当在客观、公平、公正原则的指导下，在同类医疗器械的品牌、型号中，从技术理论的先进性、结构设计的科学性、应用技术的可靠性、临床使用的有效性以及安全性等方面，综合考虑后做出结论。

事实上，为了保证医疗器械集中采购的质量，为医疗机构提供技术服务、降低采购成本，受卫生部委托，中国医疗装备协会从 2006 年开始已经开展“医疗器械技术评估选型推荐”工作。技术评估选型按阶梯配置式，有效期一般为 3 年，有效期满后进行重新评估。

（五）医疗器械的采购

医疗机构应当有专门部门负责医疗器械采购，医疗器械采购应当遵循国家相关管理规定执行，确保医疗器械采购规范、入口统一、渠道合法、手续齐全。医疗机构应当按照院务公开等有关规定，将医疗器械采购情况及时做好对内公开。

按照卫生部 2007 年发布的《卫生部关于进一步加强医疗器械集中采购管理

的通知》精神，医疗器械的采购应以集中采购为原则。

1.实行医疗器械集中采购。医疗器械集中采购是规范采购行为、降低采购价格、保障医疗器械质量的有效手段，也是改进和加强医疗机构管理工作，促进医疗机构进一步降低医疗成本，减轻患者医疗费用负担，改善医疗服务质量，提高医疗服务水平的重要措施。实行医疗器械集中采购，有助于杜绝暗箱操作，纠正医疗器械购销中的不正之风。

2.医疗器械集中采购的组织原则。医疗器械集中采购按属地化管理原则，以政府为主导，分中央、省和地市三级，以省级为主组织实施。各级政府、行业和国有企业举办的所有非营利性医疗机构，均应参加医疗器械集中采购。任何医疗机构不得规避集中采购。

3.医疗器械集中采购的品目与范围。集中采购的医疗器械包括医疗设备和医用耗材。卫生部负责的政府项目医疗器械集中采购，由卫生部负责组织。《大型医用设备配置与使用管理办法》管理品目中的甲类大型医用设备配置工作由卫生部审批，其集中采购由卫生部统一负责组织。心脏起搏器、心脏介入类等高值医用耗材临床应用的医疗机构少，各地采购价格差异大，价格虚高问题较为突出，应由卫生部统一负责组织。

大型医用设备管理品目中的乙类大型医用设备，除心脏起搏器、心脏介入类的高值医用耗材外，应纳入省级集中采购范围，由省级卫生行政部门负责组织集中采购；其他医疗设备和耗材，由省级卫生行政部门根据实际情况，具体研究制定本地区省级和地市级集中采购目录；未列入集中采购目录但单批次采购金额较大的，也应实行集中采购，具体采购限额标准由省级卫生行政部门确定。

要按照《大型医用设备配置与使用管理办法》的规定，加强大型医用设备配置规划管理，大型医用设备必须先取得配置许可证，方可列入集中采购计划。要严格控制医疗机构利用贷款、融资、集资等形式，负债购置大型医用设备。

4.集中采购的方式。医疗器械集中采购必须遵循公开、公平、公正和诚实信用的基本准则，采购方式以公开招标为主。高值医用耗材可采取邀请招标、竞争性谈判等方式进行，要积极借鉴以政府为主导的药品网上集中采购办法和经验，规范和完善集中采购工作。鼓励资质合格、产品优良的企业直接参与竞标。具体采购方式应经集中采购主管部门批准。

5.控制采购成本。应充分利用现有的集中采购平台开展医疗器械集中采购工作，努力降低采购成本。各级卫生行政部门应组织医疗机构做好医疗器械采购年度计划编制工作，集中采购批次不宜过多。

三、医疗器械供方资质审核及评价制度

按照《医疗器械监督管理条例》《一次性使用无菌医疗器械监督管理办法》以

及《医疗器械临床使用安全管理规范(试行)》的规定，医疗机构应对医疗器械供方资质进行审核及评价。

(一)医疗器械供方资质审核

医疗机构在采购医疗器械时应审查医疗器械供方以下证明文件是否齐全：(1)加盖本企业印章的《医疗器械生产企业许可证》《医疗器械经营企业许可证》《医疗器械产品注册证》的复印件以及产品合格证明；(2)纳入大型医用设备管理品目的大型医用设备，还应当提供加盖本企业印章的卫生行政部门颁发的《配置许可证》复印件；(3)加盖本企业印章和企业法定代表人印章或签字的企业法定代表人的委托授权书原件，委托授权书应当明确授权范围；(4)销售人员的身份证明。

(二)医疗器械供方资质评价

医疗器械供方资质的评价主要注意以下问题：(1)要对《医疗器械生产企业许可证》《医疗器械经营企业许可证》《医疗器械产品注册证》以及供方经营资格的真实性和有效性进行审验。《医疗器械产品注册证》有效期是4年，《医疗器械生产企业许可证》和《医疗器械经营企业许可证》的有效期为5年。(2)要对生产企业的生产状况进行评估，检查产品是否已经停产以及停产时间，按照规定，连续停产2年以上的，产品生产注册证书自动失效。(3)提供具体量值的医疗器械，应当按照计量法的有关规定审验。(4)关于大型医用设备，应当按照《大型医用设备配置与使用管理办法》的规定进行审验。(5)对于被列入《实施强制性产品认证的产品目录》的部分第三类医疗器械，除了要审验注册证书外，还需要审验国家强制性认证证书。

四、医疗器械验收制度

医疗器械的验收是医疗机构内部控制所购医疗器械产品质量以及临床使用医疗器械的有效性及安全性的关键所在。《医疗器械临床使用安全管理规范(试行)》要求医疗机构建立医疗器械验收制度，验收合格后方可应用于临床。医疗器械验收应当由医疗机构医疗器械保障部门或者其委托的具备相应资质的第三方机构组织实施，并与相关的临床科室共同评估临床验收试用的结果。

医疗机构应当严格把好医疗器械验收关，医疗器械经外观检查、数量清点等项目验收合格后，应当由生产厂家或者其授权并且具备工程技术服务资质的单位负责实施安装。安装完毕后，医疗机构应当按照合同、技术参数以及性能指标，逐项进行检查与核对，并对临床试用情况进行评估。

第三节　医疗器械临床使用和临床保障

一、医疗器械临床使用安全管理的概念

医疗器械临床使用安全管理是指医疗机构对医疗服务中涉及的医疗器械产品安全、人员、制度、技术规范、设施、环境等的安全管理。

卫生部于2010年1月21日颁布了《医疗器械临床使用安全管理规范(试行)》,对医疗机构规范使用医疗器械,保障医疗活动中操作人员和患者安全,提高我国医疗管理的水平,降低医疗器械临床使用风险,提高医疗质量,保证医患双方的权利和权益都有重要的意义,对医疗事故和纠纷的处理与仲裁也有现实意义。

二、医疗器械临床使用安全管理机构

卫生部主管全国医疗器械临床使用安全监管工作,组织制定医疗器械临床使用安全管理规范,根据医疗器械分类与风险分级原则建立医疗器械临床使用的安全控制及监测评价体系,组织开展医疗器械临床使用的监测和评价工作。

县级以上地方卫生行政部门负责根据卫生部有关管理规范和监测评价体系的要求,组织开展本行政区域内医疗器械临床使用安全监管工作。

二级以上医院应当设立由院领导负责的医疗器械临床使用安全管理委员会,委员会由医疗行政管理、临床医学及护理、医院感染管理、医疗器械保障管理等相关人员组成,指导医疗器械临床安全管理和监测工作。

三、医疗器械的临床使用管理

(一)医疗器械相关技术人员的资质要求

医疗器械的临床使用环节,医疗技术人员是其中的关键因素,医疗器械相关技术人员的水平直接决定了医疗器械使用的安全性和有效性。因此,《医疗器械临床使用安全管理规范(试行)》要求医疗机构从事医疗器械相关工作的技术人员,应当具备相应的专业学历、技术职称或者经过相关技术培训,并获得国家认可的执业技术水平资格。

(二)医疗器械使用人员和医学工程技术人员的培训与考核

医疗机构应当对医疗器械临床使用技术人员和从事医疗器械保障的医学工程技术人员建立培训、考核制度,组织开展新产品、新技术应用前规范化培训,开展医疗器械临床使用过程中的质量控制、操作规程等相关培训,建立培训档案,

定期检查评价。

医疗器械使用人员和医学工程技术人员的培训内容包括：(1)医疗器械工作原理介绍；(2)诊断与治疗的适用范围；(3)操作使用培训；(4)医疗器械使用注意事项；(5)日常维护及保养方法的培训。

医疗器械使用人员和医学工程技术人员的培训在经过考核后才能进行医疗器械的操作。对于甲类和乙类大型医用设备以及国家有专门要求的特种医用设备，还应当到国家授权或指定的培训机构进行培训，经过统一考试合格并取得上岗证后，方可上机操作使用。

（三）医疗器械技术规范及操作规程安全管理

医疗器械使用部门应当严格按照医疗器械产品使用说明书、技术操作规范和规程，制定科学规范的医疗器械操作使用技术规范和操作规程。在医疗器械技术规范及操作规程中，应当注明适用范围、禁忌症、注意事项、维护和保养方法、特殊储存条件和方法以及其他需要警示或者提示的内容。

医疗机构对医疗器械产品禁忌症及注意事项应当严格遵守，需向患者说明的事项应当如实告知，不得进行虚假宣传，误导患者。

（四）医疗器械感染管理制度

医疗机构应当严格执行《医院感染管理办法》等有关规定，对消毒器械和一次性使用医疗器械相关证明进行审核。一次性使用的医疗器械按相关法律规定不得重复使用，按规定可以重复使用的医疗器械，应当严格按照要求清洗、消毒或者灭菌，并进行效果监测。医护人员在使用各类医用耗材时，应当认真核对其规格、型号、消毒或者有效日期等，并进行登记。对使用后的医用耗材等医疗废物，应当按照《医疗废物管理条例》等有关规定处理。

四、医疗器械的临床保障管理

医疗器械保障的核心是医疗器械产品的安全性和有效性，其中安全性是第一位的。对医疗器械实行保障管理的实际意义是规范医疗器械生产和使用行为，保障使用医疗器械时的人身安全。按照《医疗器械临床使用安全管理规范（试行）》的规定，医疗器械的临床保障管理包括以下内容：

1. 医疗机构应当制定医疗器械安装、验收（包括商务、技术、临床）使用中的管理制度与技术规范。

2. 医疗机构应当对在用设备类医疗器械的预防性维护、检测与校准、临床应用效果等信息进行分析与风险评估，以保证在用设备类医疗器械处于完好与待用状态、保障所获临床信息的质量。预防性维护方案的内容与程序、技术与方法、时间间隔与频率，应按照相关规范和医疗机构实际情况制订。

3.医疗机构应当在大型医用设备使用科室的明显位置,公示有关医用设备的主要信息,包括医疗器械名称、注册证号、规格、生产厂商、启用日期和设备管理人员等内容。

4.医疗机构应当遵照医疗器械技术指南和有关国家标准与规程,定期对医疗器械使用环境进行测试、评估和维护。

5.医疗机构应当设置与医疗器械种类、数量相适应,适宜医疗器械分类保管的贮存场所。有特殊要求的医疗器械,应当配备相应的设施,保证使用环境和条件。

6.对于生命支持设备和重要的相关设备,医疗机构应当制订应急备用方案。

7.医疗器械保障技术服务全过程及其结果均应当真实记录并存入医疗器械信息档案。

第四节 医疗器械突发性群体不良事件的应急管理

一、医疗器械突发性群体不良事件的概念

医疗器械突发性群体不良事件是指突然发生在同一地区、同一时间段内,使用同一种医疗器械对健康人群或特定人群进行预防、诊断、治疗过程中出现的多人医疗器械不良反应事件。

二、医疗器械突发性群体不良事件的分级

依据医疗器械突发性群体不良事件的不同情况和严重程度,将医疗器械突发性群体不良事件分为两个等级。

(一)一级事件

(1)出现医疗器械群体不良反应的人数超过50人,且有特别严重不良事件(威胁生命并有可能造成永久性伤残和对器官功能产生永久损伤)发生,或伴有滥用行为。

(2)出现3例以上死亡病例。

(3)国家药品监督管理局认定的其他特别严重的医疗器械突发性群体不良事件。

(二)二级事件

(1)医疗器械群体不良事件发生率高于已知发生率2倍以上。

(2)发生人数超过30人,且有严重不良事件(威胁生命并有可能造成永久性伤残和对器官功能产生永久损伤)发生,或伴有滥用行为。

(3)出现死亡病例。

(4)省级以上药品监督管理部门认定的其他医疗器械突发性群体不良事件。

三、医疗器械突发性群体不良事件的应急管理

(一)报告制度

医疗器械生产、经营企业,医疗卫生机构和戒毒机构发现医疗器械突发性群体不良事件时,应当及时向所在地的省级药品监督管理部门、卫生行政部门以及药品不良反应监测中心或药物滥用监测站报告,不得瞒报、迟报或者授意他人瞒报、迟报。

(二)预警预防制度

1.监测网络。国家药品监督管理局应该逐步建设和扩展医疗器械不良事件监测信息网络,通过不断完善的网络建设,实现信息的快速反应和反馈来提高预警行动和快速反应能力。

2.信息通报。国家药品监督管理局定期对有安全隐患的医疗器械向各省药品监督管理部门和卫生行政部门进行通报;对于重大医疗器械群体不良事件,国家药品监督管理局组织召开新闻发布会,及时向社会公布。

3.预防行动。对发生群体不良事件的医疗器械,经国家药品监督管理局分析、评价后,决定是否采取警示、通报、修改说明书、暂停使用、强制再评价、撤市等预防措施。

(三)应急响应制度

1.应急预案的启动。2005 年 7 月 1 日,国家药品监督管理局颁布了《药品和医疗器械突发性群体不良事件应急预案》,按照其中的规定,应依据医疗器械突发性群体不良事件的级别,分别由省级以上人民政府、国家药品监督管理局认定后宣布启动相应的应急预案。

2.应急响应程序。应急响应程序分为一级响应和二级响应。

3.新闻发布。发生一级群体不良事件后,国家药品监督管理局应当及时向新闻媒体和社会发布情况,重大问题应当及时请示国务院。一级群体不良事件的新闻发布工作由国家食品药品监督管理局政策法规司负责;二级群体不良事件的新闻发布工作由省级人民政府负责。对境外新闻记者采访医疗器械突发性群体不良事件的行为,要严格遵守国家有关规定,加强管理。

4.应急结束。医疗器械突发性群体不良事件得到控制,住院病人不足 5%后,一级事件由国家药品监督管理局宣布应急结束;二级事件由省级人民政府宣布应急结束,同时由省级食品药品监督管理部门上报国家药品监督管理局。

(四)应急保障

应急保障包括通信保障、医疗保障、治安保障、资金保障和技术保障等内容。

（五）后期处置

1. 善后处置。医疗器械生产企业、经营企业、医疗机构违反《中华人民共和国药品管理法》和《医疗器械监督管理条例》规定，给药品或医疗器械使用者造成损害的，依法承担赔偿责任；属于医疗事故的，按医疗事故的有关规定进行处理。

2. 总结评估。对每一起医疗器械突发性群体不良事件，按照不同的预警级别由主管机构组织撰写调查报告并进行总结评估，提出改进意见。对特别重大的不良事件，总结报告并报送国务院。

第五节　医疗机构违规使用医疗器械的法律责任

一、医疗器械使用环节的有效监管

有效监管医疗器械使用，尤其是有效监管植介入性医疗器械的使用，对保障患者安全、减少医患纠纷意义重大。

1. 要制定相关的禁止性条款。为保证植介入性医疗器械的质量安全，应该禁止医疗机构医生自购植入性医疗器械，所有产品应由医疗机构统一购进，并制定相应的审核验收、使用管理等制度，明确相关科室、人员的职责，并加强考核落实，从而保证品质优良、价格合理的医疗器械用于植入术。

2. 要严格植介入性医疗器械全过程记录，关键把好使用环节，对每个患者所使用的产品都必须有翔实的购进、验收、使用的准确完整记录，包括医疗器械的名称、规格、型号、生产厂家的登记，并附相应的资质证明材料，应用人、使用人、使用产品及过程的登记。此项工作有利于从源头把好植介入性医疗器械质量关，杜绝医生自购行为的发生，为追溯管理提供系统完整的资料，一旦发生质量事故或不良事件，可方便快捷地查找到该医疗器械的来源渠道进行确定。

3. 监管部门也要加大对违法行为的处罚力度，通过定期与不定期监督检查及各项处罚措施，督促医疗机构不断规范医疗器械的管理，保障患者身体健康和生命安全。

二、医疗机构违规使用医疗器械的法律责任

医疗机构使用无产品注册证书、无合格证明、过期、失效、淘汰的医疗器械，或者从无《医疗器械生产企业许可证》《医疗器械经营企业许可证》的企业购进医疗器械，由县级以上人民政府药品监督管理部门责令改正，给予警告，没收违法使用的产品和违法所得，并处罚款；对主管人员和其他直接责任人员依法给予纪律处分；构成犯罪的，依法追究刑事责任。医疗机构重复使用一次性使用的医疗

器械,或者对应当销毁未进行销毁的,由县级以上人民政府药品监督管理部门责令改正,给予警告,可以处5000元以上3万元以下的罚款,对主管人员和其他直接责任人员依法给予纪律处分;构成犯罪的,依法追究刑事责任。

典型案例

2008年3月12日,执法人员对辖区内某医院进行日常监督检查时发现,该院使用的肝素帽,标示生产单位为B. Braun Melsungen AG(中文名称为德国贝朗梅尔松根股份有限公司),从该院提供的医疗器械产品注册证可以看出该产品注册证号:国食药监械(进)字2006第3660266号,但该产品外包装无中文标志,执法人员对其合法性产生怀疑,当事人也无合理解释,执法人员遂依法对上述医疗器械进行查封扣押。

案件调查过程中,经发函证明:上述产品在中国境内的合法经销商为贝朗医疗(上海)国际贸易有限公司,该公司也回函证明,上述产品不属于其公司进口、经销的由B. Braun Melsungen AG生产且在中国大陆境内注册的合法产品,应为未经注册的医疗器械。经查,该院使用的标示B. Braun Melsungen AG生产的肝素帽(批号:7C16018101、7B13018101)是从上海某医疗器械公司购进(注:该公司曾被授权经销由B. Braun Melsungen AG生产的肝素帽,但授权期限已过),该院共购进上述两个批号的肝素帽8000支。至案发时,已使用肝素帽7000支,获违法所得20125元。在案件调查过程中,该院提供了上述产品的购进票据、医疗器械注册证复印件、供货方资质材料复印件。

在案件的调查过程中,针对涉案医疗器械如何定性和处罚?办案人员和医院供货商之间提出了不同观点。

观点一:案件调查过程中,该院提供了上述产品的购进票据、医疗器械注册证复印件、供货方资质材料复印件。说明该院进货渠道合法,上述肝素帽产品也是合法产品,不应对其处罚。

观点二:虽然该院提供了涉案产品的医疗器械注册证复印件,但办案人员认为该院使用的涉案器械依然属于未经注册的医疗器械,理由是根据《医疗器械注册管理办法》第6条第3款规定:申请境外医疗器械注册的,境外生产企业应当在中国境内指定机构作为其代理人,代理人应当承担相应的法律责任,并且境外生产企业应当委托中国境内具有相应资格的法人机构或者委托其在华机构承担医疗器械售后服务。同时,《医疗器械注册管理办法》第6条第2款还规定:办理医疗器械注册申请事务的人员应当受生产企业委托,并具有相应的专业知识,熟悉医疗器械注册管理的法律、法规、规章和技术要求。而涉案器械的生产厂家B. Braun Melsungen AG(德国贝朗梅尔松根股份有限公司)所出具的委托声明书和贝朗医疗(上海)国际贸易有限公司回函证明:上述产品不属于B. Braun Melsungen AG(德国贝朗梅尔松根股份有限公司)产品,应为未经注册的医疗器械。所以涉案物品应按未经注册查处。

观点三:医院供货商认为涉案产品不应属于未经注册的医疗器械,理由是其经营的涉案器械是有医疗器械产品注册证的,并且提供了医疗器械产品注册证的复印件,只是未按正常渠道进入国内,但产品质量不会有任何问题。此外,医院供货商反复强调自己只是违反了商业竞争方面的法律法规,即使处罚也应由工商和税务部门管辖,医院供货商并不认为涉案物品属于未经注册的医疗器械。

针对以上不同意见,执法人员经过案件合议和重大案件集体讨论后,为严肃进口医疗器械的管理,保障合法企业的权益,同意了第二种观点,认定涉案医疗器械属未经注册的医疗器械,并作出医院违反《医疗器械监督管理条例》第26条第3款的规定,应按照《医疗器械监督管理条例》第42条的规定,责令医院改正违法行为,并给予警告、罚款80500元的行政处罚。

小　结

医疗器械和药品一样,是关系到人民群众身体健康和生命安全的特殊商品,医疗器械的管理也越来越受到各国政府的重视。卫生部2010年发布了《医疗器械临床使用安全管理规范(试行)》,对医疗器械的临床使用作出了明确规定。本章介绍了医疗器械的概念、分类、医疗器械管理立法、医疗器械临床准入与评价管理理论,重点阐述了医疗器械的临床使用管理与临床保障管理的相关内容,探讨了医疗器械突发性群体不良事件的应急管理的理论知识,最后介绍了医疗机构违规使用医疗器械的法律责任。

思　考　题

1. 简述医疗器械的概念和分类。
2. 医疗器械临床使用管理的相关法律规定有哪些?
3. 医疗器械临床保障管理的相关法律规定有哪些?
4. 简述医疗器械突发性群体不良事件的分级。

(张　雪)

第六章　急救处置规范

引导案例

某日上午8时，孕妇王某在老乡的陪同下来到某医院生小孩。医生经过诊断，王某为孕晚期。告知王某预交2000元住院费，入住妇产科观察。王某家境不好，来医院前只带了500元钱，医生称住院费没交齐，根据规定不能办理住院手续，为此拒绝王某办理入院手续。之后，王某站在医院走廊近一个小时，在废品站打工的丈夫王某赶至医院，苦苦哀求医生并打下欠条，保证会补足医疗费用。当医生写下“暂交500元，请医务处批示”的单据找医务处领导签字时，孕妇王某就快要生了，其老乡再次找医生求救时，医生对此并未理会。10时30分许，孕妇王某在医院妇科检查室的垃圾篓上分娩一男孩，等医生到现场时，男孩已死亡。

王某夫妇在多次找医院交涉无果的情况下将医院告上法庭，向医院索赔22万元。在庭审中，王某称，由于医院一再拖延时间，错过了分娩时间，导致小孩出生后死亡，医院存在着过错，属于不作为，应当承担全部责任。医院代理人认为，孩子本来就是死胎，医院没有不作为，不存在任何过错。

一审法院认为，对急危患者，医生应急救而不得拒绝。孕妇一人在医院检查室内分娩，无医护人员看护，导致婴儿死亡，医院存在过错，应承担90%的责任，赔偿孕妇7.5万元。此外，孕妇的家人未尽到采取安全保障措施，未尽到照顾和看护的义务，也负有一定的责任。

宣判后，医院不服判决上诉。二审法院审理认为，医院应以救死扶伤为宗旨，该医院却因孕妇不能预交住院费而对其置之不理，应承担主要责任，遂做出驳回上诉，维持原判的判决。

本案说明，医疗机构作为国家医疗卫生服务网络的骨干力量，承担着救死扶伤、增进人民群众身体健康的重要任务，不得以医疗费用未交足为由拒绝为患者诊治。《执业医师法》规定，对急危患者，医师应当采取紧急措施进行诊治，不得拒绝急救处置。《医疗机构管理条例》规定，医疗机构对危重病人应当立即抢救。法院依法办案，维护了患者的合法权益，维护了法律的权威。

第一节　急救设施及措施

一、急救设施

（一）急救设施的概念

急救是指在短时间内，对威胁人类生命安全的意外灾伤和疾病，所采取的一种紧急救护措施，包括“院前急救”阶段、“急诊处置”阶段和“ICU 观察”阶段。必要的急救处理可以减少患者痛苦，挽救病人生命，为其后续的治疗提供良好的保障。

急救设施是急救的重要组成部分，从广义的范围来说，即一切能在短时间内救命的设施都是急救设施。我们通常所说的急救设施属于狭义范畴，主要是指医院内抢救病人的必备医疗设施，即急诊处置阶段所必要的设施。本章对急救设施的理解即取狭义。

（二）急救设施的重要性

急救设施在抢救急危患者生命的过程中发挥着至关重要的作用，从某种程度上讲，没有急救设施，就没有急救工作的保障。

1. 急救设施关系到病人的生命安全。医疗机构的急救设施如呼吸机、洗胃机等应尽可能齐全并保证正常状态。如这些设施失灵而又不及时修复，将给病人的生命安全造成不可弥补的损失。因此，设施的齐备以及好坏对于抢救病人的生命至关重要。

2. 急救设施关系到急救质量。医疗机构作为国家医疗系统最重要的组成部分，以治病救人、抢救患者生命为目的，为达到这个目的，要尽可能给病人提供好的服务。急救设施是这个目的的物质基础。因此，急救设施的质量，关系到对病人服务质量的优劣。

（三）急救设施的分类

1. 常规急救设施

(1)呼吸机与简易呼吸器：呼吸机是一种能代替、控制或改变人的正常生理呼吸，增加肺通气量，改善呼吸功能，减轻呼吸功能消耗，节约心脏储备能力的装置。简易呼吸器，或称便携式人工呼吸器，是应用机械装置建立压力差，从而产生肺泡通气的动力原理制成，也可以用来代替、控制或改变人体的自主呼吸运动。

(2)心电监护仪：是医院实用的精密医学仪器，能同时监护病人的动态心电图形、呼吸、体温、血压（分无创和有创）、血氧饱和度、脉率等生理参数。

(3)心脏除颤器:是以脉冲电流作用于心脏实施电击治疗,消除心律失常,恢复窦性心律的医疗设备。

(4)氧气瓶:是用于各种缺氧环境中补充用氧的供氧设备,以缓解病人的缺氧症状。

(5)吸引器:通过控制开关控制吸嘴的负压吸引力来清除碎屑、出血和污物的设备。

(6)全自动洗胃机:可以直接、快速、自动有效地实现循环洗胃,清除胃内毒物或刺激物的设备。

(7)气管插管及气管切开所需急救器材。

(8)输液泵:是一种能够准确控制输液滴数或输液流速,保证药物能够速度均匀、药量准确,并且安全地进入病人体内发挥作用的一种仪器。

(9)心电图机:是用来记录心脏活动时所产生的生理电信号的仪器。

(10)心脏按压泵。

2.急救配套设施

在急救的过程中,还需要一些医疗配套设施以保证常规设施能力及功效的发挥,如听诊器、血压计、体温计、开口器、拉舌钳、环甲膜穿刺针、注射针、止血带、胶布、绷带、药勺、镊子、三角巾、夹板等。

(四)目前我国急救设施存在的问题

1.各地水平差异较大。我国幅员辽阔,经济发展不平衡,各地的经济条件各异,最明显的表现就是急救设备的质量、种类和现代化程度参差不齐。北京、上海、深圳及其他沿海城市经济发达,急救设施先进,而农村边远地区经济落后,急救设施简陋。这些问题的存在,直接影响着当地的急救水平。

2.缺少专人管理。急救设施往往都在情况紧急的情况下使用,医护人员没有时间对其进行检查调试。所以,平时对急救设施进行管理维护非常重要。目前,我国多数急救医疗机构没有安排专门的人员对急救设施进行管理维护,给急救工作的顺利进行产生不利的影响。

二、急救措施

(一)采取急救措施应遵循的基本原则

急救措施即在短时间内抢救病人生命的方法。由于急危患者病情的突发性、复杂性、时效性,相关措施的采取要快捷、判断准确并且有效,才能更好地保护患者的生命健康。

1.沉着冷静。面对急危患者,医务人员一定要沉稳冷静,保持一颗冷静的头脑,它是智慧的源泉。只有这样,才能忙而不乱,在短时间内选择正确的急救措施，避免因为慌乱着急出现的失误和差错。

2.胆大心细。“胆欲大而心欲小，智欲圆而行欲方。”这句古话说明遇事不仅要有胆识而且要明察秋毫。作为医务人员，在面对急救任务时，为了患者的生命健康，必须大胆快速地采取紧急措施，应注意患者每一个症状和体征的变化，并对该变化做出合理的解释，为急救措施的正确做出提供保障。

3.科学谨慎。在急救过程中，每一项医疗措施必须建立在现有的科学技术水平基础之上，并符合医疗程序和患者的实际病情，不能盲目求新、创新。在有两种以上可治疗方案时，一定慎重选择，以患者利益最大化为原则。

（二）急危患者急救应符合的要求

接诊是医生收集病史、诊断、治疗工作中与患者接触的过程，是急救的首要环节。

1.进行病情评估

根据患者的主要症状，确定是否有生命危险。患者属于濒死者还是危重者，病情的轻重直接影响急救方法。

2.采取急救措施

(1)患者属于濒死者，即生命将要停止的病人。对此病人要以“先救命，后治病”的原则。医生接诊时要立即给予基本的生命支持，马上实施抢救。如室颤者除颤，窒息者吸痰、气管插管，过敏休克者用肾上腺素，心跳骤停者予心肺复苏，抢救方法要简单、快速、有效。先争分夺秒地抢救生命，努力稳定生命体征，然后再向其家属陪同人员询问病史，并做必要的检查，实验室检查亦要力求简单，待病情相对稳定后，转入重症监护病房进一步救治。

(2)患者属于危重者，应采取救治与诊断同时进行的方法。简单询问患者主要症状，对主诉的系统重点进行体格检查，充分利用各种无创性监测手段，以便尽快获取患者病情资料，了解病情动态的变化。生命体征不稳定者，先给予生命支持，然后根据病情需要，安排做相关检查，确立诊断。生命体征稳定后，转入专科病房救治。

第二节　急救处置规范

一、急救处置规范的概念

急救处置规范是指国家立法机关制定或者认可的，用以指导、约束医疗法律关系主体急救过程中相关行为的法律规范的总和。

目前，我国还没有一部规范急救处置的法律或行政法规，对急救进行规制的仅有《医院管理制度》(以下简称《制度》)中的危重病人抢救报告制度和分散在法律法规之中的条款,但部分地方立法已经出台有关急救医疗的法律规范,作为急救处置的依据。

二、急救处置规范的主要内容

(一)医疗机构承担法定强制急救义务

1998年6月26日,出台的《执业医师法》第三章执业规则第24条规定:对急危患者,医师应当采取紧急措施及时进行诊治,不得拒绝急救处置。1994年2月26日,国务院令第149号发布的《医疗机构管理条例》第31条规定:医疗机构对危重病人应当立即抢救。对限于设备或者技术条件不能诊治的病人,应当及时转诊。

依据《执业医师法》和《医疗机构管理条例》的规定,医疗机构及其医师在遇到患者及其家属请求急救时,不得以任何理由拒绝,延误救治。其内容包括:

1.不得拒诊的义务。医疗机构作为国家医疗服务体系的重要组成部分,其产生的根本宗旨就是治病救人,所以当患者生命健康正面临危险时,法律首先要求医方不得拒诊,要尽快采取措施,防止或减少危险、损害的发生、发展。尤其是重大灾情之时,医师必须服从调遣,不能有任何拒诊的表示,否则将承担法律责任。

2.不计费用尽力救治的义务。医方在履行紧急救治义务时,多数情况医疗费用的问题并没有解决,但医疗机构必须不计成本尽最大的努力先行救治。对医方的这一义务,是国际社会的一致规定。

先救治后考虑医疗费用是国际通行惯例,主要是基于人权至上的理论。生命健康权是人权中最重要的部分,也是公民宪法权利实现的保障。

(二)医疗机构不能诊治应及时转诊的义务

《医疗机构管理条例》第30条规定:"对限于设备或者技术条件不能诊治的病人,应当及时转诊。"在此,转诊包括院内、院外两种方式。《医院工作制度》第30项规定的即转院转科制度,对医方履行转诊义务作了较为具体的规定,包括转院和转科、换医生以及提供资料四项具体的义务。我国台湾地区也有类似的规定,"医院、诊所因限于设备及专长,无法确定病人之病因或提供完整治疗时,应建议病人转诊。但危重病人应先做适当之急救处置,始可转诊。转诊应填写转诊病历摘要,交予病人,不得无故拖延或拒绝。"可见,对医疗机构的这一义务在履行过程中应注意以下四点:

1.原因是医疗机构限于设备或技术条件而不能诊治。如何理解"限于设备或技术条件"是该条的关键。通常理解为在医疗急救过程中必不可少的基本设施缺乏而又无可替代或者必须使用的医疗技能欠缺。

2.时间上应及时。在医疗过程中,“时间就是生命”,转诊的决定和过程一定要迅速,快捷。在确定没有条件和能力医治患者后,不能抱有侥幸心理,拖延转诊的时间。

3.前提是对患者进行了急救处置。估计途中可能加重病情或死亡,应留院处置,待病情稳定或危险过后,再转院。病情允许转院的必须进行一些力所能及的处置,以免给患者造成更大的损害。

4.程序上符合法律规定。院外转诊与院内转疗程序如下:

(1)院外转诊。首先,省市内转诊应由科内讨论或由科主任提出,经医务科报请院长或主管业务副院长批准;转往省市外医疗机构应由所在医院科主任提出,经院长或业务副院长同意,报请省、市、自治区卫生厅批准办理手续,但急性传染病、麻风病、精神病、截瘫病人,不得转外省市治疗。其次,提前与转入医院联系,征得同意后方可转院。再次,较重病人转院时应派医护人员护送。第四,病历摘要随病员一同转去。最后,病员在转入医院出院时,应写治疗小结交病案室,并退回转出医院。转入疗养院的病员只带病历摘要。

(2)院内转诊。首先,经转入科会诊同意。其次,经治医师开转科医嘱,并写好转科记录,通知住院处登记,按联系的时间转科。再次,转出科需派人陪送到转入科,向值班人员交代有关情况。最后,转入科写转入记录,并通知住院处和营养室。

(三)紧急救治过程中告知的义务

《医疗机构管理条例》第33条规定:“医疗机构施行手术、特殊检查或者特殊治疗时,必须征得患者同意,并应当取得其家属或者关系人同意并签字;无法取得患者意见时,应当取得家属或者关系人同意并签字;无法取得患者意见又无家属或者关系人在场,或者遇到其他特殊情况时,经治医师应当提出医疗处置方案,在取得医疗机构负责人或者被授权负责人员的批准后实施。”《侵权责任法》第55条规定:“医务人员在诊疗活动中应当向患者说明病情和医疗措施。需要实施手术、特殊检查、特殊治疗的,医务人员应当及时向患者说明医疗风险、替代医疗方案等情况,并取得其书面同意;不宜向患者说明的,应当向患者的近亲属说明,并取得其书面同意。”法规条例明确规定了医疗机构具有告知的义务。在执行该条规定时必须严格遵守以下几点:

1.病人病情危重或出现特殊情况(如手术、麻醉、输血、尸解等),在积极处理的同时,应当由主治医师或科主任告知本人,同时告知其家属或者关系人,取得他们一致同意并签字;患者无表达能力时,告知其家属或关系人,取得他们的同意并签字即可;无法告知患者以及其家属、关系人时,或者即使告知了他们,但不能取得他们的同意，影响到医疗急救，对患者的生命健康极其不利的情况下，经治医师应当告知医疗机构负责人，取得他的同意即可。告知过程的谈话记录上一定要由相关人员签字认可。

2.谈话医师必须实事求是向病人家属或单位负责人阐明病人目前的病情、治疗及预后，或可能出现的各种情况，并将下一步治疗与处理作详细说明，征得家属或单位负责人的理解和支持。

3.遇重大特殊情况，科主任应及时向医务科、院领导汇报，必要时请医务科、院领导参加与家属或单位负责人的谈话。

4.凡诊断不明或可能出现纠纷的死亡病例一律要求作尸检，尸检谈话要征求家属意见，不管愿意与否均需家属签字。

（四）抢救过程中遵守报告制度

依据《制度》中危重病人抢救报告制度的规定，各级各类医院在对危重病人进行抢救的过程中，各个环节必须严格遵守如下规定：

1.抢救工作应由经治（或值班）医师和护士长组织，重大抢救应由科主任或院领导参加组织，所有参加抢救人员要听从指挥，严肃认真，分工协作。

2.抢救工作中遇到诊断、治疗、技术操作等方面的困难时，应及时请示、迅速予以解决。一切抢救工作要做好记录，要求准确、清晰、扼要、完整并准确记录执行时间。

3.医护要密切合作，口头医嘱护士须复述一遍，无误后方可执行。

4.交接班时，必须进行床旁交接，详细交接当前诊断、治疗及注意事项等情况。

5.各种急救药品的安瓿，输液、输血空瓶等用后要集中放在一起，以便查对。

6.抢救药品使用后要及时归还原处，清理补充，并保持清洁。

7.新入院或突发的危重病人，应及时电话通知医务科或总值班，并填写病危通知书一式三份，盖章后医务科留存一份，交病人或家属一份，另一份粘贴在病历上。

（五）抢救结束后及时补写病历的义务

依据 2002 年 4 月 4 日出台的《医疗事故处理条例》第 8 条以及 2010 年 3 月 1 日开始实施的《病历书写基本规范》的规定，医疗机构因抢救急危患者，未能及时书写病历的，有关医务人员应当在抢救结束后 6 小时内据实补记，并加以注明。

第三节　死亡报告制度

一、死亡报告的必要性

（一）及时发现和控制传染病疫情的需要

传染病发生和传播都比较迅速，如果不及时发现和治疗都会给国家和人民的生命财产造成非常严重的损失，所以通过死亡报告，可以及时发现诊断不明的、可能死于传染病的病例，并为及早采取措施控制疫情创造条件。

（二）制定卫生工作政策和规划的需要

死亡原因及其数量、比例等内容是地方各级人民政府甚至全国卫生政策和相关短期、长期卫生规划制定的依据。死亡报告，可以使政府部门了解各级医疗机构死亡病例的死因构成，分析其动态变化趋势，进而为行政管理工作提供依据。

（三）行政管理工作的需要

行政管理部门是国家管理职能得以实现的主要部门，其中户籍管理是他们重要的权力和职责之一，户籍管理必须以上报的人口变化为依据。所以，死亡报告是行政管理部门户籍管理的需要。

二、死亡报告的内容及程序

各级各类医疗机构对本单位发生的死亡病历进行报告，严格遵守卫生部2004年发布的《县及县以上医疗机构死亡病例监测实施方案（试行）》以及《医院死亡病例报告制度》的规定。

（一）各级各类医疗机构死亡报告的内容

1.基本信息。基本信息包括姓名、性别、年龄、职业、发病日期、诊断日期、报告日期、报告单位。其中年龄一项，必须填写死者死时实足活满的岁数，1岁以下婴儿则填写满几个月，1个月以下的新生儿，则填写出生后满几天。

2.死亡信息。死亡信息包括死亡日期、死亡原因（直接死因、根本死因、与传染病相关的死因及不明死因）。我国在1987年前是按临床诊断进行死因分类。自1987年开始，卫生部采用ICD—9（国际疾病分类标准第9版）分类，现在应按照ICD—10（国际疾病分类标准第10版）规定的完整、规范的疾病名称填写，而不能只填写临死时的症状与体症。

3.不明原因死亡病例。对于不明原因死亡的病例，医疗机构要在“医学死亡证明书”背面“调查记录”一栏填写病人症状、体征；如果是呼吸系统不明原因死亡病例，须填写体温是否超过38℃，是否有咳嗽、呼吸困难、抗生素治疗无效及肺炎或SARS的影像学特征，以及白细胞是否正常。

（二）报告程序与时限

1.报告程序。在医疗过程中患者死亡后，须填报“死亡病例报告卡”，搜集整理对死亡案例的死因进行的医学诊断并由诊治医生填报“死亡医学证明书”。

住院患者死亡后，应及时报告医务科，并在24小时内填写死亡报告单（一式三份），一份送交医务科，一份存入病历，一份交患者家属或单位；由于治疗、护理失误或工作人员失职而直接或间接造成患者死亡时，须马上报告医务处（科）或总值班室。科主任负责组织全科认真分析讨论，并将结论性意见以书面材料报医务处（科）；涉及刑事案件或医疗纠纷的人员死亡后，需及时报告院领导。

医疗机构应指定相关部门专业人员按照要求统一进行死因编码。

2.报告时限。诊治医生在开具“死亡医学证明书”后3日内，病案室应完成死因编码工作。网络直报人员在开具“死亡医学证明书”后7日内完成网络直报工作。在进行直报时要认真填写基本信息。不具备网络直报条件的医疗机构，应于7日内完成死因编码，并将填写完整的“死亡医学证明书”送交辖区内的县级疾病预防控制中心，县级疾病预防控制中心应在当日完成网络直报。

同时，各医疗机构病案室应做好原始“死亡医学证明书”的保存与管理，并协助县级疾病预防控制机构开展相关的调查工作。

第四节　违反急救责任的法律后果

一、急救责任的概念

急救责任是指各级急救机构及其相关工作人员在急救过程中应承担的急救义务。本节的急救责任仅限于相关机构及工作人员应该遵守的院内急救法律义务。急救责任的违反，会产生相应的不利法律后果，因此它能够促使急救责任的履行，体现了国家权力。

我国还没有一部系统的急救医疗的法律规范，《执业医师法》《医疗机构管理条例》和《医疗事故处理条例》对急危患者的急救虽然有所涉及，但对相关机构和人员违反这些规定该承担的法律后果却没有具体规定。在此，根据《侵权责任法》《刑法》等相关法律规范对急救医疗机构和工作人员违反急救责任的法律后果予以简单归纳。

二、我国违反急救责任的法律后果

(一)民事责任

1.医务人员在急救活动中,故意或者过失实施违法行为造成患者损害的,医疗机构均应承担侵权赔偿责任。但是如果医务人员在抢救生命垂危的患者等紧急情况下已经尽到合理诊疗义务,即使给患者造成损害,医疗机构也不承担侵权责任。

2.医疗机构在抢救急危患者生命健康的过程中,需要实施手术、特殊检查、特殊治疗的,医务人员未能及时向患者或者其近亲属说明告知并取得其书面同意,造成患者损害的,医疗机构应当承担赔偿责任。

3.因抢救生命垂危的患者等紧急情况,在不能取得患者或者其近亲属意见时,未告知并获得医疗机构负责人或者授权的负责人批准,或者虽然获得批准但未立即实施相应的医疗措施,给患者造成损害的,医疗机构应当承担赔偿责任。

(二)行政责任

1.医师在执业活动中,不负责任延误急危患者的抢救和诊治,造成严重后果的由县级以上人民政府卫生行政部门给予警告或者责令其暂停 6 个月以上 1 年以下执业活动;情节严重的,吊销其执业证书。

2.发生自然灾害、传染病流行、突发重大伤亡事故以及其他严重威胁人民生命健康的紧急情况时,不服从卫生行政部门调遣的,由县级以上人民政府卫生行政部门给予警告或者责令暂停 6 个月以上 1 年以下执业活动;情节严重的,吊销其执业证书。

3.医疗机构未如实告知患者病情、医疗措施和医疗风险的,由卫生行政部门责令改正;情节严重的,对负有责任的主管人员和其他直接责任人员依法给予行政处分或者纪律处分。

4.医疗机构未在规定时间内补记抢救工作病历内容的,由卫生行政部门责令改正;情节严重的,对负有责任的主管人员和其他直接责任人员依法给予行政处分或者纪律处分。

(三)刑事责任

1.故意伤害罪:是指故意非法损害他人身体的行为。这里的故意主要指间接故意,即医务人员明知自己的行为可能给患者生命健康造成更大的损害甚至失去生命的结果,但放任这种结果发生的心理态度。

根据《刑法》第 234 条的规定,故意伤害他人身体的,处 3 年以下有期徒刑、拘役或者管制;故意伤害致人重伤的,处 3 年以上 10 年以下有期徒刑;故意伤害致人死亡或者以特别残忍手段致人重伤造成严重残疾的,处 10 年以上有期徒刑、无期徒刑或者死刑。

(1)客体要件:本罪侵犯的客体是他人的身体权。在此侵犯的是患者的生命健康权。

(2)客观要件:本罪在客观方面表现为实施了非法损害他人身体的行为,在此指实施了非法损害患者身体的行为。具体而言:首先,在对急危患者急救过程中,实施违法行为;其次,该行为给患者造成了轻伤或轻伤以上损害的严重后果,包括死亡。

(3)主体要件:凡达到刑事责任年龄并具备刑事责任能力的自然人均能构成本罪。合法的医师均具有完全刑事责任能力。

(4)主观要件:本罪在主观方面表现为故意。在此主要是间接故意,即医务人员明知自己的行为可能给患者生命健康造成严重损害的结果,但放任这种结果发生的心理态度。

2.医疗事故罪:是指医务人员由于严重不负责任,造成就诊人死亡或者严重损害就诊人身体健康的行为。

(1)本罪侵犯的客体是医疗单位的工作秩序,以及公民的生命健康权利。犯罪对象是生命健康安全正遭受病魔侵害的病人。

(2)本罪在客观方面表现为由于严重不负责任,造成就诊人死亡或者严重损害就诊人身体健康的行为。具体而言:首先,医务人员在诊疗护理工作中有严重不负责任的行为,拒绝或延误急危患者的抢救和诊治;其次,因严重不负责任行为导致病人严重损害身体健康或死亡的结果;最后,严重不负责任行为与病员重伤、死亡之间必须存在刑法上的因果关系。

(3)本罪主体为特殊主体,是达到刑事责任年龄并具有刑事责任能力的实施了违章医疗行为的医务人员。

(4)本罪在主观方面表现为过失,即行为人主观上对病人伤亡存在重大业务过失,可以是疏忽大意的过失,也可以是过于自信的过失。

典型案例

2004年12月31日,原告张某因怀孕41周到医院检查,B超提示:胎盘部分老化,羊水偏少,医院建议住院,张某拒绝。2005年1月2日,张某因阴道见红5小时,于早上8时50分住入产科。入院诊断:“胎盘功能减退,羊水偏少,巨大儿。”医院决定试产。试产胎儿正常。后因诊断为“活跃期阻滞,巨大儿”,医院决定行剖宫产术。1月2日下午4时40分,张某分娩出女儿。次日上午新生儿出现异常情况。当日下午5时,张某自行带女儿去宁波市妇女儿童医院就诊。晚

9时婴儿经抢救无效死亡，死因为“先心呼衰”。1月4日，张某向宁波市卫生局医政处申请对女儿死因进行病理解剖。经查，新生儿死因为两肺重度羊水吸入致窒息死亡。为此，张某一纸诉状将宁波某医院告上法庭，要求赔偿58万余元。

3月，原、被告共同委托宁波市医学会进行医疗事故鉴定。该医学会于同年3月23日出具医疗事故技术鉴定书，鉴定结论为：“本病例属于一级甲等医疗事故，医方负主要责任。”

法院审理认为，某市医学会出具的医疗事故技术鉴定书载明的分析意见为：被告根据产妇入院时诊断的情况，应该选择剖宫产分娩，而医院给予阴道试产。新生儿出生后诊断为胎儿窘迫，但医院没有按高危新生儿有关规定巡视病房，当婴儿出现缺氧表现时，医院也没有采取相应的有效措施，加重了后果的严重性。新生儿转院过程中，院方没有提供方便有效措施，更没有提供有关医疗措施，如途中吸氧等。8月11日，浙江省宁波市镇海区人民法院做出判决，被告宁波某医院赔偿原告张某误工费、医疗费、鉴定费、丧葬费、交通费的90%费用，共计人民币1.49万余元，赔偿精神损害抚慰金8.5万元。

《医疗机构管理条例》第21条规定，医疗机构对危重病人应当立即抢救。对限于设备或者技术条件不能诊治的病人，应当及时转诊。但是在转诊前，必须对患者进行急救处置，转诊时必须由医护人员陪同。本案中，造成婴儿死亡的严重后果，与原告之前拒绝住院，随后自行带女儿去宁波市妇女儿童医院就诊有一定关系，但医疗机构的不负责任才是孩子死亡的主要原因。作为医院，具有医疗专业知识和技能，当孩子出现异常情况时，应当及时进行诊治，在诊治不能时，应在做相应处置的情况下安排转院，尽最大程度的努力保障孩子的生命安全。为此，医院应当为自己的过错承担民事赔偿责任。

小　结

急危患者的急救处置是医学界和法学界共同关心的重要内容，其中相关措施及处置规范等内容在我国一直是大家探讨的热点话题。《执业医师法》《医疗机构管理条例》和《医疗事故条例》虽然对急危患者的急救做出了一些条文的规定，但这对于复杂的医疗急救还是远远不够的，所以，有关急危患者急救的法律规范以及医疗机构工作制度的完善问题亟需解决。

思　考　题

1. 简述急救设施的重要性。

2. 简述采取急救措施应遵循的基本原则。

3.简述急救处置规范的主要内容。

4.简述死亡报告的内容。

（王番宁）

第七章　知情同意规范[①]

引导案例

医生说病情，老太被“吓死”

2009年8月，王老太发现自己的胸前长了一个包块，在子女的安排下，前往某医院检查。经过医院诊断，确诊为恶性肿瘤，医生建议王老太的家属立即进行手术，但并未将病情告诉王老太。王老太随后住进了该医院，准备择期手术。

不久，医院准备给王老太进行手术，一位女麻醉师在手术前检查时，对王老太说：“你的病情很重，需要马上做开胸手术，你要做好思想准备。”孰料，从不知道自身病情的王老太，听医生这么一说，吓得面如土色，突然“扑通”一声摔倒在地，不省人事。急救人员迅速赶到，并立即将王老太送往急救室抢救，经过约90分钟的抢救后，王老太还是因心源性心脏病突发猝死而抢救无效。医患双方由此引发了一场医疗纠纷。

王老太的突然死亡，让其子女不知所措，他们一致认为，病人的病情虽然确实很重，但通过手术完全有可能康复。医院不考虑病人的接受能力，就将病情如实告知病人，导致了悲剧的发生，医院应当为此承担法律责任。

医院则认为，“王老太身患恶性肿瘤，身体状况不佳，得知病情后，诱发了心源性心脏病而猝死，并非受到‘恐吓’而死。麻醉医师将病情告知患者，是为了让患者手术时能够有心理准备，也是在保障患者的知情权。而医院在自己的职责范围内，在给患者即将进行大手术前将病情及手术内容告诉患者是合理合法的。因此，医院不应承担任何责任。”

那么，本案中的麻醉师该不该告诉患者实际病情？我国现有法律法规对患者病情告知作了哪些具体规定？病情告知有什么样的策略？医疗机构违反病情告知义务应当承担什么法律责任？患者同意表述应当符合哪些规范呢？这些正是本案及其引申出来本章所要探讨和回答的一系列问题。

---

① 本文参考了上海市第一人民医院、同济大学附属医院、福建省漳州市人民医院、福建省肿瘤医院等全国多家医院制定的“病情告知同意书”。

第一节 知情同意的告知制度

知情同意权这一理念，最早来源于 1914 年美国纽约上诉法院的一个判例。著名的卡多佐大法官提出："每一个精神正常的成年人有权决定(别人)可对他的身体做什么。"原初意义上的知情同意仅仅是作为一项有利于达到医疗目标的措施才被实施，而不是出于对患者人格、尊严或个性化权利的尊重。现代意义上的知情同意是第二次世界大战后的纽伦堡审判中，鉴于"二战"中法西斯医生强迫受试者接受不人道的人体实验所犯下的滔天罪行，纽伦堡审判及其后通过的《纽伦堡法典》规定："人类受试者的自愿同意是绝对必要的"，其具体表现为个人有意识的同意和允许的自我控制权、决定权等。从此，知情同意权逐渐在西方国家的判例和立法中确立起来，并由原来的一项道德权利上升为法定权利，成为患者所享有的重要权利之一。

一、知情同意权概述

在医疗保健过程中，履行知情同意原则是对患者生命权和医疗权的尊重，也是构建和谐医患关系，减少医患纠纷的需要。

(一)知情同意权概念

知情同意权，又称"知情选择权""自我决定权"，是指通过医方(医疗机构及其医务人员)告知，让患方(患者本人及其家属、代理人、近亲属、关系人等)了解患者的病情、医生拟采取的医疗措施以及这些医疗措施可能会给患者带来的医疗风险，并在此基础上决定是否接受或拒绝医生建议的医疗措施的权利。知情同意权由患方的知情权和患方的同意权或选择权构成，其中知情是基础，选择是目的。知情同意权的实现主要依托于医方的告知。

(二)知情同意权的内容

患方知情权是基于人的生命健康权和权利处分自由原则所派生的一种权利。主要包括三项基本内容：一是真实病情了解权，即患方有权了解自身所患疾病的真实情况和发展趋势；二是治疗措施知悉权，即患方为了避免或降低就医风险，有权选择医方拟将采取的治疗方案和治疗措施；三是医疗费用知晓权，即患方有权掌握自己就医所应当承担的各种医疗费用的数额、用途和支出进度等。

同时，要使知情权成为患方的可支配权利，患方还应具有选择权，即患者在接受手术、特殊检查及特殊治疗过程中，以知悉自己病情和医疗风险为基础，行使患者本人对自己身体和财产的自主权、获悉自己身体的真实状况权、同意或拒绝对其身体作医学检查和治疗疾病诊治权等自主决定权。

二、我国法律法规对知情同意权的相关规定

医疗机构应当尊重患者对自己的病情、诊断、治疗的知情权利。为此，我国相继颁布实施了一系列法律法规，以法律的形式确保患者知情同意权的实现。

（一）告知内容上的规定

归结起来，我国法律法规要求医疗机构及其医务人员如实告知的主要内容有患者的病情、拟采取的医疗措施、存在的医疗风险、手术过程中出现临时变更手术内容和方式，等等。《侵权责任法》第55条规定，医务人员在诊疗活动中应当向患者说明病情、医疗措施以及手术、特殊检查、特殊治疗的医疗风险和替代方案等。《执业医师法》第26条规定，医师应当如实向患者或家属介绍病情，但应注意避免不良后果。《医疗事故处理条例》第11条规定，在医疗活动中，医疗机构及其医务人员应当将患者的病情、医疗措施、医疗风险如实告知患者。《医疗美容服务管理办法》第20条规定，执业医师对就医者实施治疗前，必须向就医者本人或亲属书面告知治疗的适应症、禁忌症、医疗风险和注意事项等。

（二）告知对象上的规定

我国法律法规规定了不同情况下的多种告知对象，主要包括患者本人、患者的代理人、患者的近亲属及关系人等。

1.告知患者本人的情况。《侵权责任法》第55条、《执业医师法》第26条和《医疗事故处理条例》第11条均有规定，医务人员在诊疗活动中应当就病情、医疗措施以及手术、特殊检查、特殊治疗的医疗风险和替代方案等情况向患者说明，并及时解答其咨询，但是应当避免对患者产生不利后果。

2.告知患者的代理人、近亲属及关系人的情况。代理人包括法定代理人和委托代理人。我国《民法通则》规定，无民事行为能力人、限制民事行为能力人的监护人是他的法定代理人，而保护被监护人的健康是其重要的监护职责之一。委托代理人是指具有完全民事行为能力的患者通过口头或书面授权的方式，将自己享有的知情同意权委托并授权给包括患者近亲属在内的所有人行使。

《侵权责任法》第55条规定，需要实施手术、特殊检查、特殊治疗的，不宜向患者说明医疗风险、替代医疗方案等情况的，应当向患者的近亲属说明。《医疗机构管理条例》规定，在患者因病无法签字且无事先授权时（如患者因病告知患者的近亲属或者关系人。《医疗机构管理条例实施细则》第10条第2款和《病例书写基本规范》第62条都规定，因实施保护性医疗措施不宜向患者说明情况的，应当将有关情况通知患者家属。所谓保护性医疗，是指医务人员直接向患者告知和说明病情可能会给患者造成心理负担等不利后果时，医务人员转而向患者的近亲属说明的一项制度。

3. 告知程序上的规定。一个完整的告知过程包含了知情和同意(签字)两个环节,在告知的基础上取得患方的同意(签字),既是我国相关法律法规的要求,也是确保医疗活动的合法有效开展。

根据《侵权责任法》第55条、第56条,《医疗机构管理条例》第33条,《病历书写基本规范》第10条等相关规定,需要实施手术、特殊检查、特殊治疗的,医务人员必须征得患者本人的书面同意,不宜向患者说明的,应当取得患者家属或关系人的书面同意并签字。患者不具备完全民事行为能力,或难以行使该项权利时,应当由其法定代理人签字。患者因病无法签字时,应当由其授权人签字。因抢救生命垂危的患者等紧急情况,不能取得患者或者其近亲属意见的,经医疗机构负责人或者授权的负责人批准,可以立即实施相应的医疗措施。在手术过程中,可能出现临时变更手术内容或者方式时,医疗机构及其医务人员仍应当征得患者本人同意,在无法告知行使该项权利时,应告知并征得其家属的同意。

三、告知义务的例外

有学者对此类情况进行了总结,认为以下情况不需要向患方予以说明:(1)依据法律给予医生强制治疗的权限,如对某些精神疾病、成瘾性疾病、传染病等实施强制治疗;(2)危险性极其轻微,并且几乎没有发生纠纷的可能性;(3)患者非常清楚自己的病情和症状;(4)患者自愿放弃接受医生的说明;(5)由于事态紧急无法告知患者并取得其承诺,患者丧失意识或情况紧急,无法也来不及与患者家属取得联系,医方可采取适当的医疗措施进行抢救而不需要告知患者并取得其同意。此属医疗机构的紧急处置权。

第二节　患者病情的告知策略

医疗机构及其医务人员在告知患者病情时,需要讲究一定的技巧和策略,才能确保告知的合法、科学、合理、有效,才能赢得患方的尊重、信任、理解和配合。针对这一全世界医疗工作中共同面临的问题,世界卫生组织(WHO)在1993年提出了以下的告知策略:(1)医生应预先有一个计划;(2)告知病情时应留有余地,让病人有一个逐步接受现实的机会;(3)分多次告知;(4)在告知病情的同时,应尽可能给病人以希望;(5)不欺骗病人;(6)告知过程中,应让病人有充分宣泄情绪的机会,及时给予支持;(7)告知病情后,应与病人共同制定未来的生活和治疗计划,与患者保持密切接触。

一、病情告知的基本要求

在我国,关于医生告知义务的标准一般应以"一个有理性之人处于与患者相同或相似的状况下,所期待被告知之事项”作为范围。在某些特殊情况下,医疗告知的标准和具体方法会有所变化。但总的要求是在告知患者病情时,应遵照我国相关法律法规,并结合医疗过程中的具体情况加以处理。

(一)告知形式上尽可能书面化

目前,医疗机构采用的告知形式主要有三种,即公示告知、口头告知和书面告知。口头告知是不少医疗机构及其医务人员惯常采取的告知形式。该种形式虽然便捷,但存在致命的缺陷,就是容易出现告知不全面、不准确的问题,难以固化和保留有效的法律证据。一方面由于情况紧急、患者家属的文化素质和理解能力,以及医生口头提供情况的真实性、准确性等因素的存在,可能无法真正实现患者的知情权;另一方面按照现行司法解释,对于医疗事故的侵权责任,医疗机构应当就自己不存在过错以及医疗行为与损害结果之间不存在因果关系举证。因此,一旦医疗纠纷被诉诸法院,医疗机构将因无法举证证明自己已尽到告知义务,或无法提供患方的书面签字,而承担败诉责任。

因此,从法律角度看,医疗机构在履行告知义务、实现患方知情同意权时,应当尽可能书面化,或者采用录音录像等方式加以记录。在紧急情况下无法书面告知时,应当在事后忠实、详细地进行记录并由患方签字确认,作为医学证明材料。这样,一旦发生医患纠纷,就能够提供充分的证据。正是依照法律规定、适应社会发展需要,2010 年 3 月 10 日,卫生部医政司推荐公布了由北京大学人民医院整理、修订的“医疗知情同意书”,将种类多达 287 种,90%的疾病告知书面化。

(二)告知内容上全面、真实、准确、客观

医疗机构及其医务人员应当全面、真实、准确、客观地履行告知义务,帮助患方自主作出选择,不能有所选择或保留,不宜带有倾向性,对某些暂时难以确定、难以预料的预后或其他,也应如实地向病人或家属说明。任何敷衍、草率、走过场的行为,或有意引导错误的告知,都是不正确的。其中,某些产生严重不良后果的告知,还要承担法律责任。

在病情告知上,一要提供一个普通医务人员在相同或类似情况下都会提供的信息。告知患者身体和疾病的状况、治疗建议、实施某种治疗性质和目的,以及实施程序、可选择的手术或非手术治疗方案的可行性及益处,可能伴随的危险、成功的可能性、如不采取治疗的后果等。二要提供一个普通人能够做出某项决定所需要的信息,医务人员履行告知义务,向患者传递医疗信息应当力求全面、适宜,尤其要突出可能的不良后果,使一个理性的患者能够做出同意或拒绝的选择并自愿做出决定。提供的信息要充分,不能夸大治疗的益处或风险,从而影响患者做出选择和决定;选择时机要恰当,要在患者稳定时,结合其年龄、文化程度等情况，实施有效告知。三要提供特定患者所需要的信息，即要考虑患者个人不同的生活方式或观念方面。如果患者由于宗教信仰而拒绝输血，患了不宜怀孕的疾病的患者坚持要怀孕，乳腺癌患者为了保持完好体型而不同意乳腺切除等。在这类情形下，即使医生认为患者的选择是不明智的，甚至会危及患者生命，但不经患者同意也不能对患者进行输血、流产、切除乳房等治疗。医务人员在明确告知拒绝医疗的危害的同时，仍应尊重患者的意愿。

为尽可能地实现告知内容的全面、真实、准确、客观，2010年3月10日，卫生部医政司向全国医疗机构推荐使用“医疗知情同意书”。“医疗知情同意书”不但按科室、病种不同，为每一种需要手术、穿刺或介入治疗的疾病，专门制作了一份文书，还针对每位住院病人推出了入院须知、入院宣教、授权委托书及病危通知书、自动出院或转院告知书等10种公共告知书，对多达90%的疾病作了详细介绍，告知了某种疾病做手术和不做手术的风险，并将两种风险对比以供选择。

（三）告知对象尽量为患者本人

只有在特殊情况下，才告知患者的监护人、法定或委托代理人、近亲属、关系人等相关人员。我国相关法律法规对告知的对象规定较为复杂，但归结起来包括两大类：一类是具备完全民事行为能力的患者本人，一类是患者的监护人、法定或委托代理人、近亲属、关系人等相关人员。但他们之间是有先后顺序的，在患者本人有能力行使该项权利时，其他人均不应予以替代。医方在履行告知义务时，应严格据此执行。

1. 告知患者本人。患者是知情同意权的主体，对其自身合法权益最具有处置权。由此，除非是患者无民事行为能力或者限制民事行为能力，或者患者本人告知不能，或者患者本人因各种原因，书面授权他人行使其知情同意权，否则都应当将病情告知患者本人。将病人作为治疗对象看待，遇到紧急情况或危重病情时，首先考虑的是向患者家属交代，而对病人本人却保密的做法不值得提倡。当然，告知患者本人要因人而异，对于大多数情感正常的患者应理性地暗示，对于情感脆弱的病人，平静地回避，可以使他得到安慰；对于文化程度不高的病人，可以轻描淡写让他“难得糊涂”；对于一向不注意身体，例如患肺癌、肝癌后仍不听劝告，大量吸烟、饮酒的病人，如实告知就显得十分必要了；对于精神脆弱或身体状况差的患者，应暂缓或委婉告知。总之，无论疾病发展到多么严重的程度，即使已经没有有效的治疗手段，也不要忘记告诉患者“我们想办法”，以增强患者信心。

2. 告知患者的监护人、法定或委托代理人、近亲属、关系人等相关人员。患者不具备完全民事行为能力的情况下，医疗机构及其医务人员应当按照患者的监护人、法定或委托代理人、近亲属、关系人等相关人员这一先后顺序履行告知义务，并在获得其同意的情况下进行治疗。其中委托代理人按照患者配偶、父母、成年子女、其他近亲属的先后顺序依次担任。无直系或近亲属的患者，由其所属单位、街道办事处或村民委员会指定人员担任。

(1)患者不具备完全民事行为能力时的告知。按照我国民事法律规定，无民事行为能力人包括10周岁以下的未成年人和完全不能辨认自己行为的精神病人(包括痴呆症人)两类。而实际上，处于昏迷状态的患者、严重脑震荡患者或者罹患类似重大疾病不能进行意思表示的精神正常的成年患者(指仍然具有生命体征只是不能自我表达的患者，不包括已被确诊为脑死亡的植物人)，同样不具有任何意思表示能力，也应当属于无行为能力人。对于这类患者不能够认知和理解的疾病，医疗机构必须和患者的监护人进行配合告知患者的病情。

限制民事行为能力的人包括10周岁以上的未成年人(但16周岁以上不满18周岁的公民，以自己的劳动收入为主要生活来源的，视为完全民事行为能力人)；不能完全辨认自己行为的精神病人；不能完全行使民事行为能力的昏迷、精神病发作期、痴呆、未成年人、残疾人等患者。他们能够部分独立或者在一定范围内具有民事行为能力。因此，医疗机构及其医务人员可以依据病情的轻重缓急，结合患者对疾病的认知和理解能力，分别向患者本人或者其监护人履行告知义务，并进而获得其允许治疗的承诺。

(2)患者虽具有完全民事行为能力，但如实告知病情、医疗措施、医疗风险后可能造成患者情绪不安，进而影响医务人员开展诊疗工作的，可由患者委托代理人代为行使知情同意权。患者虽具有完全民事行为能力，但不能理解诊疗的内容和程序、不能权衡它的利弊得失、不能对所有诊疗方案作出评价、不能根据自己的知识和能力作出决定、不能理解自己所决定的行为将产生的后果的，可由委托代理人代为行使知情同意权。

(四)讲究语言艺术，做到通俗易懂

医务人员在告知病情时，应讲究语言艺术和效果，注意说话方式和态度，对患者态度要亲切和蔼，语言要温和，避免恶性刺激，不要对患者态度冰冷或不理睬。告知病情时不能用“没事”“不可能”“一定会”等不负责任的话或不确定的表述，要尽量使信息的提供者和信息的接受者两方面能有机地结合起来，使知情同意真正落实到患者身上。有关病情恶化、预后不良等情况，不应直截了当地告诉病员，避免对患者产生不利后果。

告知时应尽可能将专业术语转化为通俗易懂的语言。告知语言表述必须清晰、直接和简洁，如遇某些说地方方言的病人，医患双方直接交流有困难，应当设法通过适当的方法，让医患双方准确了解彼此表达的意愿，避免发生误解。告知应尽可能详尽、有条理，并可鼓励患者提出自己的疑惑，尽可能地解答患者的质疑,在双向交谈中完成对患者的告知。与不同文化背景、宗教信仰、种族和民族的患者交流时,应尊重他们的习俗和文化特点,以便他们更好地理解和接受。

(五)注意告知过程的完整有效

病情告知伴随患者诊疗的整个过程,是医患双方共同决策的过程、主动交流的过程,也是建立相互信任和尊重的过程。医疗机构及其医务人员应当及时有效地通过书面文字记录、录音录像等形式,记载病情告知过程,并取得患方的认可和确认。

目前很多医疗机构习惯与患者或其家属签订某些协议,如输血协议、麻醉同意书、手术同意书等,这些协议无一例外地均以免责或限制责任条款为主。但这种约款本身除了能够证明已经尽了告知义务,满足了患方的知情同意权之外,并没有什么法律意义。事实上,人们更为关注的、更具有说服力和证明力的是告知过程,包括各种知情同意书的签订过程,即医务人员是怎样告知的,告知了些什么,什么时间什么地点告知的等。例如,医务人员对患者病情作了哪些的具体分析、解释和说明,采取的是以座谈交流、全程录音录像等正式形式,还是随口而说的简便方式告知,患方是否予以认可和确认。

二、病情告知

患者病情告知,既指告知患者所患疾病的基本情况,也应当包括对患者病情的解释和分析。中医通常通过“望、闻、问、切”的传统方法来问诊,从而对患者的病情做出初步的判断,进而针对患者的个体情况提供一种或几种的医疗方案。而西医通常在问诊之后,借助一定的医疗仪器或试剂对患者进行检查,依据这些检查的结果,西医师会给出相应的医疗方案。

病情告知的主要内容如下:

1. 如实告知患者所患疾病的名称、现状、程度、发展趋势和可能发生的危害健康后果等诊断结论。有新的阳性体征、检查、检验结果发现,需修改诊疗计划。

2. 门诊病情主要告知其疾病的诊断情况、治疗情况、风险和预后、治疗费用、配合治疗的注意事项。

3. 新入院病人主要告知其初步诊断、主要鉴别诊断、诊疗计划、病情程度及可能预后等相关医疗情况。

4. 对于病情突然变化、病情加重、治疗有明显变更者,主要告知其病情发展情况、治疗措施及理由、风险、效果、并发症、预后等情况。危重病人因检查、治疗需要搬动时,应该在搬动前告知搬动可能产生的病情变化等相关风险。

三、有创诊治措施告知

有创诊治措施是指以非药物诊治为主的各种有创的诊断、检查、治疗和手术

等医疗措施,包括各种手术、各种组织器官的穿刺及活检、各种内窥镜的诊治等。有创诊治措施告知的主要内容如下:

1.一般检查的目的、要求、效果、副作用以及检查手段的局限性。实践中,因为患者缺乏相应的医学知识,因而医师的说明告知义务并不能仅仅拘泥于在实施具体检查或治疗前,为取得患者在充分理解之上的有效同意而作的告知说明,实施完检查或治疗以后,为回避不良结果发生,医务人员还应就有关疗养、用药、饮食、活动等注意事项对患者予以告知说明。

2.手术前后告知内容。告知术前诊断、手术名称、可以实施的手术诸方案、术中可能出现的并发症、手术风险。拟执行麻醉方式,患者基础疾病及可能对麻醉产生影响的特殊情况,麻醉中拟进行的有创操作和监测,麻醉风险、可能发生的并发症及意外情况。手术后,应详尽告知患方术中所见、术后处理、术后注意事项、术后可能出现的并发症、术中使用置入材料的厂家、类别、类型、数目、产品合格证及编码识别等。在手术治疗过程中如要改变原定的手术治疗方案时,医务人员应及时告知患方改变手术方案的原因和目的。

3.住院期间须反复检查的病人。病人为同一目的须反复进行肝穿、胸穿等检查时,只需在第一次检查前告知相关风险,当穿刺目的、方式变更时,须重新告知。

4.操作过程中出现变化。出现需要改变操作方案、麻醉方式或切除未告知组织器官等新的情况时,医务人员必须告知相关新情况。

5.当出现危险时。出现危及患者生命安全的新情况,必须紧急采取新的抢救性有创伤治疗措施时,在告知的同时,不应当停止抢救措施。

四、无创诊治措施告知

无创诊治措施是指对人体组织器官无直接器械创伤的各种诊疗措施,包括药物治疗及各种物理治疗等。

(一)药物治疗告知

使用有明显毒副作用、过敏反应,可能造成组织器官损伤的药物时,必须事先告知。(1)可能出现的毒副作用、过敏反应、对组织器官的损伤。(2)药典规定要做皮肤过敏试验的药物,应当详细询问患者的药物过敏史。(3)药房在给门诊或出院患者配药时,所配发药物必须附药物说明书,禁止给患者配发无包装及无药物说明书的药物(中药汤剂除外)。(4)可能引起不良后果的情况。(5)每一疗程化疗都应当进行告知。例如,要告知肿瘤患者,化疗药物是治疗肿瘤的手段之一,使用抗肿瘤的化疗药物,可抑制肿瘤细胞的扩散和可杀死肿瘤的残余细胞,从而减轻症状,提高治疗效果;告知患者静脉给药往往滴入皮下,会引起组织坏死及溃烂和疼痛，所以要以预防为主，尽量不让其渗到皮下；告知患者，穿刺成功后，要好好保护穿刺部位，上卫生间、吃饭、活动时应注意哪些问题。如出现肿胀疼痛时，须及时告知医护人员；告知患者在用药时或1周之内不要去人多的地方以防发生感染，外出注意保暖，防止感冒。

（二）放射治疗告知

根据《放射性同位素与射线装置安全和防护条例》规定，医院在对患者进行放射诊疗前，有责任事先告知患者辐射对健康的潜在影响，如存在患白血病、皮肤病等疾病的危险。还应告知放疗后可能出现的反应、治疗效果及后续治疗方案。

（三）输血等血制品治疗告知

我国的血液制品主要为白蛋白类、免疫球蛋白类制品、凝血因子类制品等三类，这些都必须在使用前告知患方。凡需要对患者进行输血者，应当告知患方输血指征、拟输血成分、输血前有关检查结果、输血风险、输血过程中可能发生的输血反应、可能感染经血液传播的疾病等意外情况和可能产生的不良后果。

五、特殊情况的告知

特殊情况主要是特殊检查、特殊治疗。所谓特殊检查、特殊治疗，按照《医疗机构管理条例实施细则》的释义，是指具有下列情形之一的诊断、治疗活动：(1)有一定危险性，可能产生不良后果的检查和治疗；(2)由于患者体质特殊或病情危重，可能对患者产生不良后果和危险的检查和治疗；(3)临床试验性检查和治疗；(4)收费可能对患者造成较大经济负担的检查和治疗。特殊情况下，医疗机构及其医务人员除一般告知事项外，还应当向患方作特别告知。

（一）特殊检查（治疗）告知

创伤性操作前、后，医务人员应告知患方特殊检查（治疗）项目名称、目的、要求、效果、副作用、可能出现的并发症及风险、检查手段的局限性等。实践中因为患者缺乏相应的医学知识，因而医师的说明告知义务并不能仅仅拘泥于实施具体检查或治疗前，为取得患者在充分理解之上的有效同意而作的告知说明，实施完检查或治疗以后，为回避不良结果发生，医务人员还应就有关疗养、用药、饮食、活动等注意事项对患者予以告知说明。

（二）使用高值药物、材料的告知

主要是价格昂贵的药品或医疗器械，尤其是这些药品或医疗器械不属于公费医疗支出及医保范围的药品或医疗器械，需要患者自己支付其费用的。使用前，应当告知患者或其家属这些药物和材料的品种、价格，然后由患者或其家属决定。

(三)临床试验性检查和治疗告知

临床试验性检查和治疗包括药物临床试验性检查和治疗以及医疗器械临床试验性检查和治疗两个方面。所谓药物临床试验性检查和治疗,《药物临床试验质量管理规范》将其界定为:任何在人体(病人或健康志愿者)进行药物的系统性研究,以证实或揭示试验药物的作用、不良反应,试验药物的吸收、分布、代谢和排泄,目的是确定试验药物的疗效与安全性。所谓医疗器械临床试验性检查和治疗,《医疗器械临床试验规定》将其界定为:获得医疗器械临床试验资格的医疗机构对申请注册的医疗器械在正常使用条件下的安全性和有效性按照规定进行试用或验证的过程。临床试验性检查和治疗中,应当告知受试者临床试验方案,特别是试验目的、试验过程和期限,可能给受试者带来的不适,受试者可能的受益和可能产生的风险等。

第三节　违反患者病情告知制度的法律后果

对于医方未尽病情告知义务造成患者医疗损害的,《执业医师法》《医疗事故处理条例》《医疗机构管理条例》等规范,只规定了其承担行政责任,如接受行政处罚或被暂停执业或吊销执照等。《侵权责任法》实施后,医方不再仅仅承担行政处罚的责任,而且还涉及侵权赔偿责任。

一、违反患者病情告知侵权赔偿责任的构成要件

违反患者病情告知法定义务,承担医疗损害赔偿责任,必须满足一定的构成要件,即医方在履行法定告知义务上存在过错,患者有受损害事实,过错与损害后果之间存在因果关系。

(一)医方在履行法定告知义务上存在过错

在实践过程中,判断医疗机构是否存在过错的主要标准,是有关医疗卫生管理的法律、法规、部门规章及临床诊疗技术操作常规和规范,也包括基于医疗服务合同而产生的特别约定义务。病情告知义务是医疗机构的一种法定义务,如果医疗机构未能按照我国相关法律法规、部门规章等履行告知义务,其行为就存在过错。

违反病情告知义务过错的主要情形有以下五种。

1.未履行告知义务。这是违反告知义务的最基本形态。需要注意的是,在某些情况下医疗机构不需要履行告知义务。

2.未履行充分告知义务。如未告知治疗过程中的并发症、药物的毒副作用、手术中擅自扩大手术范围、手术后必要的复查等。

3.错误告知。医疗机构由于疏忽等原因,错误告知患者的病情、医疗方案的成功率、副作用等。

4.迟延履行告知义务。这种情况经常导致患者失去治疗的最佳时机,患者的合理期待利益受到损害。比较典型的是,医疗机构迟延履行转诊告知义务。

5.履行了告知义务,但未经同意而实施医疗行为。告知的目的是为了获得患者或者其监护人的同意。因此,医疗机构尽管履行了告知义务,但是没有获得患者或者其监护人的同意就实施医疗行为的,仍然有可能构成侵权行为。

(二)患者有受损害事实

承担民事赔偿责任的基础是损害事实的存在。在医疗损害案件中,损害事实的存在是医疗机构承担赔偿责任的前提条件。有时尽管医方没有履行告知义务,但尚未造成患者任何形式的实质损害(包括精神损害),医疗机构也不会承担损害赔偿责任。实践过程中,我们可以从现实权益损害和期待权益损害两个方面去理解和分析患者的损害事实。

1.现实权益损害。违反告知义务造成现实权益损害的表现形式有很多。第一,人身损害。比如,医生在剖腹产手术过程中认定再次怀孕将威胁病人的安全,于是在手术过程中根本未征求病人同意就当即进行绝育手术。第二,精神损害。前例中的当事人因绝育手术失去了再次生育、享受天伦之乐的机会,也必然因此而承受巨大的精神痛苦。第三,财产损害。主要指直接财产损失。例如,前例绝育手术的相关费用;在切除卵巢的情况下,当事人需要长期服用雌性激素维持女性生理特征的费用;违反告知义务切除患者肢体,造成患者残疾所必须支出的费用等。

2.期待利益损害。主要表现为患者丧失治疗最佳时机(包括存活机会)、最佳治疗方案,丧失其他可预见利益,间接财产损失等。第一,丧失治疗最佳时机(包括存活机会)、最佳治疗方案。一方面医疗机构没有履行转诊等告知义务,会使患者丧失确诊的最佳时机(例如患者的病情已经由早期发展到晚期),最终不得不采取风险性和侵害性更大的治疗手段进行治疗,从而使患者支出了额外的治疗费用,承担了不必要的精神痛苦。在某些情况下,患者很可能就因此而丧失了生命。另一方面医疗机构怠于履行告知义务,可能剥夺了患者所认定的最佳治疗方案。不同的患者可能会结合其具体情况选择不同的治疗方案——保守治疗或者激进治疗。如果患者没有被告知,那么其相应的期待利益也就受到了侵害。第二,丧失其他可预见利益。例如,在美容治疗中,美容师怠于向时装模特履行美容药物可能产生毁容的较大风险的告知义务,从而使消费者丧失了权衡利弊的机会,最终导致毁容的严重后果,导致该模特失去 T 型舞台工作。美容师就侵害了该模特的可预见利益。第三,间接财产损失。间接财产损失主要是指由于患者因医疗过失而导致其本可以抚养、扶养、赡养他人而无法给与他人的利益。

(三)医方违反病情告知义务的过错与患者损害事实之间存在因果关系

因果关系是侵权民事责任基本的、必要的构成要件之一,包括事实上的因果关系和法律上的因果关系。事实上的因果关系是指确定行为人的行为或者依法由责任人承担责任的事件或行为是否在事实上属于损害事实发生的原因;法律上的因果关系是指确定事实上属于损害事实发生原因的行为或事件在法律上是否能够成为责任人对损害事实承担责任的原因。根据《侵权责任法》第55条第2款规定,医疗机构承担患者知情同意医疗赔偿责任的条件之一,就是医务人员未能尽到告知义务的行为与患者的损害后果之间存在因果关系。如果医务人员未履行告知义务的过错行为未造成患者损害,或与患者所述的损害后果之间不存在因果关系,则医疗机构不承担赔偿责任。

二、违反患者病情告知义务侵权责任的赔偿

违反病情告知义务的侵权损害赔偿范围与一般的医疗损害赔偿没有区别。虽然《侵权责任法》没有明确规定医疗损害赔偿范围和标准,但应与其他侵权类型一样。该法第16条规定,侵害他人造成人身损害的,应当赔偿医疗费、护理费、交通费等为治疗和康复支出的合理费用,以及因误工减少的收入。造成残疾的,还应当赔偿残疾生活辅助器具费和残疾赔偿金。造成死亡的,还应当赔偿丧葬费和死亡赔偿金。该法第22条规定,侵害他人人身权益,造成他人严重精神损害的,被侵权人可以请求精神损害赔偿。我国《民法通则》第119条、《最高人民法院关于审理人身损害赔偿案件适用法律若干问题的解释》《医疗事故处理条例》第50条等法条中亦有相关规定。

(一)医疗费

医疗费包括住院费、检查费、治疗费、医药费、医疗机构的护理费等,但不包括患者原发疾病的治疗费,不包括医务人员违反病情告知义务而产生损害之前所支付的医疗费用。其计算应根据医疗机构出具的医药费、住院费等收款凭证,结合病历和诊断证明等相关证据确定。赔偿义务人对治疗的必要性和合理性有异议的,应当承担相应的举证责任。

医疗费的赔偿数额,按照实际已经发生的数额确定。器官功能恢复训练所必要的康复费、适当的整容费以及其他后续治疗费,赔偿权利人可以待实际发生后要求支付。但根据医疗证明或者鉴定结论确定必然发生的费用,可以与已经发生的医疗费一并要求赔偿。

应经医务部门批准而未获批准擅自另找医院治疗的费用,一般不予赔偿;擅

自购买与损害无关的药品或者治疗其他疾病的，其费用则不予赔偿。

（二）误工费

根据受害人的误工时间和收入状况确定。误工时间根据受害人接受治疗的医疗机构出具的证明确定。受害人因伤致残持续误工的，误工时间可以计算至定残日前一天。受害人有固定收入的，误工费按照实际减少的收入计算。受害人无固定收入的，按照其最近三年的平均收入计算；受害人不能举证证明其最近三年的平均收入状况的，可以参照其所在地（如起诉则按照所诉法院所在地）相同或者相近行业上一年度职工的平均工资计算。

受害人的误工日期，按其实际损害程度、恢复状况，并参照治疗医院出具的证明或者法医鉴定等认定。赔偿费用的标准，可以按照受害人的工资标准或者实际收入的数额计算。受害人是承包经营户或者个体工商户的，其误工费的计算标准，可以参照受害人一定期限内的平均收入酌定。

（三）护理费

根据护理人员的收入状况和护理人数、护理期限确定。护理人员有收入的，参照误工费的规定计算；护理人员没有收入或者雇佣护工的，参照当地护工从事同等级别护理的劳务报酬标准计算。经医院批准专事护理的人，其误工补助费可以按收入的实际损失计算。应得奖金一般可以计算在应赔偿的数额内。护理人员原则上为一人，但医疗机构或者鉴定机构有明确意见的，可以参照确定护理人员人数。护理期限应计算至受害人恢复生活自理能力时止。受害人因残疾不能恢复生活自理能力的，可以根据其年龄、健康状况等因素确定合理的护理期限，但最长不超过20年。受害人定残后的护理，应当根据其护理依赖程度并结合配制残疾辅助器具的情况确定护理级别。

（四）交通费

根据受害人及其必要的陪护人员因就医或者转院治疗实际发生的费用计算，交通费应当以正式票据为凭，有关凭据应当与就医地点、时间、人数、次数相符合。

（五）住院伙食补助费

可以参照当地国家机关一般工作人员的出差伙食补助标准予以确定。受害人确有必要到外地治疗，因客观原因不能住院，受害人本人及其陪护人员实际发生的住宿费和伙食费，其合理部分应予赔偿。

（六）营养费

最高人民法院《关于审理人身损害赔偿案件适用法律若干问题的解释》第24条仅有“营养费根据受害人伤残情况参照医疗机构的意见确定”，但该规定缺乏可操作性。营养费是为了恢复健康而必须的费用，医疗机构的营养意见也应当是依据辅助治疗的需要。同时还应根据受害人伤残情况而确定，伤情显著轻微，不需住院治疗的，一般不赔偿营养费。受害程度达轻伤以上者，赔偿营养费。赔偿期限从受害之日起到伤情基本痊愈之日止。

（七）残疾赔偿金

根据《最高人民法院关于审理人身损害赔偿案件适用法律若干问题的解释》，受害人因伤致残的，其因增加生活上需要所支出的必要费用以及因丧失劳动能力导致的收入损失，包括残疾赔偿金、残疾辅助器具费、被扶养人生活费，以及因康复护理和继续治疗实际发生的必要的康复费、护理费、后续治疗费，赔偿义务人也应当予以赔偿。

根据受害人丧失劳动能力程度或者伤残等级，按照其所在地（如起诉按照受诉法院所在地）上一年度城镇居民人均可支配收入或者农村居民人均纯收入标准，自定残之日起按 20 年计算。但 60 周岁以上的，年龄每增加 1 岁减少 1 年；75 周岁以上的，按 5 年计算。受害人因伤致残但实际收入没有减少，或者伤残等级较轻但造成职业妨害严重影响其劳动就业的，可以对残疾赔偿金作相应调整。残疾辅助器具费按照普通适用器具的合理费用标准计算。伤情有特殊需要的，可以参照辅助器具配制机构的意见确定相应的合理费用标准。辅助器具的更换周期和赔偿期限参照配制机构的意见确定。侵害他人身体致使其丧失全部或部分劳动能力的，赔偿的生活补助费，一般应补足到不低于当地居民基本生活费的标准。

（八）死亡赔偿金

根据《最高人民法院关于审理人身损害赔偿案件适用法律若干问题的解释》，受害人死亡的赔偿义务人还应当赔偿丧葬费、被扶养人生活费、死亡补偿费，以及受害人亲属办理丧葬事宜支出的交通费、住宿费和误工损失等其他合理费用；受害人或者死者近亲属遭受精神损害，赔偿权利人向人民法院请求赔偿精神损害抚慰金的，应予支持。丧葬费包括存尸体费、尸体运转费、尸体整容费、火化费、寿衣费等，计算标准按照当地民政部门和财政部门规定的收费标准计算。如起诉到法院，法院将按照受诉法院所在地上一年度职工月平均工资标准，以 6 个月总额计算。死亡赔偿金按照患者所在地上一年度城镇居民人均可支配收入或者农村居民人均纯收入标准，按 20 年计算。但 60 周岁以上的，年龄每增加 1 岁减少 1 年；75 周岁以上的，按 5 年计算。

（九）被扶养人生活费

被扶养人是指受害人依法应当承担扶养义务的未成年人或者丧失劳动能力又无其他生活来源的成年近亲属。

被扶养人生活费的赔偿，应根据扶养人丧失劳动能力程度，按照其所在地

(如起诉按照受诉法院所在地)上一年度城镇居民人均消费性支出和农村居民人均年生活消费支出标准计算。被扶养人为未成年人的,计算至18周岁;被扶养人无劳动能力又无其他生活来源的,计算20年。但60周岁以上的,年龄每增加1岁减少1年;75周岁以上的,按5年计算。被扶养人还有其他扶养人的,赔偿义务人只赔偿受害人依法应当负担的部分。被扶养人有数人的,年赔偿总额累计不超过上一年度城镇居民人均消费性支出额或者农村居民人均年生活消费支出额。

(十)精神损害抚慰金

精神损害是一种非财产上的损害,是侵权人侵害受害人人身、人格权利而导致其心理上的损害,无法用金钱加以计算。人身伤害中精神损害是指受害人因他人侵害其生命权、健康权、身体权而产生的损害,包括受害人的肉体痛苦、精神折磨、丧失生活享受、生命缩短、丧失亲人之痛苦等。依照《最高人民法院关于确定民事侵权精神损害赔偿责任若干问题的解释》第9条规定,精神损害抚慰金包括以下三种方式,即致人残疾的,为残疾赔偿金;致人死亡的,为死亡赔偿金;其他损害情形的为精神抚慰金。可见,残疾赔偿金、死亡赔偿金在实际上就是精神损害抚慰金。

第四节 患方同意的表述规范

患方在知情的基础上作出的同意,是患方自主决定权的重要体现。同意是否具有法律效力,其表述规范与否就显得极为重要。

一、患方同意的作用

患方同意在医患关系中发挥着两种不同的作用:一是法律上的作用:它是患方的授权行为。表明患方在已知情的情况下,授权医疗机构对患者进行抢救、治疗、操作、切除器官、摘除组织或者在明知可能出现不良后果的情况下,愿意承担相关操作的危险和风险。表明医疗机构及其医务人员的医疗行为符合卫生法律法规规定的程序,即从程序上表明医疗行为的合法性。它是一种书面证明,证明医疗机构履行了告知义务、患者及其家属行使了知情同意权。二是临床上的作用。它能获得患者的信任与合作。

二、影响患方同意表述规范的因素

(一)同意的能力

同意能力是知情同意理论中的重要概念,是患者行使自主决定权的必备前提条件。就患者而言，只有具备同意的能力，所作的同意才可能有效。患者同意的能力，取决于其民事行为能力，取决于患者理解治疗的性质和目的的能力，包括接受治疗将对身体所作的处置、不治疗的可能后果、理解医生对其说明的各种危险及副作用等。理解的水平必须与所作决定成正比，理解水平越高，则决策的能力越大。

（二）同意的范围

即使患者同意治疗，仍存在同意范围的问题。依传统观点，医务人员只能限于患者同意的范围。如在已取得同意的医疗过程中，医务人员发现了新问题需作进一步治疗，应对此新治疗程序取得患者的同意。但在紧急治疗情况下，如在手术过程中为挽救患者的生命或避免其受更严重伤害，认为必须毫不迟疑地采取更进一步的措施，法律上也允许医生运用正常的理智判断扩大手术范围。例如，如果手术中出现了不可预见的情况需增加治疗，而患者又不能作出同意的情况。

（三）同意的形式

同意的形式有明示和默示两种。明示的同意包括书面的和口头的两种方式。我国现有法律法规只对一些有创伤的、特殊的医疗行为作了书面告知的要求，其他的病情告知、无创伤的医疗则未作强制性要求，实践中医疗机构大多采取口头告知方式。

（四）同意的限制

根据对《侵权责任法》第56条规定的理解，尽管患者处于生命垂危的紧急状态，如果患者或其近亲属明确拒绝治疗，医务人员仍应尊重患者拒绝治疗的自我决定权，有学者据此推断“消极的安乐死成为可能”。但迄今为止，我国尚无安乐死的专门立法。尽管消极安乐死因无明确的法律规定尚无法定性，但积极的安乐死在我国是明确禁止的，同时这也违背了医生的职业道德。所以，患者不能作出安乐死等伤害自己的同意。

三、患方同意的表述规范

患方同意的表述规范，涉及表述主体规范、表述内容规范、表述形式规范等诸多方面。

（一）表述主体符合我国法律法规要求

只有符合法律法规规定的人签署的文书，才具有法律效力。如本章前文所述，为保护患者在医疗过程中的知情同意权，对采取手术、特殊检查或特殊治疗等情况，都要求医疗机构与患方签订书面同意书。但鉴于患者的不同情况，我国现有法律法规又将签字权授予了不同的人。如首先是患者本人签字；当患者不具备完全民事行为能力，不能行使该项权利时，由其法定代理人签字；患者因病无法签字时，由其授权的人员签字；为抢救患者，在法定代理人或被授权人无法及时签字的情况下，可由医疗机构负责人或者授权的负责人签字，等等。

（二）表述内容明确、真实、自愿

同意是自愿基础上的同意，医方不能以某种利益欺骗、诱惑施以某种影响，引导病人或家属同意；不能通过向患方施以某种影响或压力获取同意。这些同意不具有任何法律意义。

患方应当在认真听取医方详细告知的基础上，通过询问、咨询等方式明白病情的相关情况，及时表达自己真实的意见和建议，并与医方进行充分的交流，最后负责任地作出同意与否的决定。在表述同意决定时，不能模棱两可，态度含糊；不能在病情不清、情况不明的状况下，抱着一切听从医方的态度，轻率作出同意决定，一旦医疗效果不理想，发生纠纷时又一概予以否认。

（三）表述形式书面为主

通常情况下，书面的、口头的、默示的同意（我国目前医疗领域的法律法规尚无有关默示同意的规定）被视为具有相同的法律效力。但书面的同意是证明患者确实作出了同意的最清楚、最有力的证据。医患双方都应当更加重视书面形式，以备出现纠纷时在司法程序中用以抗辩。

口头表述形式容易走向非正式化、随意化和形式化，医患双方对此都不会给予应有的重视，患方接受告知的信息零散，甚至还来不及考虑，造成表述上不全面、欠准确的现象。不仅如此，口头表述最大的缺陷还在于无据可查，且随着时间的推移会逐渐模糊甚至淡忘，一旦纠纷发生，难以准确还原事情原貌，查清事实真相，有效解决纷争。因此，我们原则上不提倡患方采用口头方式作出同意表述。

书面表述形式具有一般证据法上的意义，即具有明确的思想内容，容易被常人所理解；形式上相对固定，稳定性较强，易于长期保存；具有思想性、客观性、真实性与关联性。患方在签署同意前，会很慎重地认真阅读告知书，关注其中一些细节，并就诊治过程的医学专业性问题不断咨询医务人员。因此，为规范患方同意表述，强化对医患双方行为的约束，促进医患广泛交流沟通，更为了便于分清责任，有效解决纠纷，我们极力主张患方使用书面形式予以表述。但患方在使用书面表述同意时，应当注意以下规范：

1. 语句通顺，意思表达准确，字迹易于辨认。应当在相关告知书上清楚注明“同意”或“不同意”，最好能将医方是否告知、怎样告知、自己是否真正理解了告知内容等作简要概述，然后签上自己的名字（有的还要求摁上手印），写上签字时年月日。对于不能亲自书写的，可口授由其他人代书，然后在自己的姓名上摁手印。需要修改时，不能采用挖刮、涂墨团、涂修正液等方法对原有内容加以覆盖，而只需在修改文字上用双画线，使修改内容清晰可辨。

2.按照国家规定使用签字工具。可使用专门的签字笔，钢笔则使用蓝黑墨水，不能使用铅笔、不能使用红色等其他颜色墨水。

3.签字时应当紧接文书最后一行文字提行书写。中间不能留下空距，或者采取书写“以下为空白”文字、画斜线等形式，防止在空白处增添文字的可能。

典型案例

张某在下夜班回家途中，遭拦路抢劫，被歹徒用刀捅伤胸部。被送到医院时，张某已经生命垂危，呼吸困难，生命体征非常微弱。医师诊断为“血气胸，失血性休克”。在向张某家属简单交待后，医师便为张某实施了胸部穿刺抽气、引流胸腔积血手术，最后还实施了气管插管术。但张某最终还是死亡了。家属认为医疗机构没有尽到抢救义务，实施手术也没有告知患方，没有手术签字，因此起诉至法院，要求医疗机构赔偿损失。法院经过审理，最终驳回患方的起诉。

本案医疗机构是否应当承担责任，取决于两个因素：一是救治行为是否存在缺陷，二是实施手术没有进行术前签字是否恰当。对于前一问题，该医疗机构对患者伤情诊断明确，所实施的救治行为得当，不存在诊疗缺陷。患者最终医治无效死亡，是伤情太重所致，与医疗行为没有因果关系。对于第二个问题，术前医师确实没有让患者家属签字，似乎侵犯了患方的知情同意权；但是，患者生命垂危，需要实施紧急救治，医方没有时间履行签字手续，只是口头向患者家属进行告知，这样做并没有违反法律规定。因此，该医疗机构不应承担法律责任。

小　结

患者病情告知既是医方的法定义务，也是患方依法享有的权利。医学发展史证明，只有医方充分尊重患者的知情权、选择权，才能赢得患方的高度信任、积极支持和密切配合，从而建立和谐的医患关系，推动医学事业的发展。

由于受到专业的限制，绝大多数患者及其家属对疾病病理、病程发展、治疗方案、用药方法、休养方式、预后或术后康复注意事项等专业医学知识均缺乏了解；加上患者因为疾病困扰而产生的心理上忧郁、焦虑与恐慌，对自身身体状况、起居饮食活动等也容易出现认识偏差甚至误解。因此，患方迫切需要从医方那里获得科学、全面、准确、客观、详尽、及时的诊疗信息及其解释说明。医方应当依法履行病情告知义务，体贴患者的痛苦，尊重患者的意愿，力求让患者获得最佳的治疗效果，最大限度地保护患者的利益，努力做到法律和道德相统一。同时，医疗活动具有高技术、高风险的特点，在治疗中会有发生意外的可能，患方也应当充分信任、正确理解和积极配合医方的诊疗活动，正确把握和行使自己的知情同意权利。因为战胜疾病，减少痛苦，保障健康和生命安全是医疗机构、医务人员和患者的共同目标。

思考题

1. 我国相关法律法规对知情同意的告知作了哪些具体规定？
2. 患者病情告知的基本要求是什么？
3. 违反患者病情告知制度承担民事赔偿责任应当具备哪些构成要件？
4. 患者和家属同意如何规范表述？

（刘　博）

第八章　临床试验规范

引导案例

在一家犹太人老年病医院里，有22名慢性衰弱的非癌病人经真皮被注射了活的人癌细胞。实验者的目的是想了解外来的癌细胞在衰弱的非癌病人体内是否比在衰弱的癌病人体内存活得更长。这项研究由美国的公共健康服务部和美国癌症学会共同资助。他们没有告诉病人注射液中含有癌细胞。医生宣称，每个病人都给予了"口头同意"(Oral Consent)，但真实的情况并没有告诉病人。当有三名医生对这项试验提出抗议时，他们便被院方辞退了。医院管理者为了隐瞒"缺乏同意"(Lack of Consent)的事实，事后又伪造了一些"手写的同意书"(Written Consent)。真相暴露后，该院院长和主要试验者都被纽约州医学认证委员会监护一年，作为对他们欺骗和违反知情同意原则行为的惩罚。

第一节　临床试验概述

一、临床试验的概念

临床试验是人类在生物医药科技进步过程中的必经环节，任何经过动物试验的新药品、新医疗器械和新的治疗方法最后必须经过临床试验才能进入临床广泛应用于人体。近现代意义的临床试验，也称实验性医疗行为或人体试验，是指以开发、改善医疗技术及增进医学新知为目的，而对人体进行医疗技术、药品或医疗器材试验研究的行为。其试验的目的在于确定医疗技术、试验用医疗器材、试验用药品对于保健医疗方面有无益处以及是否具有预期的效能。

二、临床试验的法律保护与法律限制

医疗行为从其技术成熟及相应的应用程度看，可以分为两类，即临床试验行为和临床治疗行为，前者是将待成熟的医疗技术、药品或医疗器械应用于临床，而后者则是将成熟的医疗技术、药品或医疗器械应用于临床。与临床治疗行为

不同，临床试验行为兼具医疗与科研的性质，因此在法律规范上具有其特殊之处。

（一）临床试验受法律保护

由于技术在医疗发展中扮演着非常重要的角色，而临床试验是医疗技术发展和成熟的基本方式与途径，且对患者还可能有一线生机。所以，立足于医疗治病救人、服务社会的宗旨和对社会整体利益的追求，正当的临床试验应当为法律所保护。

（二）临床试验受法律限制

临床试验由于待成熟的医疗技术、药品或医疗器械有很大的风险，可能造成严重后果，因此法律必然会对其施加较之通常的临床治疗行为更为严格的限制和管理。

需要注意的是，对临床试验的法律保护与法律限制最终是统一的，即统一于人类自身的健康利益。法律调整在这两方面的协调实际上体现了对于医患双方利益的协调和对个别患者利益与社会整体利益的协调。

三、临床试验的历史发展

临床试验伴随着医学的发展而发展。在中国从神农尝百草的传说到唐宋年间种人痘的记载，在西方从18世纪前叶，Edward Jenner 在人群中接种天花疫苗，到1907年 Ehrlich 开创了第一例特异性的药理学疗法，人体试验的重要性逐渐为人们所认识，试验的数量和范围也不断增加。

一份报告显示，美国在其域外的国家进行的人体试验数量从1990年的271项增加到1999年的4400项。2000年以来，这一数量的增长速度明显加快。根据美国国家健康研究机构的临床试验网站，在网站中注册的由美国联邦政府及私人资助在本国及其他国家进行的临床试验，截至2008年11月20日共有64872项（这个数字在半年前是56574项），其中在美国进行的约占56%，在其他发达国家进行的约占27%，发展中国家进行的大约有17%（1万项左右）。试验遍及100多个发展中国家和地区，主要集中在波兰、俄罗斯、匈牙利、墨西哥、巴西、印度、中国及中国台湾地区。这些试验中，在中国进行的有912项，中国香港地区有325项，中国台湾地区有1189项。国外医药企业在中国进行的医学人体试验已经从20世纪八九十年代的每年几十项发展到现在的近千项。据有关方面统计，我国每年有800多种新药进行人体试验，其中基本是以国外新药为主。

四、我国对于临床试验的法律规制

为了保障药物临床试验过程规范，结果科学可靠，保护受试者的权益并保障其安全,国家食品药品监督管理局2003年6月4日发布了《药物临床试验质量管理规范》,并自2003年9月1日起正式实施。《药物临床试验质量管理规范》是我国医学研究中临床试验方面的标志性立法,它是药物临床试验全过程的标准规定,在我国进行的药物各期临床试验,均须按照《药物临床试验质量管理规范》执行。

同样,为加强对医疗器械临床试验的管理,维护受试者权益,保证临床试验结果真实、可靠,国家食品药品监督管理局2003年12月22日发布了《医疗器械临床试验规定》,并自2004年4月1日起正式施行。

目前卫生部起草中的《特殊医疗技术临床应用管理办法》也将成为日后指引医疗技术临床试验应用的重要立法。

五、临床试验的当事人

临床试验中涉及多方当事人,按照国际上关于临床试验规范的表述惯例,主要是申办者、研究者和受试者等。世界卫生组织(WHO)1995年发布的《药品临床试验管理规范指南》对上述三个术语作出了解释。

(一)申办者(Sponsor)

申办者是指对一项临床试验的启动、管理、监察和财务负责的个人、公司、机构或组织。如果一名研究者独立地启动一项临床试验,并对之负全部责任,此研究者也担任了申办者的角色。在实践中,申办者一般是各医药公司或医疗器械公司、生物科技公司等。

(二)研究者(Investigator or Researcher)

研究者是指负责实施临床试验,并对受试者的权利、健康和福利负责的人。研究者必须具备当地法律法规要求的专业资格和能力,并提交最新的课程简历及其他证书予以证明。研究者一般任职于各临床试验基地(研究机构),实际上研究机构就是具有法定资格、获得相关部门批准的医院、医学研究所等机构。

(三)受试者(Human Subjects or Research Subjects)

受试者又称为"试验对象",是指参加一项生物医学研究的个体,可以是一项干预措施的直接接受者(如试验产生或侵入性干预),或是对照干预接受者,或者是观察对象。该个体可以是一个自愿参加研究的健康人,或其身体状况与开展研究无关的志愿者,或其身体状况与使用研究产品或与研究问题有关的人(通常是病人)。根据试验的种类和要求不同,受试者包括健康人群、病人或两者兼有,并且有些试验还涉及儿童、妇女(特别是怀孕妇女)以及被监禁的人等弱势群体。

第二节 临床试验的基本原则

一、尊重个人原则

尊重个人包含至少两个道德信条:个人享有自主决定权以及保护不具有自主决定能力的人。

尊重自主权是尊重有自主决定能力的个人的意见和选择。只要他未对他人造成危害,就不能妨碍他的行动,然而不是所有的人都有自主决定能力。一个人的自主决定能力是随着他的成长而成熟的,有些人由于疾病、精神残疾或自由受到严格限制而全部或部分丧失这一能力,尊重这些人就需要在他们无自主决定能力时对其进行保护,并给予特殊关注。联合国教科文组织《世界生物伦理与人权宣言》对自主权作出进一步说明,即在人们可以为其决定负责,并尊重他人自主权的前提下,应该尊重人们做决定的自主权。对于那些没有能力行使自主决定权的人,要用特殊方法保护他们的权益。在医学人体研究中,尊重个人表现在受试者自愿参加人体试验并且对试验有一定了解,受试者未受到强迫或其他不正当影响;保护无(或限制)行为能力人免受伤害,他们参加人体研究,除必须获得其法定代理人的同意外,还应当尊重其本人作出的同意或拒绝的决定。

二、个人利益优先原则

在人体医学研究过程中,必须对受试者个人利益给予充分保障。医学研究涉及众多利益,除受试者的利益外,还包括公共健康、福利等社会利益,医学发展进步等科学利益以及其他研究参与者的个人利益(包括经济利益和非经济利益)等。

《赫尔辛基宣言》2008 年最新修正案中指出,受试者的个人利益应优先于其他所有利益。它首先强调了受试者的“个人”利益,这些利益包括受试者的生命、健康、尊严、完整、自主决定权、隐私、个人信息保密及损害补偿等。医学进步的需要不能超越受试者的权益保护,如果需要在两者之间权衡而取其一时,受试者的利益应优先考虑。只有坚持这样的原则,以人体为对象的医学研究才具有正当性。

三、善行原则

是否以符合道德的方式对待他人不仅在于尊重他们的决定,保护他们免遭伤害,还在于尽力确保他们的健康、福利。善行是指超出严格义务的友善或仁爱行为，在医学研究中，善行是让利益最大化、损害最小化的伦理义务。善行原则要求按照利益预期，研究面临的风险合理，研究的设计可靠，研究者能够胜任所从事的研究，有能力保护受试者的福利。此外，善行原则还禁止故意向个人施加损害，即“不伤害”(Nonmaleficence or do no harm)。善行义务不仅影响个别研究者也影响整个社会，因为它们既延伸到特定的研究项目中，又扩展至整个研究行业。在特定研究项目中，研究者及其所属研究机构的成员必须预先考虑可能出现在研究中的利益最大化以及风险的降低。就科学研究总体来看，更大范围的社会成员必须认识到由于知识进步以及新兴医学、心理治疗及社会程序的发展而带来的长远利益及风险。大多数的医学人体试验都包含风险和负担，为了保护受试者的权利及福利，在每项医学研究开始前，应当对于参与研究的个人或群体的预期风险和负担，以及对参与研究的和对受研究条件影响的个人或群体的可预见利益进行认真比较、评估。人体医学研究只有在研究目的的重要性超过其对受试者的固有风险和负担时才能进行。在进行人体试验前，必须周密考虑该试验的目的及要解决的问题，应权衡对受试者和公众健康预期的受益及风险，预期的受益应超过可能出现的损害。临床试验方案中应当包含试验可能产生的风险及受益的内容，伦理委员会有职责评估方案中提及的各类风险及受益，并在试验中定期审查受试者的风险程度。

四、正义原则

正义是指依据道德上的公正与正当对待每一个人，给予应当属于他的东西。在人体医学研究伦理规范中，正义原则主要是指分配正义，要求公平地分配参与研究的负担和利益。负担与利益的分配差异只有在基于个人之间相应的道德上的区别(如弱势群体)时才被认为是正当的。必须制定特别条款对弱势群体的权利及福利进行保护。尽管研究申办者或研究者不应对研究实施过程中的所有不公平状况负责，但他们必须避免使不公平状况恶化或出现新的不公平的可能。试验中的正义还体现在对受试者的选择上。涉及贫困人群或弱势群体的医学研究，只有在研究是对这一群体的健康需求和优先事项作出的反应，并且有合理的可能使这一群体从研究结果中受益，研究才被认为是正当的。研究涉及身体上或精神上无同意能力的受试者(如不省人事的病人)，只有在阻止其给予知情同意的身体或精神条件正是受试者的必要特征时才能进行研究。正义原则还要求在医学研究中未被充分代表的人群(如儿童、怀孕妇女)有适当机会参与研究。

五、科学性原则

科学性是指研究者在整个研究过程中，自始至终拥有严密的设计与计划，要切实考虑计划实施的可行性、合理性、重复性、随机性、可信性是否符合规律，然后科学地制定相应的具体实施准则，寻求较安全的、合理的途径与方法，以便严格控制可能出现的对受试者的意外损害，并采取得力措施将损害控制到最小的限度。《赫尔辛基宣言》指出，人体医学研究必须遵循普遍接受的科学原则，并基于对科学文献和相关资料的全面了解及充分的实验室试验和动物试验（如有必要）。医学研究的科学性要求是进行医学人体试验的前提，也是保障受试者生命健康安全的重要前提。任何医学研究都应当具有科学合理性，应当满足普遍接受的科学质量标准，并且在具备相应资格的研究者的监督下依照相应专业职责和标准进行。临床本身的科学性与合理性为受试者的各项权利提供了必要保障。

第三节　药物临床试验的法律规定

一、药物临床试验的准备与必要条件

按照《药物临床试验质量管理规范》的规定，药物临床试验（Clinical Trial）是指任何在人体（病人或健康志愿者）进行药物的系统性研究，以证实或揭示试验药物的作用、不良反应或试验药物的吸收、分布、代谢和排泄，目的是确定试验药物的疗效与安全性。

（一）进行药物临床试验必须有充分的科学依据

在进行人体试验前，必须周密考虑该试验的目的及要解决的问题，应权衡对受试者和公众健康预期的受益及风险，预期的受益应超过可能出现的损害。选择临床试验方法必须符合科学和伦理要求。

（二）临床试验用药品由申办者准备和提供

进行临床试验前，申办者必须提供试验药物的临床前研究资料，包括处方组成、制造工艺和质量检验结果。所提供的临床前资料必须符合进行相应各期临床试验的要求，同时，还应提供试验药物已完成和其他地区正在进行与临床试验有关的有效性和安全性资料。临床试验药物的制备，应当符合《药品生产质量管理规范》。

（三）药物临床试验机构的设施与条件应满足安全有效地进行临床试验的需要

所有研究者都应具备承担该项临床试验的专业特长、资格和能力，并经过培训。临床试验开始前，研究者和申办者应就试验方案，试验的监查、稽查和标准操作规程以及试验中的职责分工等达成书面协议。

二、药物临床试验中申办者的职责

申办者是指对一项临床试验的启动、管理、监查和财务负责的个人、公司、机构或组织。申办者负责发起、申请、组织、监查和稽查一项临床试验，并提供试验经费。申办者按国家法律、法规等有关规定，向国家食品药品监督管理局递交临床试验的申请，也可委托合同研究组织执行临床试验中的某些工作和任务。申办者在获得国家食品药品监督管理局批准，并取得伦理委员会批准件后方可按方案组织临床试验。申办者选择临床试验的机构和研究者，认可其资格及条件以保证试验的完成。申办者提供研究者手册，其内容包括试验药物的化学、药学、毒理学、药理学和临床的(包括以前的和正在进行的试验)资料和数据。申办者、研究者共同设计临床试验方案，述明在方案实施、数据管理、统计分析、结果报告、发表论文方式等方面的职责及分工。签署双方同意的试验方案及合同。申办者向研究者提供具有易于识别、正确编码并贴有特殊标签的试验药物、标准品、对照药品或安慰剂，并保证质量合格。试验用药品应按试验方案的需要进行适当包装、保存。申办者应建立试验用药品的管理制度和记录系统。

申办者任命合格的监察员，并为研究者所接受。申办者应建立对临床试验的质量控制和质量保证系统，可组织对临床试验的稽查以保证质量。申办者应与研究者迅速研究所发生的严重不良事件，采取必要的措施以保证受试者的安全和权益，并及时向药品监督管理部门和卫生行政部门报告，同时向涉及同一药物的临床试验的其他研究者通报。申办者中止一项临床试验前，须通知研究者、伦理委员会和国家食品药品监督管理局，并述明理由。

申办者负责向国家食品药品监督管理局递交试验的总结报告。申办者应对参加临床试验的受试者提供保险，对于发生与试验相关的损害或死亡的受试者承担治疗的费用及相应的经济补偿。申办者应向研究者提供法律上与经济上的担保，但由医疗事故所致者除外。研究者不遵从已批准的方案或有关法规进行临床试验时，申办者应指出以求纠正，如情况严重或坚持不改，则应终止研究者进行的临床试验并向药品监督管理部门报告。

三、药物临床试验中研究者的职责

负责临床试验的研究者应具备下列条件：(1)在医疗机构中具有相应专业技术职务任职和行医资格；(2)具有试验方案中所要求的专业知识和经验；(3)对临床试验方法具有丰富经验或者能得到本单位有经验的研究者在学术上的指导；(4)熟悉申办者所提供的与临床试验有关的资料与文献；(5)有权支配参与该项试验的人员和使用该项试验所需的设备。

研究者必须详细阅读和了解试验方案的内容，并严格按照方案执行。研究者应了解并熟悉试验药物的性质、作用、疗效及安全性（包括该药物临床前研究的有关资料），同时也应掌握临床试验期间发现的所有与该药物有关的新信息。

研究者必须在有良好医疗设施、实验室设备、人员配备的医疗机构进行临床试验，该机构应具备处理紧急情况的一切设施，以确保受试者的安全。实验室检查结果应准确可靠。研究者应获得所在医疗机构或主管单位的同意，保证有充分的时间在方案规定的期限内负责和完成临床试验。研究者须向参加临床试验的所有工作人员说明有关试验的资料、规定和职责，确保有足够数量并符合试验方案的受试者进入临床试验。

研究者应向受试者说明经伦理委员会同意的有关试验的详细情况，并取得知情同意书。研究者负责作出与临床试验相关的医疗决定，保证受试者在试验期间出现不良事件时得到适当的治疗。研究者有义务采取必要的措施以保障受试者的安全，并记录在案。在临床试验过程中，如发生严重不良事件，研究者应立即对受试者采取适当的治疗措施，同时报告药品监督管理部门、卫生行政部门、申办者和伦理委员会，并在报告上签名及注明日期。

研究者应保证将数据真实、准确、完整、及时、合法地载入病历和病例报告表。研究者应接受申办者派遣的监察员或稽查员的监察和稽查及药品监督管理部门的稽查和视察，确保临床试验的质量。研究者应与申办者商定有关临床试验的费用，并在合同中写明。研究者在临床试验过程中，不得向受试者收取试验用药所需的费用。临床试验完成后，研究者必须写出总结报告，签名并注明日期后送申办者。研究者中止一项临床试验必须通知受试者、申办者、伦理委员会和药品监督管理部门，并阐明理由。

四、受试者的权益保障

在药物临床试验的过程中，必须对受试者的个人权益给予充分的保障，并确保试验的科学性和可靠性。受试者的权益、安全和健康必须高于对科学和社会利益的考虑。伦理委员会与知情同意书是保障受试者权益的主要措施。

（一）伦理委员会

为确保临床试验中受试者的权益，须成立独立的伦理委员会，并向国家食品药品监督管理局备案。伦理委员会应有从事医药相关专业人员、非医药专业人员、法律专家及来自其他单位的人员，至少五人组成，并有不同性别的委员。伦理委员会的一切活动不应受临床试验组织者和实施者的干扰或影响。

试验方案需经伦理委员会审议同意并签署批准意见后方可实施。在试验进行期间，试验方案的任何修改均应经伦理委员会批准；试验中发生严重不良事件,应及时向伦理委员会报告。伦理委员会对临床试验方案的审查意见应在讨论后以投票方式作出决定,参与该临床试验的委员应当回避。因工作需要可邀请非委员的专家出席会议,但不投票。伦理委员会应建立工作程序,所有会议及其决议均应有书面记录,记录保存至临床试验结束后五年。

伦理委员会应从保障受试者权益的角度严格按下列各项审议试验方案:(1)研究者的资格、经验、是否有充分的时间参加临床试验,人员配备及设备条件等是否符合试验要求;(2)试验方案是否充分考虑了伦理原则,包括研究目的、受试者及其他人员可能遭受的风险和受益及试验设计的科学性;(3)受试者入选的方法,向受试者(或其家属、监护人、法定代理人)提供有关本试验的信息资料是否完整易懂,获取知情同意书的方法是否适当;(4)受试者因参加临床试验而受到损害甚至发生死亡时,给予的治疗或保险措施;(5)对试验方案提出的修正意见是否可接受;(6)定期审查临床试验进行中受试者的风险程度。

伦理委员会接到申请后应及时召开会议,审阅讨论,签发书面意见,并附出席会议的委员名单、专业情况及本人签名。伦理委员会的意见可以是:(1)同意;(2)作必要的修正后同意;(3)不同意;(4)终止或暂停已批准的试验。

(二)知情同意和知情同意书

1.知情同意。知情同意是指向受试者告知一项试验的各方面情况后,受试者自己确认其同意参加该项临床试验的过程,须以签名和注明日期的知情同意书作为文件证明。按照《药物临床试验质量管理规范》的规定,研究者或其指定的代表必须向受试者说明有关临床试验的详细情况:

(1)受试者参加试验应是自愿的,而且有权在试验的任何阶段随时退出试验而不会遭到歧视或报复,其医疗待遇与权益不会受到影响。

(2)必须使受试者了解,参加试验及在试验中的个人资料均属保密。必要时,药品监督管理部门、伦理委员会或申办者,按规定可以查阅参加试验的受试者资料。

(3)试验目的、试验的过程与期限、检查操作、受试者预期可能的受益和风险,告知受试者可能被分配到试验的不同组别。

(4)必须给受试者充分的时间以便考虑是否愿意参加试验,对无能力表达同意的受试者,应向其法定代理人提供上述介绍与说明。知情同意过程应采用受试者或法定代理人能理解的语言和文字。试验期间,受试者可随时了解与其有关的信息资料。

(5)如发生与试验相关的损害时,受试者可以获得治疗和相应的补偿。

2.知情同意书。知情同意书是知情同意的文件证明,经过充分和详细解释试验的情况后,可获得法律承认的知情同意书。

(1)由受试者或其法定代理人在知情同意书上签字并注明日期，执行知情同意过程的研究者也需在知情同意书上签署姓名和日期。

(2)对无行为能力的受试者，如果伦理委员会原则上同意、研究者认为受试者参加试验符合其本身利益时，则这些病人也可以进入试验，同时应经其法定监护人同意并签名及注明日期。

(3)儿童作为受试者，必须征得其法定监护人的知情同意并签署知情同意书，当儿童能做出同意参加研究的决定时，还必须征得其本人同意。

(4)在紧急情况下，无法取得本人及其合法代表人的知情同意书，如缺乏已被证实有效的治疗方法，而试验药物有望挽救生命，恢复健康或减轻病痛，可考虑作为受试者，但需要在试验方案和有关文件中清楚说明接受这些受试者的方法，并事先取得伦理委员会同意。

(5)如发现涉及试验药物的重要新资料，则必须将知情同意书作书面修改送伦理委员会批准后，再次取得受试者同意。

五、监察员的职责

监察员是指由申办者任命并对申办者负责的具备相关知识的人员。监察的目的是为了保证临床试验中受试者的权益受到保障，试验记录与报告的数据准确、完整无误，保证试验遵循已批准的方案和有关法规。监察员是申办者与研究者之间的主要联系人。其人数及访视的次数取决于临床试验的复杂程度和参与试验的医疗机构的数目。监察员应有适当的医学、药学或相关专业学历，并经过必要的训练，熟悉药品管理有关法规，熟悉有关试验药物的临床前和临床方面的信息以及临床试验方案及其相关的文件。

监察员应遵循标准操作规程，督促临床试验的进行，以保证临床试验按方案执行。具体内容包括：

1. 在试验前，确认试验承担单位已具有适当的条件，包括人员配备与培训情况，实验室设备齐全、运转良好，具备各种与试验有关的检查条件，估计有足够数量的受试者，参与研究人员熟悉试验方案中的要求。

2. 在试验过程中，监察研究者对试验方案的执行情况，确认在试验前取得所有受试者的知情同意书，了解受试者的入选率及试验的进展状况，确认入选的受试者合格。

3. 确认所有数据的记录与报告正确完整，所有病例报告表填写正确，并与原始资料一致。所有错误或遗漏均已改正或注明，经研究者签名并注明日期。每一受试者的剂量改变、治疗变更、合并用药、间发疾病、失访、检查遗漏等均应确认并记录。核实入选受试者的退出与失访已在病例报告表中予以说明。

4.确认所有不良事件均记录在案，严重不良事件在规定时间内作出报告并记录在案。

5.核实试验用药品按照有关法规进行供应、储藏、分发、收回，并作相应的记录。

6.协助研究者进行必要的通知及申请事宜，向申办者报告试验数据和结果。

7.应清楚如实地记录研究者未能做到的随访、未进行的试验、未做的检查，以及是否对错误、遗漏做出纠正。

8.每次访视后作书面报告递送申办者，报告应述明监察日期、时间、监察员姓名、监察的发现等。

六、药物临床试验的质量保证

申办者及研究者均应履行各自职责，并严格遵循临床试验方案，采用标准操作规程，以保证临床试验的质量控制和质量保证系统的实施。临床试验中有关的所有观察结果和发现都应加以核实，在数据处理的每一阶段必须进行质量控制，以保证数据完整、准确、真实、可靠。

药品监督管理部门、申办者可委托稽查人员对临床试验相关活动和文件进行系统性检查，以评价试验是否按照试验方案、标准操作规程以及相关法规要求进行，试验数据是否及时、真实、准确、完整地记录。稽查应由不直接涉及该临床试验的人员执行。药品监督管理部门应对研究者与申办者在实施试验中各自的任务与执行状况进行视察。参加临床试验的医疗机构和实验室的有关资料及文件（包括病历）均应接受药品监督管理部门的视察。

第四节　医疗器械临床试验的法律规定

一、医疗器械临床试验的概念和分类

（一）医疗器械临床试验的概念

按照《医疗器械临床试验规定》，医疗器械临床试验是指获得医疗器械临床试验资格的医疗机构对申请注册医疗器械在正常使用条件下的安全性和有效性按照规定进行试用或验证的过程。医疗器械临床试验的目的是评价受试产品是否具有预期的安全性和有效性。

我国《医疗器械监督管理条例》将医疗器械分为三类，其中第一类医疗器械无需临床试验，只需要经过市级药品监督管理机构行政审批、批准后即可发给医疗器械注册证书。第二类、第三类医疗器械应当通过临床试用或临床验证，然后

经过省级或国家药品监督管理部门审查批准，方可发给产品生产注册证书。

（二）医疗器械临床试验的分类

医疗器械临床试验分为医疗器械临床试用和医疗器械临床验证。

1.医疗器械临床试用。医疗器械临床试用是指通过临床使用来验证该医疗器械理论原理、基本结构、性能等要素能否保证安全性有效性。医疗器械临床试用的范围：市场上尚未出现过，安全性、有效性有待确认的医疗器械。

2.医疗器械临床验证。医疗器械临床验证是指通过临床使用来验证该医疗器械与已上市产品的主要结构、性能等要素是否实质性等同，是否具有同样的安全性、有效性。医疗器械临床验证的范围：同类产品已上市，其安全性、有效性需要进一步确认的医疗器械。

二、医疗器械临床试验实施者职责

医疗器械临床试验实施者为申请注册该医疗器械产品的单位，其负责发起、实施、组织、资助和监察临床试验。医疗器械临床试验实施者的职责：(1)依法选择医疗机构；(2)向医疗机构提供《医疗器械临床试验须知》；(3)与医疗机构共同设计、制定医疗器械临床试验方案，签署双方同意的医疗器械临床试验方案及合同；(4)向医疗机构免费提供受试产品；(5)对医疗器械临床试验人员进行培训；(6)向医疗机构提供担保；(7)发生严重副作用应当如实、及时分别向受理该医疗器械注册申请的省、自治区、直辖市（食品）药品监督管理部门和国家食品药品监督管理局报告，同时向进行该医疗器械临床试验的其他医疗机构通报；(8)实施者中止医疗器械临床试验前，应当通知医疗机构、伦理委员会和受理该医疗器械注册申请的省、自治区、直辖市（食品）药品监督管理部门和国家食品药品监督管理局，并说明理由；(9)受试产品对受试者造成损害的，实施者应当按医疗器械临床试验合同给予受试者补偿。

三、医疗机构及医疗器械临床试验人员的条件和职责

承担医疗器械临床试验的医疗机构，是指经过国务院食品药品监督管理部门会同国务院卫生行政部门认定的药品临床试验基地。医疗器械临床试验人员应当具备以下条件：一是具备承担该项临床试验的专业特长、资格和能力，二是熟悉实施者所提供的与临床试验有关的资料与文献。

负责医疗器械临床试验的医疗机构及临床试验人员职责如下：一是应当熟悉实施者提供的有关资料，并熟悉受试产品的使用。二是与实施者共同设计、制定临床试验方案，双方签署临床试验方案及合同。三是如实向受试者说明受试产品的详细情况，临床试验实施前，必须给受试者充分的时间考虑是否参加临床

试验。四是如实记录受试产品的副作用及不良事件，并分析原因；发生不良事件及严重副作用的，应当如实、及时分别向受理该医疗器械注册申请的省、自治区、直辖市(食品)药品监督管理部门和国家食品药品监督管理局报告；发生严重副作用的应当在24小时内报告。五是在发生副作用时，临床试验人员应当及时做出临床判断，采取措施，保护受试者利益，必要时伦理委员会有权立即中止临床试验。六是临床试验中止的，应当通知受试者、实施者、伦理委员会和受理该医疗器械注册申请的省、自治区、直辖市(食品)药品监督管理部门和国家食品药品监督管理局，并说明理由。七是提出临床试验报告，并对报告的正确性及可靠性负责。八是对实施者提供的资料负有保密义务。

四、医疗器械临床试验的前提条件

医疗器械临床试验的前提条件：(1)该产品具有符合通过的注册产品标准或相应的国家、行业标准；(2)该产品具有自测报告；(3)该产品具有国务院食品药品监督管理部门会同国务院质量技术监督部门认可的检测机构出具的产品型式试验报告，且结论为合格；(4)受试产品为首次用于植入人体的医疗器械，应当具有该产品的动物试验报告；(5)其他需要由动物试验确认产品对人体临床试验安全性的产品，也应当提交动物试验报告。

五、医疗器械临床试验方案

医疗器械临床试验方案是指阐明试验目的、风险分析、总体设计、试验方法和步骤等内容的文件。医疗器械临床试验开始前应当制定试验方案，医疗器械临床试验必须按照该试验方案进行。

医疗器械临床试验方案应当做到：(1)以最大限度地保障受试者权益、安全和健康为首要原则，应当由负责临床试验的医疗机构和实施者按规定的格式共同设计制定，报伦理委员会认可后实施；若有修改，必须经伦理委员会同意；(2)针对具体受试产品的特性，确定临床试验例数、持续时间和临床评价标准，使试验结果具有统计学意义；(3)证明受试产品理论原理、基本结构、性能等要素的基本情况以及受试产品的安全性有效性；(4)证明受试产品与已上市产品的主要结构、性能等要素是否实质性等同，是否具有同样的安全性、有效性。

医疗器械临床试验方案应当包括以下内容：(1)临床试验的题目；(2)临床试验目的、背景和内容；(3)临床评价标准；(4)临床试验的风险与受益分析；(5)临床试验人员姓名、职务、职称和任职部门；(6)总体设计，包括成功或失败的可能性分析；(7)临床试验持续时间及其确定理由；(8)每个病种临床试验例数及其确定理由；(9)选择对象范围、对象数量及选择的理由，必要时对照组的设置；

(10)治疗性产品应当有明确的适应症或适用范围;(11)临床性能的评价方法和统计处理方法;(12)副作用预测及应当采取的措施;(13)受试者“知情同意书”;(14)各方职责。

六、医疗器械临床试验的伦理委员会审查要点

医疗器械临床试验在省或国家药品食品监督管理部门审批备案后,向伦理委员会提交临床试验的审查申请,并提供其风险判断依据,以及有关审查材料。例如,医疗器械说明、医疗器械前期研究报告、产品检测报告、医疗器械注册产品标准、研究方案、知情同意书、研究监察程序。医疗器械临床试验的伦理审查主要考虑如下要点。

(一)医疗器械临床试验设计是否科学

医疗器械临床试验的设计应该科学合理。因为,不可能产生有价值数据的研究将会使受试者暴露于风险而没有受益的可能,因此是不符合伦理的。伦理委员会对医疗器械临床试验科学设计审查时主要考虑:前期研究结果是否支持试验假说,试验设计是否能回答所提出的科学问题,受试者样本量大小是否合适,选择和分配受试者入组的方法是否存在偏倚,试验终点和统计方法是否合适。

(二)医疗器械临床试验的风险和受益审查

1. 试验风险的来源。医疗器械临床试验的伦理审查应首先区分试验风险和治疗风险,只有试验风险才在伦理审查的考虑范围之内。试验风险的主要来源是:与医疗器械使用有关的潜在风险;试验设计中的风险;试验人群的风险,如是否包括对试验器械特别敏感而易于受到伤害的受试者等。

2. 试验风险的分级。伦理委员会对医疗器械临床试验的审查应首先区分重大风险和非重大风险。重大风险是指对受试者的健康、安全造成重大风险可能性的医疗器械研究。包括:(1)旨在植入体内;(2)用于支持或维持人体生命的器械;(3)对诊断、治疗、缓解疾病或者预防人体损伤具有很大的重要性的;(4)对受试者的健康、安全造成重大风险的其他可能性。非重大风险就是不符合上述标准的医疗器械研究。如果一个医疗器械研究难以界定其风险程度,应采取风险程度较高的等级。

重大风险与非重大风险的确定应该基于医疗器械在临床试验中的使用,不仅仅是医疗器械本身。在确定研究是否造成重大风险时,伦理委员会必须考虑器械使用造成伤害的性质。研究对受试者的潜在伤害可能危及生命,可能导致机体功能或组织的永久损伤,或可能需要医疗或外科干预以避免这样的永久损伤,这样的医疗器械临床研究就应该被考虑为重大风险。如果受试者参加医疗

器械的临床试验，还必须进行一定的操作，如外科手术，伦理委员会还必须考虑手术造成的潜在伤害。

3.风险是否已经最小化。确定了风险级别后，伦理委员会应该考虑所有涉及的风险是否已在可能的范围内最小化。风险最小化的措施包括：有充分的措施发现和预防潜在的风险；有排除易受伤害受试者参加试验的措施；研究者能胜任该研究领域，并且与该项试验不存在利益冲突；试验中有充分的安全监察措施，必要时成立独立的数据安全监察委员会；试验开始前制定提前中止试验的标准等。

4.预期受益。医疗器械临床试验的预期受益分为受试者的受益和社会的受益。受试者通过参加研究接受对疾病的治疗、诊断或检查，从而缓解病症或明确诊断而受益。有些情况下，受试者参加试验对他本人没有直接受益的前景，但有助于发明新的医疗器械而使得整个社会受益。

5.风险与受益比是否合理。伦理委员会必需评价试验的风险与受益比是否合理。风险与受益比评估不是技术性评估，而是取决于社会通行的标准和受试者对风险和受益的判断，而且不同的伦理委员会对某一具体试验的风险与受益比也会有不同的评估。伦理委员会在评价风险与受益比是否合理时主要考虑：试验目标疾病的性质，与现有治疗方法相比，临床的可接受性，风险的可预测性和可预防性。一般而言，试验医疗器械的风险受益比不得低于已经上市的同类医疗器械的风险受益比。

(三)知情同意的伦理审查

知情同意的伦理审查主要涉及内容。告知内容是否充分，知情同意过程是否符合充分理解、自主选择的原则，并免除强制和不正当影响。知情同意的告知信息如下：(1)受试者自愿参加临床试验，有权在临床试验的任何阶段退出；(2)声明试验的性质为研究，说明试验目的、试验过程，受试者参加试验的预期占用时间，并明确告知所有为试验性的研究过程；(3)合理预期对受试者的所有风险和不适；(4)合理预期对受试者和其他人的所有受益；(5)可能对受试者有益的其他备选治疗措施或疗法；(6)对于大于最小风险的研究，如果发生伤害，是否提供补偿或者免费医疗，如果是，补偿或免费医疗所包含的内容。

受试者在充分了解医疗器械临床试验内容的基础上，获得“知情同意书”。“知情同意书”除了应当包括前文提及的必须告知的内容外，还应当包括以下内容：(1)医疗器械临床试验负责人签名及签名日期；(2)受试者或其法定代理人的签名及签名日期；(3)医疗机构在医疗器械临床试验中发现受试产品预期以外的临床影响，必须对“知情同意书”相关内容进行修改，并经受试者或其法定代理人重新签名确认。

（四）受试人群选择的伦理审查

有关受试人群的选择，必须符合公平原则，尊重隐私的原则，受试者自愿参加的原则，以及避免强迫和不正当影响原则。

伦理审查主要考虑：选择受试者的人群特征情况（包括性别、年龄、文化程度、文化背景、经济状况和种族）；接触和招募受试者的方式；把所有信息传达给可能的受试者或他们的代表的方式；受试者入选标准和排除标准；试验性质是否证明选择研究目标人群是正当的；试验的受益和负担是否在目标疾病人群中公平分配；根据试验的复杂程度、带来的不便以及特殊受试者群体而确定的补偿数目是否合理。

（五）受试者的医疗和保护的伦理审查

伦理委员会有责任保证参加试验的受试者得到相应的保护，研究者对受试者参加临床试验的保护负有最终的责任。有关受试者的医疗和保护，伦理委员会应考虑：

研究者是否具有承担该试验相应的资格和经验，并且不存在利益冲突；试验期间及试验后是否为受试者提供了必要的医疗保护，由于参加试验受到伤害时，是否有权获得相应的免费医疗和补偿；试验成功后，试验器械在受试人群中的可获得性；试验是否包含必要的数据安全监察计划；受试者的隐私是否得到充分保护；必要时是否包含弱势群体的保护措施。

七、医疗器械临床试验的批准标准

医疗器械临床试验的批准标准：(1)对受试者的风险已经最小化；(2)受试者的风险相对于对受试者的预期受益以及预期产生知识的重要性来说是合理的；(3)受试者的选择是公平的；(4)寻求每一受试者或其合法授权代表的知情同意；(5)知情同意备有相应的文件证明；(6)必要时，研究有充分的数据和安全监察计划，以保证受试者的安全；(7)必要时，有充分的规定保护受试者的隐私，保证数据的机密性；(8)必要时，有相应的保护弱势群体受试者的措施。

八、医疗器械的紧急使用

当未获得各级药品监督管理部门审查批准或未获得伦理委员会批准的医疗器械提供唯一可能挽救病人生命的可能性时，医生可以进行该医疗器械的临床使用。在这种情况下，医生应该理性地判断该医疗器械的临床使用是否符合紧急使用的条件，评价医疗器械紧急使用的预期受益，并提供认为存在受益的确凿理由。

医疗器械紧急使用的条件：(1)病人处于危及生命的状况，需要紧急治疗；

(2)无法获得公认可接受的替代治疗;(3)因为疾病状况的紧急,无法按既定程序获得药品监督管理部门或伦理委员会对此的批准。

对于医疗器械的紧急使用,研究者应该采取以下措施尽可能保护受试者的安全,其内容包括:(1)获得第三方医生的独立评估;(2)获得病人或其合法授权代表的知情同意;(3)向临床试验机构负责人汇报;(4)及时报告伦理委员会;(5)报告食品药品监督管理部门;(6)估计类似医疗器械紧急使用的可能性,如果将来还有类似使用的可能性,获得伦理委员会和药监部门对紧急使用的批准。

即使是医疗器械的紧急使用,研究者也必须获得受试者或其合法授权代表的知情同意。如果时间紧急,无法获得受试者或其合法授权代表的知情同意,必须由研究者和不参加研究的第三方医生书面证明符合以下情况:(1)受试者面临危及生命的疾病状况,必须紧急使用该医疗器械;(2)受试者的医学状况使得其无法给予知情同意;(3)时间紧急,无法获得受试者合法授权代表的同意;(4)无法获得可替代的,能提供相等或更大挽救受试者生命可能性的标准治疗或公认治疗。如果当时没有第三方医生在场,同时时间紧急,无法事先获得第三方医生的证明,研究者应该在使用医疗器械后的5个工作日内,获得第三方医生的独立评估。

典型案例

在体检普查中,某市的沈某被查出患有腺瘤性大肠息肉(容易导致癌变)。该市中医院的医生说服沈某参加了一个名为"人参预防大肠癌研究项目"的实验性科学研究活动。据医生介绍,人参属保健品,服用后对大肠息肉能够缩小甚至消失。沈某自然不会错过这样一个难得的机会。因为在沈某看来,参加这样免费吃人参的活动可谓有百利而无一害。从1998年10月开始,沈某在当地卫生院医生的监护下,每周免费服用两粒人参丸。沈某并不知道,自己已经参加到了韩国一家机构进行的药物实验中。到1999年7月,沈某已经感到头痛、头晕,检查的结果是高血压。但医生否认了高血压与人参丸的关系,于是她仍旧一次不误地服用人参丸,直到2001年3年实验期满。2002年3月,沈某已经不能干农活了。据说,沈某吃饭的时候,连手里的碗都会突然掉下来。还经常出鼻血,很多次早上起来,嘴里都是淤积的鼻血。2004年2月23日,沈某被病痛折磨了2年多后,肾脏彻底坏死,最后因肾功能衰竭、尿毒症,离开了人世。最终,沈某的子女将负责药物实验的该市中医院告上了法庭。但判决让原告非常失望。法院认为"人参防治大肠癌研究项目"是经过有关部门立项审批的,属于正常的研究活动。沈某在服参过程中怀疑其高血压与服参有关并向研究所反映时,研究所采取了相应的措施,尽了自己的义务。而在此后的服参过程中,沈某也没有向研究所反映有不良的反应。沈某死亡后，家人也没有向有关部门要求进行尸检。因此法院认为，造成沈某服参与死亡间的因果关系无法查明，过错在于原告一方，判定原告败诉。

（案例来源：《韩国人参丸在中国做人体实验　跨国药物试验和一个农妇的死亡》，《南方都市报》2005-04-06）

小　结

本章在介绍了临床实验的概念、历史发展、法律规制以及临床试验的当事人等基本理论的基础上，详细阐述了临床试验的基本原则，包括尊重个人原则、个人利益优先原则、善行原则、正义原则、科学性原则。我国关于药物临床实验的法律规范是《药物临床试验质量管理规范》，结合该法律规范的相关规定，介绍了药物临床试验的准备与必要条件、申办者、研究者、监察者的职责、重点论述了受试者的权益保障和药物临床试验的质量保障问题。我国关于医疗器械临床试验的法律规范是《医疗器械临床试验规定》，结合该法律规范的相关规定，介绍了医疗器械临床试验的概念、分类、医疗机构和医疗器械临床试验人员的条件与职责、临床试验的前提条件和临床实验方案，重点介绍了医疗器械临床试验的伦理委员会审查要点以及医疗器械临床实验的批准和紧急使用。

思 考 题

1. 怎样理解临床实验的概念？
2. 论述临床试验的基本原则。
3. 简述药物临床试验中受试者权益保护的法律规定。
4. 医疗器械临床试验的伦理委员会审查要点有哪些？
5. 我国临床试验还有哪些需要完善的地方？

（张　雪　张　静）

第九章　医事诉讼基础理论

引导案例

原告郭某于2001年到某中心医院看病，一名张姓大夫诊断后，推荐他到建设疗养院外科中心做手术。该中心与张大夫的关系不浅，手术也由他本人“走穴”去做。不料由于操作不当，术后感染。这时，张大夫又让郭某转入自己所在的中心医院，住院治疗了16日，也不见好转。此后，经转入多家医院治疗，花费了巨额费用，也没有痊愈，最后造成郭某面部左侧偏瘫，经鉴定为七级伤残。于是，郭某把建设疗养院、张大夫所在的中心医院及张大夫本人推上被告席。

三位被告的辩解如下：建设疗养院认为，手术时，疗养院的医生和护士均未参与，所以疗养院不负责任；中心医院则认为，张大夫并不是代表医院的职务行为，手术也不是在中心医院做的，所以医院也不该承担责任；而张大夫本人则认为，面部左侧偏瘫不是手术造成的，而是郭某自身病情发展的必然结果，法院应驳回其诉讼请求。

法院在审理时另外查明，郭某在手术后，曾多次索要发票，张大夫通过他人从自己所在的中心医院开出了两张发票，是借用别人的住院号。一审法院曾要求建设疗养院进行司法鉴定，以确定手术是否有过错，以及手术与郭先生的面部偏瘫是否有因果关系，但被疗养院拒绝。

1.法院审理医疗纠纷案件的两类案由可诉赔偿：赔偿权利人要求医疗机构就医疗损害后果承担赔偿责任的，案由应定为医疗损害赔偿权利；医患一方以对方违约起诉的，案由应定为医疗服务合同纠纷。

2.因医疗行为引起的侵权损害赔偿纠纷适用一年的诉讼时效，因医疗服务合同引起的纠纷适用两年的诉讼时效。

3.法院告知义务。患者在不同的医疗机构接受治疗，但赔偿权利人未起诉患者就诊的全部医疗机构以致影响案件审理，法院应当告知赔偿权利人起诉就诊的全部医疗机构，也可以依据职权追加赔偿权利人未起诉的其他医疗机构参加诉讼。

4. 医患分担举证责任。赔偿权利人应当对患者与医疗机构之间存在医疗关系、损害事实、实际损失及损失范围承担举证责任。医疗机构应对医疗行为没有过错，医疗行为与损害结果之间不存在因果关系或医疗行为不是造成损害后果的唯一原因，治疗患者原发性疾病的费用承担举证责任。

诉讼中，医疗机构拒绝提供由其保存的病历资料，或者伪造、隐匿、销毁病历资料的，推定医疗机构具有过错。因医疗机构涂改或者违反规定修改病历资料，导致不能作出鉴定结论的，推定医疗机构具有过错及过错与损害后果之间具有因果关系。

赔偿权利人拒绝提供其保存的门诊资料或者抢夺医疗机构保存的病历资料后篡改、销毁、拒不归还，导致医疗机构举证困难的，由赔偿权利人对医疗机构在医疗活动中具有过错承担举证责任。对治疗过程中患者的死亡原因发生争议后，因患者家属拒绝或拖延尸检，超过规定时间，影响对死因判定的，医疗机构对医疗行为与患者死亡后果之间是否存在因果关系不负举证责任。

5. 医疗事故的鉴定费用由医疗机构预先缴纳。经鉴定，属于医疗事故的，鉴定费用由医疗机构支付；不属于医疗事故的，鉴定费用由赔偿权利人支付。司法鉴定的鉴定费用由提出申请的一方当事人预先缴纳，并由法院根据鉴定结论确定鉴定费用的承担。

在医疗纠纷解决机制尚不完善的今天，即使诉讼耗时耗力，但无论医院或者患者都越来越明确地认识到，通过诉讼方法解决纠纷，既可以防止矛盾进一步激化，又可以用法律手段保障权利义务的行使。法院受理的医疗纠纷案件大幅上升。明确医事诉讼的基本原则、诉与诉权、诉讼参与人、医事诉讼的受案范围等问题，对于掌握医事诉讼原理、合理诉讼具有重要意义。

第一节　医事诉讼基本原则

医事诉讼法的基本原则是在医事诉讼的整个过程中，或者在重要的诉讼阶段，起指导作用的准则。它体现医事诉讼的精神实质，对医事诉讼具有普遍的指导意义。我国医事诉讼大多为民事诉讼，民事诉讼法的基本原则是以我国宪法为根据，从我国现阶段的实际情况出发，按照社会主义民主与法制的要求，结合民事诉讼法的特点而确定。法学界通常将诉讼原则分为两大类：第一类是根据宪法原则，参照人民法院组织法有关规定制定的基本原则，这类基本原则的特点是它不仅适用于民事诉讼，而且也适用于刑事诉讼和行政诉讼。正因为如此，这些原则就成为宪法、法院组织法、刑事诉讼法、行政诉讼法的共有原则，简称共有原则。第二类是根据民事诉讼的特殊要求制定的基本原则，反映了民事诉讼的特殊规律性,因此是民事诉讼法的特有原则,简称特有原则。民事诉讼特有原则包括当事人诉讼权利平等原则、同等原则和对等原则、法院调解自愿和合法的原则、辩论原则、处分原则、检察监督原则和支持起诉原则。

医事诉讼法的基本原则,是医事诉讼活动本质和规律以及诉讼政策的集中体现。医事诉讼法的基本原则主要是医事诉讼当事人诉讼权利平等原则、法院调解自愿和合法的原则、辩论原则、处分原则。另外,依据诉讼原理,还包括诚实信用原则和直接言词原则。

一、医事民事诉讼当事人诉讼权利平等原则

我国《民事诉讼法》第 8 条规定:民事诉讼当事人有平等的诉讼权利。人民法院审理民事案件,应当保障和便利当事人行使诉讼权利,对当事人在适用法律上一律平等。

医事民事诉讼当事人为医患双方。当患者与医疗机构发生纠纷时,因医患之间信息不对称及患者个人或家庭对应医疗机构,一般认为患者往往处于弱势地位。也有医疗机构认为相对 13 亿公民和 600 万医务人员,面对医疗环境的复杂性、媒体的炒作、医闹的纠结,在医患纠纷处理时,医院实属弱势群体。保护弱势群体的利益是法律应有的职责。但是,医患双方不同的特点并不等于在医事民事诉讼中二者享有不同的诉讼权利。在医事民事诉讼中,医患双方当事人诉讼权利平等。

(一)医患双方当事人的诉讼地位完全平等

诉讼地位平等,也就是医患双方当事人诉讼权利和义务平等。诉讼当事人在医事民事诉讼中,虽有原告、被告、第三人等不同的诉讼称谓,但在有关诉讼过程中的诉讼地位是平等的,不分优劣和高低。医事民事诉讼当事人双方,在医事民事诉讼中平等地享有诉讼权利,平等地承担诉讼义务。医事民事诉讼当事人的诉讼权利平等,在医事民事诉讼中表现为两种情况:一是医患双方当事人享有相同的诉讼权利,如双方当事人都有委托代理、申请回避、提供证据、请求调解、进行辩论、提起上诉、申请执行等权利;二是医患双方当事人享有对等的诉讼权利,如原告有提起诉讼的权利,被告有提出反驳和反诉的权利。诉讼权利和诉讼义务是互相对应的,医患双方当事人的诉讼权利平等,承担的诉讼义务也平等,例如医患双方当事人都必须依法行使诉讼权利、履行诉讼义务、遵守诉讼程序等。当然,由于当事人在诉讼中担负的具体角色不同,在某些情况下,他们所承担的诉讼义务也不尽相同,不履行诉讼义务的后果也有差异。因此,无论是从诉讼权利来看,还是从诉讼义务来看,当事人双方诉讼地位平等并不意味着完全相同。

（二）医患双方当事人平等地行使诉讼权利的手段，人民法院平等地保障医患双方当事人行使诉讼权利

行使诉讼权利的手段是实现诉讼权利的具体形式，没有同等地行使诉讼权利的手段，平等的诉讼权利也只是纸上谈兵，最终无法实现。行使诉讼权利的具体形式，有口头的或书面的。例如，实现申请回避的权利，就要提出口头的或书面的申请，说明理由；为行使辩论权，就要在法庭上有充分的发言机会，等等。如果在医事民事诉讼中，只有一方当事人享有行使诉讼权利的手段，就无法保证双方当事人平等地行使诉讼权利。保障当事人平等地行使诉讼权利，是人民法院的职责。人民法院在医事民事诉讼中处于主导地位，起组织、领导和决定性的作用，保障医患双方当事人平等地实现诉讼权利，是人民法院职务上的责任。我国民事诉讼法已对原告和被告双方当事人的权利和义务做了平等的规定，没有这种规定，就谈不上当事人平等地行使诉讼权利，或者充其量只是对不平等的平等维护。在立法平等的前提下，人民法院为医患双方当事人创造平等地行使诉讼权利的机会，并且平等地要求当事人履行诉讼义务，不偏袒或者不歧视任何一方，这样做具有重要的意义。

（三）医患双方当事人在适用法律上一律平等

对医患双方诉讼当事人，不分民族、种族、性别、职业、社会出身、宗教信仰、受教育的程度、财产状况、居住期限，在适用法律上实行一律平等原则。任何医疗单位或公民，毫无例外地都应遵守法律，享受法律规定的权利，履行法律规定的义务。一切当事人的合法权利都应受到保护，一切当事人的违法行为都应受到制裁。只有这样，才能切实保护当事人的合法权益。

二、法院调解自愿和合法的原则

法院调解是我国民事审判工作的优良传统和成功经验，民事诉讼把法院调解用法律条文固定下来，并将自愿、合法进行调解确定为一项基本原则。民事诉讼法做如此规定，反映了其中国特色。

我国《民事诉讼法》第 9 条规定：人民法院审理民事案件，应当根据自愿和合法的原则进行调解；调解不成的，应当及时判决。根据这一规定，人民法院审理医事民事案件时，要多做说服教育和疏导工作，促使双方达成协议，解决纠纷。

自愿合法进行调解作为医事民事诉讼法的基本原则，有以下三种含义。

（一）人民法院受理医事民事案件应当重视调解解决

调解解决的核心是要求审判人员在办案过程中，对当事人多做思想教育工作，用国家的法律、政策启发当事人，促使医患双方当事人互相谅解，达成协议，彻底解决纠纷。重视调解解决，就是指医事民事案件凡能用调解的方式结案的，

就不采用判决的方式结案。

(二)要求人民法院对医患当事人多做思想教育工作

做好当事人的思想教育工作是解决民事案件的基础。通过说服教育,对当事人宣传国家的法律和政策。即使不能调解结案,需要判决结案的,也要做思想教育工作。

(三)法院调解要在自愿和合法的基础上进行

不能因为强调调解而违背医患双方当事人自愿和合法的精神;调解不成的,应当及时判决。

坚持自愿、合法进行调解的原则,必须反对两种倾向:一是忽视调解的意义,把调解工作看成可有可无;二是滥用调解,久调不决。同时,应杜绝在调解医患纠纷中慷国家之慨,无原则赔付。

三、辩论原则

根据我国民事诉讼法第12条的规定,民事诉讼当事人有权对争议的问题进行辩论。医事民事诉讼辩论原则是指在人民法院主持下,医患双方当事人有权就案件事实和争议问题,各自陈述主张和根据,互相进行反驳和答辩,以维护自己的合法权益。

辩论是当事人的诉讼权利,又是人民法院审理医事民事案件的准则。医患当事人双方就有争议的问题,相互进行辩驳,通过辩论揭示案件的真实情况。只有通过辩论核实的事实才能作为判决的根据。对于辩论原则,必须把握以下内容。

(一)辩论权的行使贯穿于诉讼的整个过程

在通常的理解中,辩论只指法庭辩论,实际上这种理解并非全面。固然,法庭辩论是当事人行使辩论权的重要体现,法庭辩论最集中地反映了辩论原则的主要精神,但是辩论绝不限于法庭辩论,而是贯穿于从医患双方当事人起诉到诉讼终结的整个过程中。原告起诉后,被告即可答辩,起诉与答辩构成了一种辩论。在诉讼的各个阶段和各个过程中,医患当事人双方均可通过法定的形式,开展辩论。

(二)辩论的内容

辩论的内容既可以是程序方面的问题,也可以是实体方面的问题。对于程序方面的问题,如医患双方当事人是否合格、当事人的某项诉讼行为是否符合法定要求以及代理人是否有代理权等,当事人双方均可依据自己的意志提出否定的或者肯定的意见。实体方面的问题通常是辩论的焦点。一般来说,对实体问题的辩论往往是法庭认定事实的重要依据,因为借助辩论过程,审判人员可以了解双方的观点及各自的论据，进而作出某种评判。

（三）辩论的表现形式及方式

辩论既可以通过口头形式进行，也可以运用书面形式表达。口头形式便于当事人随时阐明自己的主张，随时对他方观点进行辩驳，因此口头形式的运用较为普遍。但是，口头形式往往容易出现口误。同时，口头形式只能在特定场合向特定对象进行，有一定的局限性。书面形式虽然不够灵便，同时又受当事人文化水平的限制，但能够弥补口头形式的某些缺陷。

四、处分原则

《民事诉讼法》第13条规定的处分原则，是指民事诉讼当事人有权在法律规定的范围内，处分自己的民事权利和诉讼权利。处分即自由支配，对于权利可行使，也可以放弃。

在医事民事诉讼中，医患双方当事人处分的权利对象多种多样，但无非两大类：一是基于实体法律关系而产生的民事实体权利；二是基于民事诉讼法律关系所产生的诉讼权利。对实体权利的处分主要表现在三个方面：第一，诉讼主体在起诉时，可以自由地确定请求司法保护的范围和选择保护的方法。在民事权利发生争议或受到侵犯后，权利主体不仅有权决定自己请求司法保护的范围，而且可以在一定程度上自行选择所受保护的方法。例如，一般情况下，患者到医院就医，双方即形成医疗服务合同关系，而一旦发生医疗纠纷，患者既可以以医疗服务不符合双方约定为由，要求医院承担违约责任，也可以在医疗行为不当给其造成损害的情况下要求医院承担侵权损害赔偿责任。第二，诉讼开始后，原告可以变更诉讼请求，即将诉讼请求部分或全部撤回，代之以另一诉讼请求；也可以扩大（追加）或缩小（部分放弃）原来的请求范围。第三，在诉讼中，原告可全部放弃其诉讼请求，被告可部分或全部承认原告的诉讼请求；当事人双方可以达成或拒绝达成调解协议；在判决未执行完毕之前，双方当事人随时可就实体问题自行和解。

诉讼权利是当事人处分的另一重要对象，诉讼权利虽然属于程序意义上的权利，但往往与实体权利有关，当事人对实体权利处分，一般是通过对诉讼权利的处分而实现的。对诉讼权利的处分主要体现在以下四方面。

1. 诉讼发生时，医患双方当事人可依自己的意愿决定是否行使起诉权。目前，立法在起诉方面仍然采取当事人“不告不理”的做法。因此，当事人在其实体权利受到侵犯或就某一实体权利与他人发生争议时，是否诉诸法院，由当事人自行决定。只有在当事人起诉的情况下，诉讼程序才能开始，法院既不能强令当事人起诉，也不能在当事人不起诉的情况下主动进行审理。

2. 诉讼过程中，原告可以申请撤回起诉，从而要求人民法院终止已经进行的诉讼，也就是放弃请求法院审判、保护的诉讼权利。被告也有权决定是否提出反诉来主张自己的实体权利，借以对抗原告的诉讼请求。当事人双方都有权请求法院进行调解，请求以调解方式解决纠纷；当事人还能够依其意愿决定是否行使提供证据的权利。当事人双方都有权进行辩论，承认或否认对方提出的事实。

3. 一审判决作出后，当事人可以对未生效的判决提起上诉或不提起上诉。对于已生效的判决或调解书认为确有错误时，当事人有权提出申请，请求再审，由法院决定是否再审；对生效判决或者其他具有执行力的法律文书享有权利的当事人，有权决定是否申请强制执行。

4. 执行过程中，申请执行人可以撤回其申请，这种撤回申请的处分行为不影响其实体权利的继续存在。

五、诚实信用原则

诚实信用原则是现代法治社会的一项基本法律规则，也是一种具有道德内涵的法律规范。在私法领域，尤其是在民法的债法理论中诚实信用原则占有重要地位，有“帝王条款”之称。

关于诚信原则的内涵，主要有一般条款说、双重功能说、利益平衡说、语义说四种观点。一般条款说认为，诚信原则是外延不确定但具有强力的一般条款，其作为一般条款来指导当事人正确进行民事活动，授予法官自由裁量权以填补法律空白。双重功能说认为，究其本质，诚实信用原则由于将道德规范与法律规范合为一体，兼具有法律调节和道德调节的双重功能，使法律条文具有极大的弹性，法院因而享有较大的裁量权，能够据此排除当事人的意思自治，而直接调整当事人间的权利义务关系。也就是说，诚信原则具有法律调整和道德调整的双重功能。利益平衡说认为，诚信原则要求民事主体应当以善意心理状态从事民事活动、行使民事权利、履行民事义务，在进行民事活动、履行民事义务时，既要维护各方面当事人的利益平衡，还要维护当事人利益和社会利益的平衡。诚信原则谋求的是民事活动中当事人之间及当事人与社会之间利益的平衡，而这三方利益平衡的实现，有赖于人们以诚实之心善意地行使权利、履行义务，并通过法官运用公正、创造性的司法来最终加以维护。语义说认为，诚信原则是对民事活动参加者不进行任何欺诈，恪守信用的要求。

诚实信用原则适用的本质是法官通过对诚实信用原则进行扩张性解释，并依其处理一些特殊案件，以实现个案处理结果公平、正义之目标，从而对法律进行实质性发展的能动性司法活动。

诚实信用原则贯穿于医事民事诉讼始终，在医事民事诉讼中具有重要作用。

医事民事诉讼主体在医事民事诉讼活动中要诚实，不弄虚作假，不欺诈；应善意行使诉讼权利，不以损害他人和社会利益的方式来获取私利。在向法庭提交收据、诊断、病历等证据材料或申请医疗事故鉴定时，应当如实完整提供相关资料，不得伪造或篡改。做出鉴定结论的鉴定人应当出庭接受质证，不得出具虚假鉴定结论。

六、直接言词原则

直接言词原则也称口证原则，是指法官亲自听取双方当事人、证人及其他诉讼参与人的当庭口头陈述和法庭辩论，从而形成案件事实真实性的内心确认，并据此对案件作出裁判。它是现代各国审判阶段普遍适用的诉讼原则，包含直接原则和言词原则。直接原则，又称直接审理原则，是指办理案件的法官、陪审员只能以亲自在法庭上直接获取的证据材料作为裁判之基础的诉讼原则。言词原则，又称言词审理原则，要求当事人等在法庭上须用言词形式开展质证辩论的原则。

由于医事民事诉讼专业性强、医事诉讼证据具有特殊性，医疗事故技术鉴定和司法鉴定较多等因素，直接言词原则在医事民事诉讼中的作用更为突出。例如，医疗损害赔偿纠纷案件中的鉴定结论，是审理医疗纠纷案件的关键诉讼证据，其对认定案件事实、分清权责、使医疗纠纷公正、合理得以解决具有十分重要的作用。在实际的医疗诉讼中，普遍存在重复鉴定的现象。同一案件中，既有医疗事故鉴定，又有司法鉴定。对于鉴定结论这一民事诉讼证据，是否具有证据能力、证明力以及如果具有证明力其大小如何，须经当事人质证、认证后，由法官确定其法律效力。对此，审判人员只有亲自听取双方当事人、鉴定人及其他诉讼参与人的当庭口头陈述和法庭辩论后，形成对案件事实真实性的内心确认，并据此对案件作出裁判。

第二节　诉、诉权与诉讼标的

一、诉

诉是诉讼法上的概念，是诉讼程序的起点。它是指当事人因实体权利义务关系发生争议而依照法律规定向法院提出的，请求法院就特定的法律主张进行裁判的行为。可见，诉是当事人期望获得司法保护的一种请求，也是当事人用来保护自己实体权利的救济手段，诉也是法院行使审判权的前提。人类进入文明社会后，私力救济被禁止，当事人认为其民事权利受到非法侵害，向相对人提出请求得不到满足时，便只能求助于公力救济。而司法救济是公力救济中最终级、最权威的救济方式，诉恰恰是当事人寻求司法救济的途径。诉是特定的法律主张。任何具有民事主体资格的公民、法人和其他组织认为自己的民事权利受到非法侵害时，都有权请求法院给予司法上的保护。而审判权具有消极性和被动性，如果当事人没有请求裁判，法院不能主动行使审判权。当事人向法院提起诉，就意味着有明确的权利主张，这种主张是确定的、可量化的请求。相对于私力救济来说，医疗纠纷主体通过向法院起诉而得到公力救济的方式的优势在于，有国家公权力的介入，有完整公正的程序作保证，最后做出的判决是公正的，并且有强制力保证实施，有利于医患双方在平等公开的环境下解决医疗纠纷。

(一)诉的要素

诉的要素是指诉的不可缺少的基本条件、诉的组成部分。诉如果缺少这些组成部分，就不能称其为诉。它是区别不同种类的诉和每一个具体的诉的依据，决定着诉的内容，并使诉特定化、具体化，使此诉与彼诉相区别，可以防止重复起诉。明确诉的要素具有重要的理论和实践意义。

诉有以下三个要素。

1.当事人。诉是当事人依法向人民法院提出的保护自己合法权益的请求。就诉而言，诉是原告基于实体法的目的针对被告而提起。没有当事人，诉就无从提起。也就是说，如果没有人向法院提出保护的请求，诉就无从成立。当事人不适格，则直接影响到诉讼过程的有效进行。即使诉的其余要素均相同，只要当事人不同，也可以成为新的诉。因此，诉的主体是诉的要素之一。就医事诉讼而言，诉的主体为发生争议的医患双方。

2.诉讼标的。诉讼标的是指存在于当事人之间，发生争议并要求法院以裁判的形式予以解决的民事法律关系。诉讼标的不仅决定着诉的提起、变更、合并、重复起诉和既判力的范围，而且还与正当当事人的识别、管辖的确定、证明对象等有密切关系。

诉讼标的与诉讼请求具有密切联系，但两者并不等同。医事民事诉讼的诉讼标的是医患双方当事人争议的民事权利义务关系，诉讼请求则是医患双方当事人基于法律关系要求法院作出的特定的判决。

3.诉讼理由。诉讼理由又称为事实理由，是指当事人向人民法院请求保护和进行诉讼的根据，包括事实根据和法律根据两方面的内容。很多诉的识别不仅要根据当事人和诉讼标的来判断，还要结合案件事实来判断。没有诉讼理由，人民法院就不能受理，当事人的请求就得不到支持，权利就无法实现。

(二)诉的种类

根据诉的性质和内容可以将诉分为确认之诉、给付之诉和形成之诉。

1.确认之诉。确认之诉是指原告请求法院确认其主张的法律关系或有争议的权利存在或不存在的诉讼。主张其法律关系存在的确认之诉是积极的确认之诉，例如请求确认原告与被告之间的医疗合同关系成立；主张其法律关系不存在的确认之诉是消极的确认之诉，例如请求确认医患双方之间未形成医患关系。

2.给付之诉。给付之诉是指原告请求被告履行一定给付义务之诉。给付义务，不仅指被告对原告金钱或实物的交付，还包括被告履行原告所要求的行为。原告享有给付请求权是给付之诉成立的前提，原告的给付请求权的产生是因为在原告与被告之间存在着一定的民事权利义务关系。在这一法律关系中，被告具有给付义务。当被告没有履行给付义务时，原告就可以依据实体上的给付请求权提起给付之诉。医疗纠纷多为给付之诉。

3.形成之诉。形成之诉又称变更之诉或者创设之诉，是指原告请求法院变动或消灭某一特定的法律关系的请求。形成之诉以实体法的形成权为基础，其创设目的主要是使法律状态变动的效果不仅对当事人发生法律效力，而且对第三人也发生法律效力，所以形成之诉必须在法律有特别规定的情况下才可以提起。一般情况下，权利义务关系因当事人的行为或某种法律事实的发生而发生变动，而没有必要向法院提起诉讼要求变更。但对于某些法律关系，即使存在实体上已经变更的条件，如果没有法院的判决，其存在的法律关系仍然是有效的。当事人为了使现存的法律关系发生变动，并产生相应的法律效果，只能向法院提起形成之诉。

（三）常见医事民事诉讼种类

医事民事诉讼可以分为两类：一类是医疗事故侵权行为引起的医疗赔偿纠纷案件；另一类是非医疗事故侵权行为或者医疗行为以外的医疗赔偿纠纷案件。2008年4月1日起施行的《民事案件案由规定》取消了原来《民事案件案由规定（试行）》规定的医疗事故损害赔偿纠纷案由，对医疗纠纷规定了医疗损害赔偿纠纷和医疗服务合同纠纷两种案由。而司法实践中，与医疗损害有关的侵权纠纷案由就有人身损害赔偿纠纷、医疗损害赔偿纠纷、医疗事故损害赔偿纠纷、医疗侵权纠纷等，不同案由的确定，必然导致适用法律的不同，从而使得同类案件的判决结果相差很大。如果当事人选择了医疗事故损害赔偿案由之后，经医疗事故鉴定专家组鉴定后，如果不构成医疗事故的，是否允许当事人增加或者变更诉讼请求，由于受《民事诉讼证据的若干规定》关于增加或者变更诉讼请求应该在举证期限届满前提出的限制，实践中对此认识不一，做法也各异。

二、诉权

当实体权利受到侵害时从法律上获得自行解决或请求司法机关及其他机关

给予解决的权利即诉权。“没有救济就没有权利”，任何一种实体权利都是各种利益相互交织的有机统一体，各种利益的指向不同就存在着矛盾或冲突，只有通过实现救济，解决这些矛盾和冲突，权利才能得到合法实现，权利人也才能真正享有这些权利。救济在本质上就是一种权利。

诉权的概念起源于罗马法，但在罗马法时代，诉讼学说或理论并未形成，它只不过是根据不同性质的案件采取的不同诉讼形式，具有开始诉讼机能的含义，并没有实质上赋予权利人以何种地位。19世纪，德国法学家萨维尼在构筑诉讼法体系时，将诉权与实体法上的请求权等同，首先提出了私法诉权说。随着自由主义国家观的产生和公法理论的发达，逐渐出现了诉讼法学与实体法学分离独立的思想，理论上开始承认私人对国家享有公法上的审判请求权，从而促成了私法诉权说向公法诉权说的过渡。公法诉权说认为，国家的权力来自国民，因此国民也就拥有要求国家给予利用诉讼制度的公权(诉权)。公法诉权说经历了抽象诉权说和具体诉权说两个重要的发展阶段。此外，还发展出本案请求权和司法行为请求权说。后来，又出现了对我国民事诉讼影响较大的多元诉权说等学说。正是公法诉权说使民事诉讼完全摆脱了民事实体法的附庸地位，而成为一门独立的学科，并自主地建立了自己的理论体系。

医事民事诉权是指医患双方当事人为维护自己的合法权益，要求法院对医事民事权利义务关系进行裁判的权利。诉权作为一项程序性权利，是医疗纠纷当事人对法院请求司法救济的权利，具有公法性权利的性质。诉权是人们的一项基本权利，没有这项权利，公民、法人和其他组织便不能提起民事诉讼。但是，诉权不是一种实体上的权利，而是公民实体性权利遭受侵害时所享有的救济权，与当事人有无实体权利没有必然联系。诉权也不是当事人诉讼权利的集合和概括。医事民事诉权最重要的本质是医事民事诉讼当事人的资格性。合法享有诉权是当事人之所以能够成为当事人的前提，没有这个前提，即使已经进入诉讼，经过审查，也将会以裁定的方式驳回诉讼。

三、诉讼标的

诉讼标的理论作为民事诉讼的基础理论，一直以来是理论界争论的热点问题。民事诉讼中，无论是双方当事人的诉讼行为，还是法院的审判活动，都需要围绕着诉讼标的展开。诉讼标的决定着法院予以审理和裁判的对象，决定着此诉与彼诉的分野，是法院判断是否允许当事人再起诉的依据。诉讼标的是大陆法系民事诉讼法学的核心问题之一。它不仅是法院审理和裁判的对象，还是当事人双方诉讼活动的基础，并指导“一事不再理”原则和既判力理论在理论上的形成及实务中的运用，而且是判别诉的合并、分离、追加和变更的依据。[①] 正如日本著名学者伊藤真所描述的诉讼标的：诉讼标的的概念，对于学习和研究民事诉讼法的学者来讲，就像一座必须经过的桥。

（一）诉讼标的理论学说

诉讼标的理论的核心问题是识别诉讼标的的根据，即以什么为根据区别各种不同的诉讼标的，这也是诉讼标的理论中最基本的问题。诉讼标的自身的识别标准与诉讼标的的概念及相关学说密切相关。

1.旧实体法说。该学说始于德国学者赫尔维希（Hellwig），终于伦特（Lent），逐步形成了完整的体系。旧实体法学说将诉讼标的与实体法上的请求权加以区别，认为诉讼标的是原告在诉讼中提出的、特定的、具体实体法上的权利主张。因此，请求的多寡就以原告所享有的实体法上规定的实体请求权为标准。因此，旧实体法说仍然依赖实体法概念，直接将诉讼标的与"侵权行为"或"债务不履行"等这些实体法所规定的表面性权利形成对应。以实体法上所规定的实体权利和原告的权利主张为识别诉讼标的的标准。但是，该学说在诉讼标的概念和识别标准上都存在着缺陷。一是该观点不能涵盖所有的诉讼类型，这一概念是以早期的民事诉讼只有给付之诉一种诉讼类型为出发点来看待诉讼标的的，且解释消极确认之诉时遇到了无法克制的障碍。二是该说在遇到请求权竞合时不能作出合理解释，由于诉讼标的不同，不受既判力的遮断，于是为了解决同一个纠纷就可能允许当事人多次起诉，而且可能造成双重给付。[②]

2.二分支说。该学说是由德国诉讼法学家罗森贝克提出的。与传统的旧实体法说不同，该理论确立的诉讼标的的识别标准有二：事实和诉的声明。在这两个要件中，任何一个发生变化，诉讼标的就会变化，所以称为二分支说。二分支说在技术上解决了旧理论所不能克服的请求权竞合的难题，简化了诉的合并和变更，合理避免了重复起诉的问题。而且该学说从理论上将诉讼标的的概念从民事实体权利上分离出来，纯粹从诉讼法的立场出发来构筑诉讼标的的概念和内容。但是在几个请求权的发生是基于几个不同的事实，而要求为同一给付时的诉讼标的应当如何识别，二分支说也难以给出合理的解释。依据二分支说，事实理由有两个则诉讼标的也有两个，从而一个给付请求产生了两个诉讼标的。这样的结果只会导致诉讼的复杂化。理论上，该学说割裂了事实和实体权利的联系，致使如果被告对诉讼标的作出承认或允诺，法院即应当判决原告胜诉的现象，无法得到合理的解释，也无法解释确认之诉的标的为什么也是实体法上的权

---

① 李龙：《民事诉讼标的理论研究》，法律出版社 2003 年版。

② 陈宗荣：《民事程序法与诉讼标的理论》，台湾大学法律系法学丛书编辑委员会 1994 年版。

利或法律关系。①

3.一分支说。学者们针对二分支说中的缺陷进行修改，出现了一分支说。该学说认为诉讼标的只由诉的声明一个要件构成，仅以诉的声明或原告起诉目的为识别标准，以同一给付为目的的请求即便存在着不同的事实理由，仍只是一个诉讼标的，所以又称为"诉的声明说"。而所有的事实、理由都只是抗辩的手段，与诉讼标的无关。如此一来，不仅在基于几个实体法上的请求权期望追求相同目标的情况下，而且在基于二分支说意义下的几个事实关系追求相同目标的情况下，诉讼标的都只有一个，从而圆满地解决了请求权竞合的问题，达到了"纠纷一次性解决"的目的。诉讼标的一分支说虽然可以合理说明实体法请求权竞合时诉讼标的的单一性，也解决了有几个事实理由而诉的声明单一时诉讼标的应当如何识别的问题，但一分支说仍然存在着下述不合理之处。一是在给付金钱或替代物的诉讼中，根据一分支说只考虑诉的声明而不一并考虑诉的原因，无法判断诉讼标的是否统一。二是未能处理好诉讼标的的识别与既判力客观范围的一致性问题。由于既判力的客观范围是诉讼标的，则已经被法院认定了的事实并不受既判力的限制，那么当事人仍然可以提出与之相矛盾的主张，法院也可能作出与前诉法院已认定的事实相矛盾的判决。在处理既判力的问题上，一分支说认为凡是在以前的诉讼中主张的事实，即使没有经过法院的判断，也具有排除以后诉讼中提出的效力，实际上对诉讼中的事实、理由仍然具有预决的效力。简单地说，在一分支说理论下既判力遮断的范围太大，在诉讼中没有提出的事实也会因为诉的驳回而被盖上"不成立"的面纱。三是完全割断了诉讼法与实体法权利的联系。把诉讼标的完全视为独立的诉讼法概念，导致了在当事人对诉讼标的放弃或承诺时不能自圆其说。因为不管是放弃或承诺都不仅包括诉讼权利的处分，同时也是对实体权利的处分。诉讼标的如果只是诉讼法上的概念，与实体法的权利没有联系，就不存在诉讼标的的放弃或承诺皆意味着实体权利的处分。②

4.新实体法说。基于二分支说和一分支说对很多问题都无法作出合理的解释，有些学者意识到单纯从诉讼法领域去寻找解决请求权竞合问题的方法，无论如何都是治标不治本，要彻底解决请求权竞合的问题必须重新回到实体法上来，而这并不是简单地向旧实体法学说回归，而是给请求权竞合下新的定义。所谓新实体法学说，是指该学说仍然强调诉讼标的与实体法请求权的联系，但却抛弃了一个法律构成要件即一个实体法请求权的陈旧原则和观念，而以事实关系为判断实体请求权的标准，即新实体法说是以事实关系作为判断实体请求权的标

① [日]中村英郎：《新民事诉讼法讲义》，法律出版社2001年版。

② 同①。

准，再以修改后的请求权竞合理论来识别诉讼标的。新实体法学说从旧实体法学说和诉讼法学说的争论中得出了诉讼标的理论无法脱离实体法的观点，于是从实体法的角度寻找请求权竞合的症结，最后通过重新定义"请求权竞合"的途径，试图既能彻底解决请求权竞合问题，又能避免把诉讼标的概念完全建立在诉讼法上所引发的理论缺陷。但是，即使在实体法理论中关于请求权竞合与请求权基础竞合的区分标准仍不十分清晰，所以这一理论也就不可避免地存在着不足。①

5. 诉讼法说新标的论。在经过了不断研究和反思之后，部分民事诉讼法学者放弃了寻求统一的诉讼标的理论以适合所有的诉讼类型的做法，否认诉讼标的概念同一的必要性，主张诉讼标的与诉讼请求是同义的。也有人对此评价说，这一观点在效果上不过是一分支说、二分支说和实体法说的混合而已。②

（二）我国的诉讼标的识别标准

从我国民事诉讼的实际情况出发，对诉讼标的问题应当从诉讼法和实体法相结合的角度进行，从诉的不同类型来考虑，对不同诉的类型，其诉讼标的的识别标准也有所不同。给付之诉的诉讼标的应当是当事人关于对方履行给付义务的诉讼请求。至于是基于何种法律关系则是请求的法律依据，也就是诉讼请求的理由。识别标准应当是发生给付请求的具体事件或行为。对于确认之诉和变更之诉，因为不存在请求权竞合所带来的问题，因此对诉讼标的可统一界定，即确认之诉和变更之诉的诉讼标的应当是当事人要求法院确认和变更实体法律关系的诉讼请求。识别标准是有争议的实体法律关系。

（三）医事诉讼中的诉讼标的

医事诉讼中的诉讼标的是指医患双方当事人之间因发生争议，而要求人民法院作出裁判的法律关系。可见，诉讼标的是以医患双方争议的实体法律关系作为识别标准。根据诉的类型不同存在着不同的医事诉讼诉讼标的，给付之诉为医事诉讼中最常见的形式。当患者因身体或健康受到医疗行为的侵害，多会提起损害赔偿之诉，要求医疗机构承担赔偿责任。但当医患之间首先成立医疗服务合同关系，当医疗行为侵害患者的权利时，患者可以根据侵权法律关系和合同法律关系两种权利基础提起诉讼。当实体请求权竞合时应如何确定诉讼标的？我国民事实体法专门设立了解决实体请求权竞合的条款，使实践中诉讼标的的识别问题在一定程度上得到了解决。《合同法》第122条规定："因当事人一方的违约行为，侵害对方人身、财产权益的，受损害方有权选择依照本法要求其承担违约责任或者依照其他法律要求其承担侵害责任。"可见对于这类案件，当

① 张卫平：《诉讼构架与程式——民事诉讼的法理分析》，清华大学出版社2000年版。

② ［日］高桥宏志：《民事诉讼法——制定与理论的深层分析》，林剑锋译，法律出版社2003年版。

事人虽然享有两个请求权基础，但是提起诉讼时只能择一行使，当事人一旦作出了选择，另一种请求权随即消灭。因此，患方只能以其中一种请求权作为权利基础，提出一个赔偿请求，案件只有一个诉讼标的。法院不能针对同一请求作出两次给付请求的判决。待法院对案件作出判决后，患者也不能再依据另一请求权提起新的诉讼。

第三节　医事诉讼参加人

一、医事诉讼中诉讼参加人的概念

医事诉讼参加人是指依法参加医事诉讼，享有医事诉讼权利，承担医事诉讼义务，并且与医事诉讼争议或诉讼结果有利害关系的人，包括当事人、共同诉讼人、诉讼代表人、第三人和诉讼代理人。

当事人有狭义当事人和广义当事人之分，狭义当事人仅包括原告和被告。从诉讼中直接对抗的当事人结构来讲，当事人也只包括原告和被告。广义当事人除原告和被告外，还包括共同诉讼人、诉讼代表人及第三人。本章取狭义当事人概念，如没有特别说明，共同诉讼人、诉讼代表人和第三人并不包括在当事人范围之内。

共同诉讼人是指诉讼中一方或双方当事人为两人以上（含两人）。

诉讼代表人是指一方当事人人数众多，诉讼中由一人或数人作为代表人，其他当事人不直接参与诉讼活动，但人民法院裁判的效力及于全体当事人。

第三人是指在已经开始的诉讼中，对他人之间的诉讼标的，具有全部的或部分的独立请求权，或者虽然不具有独立请求权，但案件的处理结果与其有法律上的利害关系的人。

诉讼代理人是指依照代理权，以当事人名义代为实施或接受诉讼行为，从而维护该当事人利益的诉讼参与人。

与诉讼参加人对应的概念还有其他诉讼参与人。其他诉讼参与人是指同案件的处理结果没有法律上的利害关系，只是为协助人民法院查明案件事实而参与诉讼活动的人，包括证人、鉴定人、勘验人员和翻译人员。

在诉讼中，人民法院作为审判机构，是当然的诉讼法律关系主体。检察院除具有法律监督职能外，在民事诉讼中，还兼有支持起诉的作用。

综上所述，医事诉讼法律关系主体包括人民法院和一切诉讼参与人。其中，“一切诉讼参与人”又包括人民检察院、诉讼参加人与其他诉讼参与人。

医事诉讼法律关系主体也可以说包括人民法院、人民检察院、诉讼参加人、其他诉讼参与人。

二、当事人

（一）医事民事诉讼中的当事人

医事民事诉讼中的当事人是指因发生医事民事争议，以自己的名义进行诉讼，案件审理结果与其有法律上的利害关系，并受人民法院判决、裁定、调解协议约束的人，包括原告、被告、第三人、诉讼代表人和共同诉讼人。狭义当事人仅指原告和被告。

医事民事诉讼中的原告是指认为自己的医事民事权益或者受其管理支配的医事民事权益受到侵害，或者与他人发生争议，为维护其合法权益而向人民法院提起诉讼，引起诉讼程序发生的人。被告则是指被诉称侵犯原告医事民事权益或与原告发生医事民事争议，被人民法院传唤应诉的人。

一般来说，只要同时符合以下三个要求的主体就可成为医事民事诉讼当事人：

（1）以自己的名义起诉或者应诉，实施诉讼行为；

（2）向法院请求解决争议，保护其合法医事民事权益；

（3）接受法院裁判的约束。

医事民事诉讼是在利害关系对立的两方当事人之间进行，但由于审级和诉讼程序的不同，当事人在诉讼中的称谓也不完全相同。在第一审普通程序和简易程序中，称为原告和被告；在第二审程序中，称为上诉人和被上诉人，其中既包括一审的原告和被告，也包括有独立请求权的第三人和被人民法院判决承担民事责任的无独立请求权的第三人。在特别程序中，称为申请人、债务人等。在审判监督程序中，若适用第一审程序审理，分别称为原审原告、原审被告、原审第三人；若适用第二审程序审理，则分别称为原审上诉人、原审被上诉人、原审第三人；在执行程序中，则称为申请人和被申请人。

（二）医事行政诉讼中的当事人

医事行政诉讼的当事人是指因具体行政行为发生争议，以自己的名义到人民法院起诉、应诉或因人民法院审判需要追加到案件中来参加诉讼，并受人民法院裁定、判决约束的公民、法人和其他组织，以及卫生行政机关。当事人在诉讼的不同阶段有不同的称谓，一审中称原告、被告、第三人；二审中称上诉人、被上诉人；再审案件中称申请人和被申请人；执行阶段称申请执行人、被申请执行人。

1. 原告。原告是指认为卫生行政机关的具体行政行为侵犯其合法权益，依法以自己的名义向人民法院起诉的公民、法人和其他组织。

2. 被告。被告是指原告起诉指控的作出具体行政行为侵犯其合法权益的卫生行政机关。

在医事行政诉讼中，被告主要定义为以下几类：(1)作出具体行政行为的卫生行政机关；(2)具体行政行为经复议机关复议被维持的，作出原具体行政行为的卫生行政机关是被告；(3)具体行政行为经复议机关复议，被复议机关改变的，复议机关是被告；(4)由法律、法规授权组织作出的具体行政行为，该组织是被告；(5)由卫生行政机关委托的组织作出的具体行政行为，作出委托的卫生行政机关是被告；(6)两个以上卫生行政机关共同作出的具体行政行为，共同作出具体行政行为的机关是共同被告。

(三)医事刑事诉讼中的当事人

我国医事刑事诉讼当事人指自诉人、被告人、附带民事诉讼的原告人和被告人。公诉案件中的检察人员是代表国家起诉的，不是当事人。

1.自诉人。我国刑事诉讼法规定，自诉案件是不需要进行侦查的轻微的刑事案件，以及法律规定告诉才处理的案件。自诉人就是指依照法律规定直接向人民法院提起诉讼的自诉案件中的被害人或者他的法定代理人。享有自诉权的，只能是遭受犯罪行为直接侵害的被害人。这是由自诉案件本身的社会危害性比较小决定的。但是，对于告诉才处理的案件，如果被害人受到了犯罪分子的控制或者其他原因不能行使自诉权的，被害人的近亲属则有权提起诉讼。

2.被告人。被告人是指被指控犯罪并由司法机关追究刑事责任的人；或经自诉人告发，由人民法院直接受理的自诉案件中被控告的人。被告人在诉讼中的法律地位比较复杂。首先，他是处于辩护一方的当事人；其次，他的供述和辩解是刑事证据的一种，是证据的来源之一；第三，他是可能被定罪和科刑的对象，所以也是采用强制措施的对象。依照我国的法律规定，被告人在诉讼中享有充分的诉讼权利，主要有辩护权，申请回避权，参加法庭调查、辩论和进行最后陈述的权利以及上诉权等。自诉案件中的被告人还有权提起反诉。

3.附带民事诉讼的原告人。附带民事诉讼的原告人是指由于被告人的犯罪行为而遭受经济损失并在刑事诉讼中提出赔偿请求的人。附带民事诉讼的原告人通常是被害人，可以是公民，也可以是机关 、企业或团体。如果被害人是未成年人或者其他缺乏行为能力的人，他的法定代理人也可以提起附带民事诉讼。如果被害人已经死亡，其近亲属可以作为附带民事诉讼的原告人。按照我国刑事诉讼法的规定，如果是国家财产、集体财产遭受损失的，人民检察院在提起公诉的时候，可以提起附带民事诉讼。这时，人民检察院是公诉机关附带民事诉讼的公诉人。

4.附带民事诉讼的被告人。附带民事诉讼的被告人就是对犯罪行为所造成的物质损失负赔偿责任，并被要求进行赔偿的人，通常就是刑事被告人。但是，有时也可能是对被告人的行为负有物质赔偿责任的个人或单位。

（四）医事诉讼中的正当当事人

1. 概念

正当当事人，是指当事人就特定的诉讼，有资格以自己的名义成为原告或被告，因而受本案判决拘束的当事人，也称为当事人适格。

只有正当当事人起诉或者应诉，以自己的名义实施诉讼，并受本案判决拘束，诉讼才有实质意义。这种以自己的名义为当事人而受本案判决拘束的权能，称为诉讼实施权或诉讼行为权。具有诉讼实施权的原告，称为正当原告；具有诉讼实施权的被告，称为正当被告。

与正当当事人对应的概念是非正当当事人，它是指当事人与特定诉讼标的没有事实上或者法律上的关系，不是该诉讼标的权利义务主体，对有关的诉讼标的没有诉讼实施权。

2. 正当当事人的判断标准

（1）以管理权为标准的诉讼实施权。传统理论认为，决定正当当事人的基础是实体权利赋予了当事人诉讼上的地位，只有实体法上系争权利和义务关系的主体，才可以成为诉讼当事人。由于当时当事人争执的权利基本上都是财产权，实体法上的权利主体对作为争执标的的财产一般都享有管理权或者处分权，因此有学者认为，实体法的权利主体对财产权的内容享有的管理权或者处分权就成为诉讼实施权的基础。如该财产权是由多数人共同管理的，其诉讼程序也应由多数人共同行使。也就是说，对作为诉讼标的的法律关系具有管理权或者处分权的当事人就是正当当事人。

（2）诉的利益。诉的利益是原告请求司法救济的利益，即实施诉讼的利益。这种利益与争议的权利或者实体性利益不同，也与原告的胜诉利益不同。原告认为自己的一项应当受法律保护的利益面临危险或者不安时，就会提起诉讼并谋求对自己有利的判决，原告请求法院保护的这种利益就是诉的利益。诉的利益与管理权学说不同之处在于，无论当事人对请求法院承认和保护的权利是否有管理权，只要有诉的利益，该当事人仍然被认为是正当当事人，可以进行事实举证和抗辩。有的学者甚至认为，诉的利益是启动权利主张、进入诉讼审判过程的关键，也是通过诉讼审判而创制实体法规范这一过程的重要开端。因为在没有明确的实体法规范可循，当事人却提出权利主张的情况下，在起诉时承认原告有诉的利益，就为法院通过个案审判创制实体规范提供了条件。

3. 非正当当事人及其更换

与正当当事人对应的是非正当当事人，它是指当事人与特定诉讼标的没有事实上或者法律上的关系，不是该诉讼标的权利义务主体，对有关诉讼标的没有诉讼实施权。

(1)当事人的更换的概念。当事人的更换是指,在诉讼过程中,人民法院发现起诉或应诉的人为非正当当事人的,通知有关的正当当事人参加诉讼,而要求非正当当事人退出诉讼的一种活动。因此,当事人的更换,实际上是非正当当事人被更换。原告和被告都存在被更换的可能。

(2)更换当事人的意义。在实际诉讼中,诉状所记载的当事人有可能是非正当当事人,该当事人不是实体的民事权利义务关系的主体,其诉讼没有实质意义。即使法院对非正当当事人之间的诉讼作出实体判决,也并不能解决真正利害关系人之间的纠纷。审判改革朝着当事人主义的方向发展,必然越来越明确地承认当事人的本质是程序当事人,起诉审查就会越来越形式化或格式化。这样,将会有一些当事人为非正当当事人的案件进入实体审理阶段。为了避免浪费司法资源,又达到解决实际纠纷的目的,更换非正当当事人是有积极意义的。我国1982年《民事诉讼法(试行)》第90条规定:“起诉或应诉的人不符合当事人条件的,人民法院应当通知符合条件的当事人参加诉讼,更换不符合条件的当事人”。当时的司法解释进一步指出,通知更换后,不符合条件的原告不愿意退出诉讼的,以裁定驳回起诉,符合条件的原告全部不愿意参加诉讼的,可终结案件的审理,被告不符合条件,原告不同意更换的,裁定驳回起诉。尽管1991年修改民事诉讼法时,删掉了有关更换当事人的规定,但是一些学者仍然坚持当事人更换的理论,司法实践中人民法院也有更换当事人的做法,其效果比直接驳回起诉要好。更换当事人制度应当在以后的立法中得到进一步肯定和完善。在当前司法改革的背景下,更换当事人具有积极意义。第一,当事人主义的审判方式并不是鼓励法官无作为。当事人正当不正当的问题,属于双方当事人辩论的内容,法院也可以依职权查明。法院裁判应当在当事人适格的基础上进行,所以必须查明当事人的正当与否。更换非正当当事人,可以彻底解决纠纷,保障当事人合法权益。就被告而言,如果被告不是应对诉讼请求承担责任的人,或者原告对谁是真正的权利侵害者并不明确,法院在审理中查明了应承担责任的正当的被告,在征得原告同意后更换被告,有利于对受害者予以确实的司法救济。第二,我国司法实践具有强调法院职权的作用而不重视诉的形式的特殊性,但同时具有程序简明、力求在一个诉讼中解决相关纠纷的特点。如果当事人不适格,不分原因总以裁定驳回,难以体现我国民事诉讼解决纠纷、定纷止争的特色。第三,更换非正当当事人的做法,并不违反当事人的意志,实际上是完全尊重有关纠纷当事人意志的体现。

(3)更换当事人应当注意的问题:①非正当被告必须是对案件争执没有诉的利益,从而自愿退出诉讼或者法院命令其退出诉讼的人。②需要更换非正当原告的，必须征得具有正当原告资格的案外人同意。法院不能强制当事人提起一个诉讼，所以也不能强制更换原告。案外人有正当原告资格却不愿意成为起诉方的情况下，法院应当裁定终结诉讼。③更换非正当的被告，以原告提出申请或者更改诉状为前提。有正当被告资格的案外人不愿意参加诉讼居于被诉地位的，人民法院应当命令其参加诉讼。开庭审理前，被告一方被确认为非正当被告，原告没有申请或者不同意更换被告的，法院应当裁定驳回起诉。④更换当事人应当在第一审开庭前进行。具体地说，应当在举证时效届满前提出有关非正当当事人的抗辩事由。如果法院在开庭审理中发现当事人为非正当当事人，可以直接判决驳回诉讼请求。⑤第二审过程中，当事人可以就非正当当事人问题提起上诉。第二审程序查明第一审应当更换当事人而没有更换的，应当通知更换后的有关适格当事人并进行调解，调解不成的情况下应当裁定撤销原判发回重审。⑥更换非正当当事人必须由受诉人民法院作出裁定。更换当事人后，诉讼应当重新开始。原当事人的诉讼行为对更换后的当事人不发生效力。被更换的当事人，再次就同一诉讼标的起诉时，将不被法院接受，即该裁定产生“一事不再理”的效果。

三、医事诉讼代理人

（一）医事行政诉讼代理人

医事行政诉讼代理人是以当事人的名义，在代理权限内，代理当事人进行医事行政诉讼活动的人，包括法定、指定和委托代理人三类。可由律师、被告行政机关的工作人员、原告或第三人的亲属、经法院许可的其他公民等担任。代理人的作用是维护被代理人的合法权益。

（二）医事民事诉讼代理人

医事民事诉讼代理人有法定代理人、指定代理人和委托代理人三种。法定代理人是根据法律规定，代理无诉讼行为能力人的当事人进行诉讼的人。一般由其监护人作为法定代理人代为诉讼。指定代理人是在无诉讼行为能力人没有法定代理人，或者虽有法定代理人但相互推诿代理责任的，由人民法院指定，代理当事人进行诉讼的人。委托代理人是指受诉讼当事人或法定代理人的委托，代为进行诉讼行为的人。有诉讼能力的当事人可以自己参加诉讼，也可以委托1～2名代理人参加诉讼。根据民事诉讼法的规定，律师、当事人的近亲属、社会团体或当事人所在单位推荐的人以及经人民法院许可的其他公民都可以作为委托代理人。

（三）医事刑事诉讼代理人

1. 医事刑事诉讼代理制度概念。刑事诉讼代理制度是指，代理人接受公诉案件的被害人及其法定代理人或者其近亲属、自诉案件的自诉人及其法定代理人以及附带民事诉讼的当事人及其法定代理人的委托，以被代理人的名义参加诉讼，进行活动，由被代理人承担代理行为法律后果的一项法律制度。

根据《刑事诉讼法》第41条规定，下列人员可以被委托为诉讼代理人：

(1)律师；

(2)人民团体或者被害人、自诉人、附带民事诉讼的当事人所在单位推荐的人；

(3)被害人、自诉人、附带民事诉讼当事人的监护人、亲友。

委托代理的权限范围分为一般委托代理和特别授权代理。

2.自诉案件中的代理。自诉案件的自诉人及其法定代理人，有权随时委托诉讼代理人。人民法院自受理自诉案件之日起3日以内，应当告知自诉人及其法定代理人有权委托诉讼代理人。

3.公诉案件中的代理。公诉案件的被害人及其法定代理人或者其近亲属，自案件移送审查起诉之日起，有权委托诉讼代理人。人民检察院自收到移送审查起诉的案件材料之日起3日以内，应当告知被害人及其法定代理人或者其近亲属有权委托诉讼代理人。

4.附带民事诉讼中的代理。公诉案件附带民事诉讼的当事人及其法定代理人，自案件移送审查起诉之日起，有权委托诉讼代理人。自诉案件附带民事诉讼的当事人及其法定代理人，有权随时委托诉讼代理人。人民检察院自收到移送审查起诉的案件材料之日起3日以内，应当告知附带民事诉讼当事人及其法定代理人有权委托诉讼代理人。人民法院自受理自诉案件之日起3日以内，应当告知附带民事诉讼的当事人及其法定代理人有权委托诉讼代理人。

第四节　医事诉讼的受案范围

医患之间可能发生的纠纷多种多样。这些纠纷中哪些可以通过医事诉讼方式来解决就是医事诉讼受案范围所要解决的问题。

根据最高人民法院《医事案件案由规定(试行)》，可以由人民法院立案的医疗纠纷包括两类：医疗服务合同纠纷和医疗损害赔偿纠纷。可见，医事诉讼的受案范围包括发生在医患之间的因医疗服务合同发生的一切纠纷和因医疗侵权引起的一切纠纷。

一、医疗服务合同纠纷

在我国民法上，合同是当事人之间设立、变更、终止民事关系的协议。我国

《合同法》第2条也规定，合同是平等主体的自然人、法人、其他组织之间设立、变更、终止民事权利义务的协议。合同关系就是合同当事人之间的权利义务关系。合同关系以合同上的债权债务为内容，以债的内容所要求的债务人的给付行为为客体，是区分于其他民事法律关系的一种独立的民事法律关系。

医患之间是否存在合同关系？长期以来，对此存在着不同的认识。一种观点认为，目前我国绝大多数医疗机构仍是“一定福利政策”的载体，属公益性机构，医疗机构及其工作人员的职责职权不是当事人约定的结果，而是建立在法律或有关规章的基础上且不得约定免除，并且医患双方的地位并不对等，相互之间关系的建立不是通过“协商”而是基于“信赖”。所以医疗机构与患者之间并不存在合同关系。[①] 另一种观点认为，医疗活动本身是医疗机构提供医疗服务的过程。患者到医院求医并支付医疗费用，医院收费接诊，相互之间基于意思表示一致（即合意）而形成了医疗服务合同关系。从这个角度分析医患法律关系，与一般民法意义上的合同关系并无二致。首先，医疗机构和患者属于民法上的平等主体，双方之间不存在行政职权关系，符合合同成立的主体要求。其次，患者到医院就医，医院接受病患给予诊疗，都是为了治愈患者的疾病，恢复患者的健康，在这一总的医疗目的上，医患双方达成了合意。再次，医疗合同基本上体现了合同自由原则。患者生病之后有权选择是否就医，到哪家医疗机构就医，在整个诊疗过程中，患者也可以决定是否接受治疗以及接受何种治疗。在缔约上和相对人的选择上贯彻了合同自由规则，在内容的确定上也充分尊重了患者的自主决定权。上述内容符合合同的成立要件。可见，医患之间存在医疗服务合同关系。

根据我国民事诉讼法的规定，由民法调整的平等主体之间的合同法律关系引起的纠纷，人民法院有权根据当事人提起的诉讼对其行使审判权。因此，医患之间因医疗服务合同发生的纠纷都属于医事诉讼的受案范围。

医患之间发生纠纷一般是因为一方未履行合同义务，或者一方侵害了对方合同上的权利。所以医患合同纠纷是围绕医疗服务合同中各方的权利义务展开的。由于医疗活动的特殊性，确定医疗合同的内容存在一定困难。因为一般的合同一经订立，内容就已基本确定下来。但由于医疗机构提供的医疗服务具有较高的技术性，医疗服务的客体又是人的生命和健康，所以服务的内容多种多样。不很严重的疾病，例如感冒，接受门诊检查后，医生指导病人服用一些药物即可；而较为严重的疾病则可能需要入院治疗，接受手术等各种诊疗措施。疾病越是复杂，所提供的诊疗内容就会越多，如诊断、检查、住院、手术、注射、护理等，这就说明医疗服务合同内容因接受医疗服务的个体存在差异而具有多样性。医

① 付子堂、于嘉川、张永和、洪磊等：《医疗纠纷案件审理之实证分析》，人民法院出版社2006年版。

疗合同的内容还具有可变性，如一位腹痛的病人住院时是胃痉挛，他先到内科接受治疗，经内科治疗无效后要转到外科进行手术。这样医疗合同的内容根据病情的变化发生服务内容的变化，其内容就具有了可变性。因此，医患之间到底因何发生合同纠纷需要根据具体的情况来判断。不能对医患双方的合同权利义务做僵化的理解。

二、医疗损害赔偿纠纷

医患之间在诊疗过程中因侵权发生的纠纷都属于医事诉讼的受案范围。

根据最高人民法院《通知》推定的精神，将医疗侵权案件分为医疗事故损害赔偿纠纷和因医疗事故以外的原因引起的其他医疗损害赔偿纠纷(以下简称“其他医疗损害赔偿纠纷”)。

医疗事故损害赔偿纠纷是医疗机构及其医务人员在医疗活动中，违反医疗卫生管理法规、行政法规、部门规章和诊疗护理规范、常规，过失造成患者人身损害，构成医疗事故引起的医疗损害赔偿纠纷。一般来说，对鉴定为构成医疗事故的就认定为医疗事故损害赔偿纠纷。

其他医疗损害赔偿纠纷，是除医疗事故损害赔偿纠纷以外的其他医疗侵权纠纷，包括医疗机构提供的医疗服务存在质量缺陷或医疗机构及其工作人员在医疗活动中违反医疗卫生管理法规、行政法规、部门规章和诊疗护理规范、常规，过失造成患者人身损害尚未引起医疗事故的损害赔偿纠纷。对此类纠纷的内涵和外延如何正确界定，尚待进一步深入探讨。

对于医疗侵权行为理论，一些学者已经开始作出大胆尝试，例如对医疗侵权行为的类型化研究。总之，因医疗侵权而引起的纠纷都可以通过医事诉讼寻求救济。

三、不属于医事诉讼受案范围的案件

(一)非法行医引起的纠纷

医患纠纷的一方主体必须是医疗机构或个体开业医师。不论是医疗机构还是个体开业医师都必须经批准，获得医疗机构开业许可证或开业执照才能从事医疗服务。也只有医疗机构或个体开业医师在提供医疗服务过程中，与患者或其家属之间发生的争议才属于医患纠纷。因为医患纠纷提起的诉讼属于医事诉讼的范畴。患者与非法行医者发生的纠纷通过医事诉讼之外的一般民事诉讼程序解决。

(二)利用医疗手段故意侵犯患者权利而引发的纠纷

通常所说的医疗侵权指的是医务人员因过失医疗行为给患者带来人身损害

的情形。如果医务人员利用医疗手段故意侵害患者权利，则与一般的民事侵权并无不同，只是侵权的方式比较特殊。那么这类纠纷也不属于医事诉讼的受案范围，而是普通的民事侵权案件。当然，如果造成的后果极其严重，触犯刑律，案件将通过刑事诉讼方式来解决，本章不做过多解释。

（三）因美容等非治疗疾病目的而引发的纠纷

医患法律关系的客体是医疗服务，只有以诊疗疾病为目的的行为才能称为医疗行为，因而也只有基于疾病诊疗以及与疾病诊疗有关的事项（如医疗费）而发生的纠纷才属于医患纠纷。为追求形体美而进行文眉、隆胸、抽脂等美容手术不属于医疗行为，当事人因美容手术而发生的争议也不属于医患纠纷。此外，某些行为虽具有强身健体的功效，但不是以治疗疾病为目的，如民间常见的点痣，单纯配近视、老花眼镜，传授内功和道术方法，或单纯的拔火罐，单纯的推拿按摩，也不属于医疗行为。当事人因上述行为发生的纠纷不属于医事诉讼的受案范围。

小　结

目前我国尚没有一部完整的医事法来规范医患双方的权利和义务，部分医疗行为也没有对应的医事法律规范。医患解决纠纷的方式也是在粗犷的民事、刑事、行政等大框架下操作，理论与实践中亟待完善医事程序法律规范，这将有利于医患双方的理解和沟通，缓解医患关系的矛盾，防范和减少医疗纠纷，建设和谐社会。应明确医事诉讼基本原则，掌握医事民事诉讼中诉、诉权、诉讼标的等基础理论以及应用，正确理解医事诉讼参加人的概念及范围，明晰医事诉讼的受案范围等问题。

思 考 题

1. 如何理解医事民事诉讼基本原则？
2. 简述诉的分类。
3. 医事民事诉讼当事人的含义是什么？
4. 试述医事诉讼的受案范围。

（王　萍　姜　鑫）

第十章 医事诉讼管辖

引导案例

2007年3月，吴某因骑车不慎摔伤，先后到县骨科医院、省医学院附属医院进行治疗，出院后，一直疼痛，到医院再检查后，方知接骨错位。与医院协商无果，吴某于2009年6月向市法院提起诉讼，要求医院赔偿。第一次开庭前，县骨科医院提起诉讼管辖异议，市法院驳回县骨科医院的管辖异议，县骨科医院未上诉。随后，吴某申请了医疗过错鉴定，鉴定的结果是县骨科医院有责任，吴某撤回了对省医学院附属医院的起诉。在第二次开庭时，县骨科医院又一次提出管辖异议，市法院支持了县骨科医院的申请。

市法院做法违反了法律管辖规定。

《最高人民法院关于〈适用中华人民共和国民事诉讼法〉若干问题的意见》（以下简称《适用意见》）第34条规定："案件受理后，受诉人民法院的管辖权不受当事人住所地、经常居住地变更的影响。"第35条规定："有管辖权的人民法院受理案件后，不得以行政区域变更为由，将案件移送给变更后有管辖权的人民法院。判决后的上诉案件和依审判监督程序提审的案件，由原审人民法院的上级人民法院进行审判；第二审人民法院发回重审或者上级人民法院指令再审的案件，由原审人民法院重审或者再审。"这就是"管辖恒定原则"。

1. 本案在2009年6月受理后，被申请人提出的管辖权异议已经被人民法院驳回，被申请人在法定期限内并未提出上诉，该裁定生效。

2. 根据《民事诉讼法》第38条规定：人民法院受理案件后，当事人对管辖权有异议的，应当在提交答辩状期间提出。人民法院对当事人提出的异议，应当审查。异议成立的，裁定将案件移送有管辖权的人民法院；异议不成立的，裁定驳回。被申请人在第二次开庭时又一次提出管辖权异议，早已超出法律规定的期限。

最高人民法院《关于经济纠纷案件当事人向受诉法院提出管辖权异议的期限问题的批复》第1条规定："人民法院受理的第一审经济纠纷案件当事人在法

律规定的答辩期限内对法院的管辖权提出异议的，法院应当就本院对该案件有无管辖权问题进行审议；逾期提出的，法院不予审议。”根据《适用意见》第 34 条、35 条规定以及该批复精神，对于答辩期内提出的管辖权异议，法院应作实质性审查，并根据审查结果作出裁定，超过规定期限提出而没有效力，法院应不予审查。

综上所述，申请人认为被申请人在开庭时再次提出管辖权异议，是没有法律依据的，因此应驳回被申请人提出的管辖权异议。

第一节　医事诉讼管辖概述

一、医事诉讼管辖的含义

管辖是诉讼的基础，是诉讼的首要环节。管辖确定后，案件的审判权才能够落实到具体法院，诉讼才能开始。当发生医事诉讼之后，当事人所要面临的第一个问题就是向有管辖权的法院起诉，这正是医事诉讼的管辖所要解决的问题。科学、合理地解决管辖问题，对医事诉讼程序运行具有重要意义。

医事诉讼本不是一个独立的诉讼门类，在我国诉讼法律体系中，根据诉讼性质不同，可以划分为民事诉讼、刑事诉讼和行政诉讼。医事法律是在调整公民生命健康活动中所形成的各种社会关系的法律规范的总和。医事诉讼解决的纠纷或案件是与医事法律调整的对象和医事活动紧密相关的诉讼，必然涉及医事法律的特别规定和诸多医事领域的问题。可以说，医事诉讼是诸多诉讼活动的一种特殊类型，因此医事诉讼中的有关规定是与三大诉讼法一致的，医事诉讼管辖的直接法律依据就是三大诉讼法以及相关的司法解释。

医事诉讼的管辖是指人民法院审判第一审医事案件的权限。这一概念可以从广义和狭义两方面来理解，广义的管辖包括立案管辖与审判管辖。所谓立案管辖，是指不同司法机关、社会组织之间行使各自职权和履行各自职责的范围和权限分工问题，立案管辖解决的是案件由哪一种类的机关或组织来处理的问题。审判管辖是审判机关即各级人民法院之间和同级人民法院之间审理和裁判第一审医事案件的权限和分工问题。一个案件经过立案管辖的判断之后，需要进一步确定由人民法院的哪一级、哪一个法院进行管辖，这是审判管辖解决的问题。而狭义的管辖仅指审判管辖。本文从广义的角度对管辖问题进行全面的阐述。

二、医事诉讼管辖的分类

(一)医事诉讼管辖在法律上的分类

我国法律根据诉讼活动所要解决的争议和案件性质，将诉讼分为刑事诉讼、民事诉讼与行政诉讼三大类。与之相对应,医事诉讼按照案件的性质不同,也应分为医事刑事诉讼、医事民事诉讼和医事行政诉讼三类。

医事刑事诉讼是与医事犯罪相关的概念。医事犯罪是将刑事犯罪按照特殊构成要件进行划分的一种特殊类别,是指一切破坏国家医药卫生管理制度和正常秩序,侵犯公民生命健康权,情节严重的,依照法律应当受到刑法处罚的行为。医事刑事诉讼是指公安机关、人民检察院、人民法院,在当事人和其他诉讼参与人的参加下,依照法定程序,查明案件事实,依据刑法判决被告人是否有医事犯罪行为和是否应当受刑事处罚所进行的侦查、起诉和审判活动。医事民事诉讼是指人民法院在当事人和其他诉讼参与人的参加下进行审理和解决医事民事案件的活动,以及由这些活动所产生的各种诉讼关系的总和。它是因平等的特殊主体(医事法律调整的社会关系主体)之间发生的以公民健康权、获得医疗保障权、知情同意权、自主选择决定权、健康保障权等为主要内容的民事权益争议而产生的诉讼。医事行政诉讼是指公民、法人或其他组织认为卫生行政机关的具体行政行为侵犯了自己的合法权益,依照行政诉讼法的规定向人民法院起诉,人民法院在双方当事人和其他诉讼参与人的参加下审理和解决医事行政案件的活动,以及在这些活动中所产生的法律关系的总和。

医事诉讼管辖根据诉讼性质的不同,也可以分为医事刑事诉讼管辖、医事民事诉讼管辖与医事行政诉讼管辖。不同类型的医事诉讼的具体管辖规则有很多相似的法理基础和规范内容,但也存在着明显的差别。三种类型管辖的具体规则主要体现在我国《刑事诉讼法》《民事诉讼法》和《行政诉讼法》以及相关的司法解释之中,这三大诉讼法都在各自的法律条文中对管辖作了专门规定,三类诉讼法均将管辖分为级别管辖、地域管辖、移送管辖、指定管辖四类,其中地域管辖又进一步分为一般地域管辖、特殊地域管辖、专属管辖和共同管辖。

需要特别强调的是,狭义上的民事诉讼、行政诉讼中的管辖只解决人民法院系统内受理第一审民事、行政案件的权限分工,不包括立案管辖的介绍,而刑事诉讼中的管辖除了要解决各人民法院之间的审判管辖外,还要解决公、检、法三机关之间立案受理刑事案件的职权分工,即刑事诉讼中的立案管辖或者职能管辖。因此,我国的刑事诉讼管辖除了上面提到的四种审判管辖外,还包括职能管辖。职能管辖将部分刑事案件的立案、侦查、受理权交给公安机关和检察院。但是,对这些刑事案件的审判权还是在人民法院。公安机关和人民检察院在侦查完毕后,认为应当追究刑事责任的,应将刑事案件移交有管辖权的人民法院进行审判。

另外,民事诉讼、行政诉讼中的当事人对某些案件的管辖有一定的选择权。因此,在其地区管辖中,除了上面提到的四种外,还包括协议管辖和选择管辖。

这两类管辖是"当事人意思自治原则"在民事诉讼、行政诉讼领域的运用，这意味着充分尊重当事人的意愿，使他们能够寻求最为信赖的人民法院进行诉讼，有利于纠纷的彻底解决。但刑事诉讼中无论是公诉案件还是自诉案件，当事人对案件管辖都不具有选择权和处分权，这是由刑事诉讼追究、惩罚犯罪的活动特点所决定的。

（二）医事诉讼管辖在诉讼理论上的分类

1.法定管辖和裁定管辖。根据管辖的确定是否由法律规定为标准，可以将管辖分为法定管辖和裁定管辖。

法定管辖是法律明确规定哪些案件由哪一级人民法院中的哪一个法院行使管辖权，人民法院本身对于管辖的确定没有任何的自由裁量权。在法定管辖中，依据法院对案件的纵横管辖关系的不同，又可以分为级别管辖和地域管辖。法定管辖是确定管辖的基本依据。

裁定管辖是由依照法律规定的享有裁量权的法院作出裁定或决定，以确定具体的管辖法院，人民法院可以在法律规定的权限范围内对于具体案件的管辖作出处理。在裁定管辖中，依据管辖的决定方式不同，又可以分为指定管辖、移送管辖和管辖权的转移。

从法定管辖和裁定管辖的关系来看，法定管辖是针对诉讼管辖的一般情形作出的，而裁定管辖则是针对特殊情形而规定的。设定裁定管辖是为了落实法定管辖的规定，或对法定管辖进行个别调整或补充。

2.专属管辖和协议管辖。根据管辖是否由法律强制规定，是否允许当事人协议变更为标准，可以将管辖分为专属管辖和协议管辖。

专属管辖是指法律规定某类案件只能由特定的人民法院管辖，其他法院无管辖权，当事人也不得以协议方式变更管辖。这主要是基于诉讼对象的特殊性所决定，如行政诉讼法中规定，因不动产而引起的行政诉讼，由不动产所在地的人民法院管辖。这种管辖排除其他管辖规定或协议管辖的适用。

协议管辖，又称为约定管辖或合意管辖，是指尽管法律已经对管辖作出了规定，但同时法律又允许当事人以书面协议方式选择其他管辖法院，人民法院在确定案件纠纷的管辖权时，以当事人的约定为先。这种关系表现了对当事人意愿的尊重，因此主要体现在旨在调整平等主体之间的诉讼法律关系的民事诉讼中。需要注意的是，协议管辖的适用前提是不得违背级别管辖和专属管辖的规定。

3.共同管辖、选择管辖和合并管辖。根据诉讼主体、诉讼客体与法院辖区之间的关系不同，可以将管辖分为共同管辖、选择管辖和合并管辖。

共同管辖是指依照法律的规定，两个以上的人民法院对同一案件都有管辖权。例如，同一诉讼的几个被告住所地、经常居住地在两个以上人民法院辖区内的，各个人民法院都有管辖权。再如，根据《刑事诉讼法》第24条的规定："刑事案件由犯罪地的人民法院管辖。如果被告人居住地的人民法院审判更为适宜，可以由被告人居住地的人民法院管辖"。这里作为犯罪地包括犯罪预备地、犯罪行为实施地、犯罪结果发生地和销赃地，如果上述地点的管辖权分别属于处于不同辖区的法院，上述各个法院均有管辖权，便出现了共同管辖。

对共同管辖的诉讼，法律要求只能作单一的选择，即选择管辖。选择管辖是指法律规定两个以上的人民法院对同一个案件都有管辖权时，当事人可以选择其中一个人民法院提起诉讼。选择管辖在不同的诉讼法中有不同的表现，在民事诉讼法和行政诉讼法中，这个选择权在原告一方，由原告方在有管辖权的人民法院范围内自由选择，如果原告向两个以上有管辖权的法院都起诉的，由最先立案的法院管辖。但在刑事诉讼法中，这个选择权已由法律作了决定，即由最先受理案件的人民法院审判。

合并管辖，亦即牵连管辖，是指对某一案件有管辖权的人民法院，因为另一案件与该案件存在着牵连关系，而对两个案件一并管辖和审理，其实质是对某案件有管辖权的人民法院基于牵连关系而对另一原本无管辖权的案件并归自己管辖。如果人民法院对另一诉讼案件原本就有管辖权的，则不发生合并管辖问题。如原告提起诉讼之后，被告向同一人民法院提起反诉，人民法院因为对本案本诉有管辖权，而取得了对反诉的管辖权。

第二节　医事诉讼立案管辖

一、立案管辖的含义

所谓立案管辖，是指不同司法机关、社会组织之间行使各自职权和履行各自职责的范围和权限分工问题。

通常意义上说，立案管辖是刑事诉讼中的概念，在民事诉讼与行政诉讼中与之相似的概念应该是主管。主管是指国家机关、社会组织之间行使各自职权和履行各自职责的范围和权限。任何国家机关、社会组织都有不同的职能，其主管事务的权限和范围也就有所不同。

二、医事民事、行政诉讼立案管辖

在民事诉讼和行政诉讼中，由当事人直接向人民法院提起诉讼，人民法院审查后根据是否属于本院的受案范围及管辖权限，决定是否予以立案。

根据《医疗事故处理条例》第46条的规定，发生医疗事故的赔偿等民事责任争议，医患双方可以协商解决；不愿意协商或者协商不成的，当事人可以向卫生行政部门提出调解申请，也可以直接向人民法院提起民事诉讼。对于当事人向卫生行政部门提出调解申请，《条例》第38条规定，由医疗机构所在地的县级人民政府卫生行政部门管理。医疗机构所在地是直辖市的，由医疗机构所在地的区、县人民政府卫生行政部门受理。根据该条的规定，医事平等主体间发生医疗纠纷，围绕健康权、知情同意权等医疗权益发生争议之后，就可以向人民法院提起诉讼，此时人民法院应该受理。

根据《行政诉讼法》的规定，符合法律规定的受案范围的所有行政争议都可以向人民法院起诉，人民法院应当受理并审判。结合医事法的实际，当卫生行政机关的具体行政行为侵犯了卫生行政案件相对人的合法权益时，相对人可以向人民法院提起诉讼，人民法院应该受理。

三、医事刑事诉讼立案管辖

当发生与医事相关的刑事案件之后，受理案件的分工问题是医事刑事案件发生后所要面临的第一项任务。刑事诉讼中的立案管辖是指公安机关、人民检察院和人民法院之间立案受理刑事案件的分工制度。

刑事案件存在着公诉案件与自诉案件之分。自诉案件由自诉人直接向人民法院提起，直接进入审判程序，公诉案件则要经历立案、侦查、移送、审查、起诉等阶段之后进入审判程序，因此对于自诉案件，人民法院的立案管辖与审判管辖合二为一，都是审判权的具体落实，而公诉案件的立案管辖则与审判管辖有明显的区别。

管辖与立案、侦查、起诉和审判等既互相区别又互相联系。区别在于，管辖是在开始诉讼程序之前对司法机关受理或是最初审判刑事案件的权限范围进行的确定，立案、侦查、起诉和审判则是司法机关开始刑事诉讼、调查取证、核查案件事实和对案件进行处理的方式、程序和活动。而他们的联系是：一方面，管辖制度的内容和要求必须融合于立案等程序和活动中，才能发挥出积极的作用；另一方面，管辖制度又是合法启动立案、侦查或第一审程序的重要基础，在很大程度上直接制约着相应诉讼活动的运行效率。

第三节　医事诉讼地域管辖

一、医事民事诉讼地域管辖

（一）地域管辖含义及医事民事诉讼地域管辖一般规定

所谓地域管辖是指按照各人民法院的辖区和民事案件的隶属关系来划分诉

讼管辖，也就是同级人民法院之间受理第一审民事案件的分工。地域管辖是在案件审判级别确定后对管辖权的进一步划分，主要解决在同级法院间案件由哪一个法院管辖的问题，因此级别管辖是地域管辖的前提和基础，地域管辖是级别管辖的具体落实，两者共同构成管辖制度的核心内容。

地域管辖分为一般地域管辖、特殊地域管辖、专属管辖、共同管辖、选择管辖和协议管辖六小类。《民事诉讼法》第 22 至 35 条规定了地域管辖标准和原则，医疗纠纷诉讼并不在原告所在地法院管辖的例外规定和特殊地域管辖中，因此，按诉讼法规定，医疗诉讼应该适用一般地域管辖，《民事诉讼法》第 20 条规定："对公民提起民事诉讼，由被告住所地人民法院管辖"。因此，其管辖原则是由被告，即医疗机构所在地人民法院管辖。同时，对公民提起的医疗纠纷民事诉讼，由被告住所地人民法院管辖；被告住所地与经常居住地不一致的，由经常居住地人民法院管辖。对法人或者其他组织提起的民事诉讼，由被告住所地人民法院管辖，同一诉讼的几个被告住所地、经常居住地在两个以上人民法院辖区的，各人民法院都有管辖权。

（二）医事民事诉讼地域管辖具体规则

医疗服务合同纠纷和医疗事故损害赔偿纠纷起诉的案由不同，前者属于合同纠纷案由中的服务合同；后者属于侵权纠纷案由中的人身权纠纷，其管辖具体规则有所不同。

首先，因医疗侵权行为提起的诉讼，由侵权行为地或者被告住所地人民法院管辖。

医疗纠纷诉讼一般定性为侵权诉讼。根据《民事诉讼法》第 29 条规定："因侵权行为引起的诉讼，由侵权行为地或者被告住所地人民法院管辖"。同时，根据最高人民法院《关于适用〈中华人民共和国民事诉讼法〉若干问题的意见》第 28 条规定"《民事诉讼法》第 29 条的侵权行为地包括侵权行为实施地、侵权结果发生地"。可见，因医疗侵权行为提起的诉讼，由侵权行为地或者被告住所地人民法院管辖。

其次，因医疗合同纠纷提起的诉讼，由被告住所地或者合同履行地人民法院管辖。合同的双方当事人可以在书面合同中协议选择被告住所地、合同履行地、合同签订地、原告住所地、标的物所在地人民法院管辖，但不得违反本法对级别管辖的规定。

值得注意的是，管辖权是诉讼的基础，按我国民事诉讼法规定，医疗纠纷诉讼应该适用一般地域管辖，由医疗机构所在地人民法院管辖。但是由于部分司法界存在地方保护主义导致不当管辖，影响医疗争议案件的公正判决，司法界在处理法律效果与社会效果的关系时应该以司法公正来促进社会和谐，而不是不顾原则、不要正义。医患诉讼的实质在于经济利益的冲突，诉讼本身就是医患双方的博弈。无论是原告还是被告均希望获取有利判决。特别是医患双方分处异地时，获取有利判决的前提是争得诉讼的管辖权，管辖权显得尤为重要。而在司法实践中，医疗纠纷诉讼的管辖权问题一直备受争议。患者就医的多地域性决定医疗诉讼可能涉及多个不同地域的医疗机构，患方为规避管辖权而恶意列出多个被告，混乱管辖权，选择对自己有利的本地法院进行诉讼，使异地医疗机构对应诉、鉴定和答辩产生困难。法院有时也可能会基于地方保护主义和经济因素，对管辖权错误判断而受理不属于本法院管辖的案件，因此有可能会影响司法公正。法院审理医疗赔偿案件，保护所谓“弱势群体”的同时，在一定程度上也要保护医院和医生，严格遵循法律的规定，以利于整个医疗事业的发展。“原告就被告”是我国民事诉讼的基本原则，司法裁判机构应恰当地平抑医疗诉讼，如果更多地支持和鼓励医疗诉讼，必然导致医方利益的过度损害。对一方利益的过度损害，最终必然影响到另一方的根本利益的存在。这样双损的结果绝对违背了立法的初衷。因此应当尽快立法，以法律的手段明确医疗损害诉讼的管辖权，体现司法公正，减少争议，以维护医患双方的合法权利。

二、医事行政诉讼地域管辖

行政诉讼地域管辖，又称“行政区域管辖”“行政土地管辖”，是指同级人民法院之间受理第一审行政案件的分工和权限。其要解决的是法院的横向分工。它是在级别管辖确定的前提下，对管辖权的深化。行政诉讼法所确定的地域管辖分为一般地域管辖和特殊地域管辖。

（一）一般地域管辖

一般地域管辖又称“普通地域管辖”，是指按照最初作出具体行政行为的行政机关所在地确定的管辖。

根据行政诉讼法的规定，以下两种情况下，由最初作出具体行政行为的行政机关所在地人民法院管辖：凡是未经复议而直接向人民法院起诉的；经过复议，复议机关维持原决定的。这一规定的出发点主要是考虑便于双方当事人进行诉讼，便于人民法院审理案件及地方性法规、地方政府规章的适用。

（二）特殊地域管辖

特殊地域管辖又称“特别管辖”，是指根据具体行政行为的特殊性或者标的物所在地来确定的管辖，可分为共同管辖和专属管辖。

1. 共同管辖，即两个或者两个以上的人民法院对同一行政案件都有管辖权。

共同管辖有两种情况：第一，经过复议，复议机关改变原具体行政行为的，由最初作出具体行政行为的行政机关所在地，或者由复议机关所在地的人民法院管辖。所谓“改变原具体行政行为”，包括三种情况：改变原来具体行政行为所认定的主要事实和证据的；改变原具体行政行为所适用的规范依据且对定性产生影响的；撤销、部分撤销或者变更原具体行政行为处理结果的。具有以上三种情形之一的，均属于改变原具体行政行为。第二，对限制人身自由的行政强制措施不服提起的行政诉讼，由被告所在地或者原告所在地人民法院管辖。所谓“原告所在地”包括原告的户籍所在地、经常居住地和被限制人身自由所在地，行政机关基于同一事实既对人身又对财产实施行政处罚或者采取行政强制措施的，被限制人身自由的公民、被扣押或者没收财产的公民、法人或者其他组织对上述行为均不服的，既可以向被告所在地人民法院提起诉讼也可以向原告所在地人民法院提起诉讼，受诉人民法院可一并管辖。

在上述情况下，原告可以选择两个或者两个以上有管辖权的人民法院中的一个起诉。如果原告同时向两个或者两个以上有管辖权的人民法院起诉的，由最先收到起诉状的人民法院管辖。

2.专属管辖，即因不动产提起的行政诉讼，由不动产所在地人民法院管辖。在此情况下，确定管辖的其他标准均不适用。在医事行政诉讼中，一般很少涉及。

三、医事刑事诉讼地域管辖

医事刑事诉讼的地域管辖是指同级人民法院之间，在审判一审过程中涉及医事犯罪的刑事案件的权限划分。根据《刑事诉讼法》第24条的规定：“刑事案件由犯罪地的人民法院管辖。如果被告人居住地的人民法院审判更为适宜，可以由被告人居住地的人民法院管辖。”基于刑事诉讼的任务，也就是为了便于准确、及时收集证据，使被害人、证人便于出庭参加诉讼，便于当地的群众对本案进行监督，教育当地的人民群众，同时也是为了节约诉讼成本，所以原则上是由犯罪地的人民法院进行审理。根据一般解释，作为犯罪地不仅仅是犯罪行为的实施地，而是包括犯罪预备地、犯罪行为实施地、犯罪结果发生地和销赃地。但是，按照最高人民法院司法解释的规定，对于犯罪地的理解是限制解释，犯罪地是指犯罪行为发生地。以非法占有为目的的财产犯罪，犯罪地包括犯罪行为发生地和犯罪分子实际取得财产的犯罪结果发生地。

根据刑事诉讼法的规定，如果由被告人居住地的人民法院审判更为适宜的，可以由被告人居住地的人民法院管辖。这里所说的是被告人的户籍所在地、居住地。什么是“更为适宜的”，是根据案件和被告人的具体情况来决定的。被告人流窜作案，导致犯罪地界限不明，可能有多个犯罪地的情况下，其居住地群众更加了解案情，对被告人的押送比较安全和方便的案件的；在被告人居住地的民愤极大，当地群众强烈要求在其居住地审判的；被告人可能判处有期徒刑、拘役、缓刑、管制而应在被告人居住地进行监督考察和改造的。

第四节　医事诉讼级别管辖

一、医事民事诉讼级别管辖概述

（一）级别管辖概念

所谓级别管辖，是指各级人民法院之间受理民事医事案件的权限分工。也就是上下级人民法院之间的审判权范围，这是确定法院管辖的首要环节。级别管辖的特点在于，它是划分不同级别的法院之间管辖第一审民事案件的总体上的分工，并不直接涉及某一具体法院。

（二）级别管辖规则

根据我国的法院级别设置，医事民事诉讼的级别管辖规则相应地分为四种情况。

1. 基层人民法院管辖的第一审案件。《民事诉讼法》第18条规定："基层人民法院管辖第一审民事案件，但本法另有规定的除外。"根据此规定，第一审医事民事案件原则上由基层人民法院管辖，即区（县）一级人民法院，受理除法律另有规定外的一审医事民事案件。这样的设置好处在于方便当事人进行诉讼，便于人民法院办案。

2. 中级人民法院管辖的第一审案件。根据《民事诉讼法》第19条的规定，中级人民法院管辖下列第一审民事案件。

（1）重大涉外案件。民事诉讼法曾规定，涉外案件均由中级人民法院管辖。近年来，随着市场经济的发展，涉外民事案件、经济纠纷案件大量增加，而且基层人民法院审判人员的业务素质已有很大提高，现已没有必要将所有的涉外案件归由中级人民法院管辖。因此，在中级人民法院管辖的第一审民事案件中，将"涉外案件"改为"重大涉外案件"。这样，一般涉外案件由基层人民法院管辖，重大案件仍由中级人民法院管辖。

（2）在本辖区有重大影响的案件。

（3）最高人民法院确定由中级人民法院管辖的案件。最高人民法院可以根据实际需要，确定某些特殊类型的案件由中级人民法院管辖。此类案件现有以下几种：海事、海商案件，专利纠纷案件。

在医事民事诉讼中，如果医事法律关系的主体、内容、客体三者之一含有涉外因素，或者医疗纠纷案情复杂、涉及面广、诉讼标的金额较大，案发后案件处理结果的影响超过了基层人民法院的辖区范围，基层人民法院已经不便于行使管辖权之时，由中级人民法院进行管辖。

3.高级人民法院管辖的第一审案件。按照《民事诉讼法》第20条的规定，高级人民法院管辖在本辖区有重大影响的第一审民事案件。高级人民法院的主要任务是对本辖区下级人民法院的审判工作进行监督和业务指导，并审理不服中级人民法院作出一审裁判而提起的上诉案件，因此，高级人民法院一般不适宜审理普通的医事民事案件，但在高级法院辖区内有重大影响的第一审医事民事案件，应由高级人民法院管辖。

4.最高人民法院管辖的第一审民事案件。按照《民事诉讼法》第21条的规定，最高人民法院管辖下列第一审民事案件：在全国有重大影响的案件；认为应当由本院审理的案件。

最高人民法院是国家最高审判机关，负责监督、指导地方各级人民法院和专门人民法院的审判工作，负责审理不服高级人民法院裁判的上诉案件，并对审判过程中如何具体适用法律作出解释。正因为如此，民事诉讼法在管辖问题上赋予最高人民法院较大的机动权，如果认为某案件应由自己审判，就可取得对该案件的管辖权。医事民事案件适用与之相一致的管辖规定。

二、医事行政诉讼级别管辖

我国行政诉讼法关于级别管辖有下列规定，这也是适用于医事行政诉讼级别管辖的具体规则。

1.基层人民法院管辖除上级人民法院管辖的第一审行政案件以外的其他第一审行政案件。

2.中级人民法院管辖三类案件：确认发明专利权的案件和海关处理的案件；对国务院各部门或者省、自治区、直辖市人民政府所作出的具体行政行为提起诉讼的案件；本辖区内重大、复杂的案件。

根据2008年2月1日开始施行的《最高人民法院关于行政案件管辖若干问题的规定》，有下列情形之一的，属于“本辖区内重大、复杂的案件”：被告为县级以上人民政府的案件，但以县级人民政府名义办理不动产物权登记的案件可以除外；社会影响重大的共同诉讼、集团诉讼案件；重大涉外或者涉及香港特别行政区、澳门特别行政区、台湾地区的案件；其他重大、复杂案件。

3.高级人民法院管辖本辖区重大、复杂的第一审行政案件。

4.最高人民法院管辖全国范围内重大、复杂的第一审行政案件。

三、医事刑事诉讼级别管辖

(一)医事刑事诉讼的级别管辖含义

医事刑事诉讼的级别管辖是指各级人民法院在审判第一审涉及医事犯罪的刑事案件的职权范围。它解决的是各级人民法院之间审判第一审刑事案件上的权限分工的问题,也就是确定哪些案件应该由哪一级人民法院进行审理和裁判。明确医事刑事诉讼的级别管辖要注意两点:一是级别管辖解决的是不同级别的法院(而不是不同地区和不同类别的法院)在受理第一审案件时的分工和权限;二是级别管辖只针对第一审案件,不针对其他审级(如二审和再审)的案件。

(二)影响医事刑事诉讼的级别管辖因素及划分

确定医事刑事诉讼的级别管辖所要考虑的因素包括:案件的性质和影响;罪行轻重程度和可能判处的刑罚;涉及面和影响的大小;不同级别法院的地位和工作负担的平衡;方便诉讼参与人参与诉讼;原则性与灵活性。我国的法院分为四级,根据刑事诉讼法第 19 条到 22 条的明确规定,对这四个级别的法院在刑事诉讼的管辖权进行了明确的划分。

1. 基层人民法院管辖的第一审案件。根据《刑事诉讼法》第 19 条的规定:"基层人民法院管辖第一审普通刑事案件,但是依照本法由上级人民法院管辖的除外。"可见,除了由上级法院管辖的案件外,其他案件都由基层人民法院管辖。这样的管辖规则主要是基于基层法院分布地区广、数量也最多、最接近犯罪地、也最接近人民群众的考虑而确立的。让法院就地审理案件,便于诉讼参与人就近参加诉讼活动,有利于审判工作的顺利进行和及时、正确处理案件。同时便于群众参加旁听案件的审判,能够充分发挥审判活动的教育作用。因此,除了最高人民法院、省级人民法院、中级人民法院受理案件之外的一切涉及医事犯罪的刑事案件,都由基层人民法院进行审判。

2. 中级人民法院管辖的第一审案件。根据《刑事诉讼法》第 20 条的规定,由中级人民法院审理的案件主要包括两类:危害国家安全、恐怖活动案件;可能判处无期徒刑、死刑的普通刑事案件。

当涉及医事犯罪的刑事案件进入诉讼程序之后,按照上述规定确定中级人民法院的管辖。可能判无期徒刑、死刑的医事刑事案件,如已致人死亡或造成严重人身伤害的制售假劣药品或有毒、有害食品罪行等,就应该由中级人民法院管辖。这两类案件之所以提高审级由中级人民法院进行管辖,原因在于案件性质比较敏感,或者案情本身比较复杂,同时对被告人判处的刑罚也较重,所以需要提高审级。中级人民法院是确定级别管辖的关键,除了基层人民法院管辖的第一审案件外,其他案件主要由中级人民法院管辖。同时,中级人民法院还要审理基层人民法院审结后的上诉案件，并对基层人民法院的工作进行监督和指导。

需要注意的是，中级人民法院应当尽可能审理无期徒刑、死刑的案件，但必要的情况下，也可以审理无期徒刑以下的案件。同时，人民检察院认为可能判处无期徒刑、死刑而向中级人民法院提起公诉，中级人民法院受理后，认为不需要判处无期徒刑以上刑罚的，可以依法审理，不再交由基层人民法院审理。需要明确，这里规定的是“可以”依法审理，而不是必须依法审理。也就是说，中级人民法院认为不需要判处无期徒刑以上刑罚的，也可以交由基层人民法院审理。

3.高级人民法院管辖的第一审案件。根据《刑事诉讼法》第21条的规定，高级人民法院管辖在本省(自治区、直辖市)内有重大影响的第一审案件。这是因为高级人民法院的主要职能是作为中级人民法院的上诉审法院审理第二审案件，同时对本辖区的下级人民法院的工作进行业务上的指导与审判监督。因此，高级人民法院的第一审案件的审判任务不宜过重，只有发生全省(直辖市、自治区)性的重大医事刑事案件，才由高级人民法院作为第一审法院进行管辖。

4.最高人民法院管辖的第一审案件。最高人民法院是我国的最高审判机关，其主要任务是指导和监督地方各级人民法院和各专门人民法院的审判工作，审理不服高级人民法院裁判的上诉案件，并对审判过程中如何适用法律、法规进行司法解释工作，同时拥有对死刑复核案件的死刑复核权。为了保证最高人民法院有效地行使上述各项职能，根据《刑事诉讼法》的规定，最高人民法院管辖的一审案件为“全国性的重大刑事案件”。当某一医事犯罪造成了全国范围内的重大影响时，由最高人民法院作为第一审管辖法院，从全局出发，正确地处理案件，维护法律的尊严。

(三)级别管辖的变通

级别管辖在某些时候会出现变通的情形，级别管辖的变通，也就是案件在上下级法院之间的移动。案件在法院系统内部移动要遵循一定的规则，当不符合法定条件时不得移动，如只能上收不能下放，并且上收主要是为了实现公正审判；案件的移动要履行较为复杂的手续。

理解级别管辖的变通规则时应当注意两个问题。

1.级别管辖可以上收。也就是说，某些下级人民法院管辖的案件可以由上级人民法院管辖。首先，上级人民法院可以审判下级人民法院管辖的刑事案件。中级人民法院接受公诉机关的起诉后，发现本案不应当判处无期徒刑以上刑罚的，也可以继续审理该案。其次，下级人民法院认为案件重大、复杂，需要由上级人民法院审判的，也可以请求由上级人民法院审判。如基层人民法院认为案情重大、复杂，需要由中级人民法院审判的第一审刑事案件，可以请求移送中级人民法院审判。

2.管辖权不能下放。也就是说，上级人民法院不能将本来应当由本院管辖的案件指定下级人民法院审判。因为管辖权的下放可能导致两个方面的问题。一是难以保证审判质量。下级人民法院无论是在人员素质还是在抗干扰能力方面都无法与上级人民法院相提并论，因而将本来应当由上级人民法院管辖的案件交下级人民法院管辖难以保证案件的审判质量。二是可能变相剥夺当事人的上诉权。比如在实践中，中级人民法院以及地方政府都倾向于对被告处以重刑，这时候，如果由中级人民法院审理，被告人还可以上诉到高级人民法院。相反，如果允许管辖权下放，中级人民法院将案件下放到基层人民法院，那么被告人即使上诉也只能上诉到中级人民法院，很难获得有利于自己的判决。

第五节　医事诉讼管辖权冲突

医事诉讼中可能会遇到几个法院都有管辖权或者认为都没有管辖权的情况，即所谓的管辖权冲突，几个法院都有管辖权时为积极冲突，都没有管辖权时为消极冲突。这种情况下，需要裁定管辖来解决冲突问题。

裁定管辖是与法定管辖相对而言的，是指以人民法院裁定来确定案件的管辖权。根据我国民事诉讼法、行政诉讼法和刑事诉讼法的理论，裁定管辖可以分为三种情形，即移送管辖、指定管辖与管辖权的转移。

一、移送管辖

移送管辖是指人民法院受理案件之后，发现本院对案件没有管辖权，而依法通过裁定方式将案件移送给有管辖权的人民法院管辖的法律制度。移送管辖是对错误的管辖行为的一种纠正，实质是案件的移交，而不是改变案件的法定管辖权。移送管辖在民事、行政、刑事诉讼中都存在。

《民事诉讼法》第36条规定："人民法院发现受理的案件不属于本院管辖的，应当移送有管辖权的人民法院，受移送的人民法院应当受理。受移送的人民法院认为受移送的案件依照规定不属于本院管辖的，应当报请上级人民法院指定管辖，不得再自行移送。"由此，当一个医事民事案件由人民法院受理之后，发现受理该案的人民法院对本案没有管辖权时，可以将案件移交给有管辖权的法院审理。

二、指定管辖

指定管辖是指上级人民法院以裁定指令的方式，指定其辖区内的下级人民法院对某一个案行使管辖权，将某一案件交由下级人民法院管辖的制度。在指定管辖的情况下，下级人民法院对所受理的案件存在管辖异议或者几个下级法院之间就某一案件的管辖权存在异议需要上级人民法院指定管辖。刑事、民事、行政案件中都存在指定管辖的情况。

《民事诉讼法》第37条规定:“有管辖权的人民法院由于特殊原因,不能行使管辖权的,由上级人民法院指定管辖。人民法院之间因管辖权发生争议,由争议双方协商解决;协商解决不了的,报请它们的共同上级人民法院指定管辖。”据此,当由于某些特殊原因,有管辖权的人民法院不能对某一医事民事案件行使管辖权或者管辖权发生争议,人民法院之间协商未能解决之时,根据相关法律规定,可以将该医事民事案件指定给某一人民法院管辖。

三、管辖权的转移

管辖权的转移是裁定管辖的又一种类型,它是指基于上级法院的同意或决定,下级法院将本由自己管辖的行政案件交给上级人民法院审理,或者是上级人民法院将本由自己管辖的案件交由下级法院审理,从而最终决定案件管辖法院的制度。

《民事诉讼法》第39条规定:“上级人民法院有权审理下级人民法院管辖的第一审民事案件,也可以把本院管辖的第一审民事案件交下级人民法院审理。下级人民法院对它所管辖的第一审民事案件,认为需要由上级人民法院审理的,可以报请上级人民法院审理。”这是案件管辖权的一种转移,移送法院本身对案件有管辖权,并且管辖权的转移仅在上下级人民法院之间进行,与移送管辖有明显的区别。

小　结

医事纠纷发生后,当事人如果选择通过诉讼途径解决问题,面临的首要问题就是管辖。医事诉讼的管辖是指人民法院审判第一审医事案件的权限。医事诉讼管辖依据纠纷案件性质不同可分为医事刑事诉讼管辖、医事民事诉讼管辖和医事行政诉讼管辖。其中,医事民事诉讼管辖又可分为医事合同诉讼管辖和医事侵权诉讼管辖。本章根据我国三大诉讼法及相关司法解释的规定,主要介绍了医事诉讼管辖的概念、医事诉讼管辖的分类以及医事诉讼管辖冲突问题。

思 考 题

1. 什么是医事诉讼管辖?
2. 简述医事诉讼管辖的分类。
3. 简述医疗侵权诉讼管辖与医疗合同诉讼管辖的区别。

(邓　红　张赫楠)

第十一章　医事诉讼证据与证明

引导案例

5月11日零时30分左右，衡阳市郊一位3岁男孩被送到某大学附一医院急诊。刚接班不久的医生袁某发现"患儿呼吸急促、口唇发绀，迅速送到急救室5号床吸氧"，同时施行一系列抢救措施，并由其父尹某在病危通知单上签字。凌晨1时48分，孩子的心跳停止；2时10分宣告临床死亡。据医生袁某介绍，患儿死后，其父母就离开了病室。大约5分钟后，来了两个自称是死者父母朋友的人，在听完自己对孩子死因的解释后，要求对孩子未用完的药物予以保留，患儿尸体待其爷爷看一眼后交医院处理，即证据保全，医生袁某当即表示同意。然而医方没有遵守诺言，死者未用完的输液瓶被医院护士撤下，最后导致死者家属及一些不明身份者，对值班医生袁某大打出手，致使其颅底骨折、颈椎间盘膨出，为找"医院领导"还强迫他抱着死尸达3个小时，该事件不仅使当事的医生身心备受摧残，而且还引发该院医生的集体辞职。5月28日衡阳警方正式向外界宣布，直接造成"5·11"医生受辱事件的3个人已于23日被警方以"涉嫌聚众扰乱社会秩序罪"正式批捕。对于26岁的尹某来说，刚经丧子之痛，亲人又身陷牢狱，这样的结果，也许是始料未及的。不管这起震惊全国的医生受辱案最后的处理结果如何，它留给当事各方肉体和心灵的创伤显然是短时间内无法愈合的。①

第一节　医事诉讼证据概述

一、医事诉讼证据的概念

何为证据？英国思想家边沁(Jeremy Bentham)曾说，"证据是正义的基础"，"证据的范畴即为知识的范畴"。这是从哲学或法哲学的角度谈证据的概念。所谓民事诉讼证据，是指在民事诉讼中能够证明案件真实情况的各种资料，简称为

① 资料来源见刘红军、付玉梅：《医疗事故处理条例对患方证据保全权的确立及不足——从衡阳"5.11"医生受辱事件谈起》，《法律与医学》2002年第4期。

“民事证据”，是民事诉讼中法院认定案件事实作出裁判的根据。“证据”这一概念实际上包含了两种含义：其一，作为证据信息物质载体含义，是法院用于认定事实的资料，通常称为“证据资料”；其二，利用某种物体和其他形式作为证明案件事实的方法，通常称为“证据方法”。从证据的特征来看，证据必须与要证明的案件事实具有关联性，并且符合法律规定的要求，具有其合法性。另外，按照证据客观性的观点，证据还应当是客观存在的事实。证据不仅是当事人证明自己主张的证据材料，也是法院作出裁判的根据。只有经过质证和认证的证据，才能作为认定案件事实和裁判的根据。

结合上述分析，医事诉讼证据可定义为：在医事诉讼中能够证明案件真实情况的各种资料，简称为“医事证据”，是医事诉讼中法院认定案件事实作出裁判的根据。其具体内容包括三个方面：首先，医事诉讼证据必须符合法律规定的要求，具备我国民事诉讼法中所规定的证据形式；其次，医事诉讼证据必须是能证明医事案件事实存在与否的事实，即其本质上仍然是事实；最后，医事诉讼证据必须经过法定的程序才能被认定，即在被认定之前证据应该被称为“证据资料”。

二、医事诉讼证据的特征

我国证据法学的传统观点认为证据的特征即证据所特有的表征，主要表现在三个方面：客观性、关联性、合法性，这三个方面相互联系、缺一不可。医事诉讼证据与一般民事诉讼证据一样，也必须具有客观性、关联性、合法性，否则将不能作为最终裁判的依据。

（一）证据的客观性特征

证据的客观性是指能证明医事诉讼案件事实真相的、不依赖于主观意识而存在的客观事实。这一客观事实是发生在医疗活动当中，即发生在医患关系存续过程中，是当事人或他人看到、听到或感受到的客观事实，或是诊疗活动留下的痕迹物品，或是由文字或者某种符号记载下来的书证资料，等等。证据必须是客观存在的事实，客观性是证据的基本属性，任何推测、假设、臆想、制造的事实都不能成为证据。2002年开始实施的《医疗事故处理条例》（以下简称《条例》）明确规定，医生为了掩盖诊疗过程的真实情况而篡改的病历不能成为医疗机构证明自己无过错的证据，因为篡改过的病历已经失去了真实性。当然，证据的客观性是相对的。因为证据要经过审判人员的审查，通过当事人质证和法官的认证方式来确定是否具有客观性，这使得证据的客观性打上了主观性的烙印，从而使证据成为主观性和客观性的有机统一。

（二）证据的关联性特征

证据的关联性是指作为证据的事实不仅是一种客观存在，而且它必须与医事诉讼案件所要查明的事实之间存在逻辑上的联系，能以其自身的存在单独或与其他事实一道证明案件事实的存在或不存在。如果作为证据的事实与要证明的事实之间没有联系，即使它是真实的，也不能作为证明争议案件的证据。没有关联性就不是证据，关联性是证据力的本质。当然，这种联系可以是直接的联系，也可是间接的联系。譬如，病历档案中记载的用药剂量不符合常规，即可作为与医疗损害事实有关联的证据使用。对有关证据与待证事实之间是否有关联性的判断，体现了对其进行的价值评估。

（三）证据的合法性特征

证据的合法性是指证据必须由当事人按照法定程序提供，或由法定机关、法定人员按照法定的程序调查、收集和审查。也就是说，证据的来源、内容、形式都必须符合法律的规定，否则该证明材料因不合法而不能作为认定案件事实的证据。非法证据既包括执法机关以非法手段、方法收集的证据，也包括律师、当事人等采取非法手段制作或调查收集的证据。

证据的合法性首先表现在来源的合法性上，搜查取证必须严格依法进行，严禁以暴力、威胁、引诱、欺骗以及其他非法的方法收集证据。《条例》第九条明确规定，严禁涂改、伪造、隐匿、销毁或者抢夺病历资料。作为医疗机构合法财产的病历，其权利当然受法律保护，按照2001年12月最高人民法院《关于民事诉讼证据的若干规定》（以下简称《证据规定》）理解，无论被抢走的病历是否被涂改都不能作为证据使用。比如，强迫医生承认存在违反医疗规范行为的录音就不能作为证据存在。

证据的合法性其次表现在内容的合法性上，这是指提交到法庭的证据应当符合法律的要求，必须以法律规定的形式表现出来。医疗行为的特殊性决定了在实施过程中必然会形成诸多特殊的证据，而这些证据的特殊性就体现在其必须具备法定的形式，必须履行完备的手续。比如，如果医疗机构没有履行患方在手术同意书上签名的手续，那么该手术同意书就不能作为医院有医疗权的证据，医方就应该为自己擅自为患者手术的行为承担侵权责任。再如，医事诉讼中的病历档案要成为证据，必须经过法律规定的质证程序，未经质证，无论是医患双方提供的病历档案，还是医学会的鉴定结论，都不得作为法院认定事实的根据。如果未经质证的材料作为证据在裁判中使用，在运用证据上就违反了合法性的要求。

证据的合法性是证据力的核心所在，证据材料只有来源、内容、形式具备合法性才能进入到诉讼中，成为真正意义的证据。

第二节 证据分类与法定证据种类

一、证据分类

证据分类，是学者基于理论研究所需，对证据所作的一种理论上分类，立法并无这样的分类。在理论上对证据按照不同标准进行划分，有利于认识不同特点的证据，并在此基础上针对不同特点的证据形成收集、判断和运用上的一般规则，从而更有利于法律实践。民事诉讼中的证据分类标准也适用于医事诉讼中的证据分类。为研究方便，从学理上可以将证据分为以下几类。

（一）本证与反证

本证与反证的分类根据是证据与举证责任承担者的关系。所谓本证，是指在民事诉讼中负有举证责任的一方当事人提出的用于证明自己所主张事实的证据。所谓反证，是指没有举证责任的一方当事人提出的为证明对方主张事实不真实的证据。比如在一起甲诉乙误诊的医疗诉讼中，原告甲为证明其在被告乙开设的医疗机构接受过诊治，提出证人丙可以作证，这里丙的证言就是本证；而乙提出证人丁可以作证证明甲当时只是来进行咨询，乙并未对其进行诊治，这里丁的证言就是反证。同时由本例可以看出，反证一般都是本证提出后为推翻本证要证明的事实而提出的。

在区分本证与反证时，要注意本证和反证与当事人在诉讼中是原告还是被告没有关系，而与证据是否由承担举证责任的人提出有直接关系。比如在上例中，如果在原告甲证明了就诊事实后，被告乙承认了甲就诊的事实，但同时提出甲已治愈，并举出证人戊证明甲还因为乙治好了他的病而特意上门道谢。这里被告乙提出了与甲所主张的“就诊事实”不同的“治愈事实”，而对此事实应该由被告乙来承担举证责任，因此戊的证言也属于本证。另外，还要注意反证也不同于证据反驳。两者的区别在于：反证是提出新证据用以否定对方所提出的事实；证据反驳并不提出新的证据，而是直接否认对方提出的证据本身。比如在上例中，乙抗辩说证人丙是甲找来作伪证的，丙的话根本就不足以采信，这里乙针对甲所提出的证据的可信度的质疑就属于证据反驳。

（二）直接证据与间接证据

以证据的证明对象为标准，可以将证据分为直接证据与间接证据。直接证据是指无须凭借推理的作用，也不须经由论理法则，能够直接证明案件主要事实的具有确定性的证据。换言之，通过该证据结合人的知觉，即可直接认识案件事实的证据，就是直接证据。比如在甲诉乙医疗机构医疗损害赔偿案件中，单凭甲的手术同意书就可以直接证明乙医疗机构对甲实施过手术，因此手术同意书是直接证据。间接证据是指具有盖然性或可能性的，用以证明与直接事实（主要事实）有关联的事实，根据该关联事实的证明情况，依据论理法则或推理法则，证明或推理案件主要事实存在与否的证据。换言之，其不能直接证明案件主要事实，先经该证据证明或推理与主要事实有关联的间接事实，然后再经推理的作用间接证明案件的主要事实的证据，即为间接证据。比如在没有直接证据的情况下，甲的病例、同病房室友的证言、手术医生手写的答应私了的书面材料等证据，尽管其中任何一个证据都不能单独证明甲在乙医院进行了手术，但这三个证据结合起来却能有效证明乙医院对甲实施了手术的事实，因此上述三个证据都属于间接证据。

证明案件事实，既可以使用直接证据，也可以使用间接证据。直接证据的证明效力一般大于间接证据。因此收集到直接证据对于获得诉讼的胜利非常重要。但只有当事人的一方的陈述时，一般不能认定案件事实，必须要有其他证据加以佐证。同时一定要注意不得以暴力、威胁、引诱、欺骗以及其他非法方式进行直接证据的收集。另外，间接证据尽管不能直接证明案件事实，但形成证据链的间接证据同样可以有效的证明案件事实。

（三）原始证据与传来证据

以证据是否直接来源于案件事实为标准，可以将证据分为原始证据与传来证据。原始证据，即与待证事实具有原始关系的证据，亦即亲身感受、感知案件事实的人所作的、由法官直接进行证据调查的证据。原始证据也称第一手证据或第一来源证据。传来证据是指经过转述、转抄或复制等中间环节得来的，非直接来源于案件事实的证据。比如医院保管的病历就是原始证据，而患者复印的病历就是传来证据。

原始证据的证明力一般大于传来证据。因此，应当尽量收集和使用原始证据。但在医事诉讼中，对于当事人特别是患者而言，原始证据不容易获得，这就要求患者尽可能地收集最接近于原始证据的传来证据，即转述、转抄或复制次数最少的传来证据。比如患者不可能获得医院保管的住院病例，但可以复印病例，并可以要求医院的相关人员在复印的病例上签字或医疗机构的病案科室盖章，这样患者就获得了有证明力的传来证据；在法庭上患者应出示这份签字盖章的病例复印件，而不能出示未签字的其他病例复印件。另外，要正确认识本分类与“直接证据和间接证据”的区别。本分类的“原始”是指“直接来源于案件事实”；“直接证据和间接证据”分类中的“直接”是指“直接证明案件事实”。

（四）实物证据与言词证据

根据证据提出时的表现形式，可以分为言词证据与实物证据。言词证据是指以人的陈述为表现形式的证据，它是陈述人基于体察或基于自己的专门知识、经验，对于案件事实客观存在的主观反映，以言词陈述的形式表现出来。例如患者的陈述、主治医生的陈述、证人证言、专家证人的专家意见陈述等，都是陈述人将自己对案件事实的主观认识以言词的方式陈述于法庭，以供认定事实之用。实物证据，即法律上广义的物证，即以一定的实物存在形式表现出来的证据，即是实物证据。例如出院证明、死亡证明、医院在病房过道内安装的摄像头所拍到的图像资料就属于实物证据。实物证据实际上包括证据种类中的物证、书证、勘验笔录和视听资料。言词证据实际上包括证据种类中的当事人陈述、证人证言和鉴定结论。这里特别要注意的是鉴定结论，法律规定鉴定结论必须采取书面形式，即鉴定结论表现为实物的形式；但按照证据法学的理论，言词证据要求陈述者原则上必须出庭作证，因此诉讼中原则上不允许以鉴定结论代替鉴定人的出庭，鉴定人必须出庭接受质证。

二、证据种类

根据《民事诉讼法》第 63 条的规定，民事证据有以下七种：书证、物证、视听资料、证人证言、当事人陈述、鉴定结论、勘验笔录。这里所指的证据种类是指作为证据资料的不同表现形式，准确地说应当是指七种证据方法，而不是指证据的表现形式只有七种。证据方法是法律根据证据的特性，对证据进行的法定分类。现代法治仍然强调证据方法法定化，即当事人向法庭提交的证据必须是法律所规定的证据种类之一。医事诉讼中的证据种类同样也包括上述七种形式。

（一）书证

医事诉讼中的书证是指以文字、符号、图表等记载或表达的内容来证明医疗活动过程中的一部分或全部事实的一种证据形式。在医事诉讼中，无论是医疗损害责任鉴定活动，还是人民法院的审判活动，书证都是应用最广泛的。书证是医事诉讼中最常用的证据，常见的书证有病历、处方、检查报告、医学证明、医疗专业书刊和文献、诊疗规范指南的标准和规范性资料、收费凭证，等等；医事诉讼中的书证最重要的是医院的病历。病历是医务人员在医疗活动过程中形成的文字、符号、图表、影像、切片等资料的总和，包括门（急）诊病历和住院病历。病历是医务人员对患者疾病的发生、发展及转归进行检查、诊断、治疗等医疗活动过程的记录，也是对筹集到的资料加以归纳、整理、综合分析，按照规定的格式和要求书写患者病情的档案。病历是医疗活动信息的主要载体，具有很强的针对性，是判断医院是否应对患者的身体或健康受到伤害承担责任的重要证据。有关的病历资料是记载医疗活动过程的书面证据，是认定医务人员是否尽到与当时的医疗水平相应的诊疗义务即是否有过错的依据。依《侵权责任法》第 61 条规定，医疗机构及其医务人员应当按照规定填写并妥善保管住院志、医嘱单、检验报告、手术及麻醉记录、病理资料、护理记录、医疗费用等病历资料。患者要求查阅、复制前述病历资料的，医疗机构应当提供。因此，医疗机构只要隐匿或者拒绝提供与纠纷有关的病历资料，或者伪造、篡改、销毁病历资料，也就表明其有过错。

正因为病历是发生医疗损害责任争议的重要书证，为了确保病历的规范性制作，国务院及卫生部采取制定行政法规、规章的形式，对病历的制作和管理等技术性规范均作出了明确规定。《医疗事故处理条例》把病历分为客观病历资料和主观病历资料。客观病历是记录患者的症状、体征、病史、辅助检查结果、医嘱等客观情况的材料，以及为患者进行手术、特殊检查和特殊治疗时向患者交代情况的资料。例如，患者及近亲属签字的医疗文书资料、住院志、医嘱单、检验报告、手术及麻醉记录、病理资料、护理记录、医疗费用等病历资料。主观病历是在医疗过程中，医务人员通过对患者的病情发展、治疗过程进行观察、分析、讨论并提出诊治意见而记录的资料。主观病历大多是反映医务人员对患者疾病诊治情况的主观认识及其实施医疗行为的主观动机。例如，死亡病例讨论记录、疑难病例讨论记录、上级医师查房记录、会诊意见、病程意见等内容。《医疗事故处理条例》第 9 条明确规定，严禁涂改、伪造、隐匿、销毁或者抢夺病历资料。因此，以抢夺、偷盗、伪造、涂改等方式获得的病历资料不具有证明能力。《病历书写基本规范》要求医务工作者要客观、真实、准确、及时、完整地书写病历，做到内容真实完整、描述准确无误、分析科学有序、记录及时清楚。因抢救急危患者，未能及时书写病历的，有关医务人员应当在抢救结束后 6 小时内据实补记，并加以注明。严禁刀刮、涂改、胶粘、伪造病历，上级医师修改下级医师的病历时应在保持原记录的情况下进行，注明修改日期并同时签名。特别是在发生医患争议后严禁对病历的内容做任何修改包括对病历的整理和完善，以保证病历的真实性。

（二）物证

物证是指以其本身的存在状态变化、表面情形等信息而为案件事实证明之用的有体物。从广义上讲，一切与医疗行为有关的物品，在一定条件下都可以成为物证。医事诉讼活动中常见的物证有：药物（包括口服用药和肌注、静脉用药）、血液制品、各种植入物、一次性医疗用品、医疗器械等。由于这些物品为种类物，可以用同类物品替代，因此，一旦发生争议，首先应做的是固定与争议有关的物品。封存物品应有双方当事人在场，不能长期保存的应及时进行检验，用文字或影像等方法将物品的性状、成份及当时的状况（如有无受到污染、功能是否正常等）固定下来。委托检验机构应双方共同协商确定或由第三方指定，单方面委托进行检验，结果将受到置疑。

患者死亡后的尸体,可以说是特殊的物证。尸体解剖无论是对医疗损害责任的解决,还是对医学发展都具有十分重要的意义。尸体属于患者家属所有,是否进行尸检,决定权在于患者家属。医院应向患者家属说明进行尸检的意义和不进行尸检可能要承担的责任。尸检可以在本医院内进行,也可以由患者家属联系,医院同意后在外单位进行。尸检过程应有患者家属或其代理人在场,在外单位进行尸检时作为发生医疗损害责任的医院也应派人参加,以保证尸检公开、公正进行,保证尸检结果的真实可靠。

在医事诉讼活动中提交的物证一般要提交物证原件,不能提交原件的可提交物证的照片、录像、检验报告、尸检报告等。由于司法人员大多数不具备医学知识,因此在提交物证时应对物证要证明的问题进行简要说明。

(三)视听资料

视听资料是指利用录像或录音磁带反映出的形象或音响,或以电子计算机贮存的数据来证明案件真实的证明材料。医事诉讼中的视听资料主要包括病理切片、X线片、B超照片、MRI片,以及各种X线资料存贮光盘等,可以以视听资料的形式作为证据使用。随着医学本身及相关科技的不断发展,视听资料将越来越多地进入医事诉讼证据领域。目前有的医院已在手术室安装了摄像设备,有的对各种镜下的检查、治疗过程进行了录像。这些视听资料可以直观地反映医疗活动的过程,对诊疗过程的再现具有较强的客观性。医院可以利用这些资料来证明自己的医疗活动是遵照医疗规范、常规进行的,自己的行为没有过失。如果医院确实有违反医疗常规的活动也将被记录下来,成为患方主张自己权利的有力证据。

过去一些私自偷拍、偷录的证据材料因不具有合法性,是不能作为证据材料使用的。而这一些"存有疑点"的视听材料今后身份将有所改变。《证据规定》将其列为"不能单独作为认定案件事实的证据",换言之,它属于有瑕疵的证据,只有在其他证据以佐证方式为它补强时,才能作为争议案件的定案证据。

(四)证人证言

证人证言是指当事人之外了解案件有关情况的人向人民法院就自己知道的案件事实所作的陈述。在医事诉讼中证人证言是指知情者(包括医生、护士、工勤人员、病人陪护、其他病人及陪护等)对医疗损害争议的事实、过程所作的陈述。在医事诉讼中,由于证人与患者、医疗机构并无利害关系,因此,其证言能印证当事人双方的陈述,尤其是在没有书证或视听资料的情况下,证人证言就成了认定案件事实的重要依据。比如,在证明原告不遵守医院规章制度、私自离开医疗环境、不按时服药等事实时,与患者同住一个病房的室友的证人证言就非常重要。出庭作证的证人应当客观陈述其亲身感知的事实。证人作证时,不得使用猜测、推断或者评论性的语言。原则上证人应出庭作证，如果证人确有困难不能出庭的，经人民法院许可，可以提交书面证言。根据我国《民事诉讼法》第70条规定，证人必须是具有完全民事行为能力的人，不能正确表达意志的人，不能作证。

(五)当事人陈述

对于医事诉讼来说，当事人的陈述主要有两种形式：(1)当事人的起诉状、答辩状；(2)当事人(或代理人)就有关争议的事实情况在法庭上的陈述。医院答辩状的内容要紧紧围绕医务人员的医疗行为没有过失或医疗行为与损害结果之间无因果关系进行陈述，陈述的内容应与所举的其他证据相互呼应，陈述要简明扼要、通俗易懂、说理透彻。陈述时应围绕自己的主张，以理服人，目的在于让法官接受自己的观点。

当事人陈述具有两面性：(1)可信性，因为当事人是案件的经历者，他们对案件情况了解的最全面、真切；(2)虚假性，因为当事人是案件的利害关系人，案件的处理结果关系到他的直接利益，因此对其有利的，他可能夸大甚至虚构，对其不利的，则有可能隐瞒。这就使得在审判中如果没有其他证据加以佐证，当事人的陈述通常就得不到法庭的认定。在医事诉讼司法实践中，双方当事人对某一争议事实经常有完全矛盾的陈述，例如在个体诊所就诊而没有病历时就非常容易发生这种情况，这时除非有当事人的自认，否则仅有当事人陈述而没有其他证据的佐证是不能证明案件事实的。

(六)鉴定结论

在医事诉讼中，待证事实有时是一些专业性很强的问题，这些事实很难用一般的证据证明，而要进行鉴定。

鉴定结论一般有以下几种：

医鉴会鉴定结论。医鉴会鉴定结论是指各级医学会组织医疗损害责任技术鉴定组按当事人或法院的委托，对争议的诊疗护理活动进行分析，从而作出的是否属于医疗损害责任或哪一级事故的结论性意见。医疗损害责任由各级医学会组织鉴定。医鉴会鉴定结论，不是审判依据，而是证据之一。医患双方收到鉴定结论后，如果有异议，一方面可以申请再次鉴定，另一方面可以在法庭上对鉴定结论进行质证，指出鉴定结论存在的问题，如鉴定是否按有关程序进行，该回避的人员是否回避，鉴定的内容是否超出规定的范围，鉴定结论是否有充分的根据等，从而降低鉴定结论的可信度，甚至推翻鉴定结论。也就是说，医鉴会鉴定结论按其法律属性而言，并不是法院审理医疗损害争议案件的唯一依据。

法医鉴定结论。法医鉴定结论是指隶属于公检法机关的法医对医疗损害争议案件中的患者(包括死亡或其他不良后果承受者)的身体状况，即受损害程度、原因及后果作出的结论性意见。

文书鉴定结论。文书鉴定结论是指医疗损害责任争议中对病历等书证的真伪之争，也是司法机关根据查明案件事实的需要，委托专门的鉴定机构对相关书证进行检验分析，并作出的专门性结论意见。

根据《最高人民法院关于适用〈中华人民共和国侵权责任法〉若干问题的通知》(以下简称《通知》)(法发〔2010〕23号)精神，要求人民法院适用《侵权责任法》审理民事纠纷案件，根据当事人的申请或者依职权决定进行医疗损害鉴定的，按照《全国人民代表大会常务委员会关于司法鉴定管理问题的决定》《人民法院对外委托司法鉴定管理规定》及国家有关部门的规定组织鉴定。在这里所谓医疗损害鉴定应该是涉及《侵权责任法》第七章中所有需要鉴定解决的鉴定，58条的病历资料的文检、59条的医疗产品质量的鉴定，甚至63条不必要检查也进行鉴定，当然最主要的、最常见的就是诊疗技术过失鉴定、诊疗过失与损害后果因果关系鉴定、患者人身损害后果(即是否存在残疾)的鉴定，这一部分就是医疗纠纷中争议最大的鉴定二元论问题。

《通知》没有解决这一问题，因为人大司法鉴定管理规定中规定的司法鉴定种类能否涵盖医疗损害鉴定事实上是存在疑问的。人大司法鉴定管理规定中与医疗损害鉴定密切相关的应该是法医类鉴定中的法医临床鉴定，而法医临床鉴定，俗称活体损伤鉴定。应该说，除了少数法医鉴定机构能够胜任医疗损害鉴定外，大部分是没有能力进行医疗过失以及因果关系鉴定的，所以《通知》第3条加上了“国家有关部门的规定组织鉴定”，就目前医疗纠纷鉴定现状，很明显“国家有关部门的规定组织”指的就是医学会。在《侵权责任法》的医疗损害责任框架内，医学会鉴定纳入“医疗损害鉴定”，在一定时期内相当一部分的地方法院中，已经成为不可更改的事实。

(七)勘验笔录

勘验笔录是指人民法院为了查明案件事实，指派勘验人员对与案件争议有关的现场、物品或物体进行查验、拍照、测量，或者邀请有关专家协助勘查检验，并将查验的情况与结果如实记录形成的一种证据。勘验笔录是对民事案件现场或案件某项问题的重新固定或反映，勘验的目的是用所记录的内容证明案件事实。涉及医疗损害争议的勘验对象主要有尸体、有争议的物品(如发生输血反应的血液)、有争议的现场(如患者死在洗漱间)等。尸检的目的在于查明患者的死亡原因，对物品的勘验是为了记录物品当时的状态，如血液是否被污染、输液中是否有致热源等，对现场的勘验是为了固定事件发生时的状态，如抢救设备是否齐全、功能是否正常。《民事诉讼法》第73条规定，勘验物证或者现场，勘验人必须出示人民法院的证件，并邀请当地基层组织或者当事人所在单位派人参加。

当事人或者当事人的成年家属应当到场，拒不到场的，不影响勘验的进行。有关单位和个人根据人民法院的通知，有义务保护现场，协助勘验工作。勘验人应当将勘验情况和结果制作笔录，由勘验人、当事人和被邀参加人签名或者盖章。勘验笔录和照片、绘制的图表，在开庭审理时，应当当庭宣读或出示，使每个参加诉讼的人都能了解勘验的事实情况，并听取他们的意见。当事人要求重新勘验的，如要求合理，确有必要的，可以重新勘验。

典型案例

自行委托鉴定无效，患者称肾“丢失”证据不足被驳①

中国法院网讯：4月28日，江苏省徐州市泉山区人民法院对张女士状告徐州市某中心医院赔偿肾“丢失”损失案作出判决，法院认定张女士自行委托鉴定的结论不具有证明作用，驳回了张女士要求赔偿的诉讼请求。

1995年5月16日，张女士因间断性白色尿28年，近1月病情加重，入住徐州市某中心医院治疗，经诊断为乳糜尿，医院为张女士做左肾蒂淋巴管剥脱术。出院后，张女士仍感身体不适，又多次在徐州市多家医院做B超、彩超、肾盂造影X线、CT(薄层)检查，多项检查结果提示“左肾缺如”，为此张女士怀疑是医院为其做左肾蒂淋巴管剥脱术时将其左肾切除了。2005年1月21日，张女士将医院告上法院。

在审理过程中，法院委托进行了医疗鉴定。市医学会医疗损害责任技术鉴定书分析意见为：第一，诊断明确，有手术指征，治疗未违反医疗原则。第二，根据原始病历及有关资料，确认1995年5月17日术中切除左肾无依据。第三，因术后时间较长，未见正常左肾，其原因难以确定。鉴定结论为：本病例不属于医疗事故。省医学会医疗损害责任技术鉴定书分析意见为：第一，患者乳糜尿诊断明确，有手术指征。第二，根据目前资料，没有左肾切除的确定依据(2005年CT可见左肾区存在模糊结构，并有输尿管存在)，不能排除左肾萎缩是手术并发症。鉴定结论为：本病例不属于医疗事故。2006年4月6日，张女士自愿撤回起诉。2007年1月5日，张女士再次诉至法院。

在本案审理过程中，双方曾一致同意委托中华医学会进行鉴定，但在中华医学会受理后，张女士却提出申请要求终止鉴定，导致中华医学会的鉴定程序终止。在法院第三次开庭时，张女士向法院提供了其自行委托的北京明正司法鉴

① http://www.chinayhjf.com/article㊤04/30/1209539457.html.

定中心出具的法医学文证审查意见书，鉴定意见为：第一，被鉴定人左肾缺如与1995年所做左肾蒂淋巴管剥脱手术之间存在直接因果关系。第二，被鉴定人左肾缺如构成七级伤残。

法院认为，张女士虽提供了其在诉讼过程中自行委托的北京明正司法鉴定中心出具的法医学文证审查意见书，但因对医疗事故进行鉴定的法定机构是各级医学会，故北京明正司法鉴定中心出具的法医学文证审查意见书在本案中不具有证明力，而根据江苏省医学会作出的医疗事故技术鉴定书的分析意见和鉴定结论，张女士在2005年的CT检查中仍可见左肾区存在模糊结构，并有输尿管存在，并且本病例不属于医疗事故，该鉴定书具有证明力。因此，张女士要求医院赔偿肾“丢失”损失，证据不足，依法不予支持。

第三节　医事诉讼证据的收集和保全

在医事诉讼中，书证、物证大量存在，并且大都由医疗机构保存；鉴定结论的及时作出对于判断是否存在医疗损害责任起着决定性的影响；而医疗行为、医事诉讼中证据种类的特殊性也决定了医事诉讼中证据收集与保全措施的特殊性。

一、医事诉讼证据的收集

（一）证据收集的概念

证据的收集是指当事人为证明自己的诉讼主张，法院为了查明案件事实或者根据当事人的申请而进行的获取和汇集证据的活动。证据的收集必须在保证证据的客观性、关联性和合法性的基础上进行，同时收集行为本身也应该符合法律的规定。

（二）证据的收集方式

在我国，证据的收集可以分为当事人收集证据和法院收集证据两种情况。

1.当事人收集证据。我国法律法规对当事人收集证据没有特殊的限制，只要是能证明案件事实的证据，当事人都可以加以收集，只是在收集时要注意确保证据的客观性、关联性和合法性，这与只有在特殊情况下法院才能主动收集证据的法律规定是不同的。当事人收集证据时，在方式上，可以自行收集，也可以委托律师调查取证，还可以书面申请法院帮助收集；在时间上，既要注意在民事行为进行前事先收集保存好证据或做好收集保存证据的准备，也要注意在纠纷发生的过程中收集、保存证据，还要注意在纠纷发生后及时采取补救性的证据收集。

2.法院收集证据。人民法院调查收集证据包括两种情形：一种是根据自己的需要依职权主动调查收集证据；另一种是根据当事人的申请调查收集证据。根据我国相关法律法规的规定，法院依职权主动进行收集的证据主要包括：第一，法院认为需要鉴定、勘验的；第二，当事人提供的互相有矛盾、无法认定的证据；第三，涉及可能损害国家利益、社会公共利益或者他人合法权益的事实；第四，涉及依职权追加当事人、中止诉讼、终结诉讼、回避等与实体争议无关的程序事项。

法院依当事人申请进行的证据收集应满足以下条件：第一，当事人或代理人以书面方式提出；第二，当事人及其诉讼代理人申请法院调查收集证据，不得迟于举证期限届满前七日；第三，申请调查的证据属于国家有关部门保存并须人民法院依职权调取的档案材料；第四，申请调查的证据属于当事人因客观原因不能收集的涉及国家秘密、商业秘密、个人隐私的材料；第五，当事人及其诉讼代理人因客观原因不能收集的其他证据材料。

（三）医事诉讼中的证据收集

医事诉讼中的证据有其特殊性，医事诉讼中当事人应该针对这些特殊性采取有效的证据收集措施才能有利于诉讼的收集；同时对于医事诉讼中的证据，法律有着更加利于患者收集证据的规定，患者及其家属应该充分把握这些有利的规定。根据相关法律法规和司法实践，医事诉讼中的证据收集应该注意以下问题。

1.病历资料的收集。病历资料是医事诉讼证据中非常重要的证据，是医疗活动过程中的原始记录，也是最重要的第一手证据资料。病历的收集对医事诉讼至关重要，一旦发生医疗争议，无论是医疗机构还是患者最为关注的就是病历资料。掌握并保证病历资料的真实性、完整性及准确性，是对医疗争议作出准确鉴定，并最终作出正确处理的前提条件。

患者有权利收集客观病历资料，《医疗事故处理条例》规定，患者有权复印或者复制其门诊病历、住院志、体温单、医嘱单、化验单（检验报告）、医学影像检查资料、特殊检查同意书、手术同意书、手术及麻醉记录单、病理资料、护理记录以及国务院卫生行政部门规定的其他病历资料。患者依照前款规定要求复印或者复制病历资料的，医疗机构应当提供复印或者复制服务并在复印或者复制的病历资料上加盖证明印记。复印或者复制病历资料时，应当有患者在场。

患者本人及其代理人、死亡患者近亲属或其代理人、保险机构可以向医疗机构申请复印或复制病历资料，在申请时申请人应当提供有关的证明材料：

（1）申请人为患者本人的，应当提供其有效身份证明；

（2）申请人为患者代理人的，应当提供患者及其代理人的有效身份证明、申请人与患者代理关系的法定证明材料；

(3)申请人为死亡患者近亲属的,应当提供患者死亡证明及其近亲属的有效身份证明、申请人是死亡患者近亲属的法定证明材料;

(4)申请人为死亡患者近亲属代理人的,应当提供患者死亡证明、死亡患者近亲属及其代理人的有效身份证明,死亡患者与其近亲属关系的法定证明材料,申请人与死亡患者近亲属代理关系的法定证明材料;

(5)申请人为保险机构的,应当提供保险合同复印件,承办人员的有效身份证明,患者本人或者其代理人同意的法定证明材料;患者死亡的,应当提供保险合同复印件,承办人员的有效身份证明,死亡患者近亲属或者其代理人同意的法定证明材料。合同或者法律另有规定的除外。

主观病历资料只能由医疗机构保管,并在医疗损害责任鉴定过程中由医疗机构提交给鉴定专家组,患者只能按法律的规定进行证据保全。同时,《侵权责任法》第62条规定,医疗机构及其医务人员应当对患者的隐私保密。泄露患者隐私或者未经患者同意公开其病历资料,造成患者损害的,应当承担侵权责任。除此以外,《关于民事诉讼证据的若干规定》(以下简称《民事证据规定》)中还规定"有证据证明一方当事人持有证据无正当理由拒不提供,如果对方当事人主张该证据的内容不利于证据持有人,可以推定该主张成立";同时《医疗事故处理条例》规定在进行医疗事故技术鉴定时,医患双方应当依照该条例的规定提交相关材料,医疗机构无正当理由未依照本条例的规定如实提供相关材料,导致医疗事故技术鉴定不能进行的,应承担责任。因此,如果医院对病历保管不力而导致无法提供病历原件以证明医院无诊疗过错的,医院要承担对其不利的后果。

2.视听资料的收集。在医事诉讼实践中,患者经常使用偷录的谈话或录像来证明案件事实,由此获得的视听资料在证据属性上争议很大。《民事证据规定》"以侵害他人合法权益或者违反法律禁止性规定的方法取得的证据,不能作为认定案件事实的依据"。因此,患者在收集视听资料时一定要注意不要侵犯被录音录像人的隐私等合法权利,也不能以暴力、威胁等手段强迫进行录音录像。

除了要注意收集手段的合法性外,患者在收集视听资料时还应注意从以下几个方面保证视听资料的证据能力和证明力:第一,视听资料的原件要保管好,切勿修改、剪辑和移动存储,保证视听资料的证据能力;第二,选取好的录音录像设备,保证视听资料的清晰度;第三,在录音录像时要体现时间、被录音录像人的身份,保证视听资料的证据能力和证明力;第四,要对涉及案件事实的内容进行针对性的录音录像,增强视听资料的证明力。

3.证人证言的收集。在医疗实践中,患者和医疗机构之间经常为医疗机构是否实施了某一职责行为,或是患者实施了某一违反医嘱的行为,甚至是实施了违法行为而发生争议,在书证叙述不详细或是缺乏视听资料的情况下,证人证言的收集就显得极为重要。因此，医患双方特别是患者，在行为发生时要及时取得证人证言，并且记录下证人的姓名、工作单位、住址以及联系方式，以便日后提起诉讼时能确保法庭传唤该证人出庭作证；如果不能当时取得证人证言，也应该记录当时在场或了解情况的人的姓名、工作单位、住址以及联系方式，以便于日后再进行取证。

二、医事诉讼证据的保全

（一）证据保全的概念

证据保全是指在证据可能灭失或以后难以取得的情况下，特定机关、诉讼参加人按照法律规定的程序和方法对证据加以固定和保护的行为。实际上，证据保全就是特殊情况下的特殊的证据收集方式。《民事诉讼法》第 74 条规定，在证据可能灭失或者以后难以取得的情况下，诉讼参加人可以向人民法院申请证据保全，人民法院也可以主动采取保全措施。

（二）证据保全的种类

在我国，证据保全可以分为两类：法院进行的证据保全和公证机关进行的证据保全。

1. 法院进行的证据保全。我国法律法规所规定的法院进行的证据保全主要是指诉讼中的证据保全制度，它包括以下一些内容：(1)启动方式。以诉讼参加人向人民法院申请为主，以人民法院主动采取为辅。(2)条件。证据可能灭失或者以后难以取得；当事人向法庭提出证据保全不得迟于举证期限届满前 7 日；当事人申请保全证据的，人民法院可以要求其提供相应的担保。(3)保全的方法。人民法院进行证据保全可以根据具体情况，采取查封、扣押、拍照、录音、录像、复制、鉴定、勘验、制作笔录等方法。

2. 公证机关进行的证据保全。我国法律法规所规定的公证机关进行的证据保全主要是指诉讼前的证据保全。它由公证机构根据自然人、法人或者其他组织的申请而进行。经公证机关保全的证据除有相反的例子可以推翻外，法律规定其具有客观性和合法性；但就关联性来说，经公证机关保全的证据并不具备特殊的证明效力，其能否以及在多大程度上能证明案件事实，必须由法官来加以判断。

（三）医事诉讼中的证据保全

在医事诉讼中，大量重要的物证、书证都由医院保存，相关的鉴定必须及时进行；同时由于医疗行为的不可逆性，特别是医疗损害的突发性、耦合性，再加上患者身体状况、个体差异、病情进程、精神情绪、诊疗方法等影响，使医疗损害的事后模拟几乎不可能；而且事发当时的证据，如药物、输液输血残留物等很容易发生污染、变质和毁损。在这样的情况下,如果不及时对这些证据妥善保管、提取和固定,在日后就难以收集到这些证据,并最终影响到判决的事实基础。因此在医事诉讼中,证据的保全对于患者来说有着非常重要的意义。

1.主观性病历资料的保全。发生医疗损害争议时,死亡病例讨论记录、疑难病例讨论记录、上级医师查房记录、会诊意见、病程记录应当在医患双方在场的情况下封存和启封。封存的病历资料可以是复印件,由医疗机构保管。在进行病历保全时,患者应该按照上述复印病历的程序进行;同时要注意清点病历的页数;而且证据保全申请在遭到无理由的拒绝时,患者可以要求该医疗机构所在地的卫生局医政科督促该医疗机构履行保全证据的义务。另外,在涉案诊疗病历资料等相关证据可能灭失或者以后难以取得的情况下,赔偿权利人在举证期限届满前7日或者在法庭辩论终结前向人民法院申请证据保全的,人民法院应予支持。

2.电子病历的保全问题。电子病历是指医务人员在医疗活动过程中,使用医疗机构信息系统生成的文字、符号、图表、图形、数据、影像等数字化信息,并能实现存储、管理、传输和重现的医疗记录,是病历的一种记录形式。电子病历在国内的发展和应用已经有十年了,特别是国家卫生部和国家中医药管理局于2009年12月31日印发的《电子病历基本架构与数据标准(试行)》,以及2010年4月1日施行的《电子病历基本规范》更是为电子病历的发展提供了法律依据,但是在具体落实电子病历有关的政策中还面临许多瓶颈。《侵权责任法》第55条规定:"医务人员在诊疗活动中应当向患者说明病情和医疗措施。需要实施手术、特殊检查、特殊治疗的,医务人员应当及时向患者说明医疗风险、替代医疗方案等情况,并取得其书面同意;不宜向患者说明的,应当向患者的近亲属说明,并取得其书面同意。""医务人员未尽到前款义务,造成患者损害的,医疗机构应当承担赔偿责任。"可见,经患方签字的告知书、同意书成为必备的法定证据。而电子病历在制作和形成过程中医患双方不可能以手写形式进行签名,这样造成电子病历推行与签名制度在实践中难以协调。

3.物证的保全。疑似输液、输血、注射、药物等引起不良后果的,医患双方应当共同对现场实物进行封存和启封,封存的现场实物由医疗机构保管;疑似输血引起不良后果,需要对血液进行封存保留的,医疗机构应当通知提供该血液的采供血机构派员到场。患者在医疗机构内死亡的,尸体应当立即移放太平间。死者尸体存放时间一般不得超过2周。逾期不处理的尸体,经医疗机构所在地卫生行政部门批准,并报经同级公安部门备案后,由医疗机构按照规定进行处理。

4.鉴定结论的保全。疑似输液、输血、注射、药物等引起不良后果的,需要检验的,应当由双方共同指定的、依法具有检验资格的检验机构进行检验;双方无法共同指定时，由卫生行政部门指定。患者死亡，医患双方当事人不能确定死因或者对死因有异议的，应当在患者死亡后48小时内进行尸检；具备尸体冻存条件的，可以延长至7日。尸检应当经死者近亲属同意并签字。拒绝或者拖延尸检，超过规定时间，影响对死因判定的，由拒绝或者拖延的一方承担责任。

第四节　医事诉讼质证及证据规则

一、医事诉讼质证

（一）质证概述

1. 质证的概念。所谓质证，是指当事人、诉讼代理人及第三人在法庭的主持下，对当事人及第三人提出的证据就其真实性、合法性、关联性以及证明力有无、大小予以说明和质辩的活动或过程。

质证制度的意义在于，通过质证程序使审理更加公开，法院能够正确地认定证据，保障当事人的程序权利。正因如此，《民事诉讼法》第66条规定，证据应当在法庭上出示，并由当事人相互质证。《证据规定》第47条规定，证据应当在法庭上出示，由当事人质证。未经质证的证据，不能作为认定案件事实的依据。

2. 质证的主体。质证的主体是指在质证过程中对证据予以说明、质辩的主体。质证的主体范围包括当事人、诉讼代理人和第三人。法院是证据认定的主体，而不是质证的主体。

3. 质证的客体。质证的客体是指质证主体质证行为的对象。质证客体是证据。其客体范围是当事人向法院提出的证据，包括根据当事人申请由法院调查收集的证据。在质证时，根据当事人申请由法院调查收集的证据作为提出申请一方当事人提供的证据。质证时，当事人应当围绕证据的真实性、关联性、合法性，针对证据证明力有无以及证明力的大小，进行质疑、说明与辩驳。

4. 质证的程序。在法庭审理中，质证按照以下程序进行：(1)原告出示证据，被告、第三人与原告进行质证；(2)被告出示证据，原告、第三人与被告进行对质；(3)第三人出示证据，原告、被告与第三人进行质证。

质证中应当注意的几个问题。(1)当事人在证据交换过程中认可并记录在卷的证据，无需进行质证，可以作为认定案件事实的依据，但审判人员应当在庭审中对此说明。当事人在证据交换过程中已经认可的证据即表明当事人双方对该证据的证明力没有异议。(2)涉及国家秘密、商业秘密和个人隐私或者法律规定的其他应当保密的证据，不得在开庭时公开质证。因为如果公开质证就有可能泄露国家秘密、商业秘密以及侵害个人隐私。(3)对书证、物证、视听资料进行质证时，当事人有权要求出示证据的原件或原物，但以下两种情况除外：第一，出示原件或原物确有困难，并经人民法院准许出示复制件或复制品的；第二，原件或者原物已经不存在，但有证据证明复制件、复制品与原件或原物一致的，要求出示证据的原件或者原物主要目的在于有效地质证证据的法律效力和证明力。(4)质证一般采取一证一质，逐个进行的方法，也可以在对方同意的情况下，对一组有关联的证据一并予以质证。

(二)医事诉讼质证

医事诉讼中的质证有其特殊性，医事诉讼中当事人应该针对这些特殊性采取有效的质证措施才能有利于胜诉。根据相关法律法规和司法实践，医事诉讼中的质证应该注意以下问题。

1.病历真实性的质证。根据《医疗机构病历管理规定》，住院病历由医疗机构保管。而病历是诊疗活动的原始记录，是医疗损害责任鉴定最主要的依据，也是医疗纠纷案件处理中最重要的证据材料。因此，在医疗纠纷案件的处理中通过质证对病历的真实性进行确认就成为非常重要的问题了。一般来说，患者在对病历的真实性进行质证的过程中需要注意以下几个方面的问题。

(1)在对病历进行审查时，应尽可能查看病历原件。即使在病历已经封存的情况下，由于封存病历只能是病历在封存后的状况被固定，封存之前病历的真实性是否存在疑问尚不可知，因此在对病历进行质证时应尽可能查看原件。只有对原件进行检查和核实，才能发现病历是否进行过删除和改动，复印件是很难发现问题的。

(2)在对病历进行审查时，应着重审查案件的焦点部分。病历资料一般包括众多的内容，特别是疑难、复杂的病历，病人住院时间长，病历资料长达几百页，甚至更多。面对如此众多的病历资料，如果每一页都仔细的研究，一方面是时间问题，更重要的是面面俱到的同时，可能反而忽略了对重要资料的研究。因此，作为当事人及其诉讼代理人，应具有从众多的问题中抓住主要问题的能力，着重审查案件的焦点部分，这可起到事半功倍的效果。

(3)在对病历进行审查时，针对关键问题和可疑情况应进行逻辑分析和前后对比，以便更好地发现问题。在对病历进行审查时，不仅要着重审查案件的焦点部分，而且对其中的关键问题和可疑情况更应当给予重视。具体来说，在对关键问题和存在可疑情况的病历资料进行审查时，应注意对病历资料进行前后对比分析和研究，看他们之间是否相吻合，是否有相互矛盾之处，从而更好地找到问题的突破口。经质证，不能确认病历资料及相关物证资料真实性的，当事人有权申请对病历资料及物证资料的真伪进行鉴定，人民法院应当委托有关部门进行检验或鉴定。

2.证人证言的质证。对医事诉讼中证人证言的证据能力，除了要从证人的资格、证人证言的形式和内容加以判断外，法律还规定：除证人确有困难不能出庭外，证人应当出庭接受当事人的咨询；未经质证的证人证言是不能作为认定案件事实的依据。证人确有困难不能出庭是指以下情形：(1)特殊岗位确实无法离开的；(2)路途特别遥远，交通不便难以出庭的；(3)因自然灾害等不可抗力的原因无法出庭的；(4)年迈体弱或者行动不便无法出庭的；(5)其他无法出庭的特殊情况。前款情形，经人民法院许可，证人可以提交书面证言或者视听资料或者通过双向视听传输技术手段作证。

人民法院认定证人证言，可以通过对证人的智力状况、品德、知识、经验、法律意识和专业技能等的综合分析作出判断。证人的智力状况决定其证言是否会准确地反映与案情有关的情况；证人的品德将决定其作伪证假证的可能性，从而决定了其证言的可信程度；证人的知识高低影响其观察和分析事物以及语言的科学性、尤其是表达是否准确；证人的经验，特别是医疗经验影响其对医疗行为的观察和分析能力，进而影响到证言的描述是否真实准确；证人的法律意识将决定其是否会慎重、客观地作证；证人的医学专业技能使其能对医患双方的争议问题抓住关键。一般来说，我国法律规定证人应出庭作证，接受当事人的质询；证人不得旁听法庭审理；询问证人其他证人不得在场。如果确有必要，法院可以让证人进行对质，以查明事实真相，澄清分歧。人民法院对证人证言的采信需要在以上程序基础上综合分析作出选择，并对证据是否采纳的理由在裁判文书中作出阐述。

3.鉴定结论的法庭质证。鉴定结论是鉴定人根据委托人提供的鉴定材料，利用其具有的专业知识，就案件中涉及的专业性问题进行分析，结合相关科学原理做出的一种判断。因此，鉴定结论在证据的理论分类上属于人证或者言词证据。根据我国诉讼法的规定，鉴定结论和其他证据一样，都必须在法庭上经过质证，才能作为定案的依据。因此，鉴定结论没有预定的证明力，同样需要结合其他证据对其可靠性进行审查，并结合全案证据对鉴定结论的证明力大小进行判断。当事人对医疗损害鉴定所涉证据材料有异议的，人民法院应当先行组织举证、质证，并进行审查确认。

医疗损害赔偿案件与普通民事案件最主要的不同之处，在于前者涉及案件事实分析判断的高度专业性。在一般情况下，由于知识结构、医学知识的高度专业性等因素影响，法官缺乏对医学专业问题进行自主判断的能力，因而必须借助专家的力量进行审理，通过医疗损害责任技术鉴定或法医学鉴定的方式，确认医疗机构是否存在医疗过错及因果关系。因此，医疗损害责任技术鉴定结论或法医学鉴定结论的审查成为法庭审理此案的重点。

(1)鉴定结论的形式要件。我国《民事诉讼法》第72条规定，鉴定部门和鉴定人应当提出书面鉴定结论，在鉴定书上签名或者盖章。《民事证据规定》第29条规定，审判人员对鉴定人出具的鉴定书，应当审查是否具有下列内容：①委托人姓名或者名称、委托鉴定的内容；②委托鉴定的材料；③鉴定的依据及使用的科学技术手段；④对鉴定过程的说明；⑤明确的鉴定结论；⑥对鉴定人鉴定资格的说明；⑦鉴定人员及鉴定机构签名盖章。《条例》对医学会出具的医疗损害责任技术鉴定书的内容已做出了明确规定。对比我国《民事诉讼法》、最高人民法院《关于民事诉讼证据的若干规定》与《条例》对鉴定书的形式要求，其最主要不同之处在于前两者要求所有鉴定结论必须由鉴定人签名，而后者却没有此项规定。如果医学会出具的医疗损害责任技术鉴定书没有参加鉴定的专家签名，那么根据《民事诉讼法》及《关于民事诉讼证据的若干规定》的规定，该鉴定书因不具备法定形式而不具有证明力，不能作为法庭认定事实的依据。然而我国目前的实际情况是，尽管医学会出具的鉴定书没有鉴定专家的签名，但是法庭却很少因此而不采信医疗事故技术鉴定书。其常见的做法是对该问题“视而不见”，或直接采信并作为判决依据，或另行委托司法鉴定并直接采信其结论。

(2)鉴定结论审查与重新鉴定。在法庭审理中，对各种鉴定结论的审查，主要是从鉴定的主体是否具有鉴定资格、鉴定的程序是否合法、鉴定书是否具有法定形式要件、鉴定结论是否具有充分的科学依据等方面进行。

根据《条例》及其相关配套文件的规定，医学会有权根据法庭或当事人的委托或请求，对医疗争议案件是否构成医疗事故进行技术鉴定，因此，医学会具有法定的鉴定资格，双方当事人亦很少对此提出异议。但是，在医疗诉讼案件中，除了医学会组织的鉴定，当事人或法庭还可能会委托其他司法鉴定机构进行鉴定，此时应注意对鉴定机构或鉴定人是否具有鉴定资格进行审查。根据我国有关法律规定，鉴定机构应当经有关部门批准依法成立，否则不得从事鉴定工作。从事鉴定工作的具体人员，亦应当取得相关的鉴定资格证书，鉴定机构出具的鉴定书中应当附有对鉴定人资格的说明。《条例》还规定，卫生行政部门收到负责组织医疗事故技术鉴定工作的医学会出具的医疗损害责任技术鉴定书后，应当对参加鉴定的人员资格和专业类别进行审核。

程序公正是实体公正的前提条件。鉴定应当依法定程序进行，程序违法的鉴定结论不能作为认定事实的依据。最高人民法院《关于民事诉讼证据的若干规定》规定，对于程序严重违法的鉴定结论，当事人有权申请重新鉴定。《条例》规定，医学会出具的鉴定书应当包括对鉴定过程的说明。卫生行政部门应当对其移交鉴定的鉴定程序进行审核，如果鉴定程序不符合《条例》的规定，应当要求医学会重新鉴定。

对于重新鉴定，最高人民法院《关于民事诉讼证据的若干规定》第27条规定，当事人对人民法院委托的鉴定部门作出的鉴定结论有异议申请重新鉴定，提出证据证明存在下列情形之一的，人民法院应予准许：①鉴定机构或者鉴定人员不具备相关的鉴定资格的；②鉴定程序严重违法的；③鉴定结论明显依据不足的；④经过质证认定不能作为证据使用的其他情形。对有缺陷的鉴定结论，可以通过补充鉴定、重新质证或者补充质证等方法解决的，不予重新鉴定。《关于民事诉讼证据的若干规定》第28条规定，一方当事人自行委托有关部门作出的鉴定结论，另一方当事人有证据足以反驳并申请重新鉴定的，人民法院应予准许。

(3)鉴定人出庭接受咨询。鉴定人出庭作证是一项诉讼活动，是诉讼法规定的参与诉讼的行为，是为法庭提供科学证据活动的重要环节。鉴定人出庭作证是确认鉴定结论的重要程序。司法人员对鉴定结论审查和确认的方法很多，但通过鉴定人出庭作证确认证据是其中最重要的方法。同时，鉴定人出庭作证是鉴定人的义务，是其鉴定工作的继续。

根据我国法律规定，鉴定结论仅属证据的一种，对鉴定结论的认定，需要经过双方当事人在法庭上进行质证。最高人民法院《关于民事诉讼证据的若干规定》中第59条规定，鉴定人应当出庭接受当事人质询；鉴定人确因特殊原因无法出庭的，经人民法院准许，可以书面答复当事人的质询。鉴定结论作为一种证据，未经法庭质证不得作为定案的根据。鉴定人无正当理由拒不出庭且拒作书面答复，或结合质询、答复仍不能排除对鉴定结论的合理怀疑的，人民法院对鉴定结论可不予采信。对鉴定结论，当事人可以申请具有专门知识的人员进行辅助质证，包括对鉴定人进行询问等。实践中，司法鉴定机构的鉴定人出庭接受咨询早已出现，并在逐渐增多。然而，医疗事故技术鉴定的专家出庭率却极低，使得对其鉴定结论的质证失去了其应有的法律意义，导致法庭无法对鉴定结论进行有效审查。这也是有些法院不委托医学会进行鉴定的理由之一。

二、医事诉讼证据规则

(一)医事诉讼证据规则概述

任何证明活动都必须遵循一定的规则，否则不能保障证明结果的正确性。证据规则正是司法证明活动所遵循的规则，其含义为：确认证据的范围、调整和约束证明行为的法律规范的总称。证据规则首先是确认证据范围的法律规范，即什么样的事实材料是证据及划分标准。证据规则还包括调整证明行为的法律规范，即制作证据、调查收集证据、审查判断证据、履行举证责任四项内容。医事诉讼证据规则即在医事诉讼案件中，如何确认证据的范围、调整和约束证明行为的法律规范的总称。由于我们在前面已经介绍了有关医事诉讼证据的种类及分类、医事诉讼证据的收集与保全、医事诉讼证据的质证问题,在此,我们主要介绍有关医事诉讼证据的证明效力和举证责任问题。在了解这个问题之前,我们必须先了解有关医事诉讼证明的基本问题。

1.医事诉讼证明的概念。现代证据法中的证明,也称事实证明、权利证明或诉讼证明,是指当事人围绕待证事实,基于一定的诉讼程序,提出一定证据,以证明相关事实存在与否,事实审理者根据法律规定的证据裁判规则,依职权对证据能力、证据力进行判断,基于法定的证明标准,对案件事实作出判断的过程和法官最终的心证状态。易言之,事实审理者对案件事实形成确信心证的过程或状态,即为证明。在医疗诉讼领域,证明有特定的含义,它是医疗诉讼主体按照法定的程序或标准,围绕待证事实,提出一定证据,以证明医疗纠纷案件事实存在与否,事实审理者根据法律规定的证据裁判规则对医疗纠纷案件事实形成确信心证的过程或状态。

2.证明对象。证明对象,即证明行为的目标或目标所指向的事实。在刑事诉讼中,证明对象比较单一,即案件事实(罪的事实、责的事实和刑的事实),而民事诉讼中,证明对象比较复杂。而民事诉讼中的证明又叫权利证明。民事权利或民事法律关系是一个抽象的概念,必须通过一定的事实存在证明,才能显示其存在性,故主张民事权利存在,必须先进行民事权利证明,才能行使民事权利。例如,民事权利主体主张某人为其女,必须证明为其所生或其具有血缘关系的事实存在;在医疗损害案件中,受害人想向医方主张权利,首先必须通过入院凭证、病历、医方的收费凭证来证明存在诊疗行为;主张合同权利,必须证明合同关系合法存在,等等。所以民事权利证明对象就必然包括事实、外国法、经验法则和对本案当事人具有既判力的司法裁判等。能够成为证明对象的事实,可以分为基本事实、关联事实与辅助事实。基本事实也称主要事实,即符合法律规定,能够产生一定法律效果的构成要件事实。关联事实,也称间接事实,是指证明主要事实的存与否,在诉讼进行中,由当事人提供或事实审理者逐渐发现的与基本事实相关联的事实。辅助事实是指用于证明证据能力或证明力的事实。

3.证明标准。证明标准是指法院在诉讼中认定案件事实所要达到的证明程度。证明标准是法院判断待证事实的基准。在诉讼中,如果待证事实的证明没有达到证明标准时,该待证事实就处于真伪不明的状态。证明已达到证明标准时,法院就应当以该事实作为裁判的依据。理论上,民事诉讼的证明标准应当是一种盖然性的证明要求。医事诉讼的证明标准与我国民事诉讼的证明标准一致。我国民事诉讼法没有对证明标准作出直接的规定,而是通过我国民事诉讼司法解释确立了法律真实的证明观念,也确立了高度盖然性的证明标准。

《最高人民法院关于民事诉讼证据的若干规定》第63条规定:“人民法院应

当以证据能够证明的案件事实为依据依法作出裁判。”也就是说，本案所能运用的所有证据所证明的案件事实是什么，裁判就怎么认定。在没有证据的情况下，根据举证责任来裁判。这一规定明确了“法律真实”的证明要求。《关于民事诉讼证据的若干规定》第73条规定：“双方当事人对同一事实分别举出相反的证据，但都没有足够的依据否定对方证据的，人民法院应当结合案件情况，判断一方提供证据的证明力是否明显大于另一方提供证据的证明力，并对证明力较大的证据予以确认。因证据的证明力无法判断导致争议事实难以认定的，人民法院应当依据举证责任分配的规则作出裁判。”由此可见，该司法解释也把“优势证据”或高度盖然性作为民事诉讼证明标准，体现了诉讼证明的形式化特点。

（二）关于医事诉讼的证据能力与证明力的问题

1.证据效力概述

（1）证据效力的概念。证据效力是指证据依法定程序经司法人员审查或当事人提供经法庭质证后认定为该案件证据的法律效力。它应该包括证据的证明能力和诉讼能力。

（2）证据的证明能力。所谓证据的证明能力，即一个证据对案件事实的证明作用或价值，或者说，一个证据能够证明案件事实的程度。由于证据的证明价值是以证据的真实性为前提的，所以对证据的证明力进行考察应该从证据的真实性开始。由此可见，在医事诉讼活动中考察具体证据的证明力实际上包括两个层面：第一是证据有没有证明力，这主要是证据的“确实性”问题，即证据是否真实可靠；第二是证据有多大证明力，这主要是证据的“充分性”问题，即证据对案件事实的证明能否达到法定标准。

（3）证据的诉讼能力。所谓证据的诉讼能力，又称为证据资格，是指一个证据可否在诉讼中被采纳为证据，即一个证据能否满足诉讼活动对证据的基本要求，是否具备诉讼的准入资格。合法性是证据可采性问题的核心内容。

不同的诉讼证据制度，对证据的证明能力的确定方式也不一样。在我国证据制度中，证据的证明能力取决于案件事实的客观、内在联系及其联系的紧密程度。一般而言，与案件事实存在直接的内在联系的证据，其证明力较大；反之，其证明力就小。

2.病历和鉴定结论的证据效力及各种证据证明力的大小

（1）病历的证据效力。病历也称病案，属于医学档案的范畴，病历直接来源于临床，是医疗过程的原始记录，所以属于原始证据和直接证据的范畴。病历是有完全证明力的证据，且其证明力一般大于其他证据。根据最佳证据规则，原始证据的证明力一般大于传来证据；直接证据的证明力一般大于间接证据；物证、档案、鉴定结论，其证明力一般大于其他书证、视听资料和证人证言。因此，医疗机构出具的原始病历是具有完全证明力的证据。它能真实地证明医患之间的服务合同关系，能证明院方的医疗行为有无过失，能证明患方的原因延误诊疗导致的不良后果，能证明院方履行了告知义务，能证明院方有无其他违法行为。

(2)鉴定结论的证据效力。鉴定结论是一类独立的证据，这类证据是实物证据和言词证据的扩展和延伸，是从其他证据中派生出来的证据，它不是以实物或事实本身的存在与否及其形式来证明案件事实，而是通过科学技术手段揭示其所蕴含的信息特征来证明其与案件事实的联系。

鉴定结论作为一种特殊证据具有重要的诉讼功能，主要表现在：①它是法官借以查明事实、依法裁判的重要依据；②它是在诉讼中鉴别、判断其他有关证据的真伪及其证据力强弱的特殊手段。鉴定结论仅仅是法定证据的一种表现形式，它并不具有当然的证明能力和诉讼能力。不少患方在处理与医院的事故争议时，常常将希望寄托在医疗损害责任鉴定上，也有不少医疗机构认为鉴定结论最具法律效力，是科学法官。这种观点在理论上是错误的，在实践上是有害的。因为鉴定结论仅仅是法定证据的一种形式，不是判案的唯一依据，在医疗损害争议诉讼中，各种形式的证据尽管种类不同，但是它们都在运用的范围内发挥着不可替代的作用。处于中立地位的鉴定人作出的鉴定结论是与其他证据并列的、证据地位相当的证据。同时鉴定结论也不是法院立案的前置条件。

(3)各种证据证明力的大小。如果当事人所举证据符合法律规定的形式要件和实质要件，其来源合法，应当是有证明力的证据。在书证、物证、勘验记录、鉴定结论、证人证言等各种证据里，哪一种证据更加有效，哪一种证据次之，如果各种证据之间出现矛盾怎么办？医事诉讼中的证据也是有证明力大小之分的，而证据的采信也是依据证明力的大小来决定采信程度的。为解决采信的次序问题，最高人民法院的《证据规定》第 77 条、第 78 条对此作了相应的规定，具有较强的可操作性。在对证据进行审核认证过程中，如果发现证明同一事实的数个证据，其证明力一般可以按照以下情形分别认定：①国家机关以及职能部门依职权制作的公文文书优于其他书证。这是由书证的制作人的社会地位的不同所造成的难以否定的客观差别，也是对相关机关依法履行职务行为结果的肯定；②鉴定结论、现场笔录、勘验笔录、档案材料以及经过公证或者登记的书证优于其他书证、视听资料和证人证言；③原件、原物优于复制件、复制品；④法定鉴定部门的鉴定结论优于其他鉴定部门的鉴定结论；⑤法庭主持勘验所制作的勘验笔录优于其他部门主持勘验所制作的勘验笔录；⑥原始证据的证明力大于传来证据；直接证据证明力大于间接证据。最高人民法院《证据规定》第 77 条最佳证据规则：原始证据的证明力一般大于传来证据；直接证据的证明力一般大于间接证据；物证、档案、鉴定结论……，其证明力一般大于其他书证、视听资料和证人证言；⑦其他证人证言优于与当事人有亲属关系或者其他密切关系的证人提供的对该当事人有利的证言；⑧出庭作证的证人证言优于未出庭作证的证人证言；⑨数个种类不同、内容一致的证据优于一个孤立的证据。

3.证据无证明力的几种情况

(1)不符合证据要件导致证据无证明力。

第一，以抢夺、偷盗等方式取得的病历资料不能作为证据，伪造和涂改过的病历资料也不具有证据能力。《证据规定》第68条明确表示："以侵害他人合法权益或者违反法律禁止性规定的方法取得的证据，不能作为认定案件事实的证据。"作为医疗机构合法财产的病历，其权利当然受法律保护，按照《证据规定》理解，无论被抢走的病历是否被涂改都不能作为证据使用。《条例》第9条也规定严禁抢夺病历，并在第59条对抢夺病历等违规行为作出了处罚规定。

第二，没有鉴定资格的部门或个人所出具的鉴定结论没有证据效力。在我国，某些证据是否具有证明力，主要取决于法律上的规定，只有法律上允许采纳为证据的，才具有法律上的证明能力。例如，《民事诉讼法》第72条第1款规定："人民法院对专门性问题认为需要鉴定的，应当交由法定部门鉴定；没有法定鉴定部门的，由人民法院指定的鉴定部门鉴定。"因此，凡无鉴定资格的部门或个人所出具的鉴定结论，便没有证据效力。

第三，超过举证期限而提供的证据无证明力。根据《证据规定》第33条第2款、第3款的规定，确定举证期限的方式有两种：一种是当事人协商的举证期限，并经人民法院许可的；另一种是法院依职权确定的举证期限，凡由人民法院指定举证期限的，指定的期限不得少于30日，自当事人收到案件受理通知书和应诉通知书的次日起计算。《若干规定》第34条规定："当事人应当在举证期限内向人民法院提交证据材料，当事人在举证期限内不提交的，视为放弃举证权利。""对于当事人逾期提交的证据材料，人民法院审理时不组织质证。但对方当事人同意质证的除外。"当事人故意不在法律规定和法院指定的期限内举证，则不论其逾期提出的证据对案件产生多大的影响，法院一律不予采纳。

(2)未质证的证据无证明力。

我国《民法》《民事诉讼法》《证据规定》中都规定，"证据应当在法庭上出示，由当事人质证。未经质证的证据，不能作为认定案件的事实依据"，当庭出示的物证、书证、视听资料等证据应当先由出示证据的一方就出示的证据来源、内容、特征等作必要的说明后，当庭由另一方进行辨认并发表意见，控、辩双方可以互相质问、辩论。可见，质证是指在法庭审理过程中，法官以及当事人就法庭上出示的各种证据，通过询问、辨认、质疑、辩驳等形式，提示证据的证明力大小并据以认定事实的诉讼活动。但是在两种特殊情况下，证据可以不经质证而作为认定案件事实的依据。一是当事人在庭审前证据交换过程中认可并记录在卷的证据,经审判人员在庭审中说明后,可以作为认定案件事实的依据。二是涉及国家秘密、商业秘密和个人隐私或者法律规定的其他应当保密的证据,不得在开庭时公开质证。

(3)法定无证明力的证据。由于证据本身来源不合法,依据法律规定应当无证明力。这种情况主要有以下三种。

第一,在诉讼中,当事人为达成调解协议或者和解的目的,作出妥协所涉及的对案件事实的认可,不得在其后的诉讼中作为对其不利的证据。

第二,以侵害他人合法权益或者违反法律禁止性规定的方法取得的证据,不能作为认定案件事实的依据。

第三,孤证一般无证明力是证据采信的一般原则,除非有相应的证据作为佐证。

(三)医事诉讼举证责任

1.举证责任概述

举证责任,又称证明责任,是指当作为裁判基础的法律要件事实在诉讼中处于真伪不明的状态时,一方当事人因此而承担的诉讼上的不利后果。

如同古罗马的私法对后世各国的民法具有重大而深远的影响一样,古罗马的诉讼程序和诉讼制度也对各国的诉讼制度产生了深远的影响。古罗马的法学家最早使用举证责任这一术语。它最早的含义是指主观举证责任,即当事人负有提供证据证明其主张的事实存在的责任。如罗马法中"原告不举证证明,被告即获胜诉",以及我国《民事诉讼法》第64条"谁主张,谁举证"的原则。主观举证责任是从当事人举证活动的角度进行分析,反映了举证责任的诉讼内容。但是不能解决当事人对其主张已提供证据,但事实仍然不明时,法官应如何裁决的问题。1883年,德国法学家首先提出客观举证责任的概念,指在事实真伪不明时,由承担举证责任的一方当事人承担不利的诉讼结果。举证责任的这一含义从争议事实处于真伪不明时法官如何适用实体法的角度进行分析,反映了举证责任的实质。目前,举证责任包括主观责任与客观责任的观点已为各国司法界普遍接受。我国于2002年4月1日起施行的《最高人民法院关于民事诉讼证据的若干规定》第2条规定:"当事人对自己提出的诉讼请求所依据的事实或者反驳对方诉讼请求所依据的事实有责任提供证据加以证明。没有证据或者证据不足以证明当事人的事实主张的,由负有举证责任的当事人承担不利后果。"这一规定第一次以司法解释的形式明确肯定了民事举证责任的双重含义,弥补了我国《民事诉讼法》第64条仅规定主观责任的不足。

而医事诉讼举证责任即可表述为:医患双方当事人须就各自的诉讼主张,提供证据,加以证明,如不提供证据,或者(以及)在案件已审理结束,要件事实仍是真伪不明，未能使法官形成心证时，法官则做出与该当事人利益相反的“事实拟定”的判决。医事诉讼举证责任的作用主要表现为：在医疗纠纷案件中的要件事实真伪不明的状态下，指导法官怎样裁判并使未尽举证责任的一方承担不利后果。也就是说对不确定的事实主张承担举证责任的当事人将承受对其不利的裁判。

理解举证责任应注意的问题。

首先，举证责任是一种不利的后果，这种后果只在作为裁判基础的主要事实真伪不明时才发生作用；真伪不明是举证责任发生的前提，如果作为裁判基础的事实是确定的，就不会发生承担举证责任的后果；真伪不明的事实是指作为裁判依据的主要事实，不涉及间接事实和辅助事实，因为法院只要对主要事实的存在与否作出认定，就能够决定是否适用实体法规，从而作出裁判。

其次，法院不是举证责任承担的主体，举证责任是对当事人的一种不利后果；举证责任由哪一方当事人承担是有法律法规预先确定的，因此在诉讼中不存在原告被告之间相互转移的问题。

再次，举证责任不同于主张责任。主张责任也是一种后果，是当事人没有向法院提出对自己有利的事实可能承担的不利后果。主张责任不是一种基于对某主要事实不能证明所要承担的不利后果。

最后，应当注意作为一种不利后果的举证责任与当事人对自己的主张提出证据加以证明的关系。当事人提出证据对自己的主张加以证明是当事人的一项权利。权利人在诉讼中应当主动使自己权利存在的事实处于确定的状态，而不是被动地等待权利存在的事实处于真伪不明的状态，然后适用举证责任的规则。

2.举证责任的分配

(1)举证责任分配的含义。所谓举证责任的分配，是指法院在诉讼中按照一定的规范或标准，将事实真伪不明时所要求承担的不利后果在双方当事人之间进行划分。当作为裁判基础的案件事实处于真伪不明时，必然有一方要承担由此而带来的不利后果，那么，这一后果应当由谁来承担呢，这就是举证责任分配所要解决的问题。

(2)举证责任分配的原则。证据制度的核心在于举证责任分配。按照一定的标准，将待证的法律事实的举证责任，在双方当事人之间预先进行分配，这将直接影响到当事人诉讼成败。“举证责任分配之所在，乃胜诉败诉之所在”。在大陆法系国家，影响最大的责任分配学说是德国学者罗森贝克提出的“规范说”和“特别要件说”。一般认为，罗森贝克的举证责任规范说包括两个方面的内容：举证责任可以通过实体法进行抽象的统一分配，举证责任的分配原理，可以从法律规范的这种关系中寻找到。不适用法规说，罗森贝克把证明结果分为被证明、被驳回、真伪不明三种情况，承认在审判过程中可能会存在案件事实真伪不明的情形，对出现真伪不明时采取不适用规范的做法，实际上与被驳回的结果是一样的，但罗森贝克并没有指出这种适用的理由。罗森贝克创立的规范说成为德国民事诉讼学界的通说，在德国、日本及我国台湾地区处于支配地位。

在我国《民事诉讼法》中并没有明确举证责任分配一般原则。在我国的一些实体法和在最高法院的《证据规定》中，对某些案件的举证责任分配做了明确的规定。目前大陆法系国家通行的关于举证责任分配理论为“法律要件分类说”。我国的《证据规定》在举证责任分配方面也借鉴这一理论。确切地讲，我国《证据规定》关于举证责任分配主要依据了德国法学家罗森贝克的规范说理论，以该理论为原则，同时考虑了某些具体案件举证责任分配的特殊性。

(3)举证责任倒置。法律界有一个共识，举证责任很大程度上关乎一个案件的成败。举证责任的分配应当考虑其公平性。分配的公平性主要考虑的因素是双方当事人之间证明的难易、盖然性的高低、距离证据的远近以及谁承担举证责任更有利于权利保护和实现等。但由于法律不可能将所有的具体情形全都加以考虑，因此人们就只能在具体规定之外提出一个一般的原则，既然作为原则就难免存在针对某些特殊案件如果按原则分配举证责任可能存在不合理的情形。举证责任倒置就是为了弥补一般原则的这一不足，针对一些特殊的案件，将按照原则原本由己方承担的举证责任，改为由对方当事人承担。按我国法学界对举证责任倒置的理解，所谓举证责任倒置是指基于法律的规定，将通常情况下本应由提出主张的一方当事人就某种事由不负担举证责任，而由他方当事人就某种事实存在或不存在承担举证责任，如果该方当事人不能就此举证证明，则推定原告的事实主张不成立的一种举证责任分配制度。

2001年《最高人民法院关于民事诉讼证据的若干规定》(以下简称《规定》)第4条第1款第8项规定:“因医疗行为引起的侵权诉讼，由医疗机构就医疗行为与损害结果之间不存在因果关系及不存在医疗过错承担举证责任。”虽然没有法律明确规定，但该司法解释被广泛理解为医疗诉讼适用“举证责任倒置”，并在实践中广泛适用。医疗侵权的举证责任倒置是举证责任倒置的一种具体表现形式。可以理解为:有关法律将医疗侵权的要件事实分割为损害结果、医疗行为与损害结果之间的因果关系和医疗过错三种法律要件事实。把损害结果的要件事实分配给患方，由其承担举证责任;把医疗行为与损害结果之间的因果关系和医疗过错的要件事实分配给医方，由其来承担举证责任。例如，《规定》第4条第1款第8项规定，医方须就医疗行为与损害结果之间不存在因果关系和不存在医疗过错的两个要件事实承担举证责任，就是医疗侵权的举证责任倒置的有关情形。

2009年12月26日，比《规定》法律位阶更高的《侵权责任法》正式出台。相比原来的过错及因果关系的双推定原则,《侵权责任法》第 54 条明确规定,医疗侵权行为的归责原则为过错责任原则。也就是说,在患者因诊疗活动受到损害而与医疗机构发生损害赔偿纠纷的诉讼中,原告患者须就"医疗机构及其医务人员有过错"进行举证,并承担举证不能的后果。但《侵权责任法》第 58 条又同时规定:"患者有损害,因下列情形之一的,推定医疗机构有过错……"这种"推定"过错实际上就是举证责任的倒置,但与原来的举证责任倒置有很大的不同。原来是从"损害"直接推定"过错",从现在的规定来看,必须要符合"违反法律、行政法规、规章以及其他有关诊疗规范的规定",虽然过错的推定依然适用举证责任倒置,但一定程度上实现了有条件的过错推定。

3.医疗损害赔偿举证责任分配

在《民事诉讼证据规定》颁布实施之前,长期以来,对医疗损害赔偿纠纷适用"谁主张、谁举证"。《民事诉讼证据规定》第 4 条第 8 项规定:"因医疗行为引起的侵权诉讼,由医疗机构就医疗行为与损害结果之间不存在因果关系及不存在医疗过错承担举证责任。"对医疗损害的举证责任,以往民事实体法上并无规定,《民事诉讼证据规定》从程序规则的角度规定,对医疗过错和医疗行为与损害后果之间的因果关系实行举证责任倒置。这一司法解释令患者一片欢呼,而医疗界却怨声载道。为了避免风险,许多医生看病首先考虑如何保存证据而不是患者疾痛,于是出现了防御性治疗、过度治疗等问题,更严重的是,由于惧怕承担责任,不少医生对于疑难病症干脆推诿不治,由此引发的看病贵、浪费医疗资源等现象,不断激化医患矛盾,最终损害了患者的根本利益。

面对医疗界的激烈反应,《侵权责任法》设计医疗损害责任制度时,本着既保护患者权益,也保护医务人员权益的原则,适当减轻医方的举证责任。《侵权责任法》采取了过错责任加上过错推定的办法。我国《侵权责任法》第 54 条首先确立了医疗损害责任中的过错责任的归责原则,即"患者在诊疗活动中受到损害,医疗机构及其医务人员有过错的,由医疗机构承担赔偿责任"。适用过错责任原则,患者必须提供医方有过错的证据,方能要求赔偿。此举与当下要求医方承担举证责任倒置相比,显然是一次重大改变。因此,我国《侵权责任法》对于诊疗活动中的纠纷适用的是一般过错责任原则,医疗机构及其医务人员有过错的,医疗机构才承担赔偿责任,原则上由原告承担过错的举证责任。这与最高人民法院此前颁布的《民事诉讼证据规定》相关规定有所不同,因为按照最高人民法院的此项司法解释处理医疗损害赔偿案件,可能产生等同于过错推定原则的适用效果。另外,在医患之间信息完全不对等的情况下,实行过错责任,受害人很可能由于缺乏医学知识而无法找出医务人员的过错。对于这一实际情况,《侵权责任法》第 58 条补充性规定了符合三种情形之一的,推定医疗机构有过错:违反医疗卫生管理法律、行政法规、规章、诊疗规范的；隐匿或者拒绝提供与纠纷有关的医学文书及有关资料的；伪造或者销毁医学文书及有关资料的。这种“推定”过错与原来的举证责任倒置有很大的不同。原来是从“损害”直接推定“过错”，从现在的规定来看，必须要符合“违反法律、行政法规、规章以及其他有关诊疗规范的规定”，虽然过错的推定依然适用举证责任倒置，但一定程度上实现了有条件的过错推定。这一规定也有效弥补了患者举证能力缺陷。

同时，针对医疗产品责任还规定了无过错责任。《侵权责任法》第59条规定，因药品、消毒药剂、医疗器械的缺陷，或者输入不合格的血液造成患者损害的，患者可以向生产者或者血液提供机构请求赔偿，也可以向医疗机构请求赔偿。明确规定因为药品、医疗器械的缺陷产生的纠纷，患者可以找生产厂家，也可以找医疗机构。此时不考虑医疗机构是否有过错，只要有患者有损害事实，医疗机构就必须承担赔偿义务，医疗机构赔偿后可以向有责任的生产者追偿。这个规定根据《产品质量法》的有关规定作出，有利于对患者合法权益给予积极保护。医疗产品损害涉及有无缺陷产品的认定，一般需要进行司法鉴定。就医疗产品损害的举证责任，立法上并无特别的规定，应当适用“谁主张、谁举证”的举证责任分配原则。具体来说，就是否构成医疗产品损害，应由患者一方承担举证责任，其中包括对是否存在产品缺陷存在争议时，患者一方有申请就有无产品缺陷进行司法鉴定的责任。而对是否存在免责事由，则由医疗产品生产者、提供者和医疗机构承担举证责任，其中包括对有无免责事由发生争议时申请司法鉴定的责任。

在举证责任上，《侵权责任法》对过度检查损害并无特别规定，应适用“谁主张、谁举证”的规则，即由患者一方承担医疗机构构成过度检查损害的举证责任；医疗机构提出免责抗辩的，由医疗机构就是否存在免责事由承担举证责任。同时，《侵权责任法》第58条规定的举证责任倒置也应当适用于过度检查规定。也即在医疗机构超出诊疗规范进行检查、隐匿或拒绝提供与纠纷有关的病历资料或者伪造、篡改或者销毁病历资料的情况下，推定医疗机构有未充分履行告知义务的过错，由医疗机构承担其没有实施过度检查的举证责任。

典型案例

首诊失误导致治疗延误，医院被判承担责任①

院方因首诊失误，致使病人错失治疗时机，最终被判承担责任。近日，新疆

① http://www.chinayhjf.com/article㊣02/03/1233643983.html.

乌鲁木齐市新市区人民法院宣判了这样一起医疗损害赔偿案件，判决院方赔偿患者家属精神损害抚慰金共计2000元。虽然女儿小婷已经“走”了两年了，可陈群（化名）夫妇却始终都想不通，为什么最初确诊的感冒，最后竟会变成尿毒症？难道是医院方面出了差错？为了讨个说法，陈群夫妇一纸诉状将给女儿治病的医院告上法庭，同时提出包括6万元精神损害抚慰金在内的各项赔偿请求，共计31万余元。2005年11月底，陈群夫妇的女儿小婷因为长时间头痛头晕，并且有高血压的迹象，便来到新疆某医院就诊。当班医生对小婷进行了血、尿的常规检查。检查结果出来，小婷的血色素10g，尿蛋白检测结果为“＞3.0g/l”。这个检测结果并非正常。可当班医生却告知小婷，这可能是感冒所致，结果“是正常的”。4日后，小婷的身体再次出现不适。这次，小婷直接被送进了该医院肾病科，后被诊断为慢性肾功能不全（肾衰竭期）。

经过一段时间治疗，小婷好转出院。半年后，小婷再次住进了医院。这一次，小婷被确诊为尿毒症期。2006年12月底，小婷第三次住院，12月31日，经抢救无效，小婷离开了这个世界。对于女儿的离开，陈群夫妻一时难以接受。他们认为，首诊医生误将肾炎当感冒治疗，才致使女儿贻误最佳治疗时机，致使病情迅速恶化，医院应当承担责任。

乌市新市区法院对此案审理后认为，这是一起因医方在对患者首诊过程中，由于病史记录不详细、不完整，对化验结果判断存在不足，对患者可能患有潜在的疾患未能向其告知，而引发的侵权诉讼。通过相关证据证明，医院后来对小婷病情诊断是明确的。也就是说，小婷的死亡主要是由于其自身疾病发展的原因所致。虽然医院在首诊中，的确存有“不足”，但严格的说，这并非是小婷患病并加重病情的因素。所以，对于治疗的费用，应当由患者自担。但从另一方面来看，医院作为具有专业知识的一方，发现患者可能存在的潜在疾病并告知，以使其得到进一步确诊，这也是一种义务。但在小婷的首诊过程中，医院却没有很好地做到这一点，从而给其家人带来了精神上的损害。判令该医院赔偿小婷父母精神损害抚慰金共计2000元。

审理此案的法官说，根据法律规定，医疗损害赔偿的归责原则是过错责任原则。也就是说，医院是否承担责任，以及如何承担责任，是由医院是否存在过错及过错程度的大小来决定的。本案与其他案件的不同之处，是医生不作为导致的医疗纠纷，而非作为引发的损害后果。这种情况下，法院需要确定两个问题：一是医生在治疗过程中诊治行为有无不当，是否存在漏诊行为；二是漏诊与患者最终的损害后果之间有无因果关系。肾炎作为一种特殊疾病，如果发现及时，成活概率并不低，但如果病情延误，失去最佳治疗时机后，则会导致无法治疗的后果。而在实践中，肾炎的确定并不复杂，简单的血、尿常规检查即可完成。

因此，本案中，第一附属医院的过错是判断失误，对并非正常的血、尿常规检查结果，首诊医生却误诊为正常，进而导致重症缠身，病情被延误。但是，患者死亡的根本原因，毕竟还是自身疾病发展所致。因此，医院承担一定的责任之外，患者也应承担相应的责任。

小　结

医事诉讼证据是具备法定形式的、按照法定程序加以认定的最终作为证明医事案件事实存在与否的事实，它具体表现为书证、物证、视听资料、证人证言、视听资料、勘验笔录、鉴定结论 7 种；其中病历档案是被运用最广泛、最重要的书证材料，在医事诉讼中居于重要地位。从不同角度对医事诉讼证据进行分类研究可以更好地促进医事司法实践，帮助医事纠纷双方正确对待诉讼证据。医事诉讼证据是法院正确适用法律，并最终作出正确裁判的依据，因此法官和当事人必须紧紧围绕证据的属性进行证据的收集、保全、质证以及遵循医事诉讼证据规则进行审查判断等诉讼活动。

思 考 题

1. 医事诉讼常见的证据有哪些？
2. 医事诉讼证据学理分类有哪些？
3. 在收集和保全医事诉讼证据时应注意哪些问题？
4. 如何正确理解医事诉讼中举证责任分配问题？
5. 医事诉讼中应用鉴定结论应当遵循哪些证据规则？
6. 什么样的证据没有证明能力，人民法院是依据什么原则采信证据的？

（赵　敏　岳远雷）

第十二章　医疗损害鉴定制度

引导案例

2000年11月，患者杨某突然出现抽搐等反常症状，经某医院诊断为垂体微腺瘤，并对杨某进行了X刀放疗治疗。半个月后，杨某治愈出院。2004年6月，杨某视力开始下降。在北京多家医院检查后得知，视力下降为放疗术后引起。患者家属以“医院在治疗过程中存在医疗事故”为由，要求医院赔偿医疗费等费用共27万元。法院受理后，先后委托市医学会及省医学会做医疗事故技术鉴定，两次鉴定结果均为不构成医疗事故。患方变更诉讼请求，以“损害赔偿”为由，要求医院对其进行赔偿。2008年，市中院委托某司法鉴定所，对该案进行司法鉴定，鉴定结论为：医院对患者作出的垂体微腺瘤诊断依据欠充分，照射范围欠妥当，放疗前未向患者及家属就放射治疗可能出现的不良反应履行必要的告知义务，因而，医院对患者的治疗过错中存在过失。且医院的过错与患者双眼视神经萎缩和失明的损害后果之间存在因果关系，属主要因素，相关度拟为70%。最后法院采信司法鉴定，判医院赔偿患方各项经济损失共计27.8万元。

本案先后进行三次鉴定，前两次为医疗事故技术鉴定，最后为医疗纠纷的司法鉴定。由于患方诉讼理由不同，得出不同的鉴定结论，法院在采信医学鉴定结论和司法鉴定结论的侧重点也有不同，司法鉴定并没有否定医学鉴定，两种鉴定并不矛盾。

我国现行的医疗损害鉴定中，实际上实行的是“双轨制”的鉴定模式，一种是医学会负责组织医疗事故鉴定，做出的是医学上的医学鉴定结论；另一种是司法鉴定机构负责组织实施医疗过错的鉴定，属于司法鉴定的范畴。

医疗事故鉴定的法律依据是2002年国务院公布的《医疗事故处理条例》第21条：“设区的市级地方医学会和省、自治区、直辖市直接管辖的县（市）地方医学会负责组织首次医疗事故技术鉴定工作。省、自治区、直辖市地方医学会负责组织再次鉴定工作。必要时，中华医学会可以组织疑难、复杂并在全国有重大影响的医疗事故争议的技术鉴定工作”。司法鉴定的依据是《民事诉讼法》第72条的规定,即法院有权委托有关鉴定机构对涉案的医事专门性问题进行鉴定,这种医疗损害技术鉴定就是司法鉴定。这两种鉴定都是法院审理医疗损害赔偿诉讼的证据,都可以单独作为认定是否存在医疗过错的依据。

医疗损害鉴定的两种方式在鉴定人员组成、鉴定方式、鉴定内容及鉴定后的法律赔偿依据等方面均不同,结果会导致医患双方在选择医疗损害鉴定机构时存在倾向性,从而使同一个案件经过反复鉴定而影响了诉讼的效率,也影响了司法的权威性。

第一节　医疗损害鉴定概述

一、鉴定、医学鉴定与医疗损害鉴定

(一)鉴定

鉴定,顾名思义是指鉴别与评定。它是我国民事诉讼中经常使用的证据方式。鉴定人须是对所需鉴定的问题具有专门的科学技术知识的人。民事诉讼中的鉴定主要包括文书鉴定、医学鉴定、工程质量鉴定、产品质量鉴定、会计鉴定等。在经济、科技高度发达的今天,鉴定已成为越来越多诉讼案件必须借助以解决争议的手段。鉴定活动以鉴定书的形式表现出来,即为鉴定结论。

鉴定结论是法定的证据形式之一。法律意义的鉴定结论是指鉴定人运用专业知识、专门技术对案件中的专门性问题进行分析、鉴别、判断后做出的结论。鉴定结论作为民事证据之一,具有两大特点:第一,鉴定结论是针对诉讼中有待查明的事实问题作出的,鉴定过程中即使涉及法律问题,也不属于鉴定人的工作范围;第二,鉴定结论的核心是鉴定人利用其专业知识和经验对鉴定对象进行分析鉴别后得出的结论性意见。即鉴定结论是对专门问题做出的结论。①

(二)医学鉴定

医学鉴定是指鉴定机关依法对特定的医疗纠纷作出技术上的鉴别与评定。医学是一门具有很强技术性与科学性的学问。医疗纠纷发生后,为了明确与纠纷有关的医疗技术问题,委托有关专业技术人员运用医学及法律知识与技能对这些问题进行鉴别、判定的活动。这一活动至少有以下几层含义。

1.是与特定事件或案件相关联的活动,而不是一般意义的没有具体针对性的科学技术活动。

2.活动的目的明确指向与医疗纠纷有法律上的关系的医疗技术问题。不是

① 江伟主编:《民事诉讼法》(第三版),高等教育出版社2007年版。

纯法律问题，往往也不是纯医学问题，而是与法律有关的医学问题。

3.并不单纯是鉴别和判定活动，起码还包括委托活动，离开了委托的鉴定活动就是一般的科学活动，不具有鉴定意义。

4.具有科学性和主观性双重属性，鉴定作为一项科学活动，运用科学知识与技能研究解决特定的科学技术问题，属于科学活动的范畴，但鉴定结论最终只是鉴定人主观世界对客观问题的反映，不仅与鉴定人的科学技术水平、认识自然的能力有关，还与鉴定人的法律意识、法律知识有关，甚至与鉴定人的道德水准、价值观念有关，具有明显的主观属性。

可见，医学鉴定是医疗纠纷处理的重要环节，医学鉴定结论是医事诉讼的重要证据，在医事诉讼中起着重要作用。

（三）医疗损害鉴定

医疗损害责任的核心问题是鉴定问题。严格意义上说，医疗损害鉴定是一个新的名词，《侵权责任法》实施前一天2010年6月30日，最高人民法院下发《关于适用〈中华人民共和国侵权责任法〉若干问题的通知》第3条规定："人民法院适用侵权责任法审理民事纠纷案件，根据当事人的申请或者依职权决定进行医疗损害鉴定的，按照……"这是我国医疗损害诉讼历史上，首次出现医疗损害鉴定一词。

《侵权责任法》实施以前，医疗损害民事诉讼中的鉴定因人民法院委托的鉴定机构不同，其鉴定名称也不同。人民法院委托医学会进行的鉴定，称为"医疗事故技术鉴定"，委托司法鉴定机构进行的鉴定称为"医疗过错司法鉴定"。司法鉴定的核心是确定医疗行为是否属于医疗事故。具体说来，就是对医疗行为是否违反医疗卫生管理法律、行政法规、部门规章和诊疗护理规范、常规，是否存在医疗过失，医疗过失与人身损害后果之间是否存在因果关系，医疗过失在医疗事故损害后果中的责任程度进行鉴定。

但是，在《侵权责任法》实施后，对于人民法院委托到医学会进行的鉴定，2010年6月28日卫生部发布的《卫生部关于做好〈侵权责任法〉贯彻实施工作的通知》（卫医管发〔2010〕61号）规定为"医疗损害责任技术鉴定"。对于人民法院委托到司法鉴定机构进行的鉴定，2010年11月18日发布的《北京市高级人民法院关于审理医疗损害赔偿纠纷案件若干问题的指导意见（试行）》的通知规定为"医疗损害责任过错鉴定"。

二、医疗损害的鉴定方式

从我国目前的鉴定体制来看，医疗损害的鉴定主要有两种方式：一是医学会鉴定专家组进行的医疗事故技术鉴定；二是通过司法鉴定部门进行的医疗损害司法鉴定。依据2003年1月6日最高法院发布的《关于参照〈医疗事故处理条例〉审理医疗纠纷民事案件的通知》的精神,对于医疗事故应交由条例所规定的医学会组织鉴定。对于因医疗事故以外的原因引起的其他医疗赔偿纠纷需要进行鉴定的,根据《人民法院司法鉴定工作暂行规定》第二条,即"本规定所称司法鉴定,是指在诉讼过程中,为查明案件事实,人民法院依据职权,或者应当事人及其他诉讼参与人的申请,指派或委托具有专门知识的人,对专门性问题进行检验、鉴别和评定的活动"。故对于医疗过错的鉴定可以委托司法鉴定机构进行鉴定。

一直以来,医疗事故和医疗过错的鉴定分别由各地医学会负责和社会鉴定机构承担。除了鉴定方式的区别外,各自的赔偿标准适用的法律也完全不一样。前者适用国务院颁布的医疗事故处理条例,后者适用民法通则和最高人民法院《关于审理人身损害赔偿案件适用法律若干问题的解释》的规定处理,这种二元化的格局一直备受质疑。医疗事故技术鉴定导致的医疗诉讼中鉴定二元化的局面,被全国人大法律工作委员会评价为:医疗损害案件处理中,(由于实施条例而产生的)法律适用二元化现象损害了我国法制的严肃性和统一性,影响司法公正,加剧了医患矛盾。

《侵权责任法》最大的亮点在于终结了这种二元化的格局,统称为医疗损害,专家们普遍认为,赔偿标准也必将趋于一致。但是在该法实施之后,医疗损害的鉴定到底是由医学会还是由社会鉴定机构来操作,按照何种标准来操作,并没有明确规定。

典型案例

销毁、篡改病历资料可以推定医方担责

2007年4月21日,原告孙大姐的丈夫孙某因反复发作便血,病情持续加重5日,到某医院就诊,医生诊断为混合痔,并给予混合痔局部消痔灵注射术的治疗,术后回家观察。次日上午,患者病情突然加重,被亲属送往医院救治,接诊医生在患者家属面前将前一日就诊病历撕毁,并重新书写,然后将患者以腹痛待查收住入院。患者经抢救无效于23日凌晨1:00死亡,医院拒绝了患者家属提出的赔偿请求。经市卫生局委托某医科大学法医研究所尸检,结论为:死者系急性肺水肿而死亡。在随后的诉讼中,经法院委托,某司法鉴定中心又对医院医疗行为与患者损害结果有无因果关系及关联程度进行了鉴定,结论为:医院在对被鉴定人的诊断治疗过程中未见医疗过错行为,不排除被鉴定人系感染中毒性休克引起死亡。患者家属随后以需要补充证据,另行主张权利为由提出撤诉。撤诉

后，患者家属取得了死者接诊医生出具的撕毁治疗病历并重新书写的证明后再次诉讼到法院，要求医院承担赔偿责任。

一审法院认为，患者在诊疗活动中受到损害，医疗机构及其医务人员有过错的，由医疗机构承担赔偿责任。本案中，虽然鉴定单位作出了医院的治疗行为未见医疗过错，患者的损害后果不排除系感染中毒性休克引起死亡的结论。但该结论未就其如何导致中毒性休克死亡的原因及感染途径进行说明。同时，患者从入院治疗至死亡仅两天时间，其治疗病历的原始、真实性作为判断医院有无过错责任的关键证据就更显重要，而医院接诊医生撕去 4 月 21 日病历，重新书写的作法，改变了病历的原始、真实性，使得鉴定单位无法客观公正地评价医院对患者整个医疗行为的准确性及其与死亡后果有无因果关系，故鉴定单位的鉴定结论不再能够作为确定本案医院是否存在过错及应该承担赔偿责任的依据。故法院推定医院的诊疗行为存在过错，扣除患者病情本身存在的病理性因素对其死亡后果的原因力，酌定双方责任比例各为 50%。孙大姐诉请的各项赔偿费用，合计金额 376508 元。对其合理部分法院予以确定，对医院预付的 8000 元借款，可在赔偿总额中予以抵扣。依据《民法通则》第 106 条，最高人民法院《关于审理人身损害赔偿案件适用法律若干问题的解释》第 1 条、第 2 条、第 17 条、第 18 条、第 19 条、第 27 条、第 29 条、第 31 条的规定，法院作出如下判决：第一，医院赔偿孙大姐一家医疗费、死亡赔偿金、丧葬费、精神抚慰金合计 376508 元的 50%，计 188254 元，扣除医院预付赔款 8000 元，余款 180254 元于判决生效后十日内一次性付清。第二，驳回孙大姐一家的其他诉讼请求。

案件宣判后，医患双方均未上诉。

本案是一起比较典型的医疗损害赔偿纠纷案件。其中本案的一个裁判焦点是接诊医生撕毁病历重新书写的行为属于篡改病历，能否以此推定医院存在医疗过错行为。

《侵权责任法》第 58 条规定："患者有损害，因下列情形之一的，推定医疗机构有过错：(一)违反法律、行政法规、规章以及其他有关诊疗规范的规定；(二)隐匿或者拒绝提供与纠纷有关的病历资料；(三)伪造、篡改或者销毁病历资料。"

在医患纠纷中，病历资料是进行医疗损害因果关系鉴定的重要依据。按照《医疗机构病历管理规定》，病历资料是指患者在医院接受问诊、查体、诊断、治疗、护理等医疗过程中形成的所有医疗文书资料，它是医务人员在医疗活动过程中形成的以书面形式对患者的症状，病情发生、发展、转归的分析，诊断结论和治疗过程及治疗效果所做的原始记录。所以，必须保持病历资料内容的客观、真实、完整，同时保管好病历资料，这也是医疗机构的法定义务。本案患者从入院治疗至死亡仅两天时间，病历内容很少，其记录的患者病情的变化发展就成为正确认定医方是否存在医疗过错的关键证据，也直接影响到鉴定单位对医方整个医疗行为和损害后果有无因果关系的准确认定。而主治医生在发现患者病情恶化，可能产生重大损害后果的情况下，撕去 4 月 21 日治疗当天的病历，重新书写的作法，改变了病历的原始、真实性，很难让法官相信其没有添加或者删除对医方不利的内容，故推定医方诊疗行为存在过错。

第二节　医疗事故技术鉴定及其程序

一、医疗事故技术鉴定概念、特点与范围

（一）医疗事故技术鉴定概念

医疗事故技术鉴定是过去医疗诉讼中使用最多的一种鉴定。医疗事故技术鉴定是指由各地设立的医学会和中华医学会组织有关临床医学专家及法医学专家，运用医学、法学等科学技术和知识，通过法定的程序，对医疗行为是否给患者造成人身伤害、是否构成医疗事故以及构成医疗事故的等级作出鉴定结论的过程。其依据的规范是卫生部的行政规章《医疗事故技术鉴定暂行办法》，主要由地市级以上医学会主持鉴定。

（二）医疗事故技术鉴定特点

医疗事故技术鉴定特点具有多重属性，表现在以下几个方面。

1.医疗事故技术鉴定的目的。医疗事故技术鉴定是为卫生行政部门在处理医疗事故时遇到的专门性问题提供的一种技术服务。医疗事故技术鉴定法律依据为《医疗事故处理条例》，鉴定结论具有相应的法律效力。鉴定必须遵守相应的规定。

2.鉴定机构选择具有高度的专属性。医疗事故技术鉴定只能由医学会组织的医疗事故技术鉴定专家组来完成，不存在选择其他鉴定机构的可能。鉴定人、涉及学科、鉴定机构等等均具有专门性。

3.鉴定结论以医学会的名义发出，不实行鉴定人个人负责制。医疗事故技术鉴定的鉴定结论的证据学要求相对宽松。医疗事故技术鉴定具有主观性。医疗事故技术鉴定主要是专家组的主观活动，鉴定人根据事实提出自己的看法意见。鉴定机构不是法人，对于其鉴定过程中存在过错导致申请人产生损失的，不承担法律后果。医疗事故技术鉴定的鉴定机构超越《全国人民代表大会常务委员会关于司法鉴定管理问题的决定》的规定自成体系。因为其成立与实施不需要按照上述《决定》要求，在省级司法行政部门备案登记。在实施中，该鉴定与

《民事诉讼法》相关规定不一致,因为鉴定专家可以不在鉴定报告上签字,与最高人民法院的《证据规则》不一致,其鉴定专家可以不出庭接受质证。

4.医疗事故技术鉴定具有准司法性。医疗事故技术鉴定,是对事实的一种评判,是对发生的医疗事件,通过调查研究,收取物证(包括尸检结果),查阅书证(病历等病案资料),听取证人证言,当事人、受害人或其家属陈述,分析原因,依据法定标准,判定事件性质。

(三)医疗事故技术鉴定的范围

医疗事故技术鉴定要对医疗行为与人身损害后果进行鉴定,不涉及医疗故意和非法行医行为的鉴定。鉴定内容主要包括:(1)医疗行为是否违反医疗卫生管理法律、行政法规、部门规章和诊疗护理规范、常规;(2)医疗过失行为与人身损害后果之间是否存在因果关系;(3)医疗过失行为在医疗事故损害后果中的责任程度(分完全责任、主要责任、次要责任、轻微责任);(4)医疗事故等级;(5)对医疗事故患者的医疗护理医学建议。

二、医疗事故技术鉴定遵循的基本原则与基本制度

(一)医疗事故技术鉴定遵循的基本原则

1.遵循法律的基本原则。从法律的角度讲医患双方关系本质上是民事法律关系,双方处于平等的地位。按照我国《民法通则》的规定,当事人在民事活动中的地位平等;公民、法人合法的民事权益受法律保护,任何组织和个人不得侵犯。而在实际医疗活动中,医患双方的关系又是不平等的,医务人员享有更多的主动权,比如处置权、处方权等。医疗事故技术鉴定应当遵循处理民事法律关系的基本原则和国家法律法规的规定,主要体现为医疗事故技术鉴定主体要合法,医疗事故技术鉴定客体要合法,医疗事故技术鉴定程序要合法,医疗事故技术鉴定的步骤、方法与结果要合法。从实体到程序,从形式到内容,从技术手段到各项标准都必须严格执行法律法规的规定。

2.遵循公平的原则。公平体现在医患双方在处理事故过程中地位平等,任何一方没有额外的特权,在适用法律上必须体现公平。不能针对同一个争议事实对医患双方适用不同的法律规范。公平原则要求对不同委托主体委托的医疗事故技术鉴定要一视同仁。不论是来自公、检、法等机关还是来自企事业单位、社会团体、公民个人甚至是犯罪嫌疑人,在委托医疗事故技术鉴定业务的地位上是平等的,应平等地对待。

3.遵循公正的原则。公正是法制社会的灵魂,公正是公平适用法律的必然结果。鉴定公正的原则包括程序上的公正和实体上的公正,其中实体上的公正包含证据适用和法律适用的公正。

4.遵循公开的原则。公开是公平、公正的保障，具有形式上的要求和实质上的意义。按照法制原则，内部的规定不能调整外部的法律行为，公开可使争议的处理处于社会监督之下，杜绝暗箱操作。公开原则在医疗事故技术鉴定过程中具体表现在：(1)医疗事故技术鉴定项目、与鉴定有关的资料应公开；(2)医疗事故技术鉴定专家组成员信息、有关鉴定活动应公开；(3)医疗事故技术鉴定程序、收费标准应公开；(4)与鉴定有关的证据材料、证据内容应公开；(5)鉴定所依据的行政法律、法规、规章及其他规范性文件应公开。

5.遵循实事求是、科学、客观的原则。科学、客观是医疗事故技术鉴定活动的生命。医疗事故技术鉴定专家从始至终必须遵守这一原则，才能确保医疗事故技术鉴定结论正确无误。医疗事故技术鉴定受理要符合法律程序，医疗事故技术鉴定资料要具备科学标准，医疗事故技术鉴定的步骤、手段、方法必须具有科学性、有效性、先进性，医疗事故技术鉴定结论要有充分的科学依据，鉴定结论都应来源于客观实际，来源于对医疗事故技术鉴定客体的正确判断，切忌有任何偏见，更不能主观臆断和无知妄断。

(二)医疗事故技术鉴定的基本制度

1.合议制度。根据《医疗事故处理条例》规定，专家鉴定组进行医疗事故技术鉴定，实行合议制，专家鉴定组人数为单数。合议制度是指参加医疗事故技术鉴定的专家组成员至少由三人以上并且由单数组成，在充分讨论的基础上，通过表决，以专家鉴定组过半数成员的意见作为鉴定结论。合议不仅是医疗事故技术鉴定工作的基本制度，而且是鉴定工作的重要程序。专家鉴定组成员在履行鉴定义务和享有鉴定权利的时候，地位平等、权利相同，不因年龄、职称、学术地位、行政职务等不同而有所区别。专家鉴定组人数为单数，以便于表决出多数专家的意见，使合议制度落到实处。

2.回避制度。回避制度是指参加医疗事故技术鉴定的专家鉴定组成员，与医患双方当事人有利害关系或者其他关系，可能影响鉴定的公正性时，应当自行退出或者依照医患双方中任何一方的申请退出该争议鉴定的制度。

申请回避的方式有两种：一种是专家鉴定组成员自行回避；另一种是当事人申请回避。自行回避是指专家鉴定组成员认为自己有回避情形之一的，应当主动要求回避，这是专家鉴定组成员负有的一项重要义务。当事人申请回避是指医患双方当事人认为专家鉴定组成员有回避情形之一的，可以向负责组织医疗事故技术鉴定工作的医学会，要求有关人员回避。也就是说，申请回避是医疗事故争议双方当事人享有的一项重要权利。当事人申请回避时，既可以采取口头形式提出申请，也可以采取书面形式提出申请。这样灵活的方式有利于当事人行使权利。

专家鉴定组成员应当回避的情形有下列三种。

(1)是医疗事故争议当事人或者当事人的近亲属的。如果专家鉴定组成员是医疗事故争议的当事人或者近亲属,应当回避。首先,这里的当事人是指因发生医疗事故争议的双方,既包括医疗机构,也包括患者。其次,近亲属是一个法定概念,包括配偶、父母、子女、兄弟姐妹、祖父母、外祖父母、孙子女、外孙子女。

(2)与医疗事故争议有利害关系的。与医疗事故争议有利害关系的,一般是指医疗事故技术鉴定的结论可能直接或间接地损害专家鉴定组成员的经济利益、学术地位、名誉声望等,包括参加引发医疗事故争议的医疗行为的会诊、医疗事故初级鉴定等。

(3)与医疗事故争议当事人有其他关系,可能影响公正鉴定的。这里所说的其他关系,是指上述两种关系以外的其他比较亲近或者密切的关系。如上述近亲属以外的其他亲属、邻居、师生、同学、战友、过去的同事和上下级关系,等等。需要指出的是,不是所有的这种关系都应当回避,必须是能够影响案件公正处理的,才应当回避。所以,应当以事实为依据,来分析、认定这些关系是否会影响到鉴定的公正进行。

三、医疗事故技术鉴定程序

(一)医疗事故技术鉴定的提起

《医疗事故处理条例》和最高人民法院发布的关于参照《医疗事故处理条例》审理医疗纠纷案件的通知中对如何启动医疗事故技术鉴定程序作了明确规定,鉴定有三种启动方式:一是卫生行政部门移交医学会鉴定;二是医患双方共同委托医学会鉴定;三是进入诉讼程序以后,由法院根据当事人的申请或者依职权决定委托医学会进行鉴定。

1.卫生行政部门移交鉴定。这种启动方式适用于两种情况。一种情况是,医疗机构发生重大医疗过失行为后的移交鉴定。医疗机构发生重大医疗过失行为的,应当在12小时内向所在地卫生行政部门报告。运作时需要把握以下几点:

(1)移交鉴定的前提不仅有“重大医疗过失行为”,同时还应伴随具体的人身损害事实,二者缺一不可;

(2)移交鉴定的时间应当是“接到医疗机构关于重大医疗过错行为报告”之后,医患双方均为要求卫生行政部门处理或者没有共同委托医学会组织医疗事故技术鉴定之前;

(3)只有在卫生行政部门认为“需要进行医疗事故技术鉴定”时,再行移交,如果认为不需要,则不必。

另一种情况是，医患双方任何一方当事人均可要求卫生行政部门处理医疗事故争议，卫生部门依照规定进行审查，并认为需要进行医疗事故技术鉴定的予以受理，将相关材料移交医学会。

以上两种情况下移交鉴定的启动方式有一个共同特点："对需要进行医疗事故技术鉴定的"，才移交鉴定。这就意味着卫生行政部门有一定的医疗事故的判定权。如果认为没有必要鉴定的，该程序无法启动。因此，卫生行政部门进行判定时应当谨慎行事，量力而行。

2. 医患双方共同委托鉴定。这种启动方式是指医患双方当事人对发生的医疗损害事实及其形成原因、损害程度、医疗过失行为在损害后果中的责任程度等未能达成共识，双方同意在医疗事故技术鉴定的基础上协商解决上述争议的情况。这种启动方式必须同时具备三个条件：(1)由医患双方共同提出医疗事故技术鉴定申请；(2)医患双方按照鉴定机构的要求提供鉴定所需要的病案材料、实物等；(3)接受鉴定机构的调查，如实提供相关情况。

3. 法院委托医学会鉴定。人民法院在民事审判中，根据当事人的申请或者依职权决定进行医疗事故司法鉴定的，交由医学会组织鉴定。该鉴定的启动可以不需要双方当事人的申请，也不存在医学会不予受理的问题。其进步性体现在：(1)医疗事故技术鉴定仅是民事证据的一种，不具有专断性；(2)赋予当事人提出医疗事故司法鉴定的申请权。

(二)医疗事故技术鉴定的受理

1. 受理期间及鉴定材料。卫生行政部门应当自收到医疗事故争议处理申请之日起 10 日内进行审查，作出是否受理的决定。予以受理且需要进行医疗事故技术鉴定的，应当自作出受理决定之日起 5 日内将有关材料交由负责医疗事故技术鉴定工作的医学会组织鉴定并书面通知申请人。医学会应当自受理医疗事故技术鉴定之日起 5 日内，通知医疗事故争议双方当事人按照《医疗事故处理条例》有关规定提交医疗事故技术鉴定所需的材料。当事人应当自收到医学会的通知之日起 10 日内提交有关医疗事故技术鉴定的材料、书面陈述及答辩。

医疗机构提交的有关医疗事故技术鉴定的材料应当包括下列内容：

(1)住院患者的病程记录、死亡病例讨论记录、疑难病例讨论记录、会诊意见、上级医师查房记录等病历资料原件；

(2)住院患者的住院志、体温单、医嘱单、化验单(检验报告)、医学影像检查资料、特殊检查同意书、手术同意书、手术及麻醉记录单、病理资料、护理记录等病历资料原件；

(3)抢救急危患者，在规定时间内补记的病历资料原件；

(4)封存保留的输液、注射用物品和血液、药物等实物，或者依法具有检验资格的检验机构对这些物品、实物作出的检验报告；

(5)与医疗事故技术鉴定有关的其他材料。

在医疗机构建有病历档案的门诊、急诊患者，其病历资料由医疗机构提供；没有在医疗机构建立病历档案的，由患者提供。

2. 鉴定费用。委托医学会进行医疗事故技术鉴定，应当按规定缴纳鉴定费。双方当事人共同委托医疗事故技术鉴定的，由双方当事人协商预先缴纳鉴定费。卫生行政部门移交进行医疗事故技术鉴定的，由提出医疗事故争议处理的当事人预先缴纳鉴定费。经鉴定属于医疗事故的，鉴定费由医疗机构支付；经鉴定不属于医疗事故的，鉴定费由提出医疗事故争议处理申请的当事人支付。县级以上地方卫生行政部门接到医疗机构关于重大医疗过失行为的报告后，对需要移交医学会进行医疗事故技术鉴定的，鉴定费由医疗机构支付。

3. 医疗事故技术鉴定不予受理的情形。对不符合受理条件的，医学会不予受理，并说明不予受理的理由。有下列情形之一的，医学会不予受理医疗事故技术鉴定：

(1)当事人一方直接向医学会提出鉴定申请的；

(2)医疗事故争议涉及多个医疗机构，其中一所医疗机构所在地的医学会已经受理的；

(3)医疗事故争议已经由人民法院调解达成协议或判决的；

(4)当事人已向人民法院提起民事诉讼的(司法机关委托的除外)；

(5)非法行医造成患者身体健康损害的；

(6)卫生部规定的其他情形。

4. 医学会中止医疗事故技术鉴定的情形：

(1)当事人未按规定提交有关医疗事故技术鉴定材料的；

(2)提供的材料不真实的；

(3)拒绝缴纳鉴定费的；

(4)卫生部规定的其他情形。

(三)医疗事故技术鉴定机构和专家库

1. 实施鉴定的机构是医学会。根据《医疗事故处理条例》的有关规定，医疗事故技术鉴定由中华医学会及其各地的分会组织进行。中华医学会成立于1915年，现有78个专科分会，43万名会员，是由医学科学工作者组成的依法登记成立的学术性、公益性社团，是我国医学界的最高学术团体。

医疗事故技术鉴定分为首次鉴定和再次鉴定。根据《医疗事故处理条例》规定，设区的市级地方医学会和省、自治区、直辖市直接管辖的县(市)地方医学会负责组织首次医疗事故技术鉴定工作。省、自治区、直辖市地方医学会负责组织再次鉴定工作。必要时，中华医学会可以组织疑难、复杂并在全国有重大影响的医疗事故争议的技术鉴定工作。

2. 鉴定专家库的建立。负责组织医疗事故技术鉴定工作的医学会应建立专家库，专家库是一个庞大的、由高级的医学及相关学科专家聚集而成的智囊团和储备库，应当根据医学学科专业组名录设置学科专业组。医学会可以根据本地区医疗工作和医疗事故技术鉴定实际，对本专家库学科专业组设立予以适当增减和调整。专家库成员必须是根据医疗卫生法律和行政法规的规定通过考试取得相应职业资格的医疗卫生专业技术人员。具备下列条件的医疗卫生专业技术人员可以成为专家库候选人：

(1)有良好的业务素质和执业品德；

(2)受聘于医疗卫生机构或者医学教学、科研机构并担任相应专业高级技术职务 3 年以上；

(3)健康状况能够胜任医疗事故技术鉴定工作。

符合(1)、(3)项规定条件并具备高级技术职务任职资格的法医可以受聘进入专家库。

负责首次医疗事故技术鉴定工作的医学会原则上聘请本行政区域内的专家建立专家库；当本行政区域内的专家不能满足建立专家库需要时，可以聘请本省、自治区、直辖市范围内的专家进入专家库。负责再次医疗事故技术鉴定工作的医学会原则上聘请本省、自治区、直辖市范围内的专家建立专家库；当本省、自治区、直辖市范围内的专家不能满足建立专家库需要时，可以聘请其他省、自治区、直辖市的专家进入专家库。

医疗卫生机构或医学教学、科研机构、同级的医药卫生专业学会应当按照医学会要求，推荐专家库成员候选人；符合条件的个人经所在单位同意后也可以直接向组建专家库的医学会申请。医学会对专家库成员候选人进行审核。审核合格的，予以聘任，并发给中华医学会统一格式的聘书。符合条件的医疗卫生专业技术人员和法医，有义务受聘进入专家库。专家库成员聘用期为 4 年。聘用期满需继续聘用的，由医学会重新审核、聘用。

3. 组成专家鉴定组。医学会应当根据医疗事故争议所涉及的学科专业，确定专家鉴定组的构成和人数。专家鉴定组组成人数应为 3 人以上单数。医疗事故争议涉及多学科专业的，其中主要学科专业的专家不得少于专家鉴定组成员的二分之一。

医学会应当提前通知双方当事人，在指定时间、指定地点，从专家库相关学科专业组中随机抽取专家鉴定组成员。医学会主持双方当事人抽取专家鉴定组成员前，应当将专家库相关学科专业组中专家姓名、专业、技术职务、工作单位告知双方当事人。医学会对当事人准备抽取的专家进行随机编号，并主持双方当事人随机抽取相同数量的专家编号，最后一个专家由医学会随机抽取。双方当事人还应当按照上款规定的方法各自随机抽取一个专家作为候补。涉及死因、伤残等级鉴定的，应当按照前款规定由双方当事人各自随机抽取一名法医参加鉴定组。随机抽取结束后，医学会当场向双方当事人公布所抽取的专家鉴定组成员和候补成员的编号并记录在案。

现有专家库成员不能满足鉴定工作需要时，医学会应当向双方当事人说明，并经双方当事人同意，可以从本省、自治区、直辖市其他医学会专家库中抽取相关学科专业组的专家参加专家鉴定组；本省、自治区、直辖市医学会专家库成员不能满足鉴定工作需要时，可以从其他省、自治区、直辖市医学会专家库中抽取相关学科专业组的专家参加专家鉴定组。从其他医学会建立的专家库中抽取的专家无法到场参加医疗事故技术鉴定，可以以函件的方式提出鉴定意见。专家鉴定组成员确定后，在双方当事人共同在场的情况下，由医学会对封存的病历资料启封。专家鉴定组应当认真审查双方当事人提交的材料，妥善保管鉴定材料，保护患者的隐私，保守有关秘密。

（四）医疗事故技术鉴定程序

1.鉴定前的准备。医学会可以向双方当事人和其他相关组织、个人进行调查取证，进行调查取证时不得少于2人。调查取证结束后，调查人员和调查对象应当在有关文书上签字。如调查对象拒绝签字的，应当记录在案。

医学会应当在医疗事故鉴定7日前，将鉴定的时间、地点、要求等书面通知双方当事人，双方当事人应当按照通知的时间、地点、要求参加鉴定；参加医疗事故技术鉴定的双方当事人每一方人数不超过3人。任何一方当事人无故缺席、自行退席或拒绝参加鉴定的，不影响鉴定的进行。

医学会应当在医疗事故技术鉴定7日前书面通知专家鉴定组成员。专家鉴定组成员接到医学会通知后认为自己应当回避的，应当于接到通知时及时提出书面回避申请，并说明理由；因其他原因无法参加医疗事故技术鉴定的，应当于接到通知时及时书面告知医学会。专家鉴定组成员因回避或因其他原因无法参加医疗事故技术鉴定时，医学会应当通知相关学科专业组候补成员参加医疗事故技术鉴定。专家鉴定组成员因不可抗力因素未能及时告知医学会不能参加鉴定或虽告知但医学会无法按规定组成专家鉴定组的，医疗事故技术鉴定可以延期进行。

2.医疗事故技术鉴定的过程。专家鉴定组组长由专家鉴定组成员推选产生，也可以由医疗事故争议所涉及的主要学科专家中具有最高专业技术职务任职资格的专家担任。鉴定由专家鉴定组组长主持，并按照以下程序进行：

(1)双方当事人在规定的时间内分别陈述意见和理由。陈述顺序先患方，后医疗机构；

(2)专家鉴定组成员根据需要可以提问，当事人应当如实回答。必要时，可以对患者进行现场医学检查；

(3)双方当事人退场，坚持医疗机构先退场，患者后退场的原则；

(4)由专家鉴定组对双方当事人提供的书面材料、陈述及答辩等进行讨论；

(5)专家组经合议，根据半数以上专家鉴定组成员的一致意见形成鉴定结论，专家鉴定组成员在鉴定结论上签名。

医学会参加医疗事故技术鉴定会的工作人员，应如实记录鉴定会过程和专家的意见。

3.出具医疗事故技术鉴定书。医学会应当自接到双方当事人提交的有关医疗事故技术鉴定的材料、书面陈述及答辩之日起45日内组织鉴定并出具医疗事故技术鉴定书。医疗事故技术鉴定书应当根据鉴定结论作出，其文稿由专家鉴定组组长签发。医疗事故技术鉴定书需要盖医学会医疗事故技术鉴定专用印章。医学会应当及时将医疗事故技术鉴定书送达移交鉴定的卫生行政部门，经卫生行政部门审核，对符合规定作出的医疗事故技术鉴定结论，应当及时送达双方当事人；由双方当事人共同委托的，直接送达双方当事人。

医疗事故技术鉴定书格式由中华医学会统一制定。根据《医疗事故处理条例》及《医疗事故技术鉴定暂行办法》的规定，医疗事故技术鉴定书应当包括下列主要内容：

(1)双方当事人的基本情况及要求；

(2)当事人提交的材料和医学会的调查材料；

(3)对鉴定过程的说明；

(4)医疗行为是否违反医疗卫生管理法律、行政法规、部门规章和诊疗护理规范、常规；

(5)医疗过失行为与人身损害后果之间是否存在因果关系；

(6)医疗过失行为在医疗事故损害后果中的责任程度；

(7)医疗事故等级；

(8)对医疗事故患者的医疗护理医学建议。

(五)对医疗事故技术鉴定的审核

卫生行政部门收到负责组织医疗事故技术鉴定工作的医学会出具的医疗事故技术鉴定书后，应当对参加鉴定的人员资格和专业类别、鉴定程序进行审核，必要时可以组织调查，听取医疗事故争议双方当事人的意见。

卫生行政部门对医疗事故技术鉴定结论实施有限审核的原则，也就是只对

《医疗事故处理条例》规定的内容进行审核，不对医疗事故技术鉴定结论进行全面的审查。

1.审核的内容

（1）参加鉴定的人员是否符合鉴定成员的法定资格条件，其专业类别是否与被鉴定的医疗事实相吻合；

（2）参加鉴定的专业人员的人数、比例是否符合规定要求；

（3）医疗事故技术鉴定的程序是否符合有关规定，包括鉴定时双方提供资料是否符合要求，是否有应当回避的人员参加鉴定，是否听取了医患双方的陈述，鉴定结论的表决是否符合少数服从多数原则等。

2.审核的方式

（1）书面审核，审核医疗事故技术鉴定书和与鉴定程序有关的资料；

（2）组织调查，当书面审核不能达到审核的目的和要求时进行组织调查，听取双方当事人的意见，如回避制度的执行情况，资料的全面与否，是否听取双方的陈述，参加鉴定的有关人数、专业类别等内容。

无须审核的情形有：医疗事故技术鉴定结论作出后，当事人不要求卫生行政部门进行赔偿调解，要求通过诉讼程序解决争议的，卫生行政部门就没有必要进行审核，应当由人民法院在诉讼中进行审核；如果鉴定结论是首次进行的医疗事故技术鉴定，当事人已经对鉴定结论提出异议，向卫生行政部门提出再次鉴定的申请，审核也无须进行。

四、医疗事故技术鉴定结论

医疗事故技术鉴定结论是医疗事故技术鉴定的直接结果。其证据形式的特点表现为：

（一）医疗事故技术鉴定结论具有主客观双重性

医疗事故技术鉴定结论是鉴定活动的结果，医疗事故技术鉴定的主观性质必然带来其结论的主观性，但并不是否定鉴定对医疗行为的认定，否定鉴定结论的客观性。医疗事故技术鉴定是依据相关法律法规对医疗行为作出一个客观的评判，既具有客观性，也具有主观性，而且主观性更浓一些，因为鉴定主要在于评判部分。

（二）真实和失真的双重倾向性

鉴定的科学性，如专家合议等决定，保证了其鉴定结论具备更大的真实性，但是由于医学是一门复杂的、特殊的科学，人类对疾病的认识还没有达到很高的水平，鉴定的主观性决定了其必然存在失真的可能。

（三）鉴定结论客观真实性的严格条件性

《条例》和《医疗事故技术鉴定办法》对鉴定作了一系列的严格规范，特别是程序性规范等，只有鉴定行为、程序、鉴定人等均合法，鉴定按照严格的条件进行，才能保证鉴定结论的客观真实性。

第三节　医疗过错司法鉴定及其程序

一、司法鉴定与医疗过错司法鉴定

（一）司法鉴定的概念和特征

司法鉴定是指在诉讼活动中鉴定人运用科学技术或者专门知识对诉讼涉及的专门性问题进行鉴别和判断并提供鉴定意见的活动。简单地说，司法鉴定就是侦查、起诉、审判等诉讼活动中依法进行的鉴定，是司法证据制度的重要组成部分，具有显著的司法特征。主要表现为以下五点。

（1）司法鉴定具有法律性，司法鉴定机构和司法鉴定人的产生和进行司法鉴定活动，都是在法律、法规、规章的框架下依法进行；

（2）鉴定主体的中立性，司法鉴定的实施主体是依法取得鉴定资格的自然人，鉴定人与案件没有利害关系，能够客观公正的独立作出鉴定结论；

（3）鉴定对象的专门性，司法鉴定的对象是诉讼案件中明确指出的专门性问题；

（4）鉴定程序启动的被动性；

（5）鉴定结果的科学性，司法鉴定是运用科学技术对专门性问题的科学认识过程，决定了鉴定结论的科学性。

（二）我国司法鉴定的专业类别

我国司法鉴定的专业分两大类：一类是根据 2005 年 10 月 1 日起实施的《关于司法鉴定管理问题的决定》所规定的三种专业，即法医类鉴定、物证类鉴定和声像资料鉴定；另一类是根据司法鉴定服务社会的实际需要，结合当前我国司法鉴定的专业设置情况、学科发展方向、技术手段、检验和鉴定内容，并参考国际惯例，2000 年 11 月 29 日司法部发布了《司法鉴定执业分类（试行）》司法鉴定被划分为法医类鉴定、物证类鉴定、声像资料鉴定及其他鉴定共 13 种。

1.法医类鉴定：

（1）法医病理鉴定，是指运用法医病理学的理论和技术，通过尸体外表检查、尸体解剖检验、组织切片观察、毒物分析和书证审查等，对涉及与法律有关的医学问题进行鉴定或推断。其主要内容包括死亡原因鉴定、死亡方式鉴定、死亡时间推断、致伤物认定、生前伤与死后伤鉴别、死后个体识别等。

（2）法医临床鉴定，是指运用法医临床学的理论和技术，对涉及与法律有关的医学问题进行鉴定和评定。其主要内容包括人身损伤性质和程度鉴定、损伤与疾病关系评定、道路交通事故受伤人员伤残程度评定、职工工伤与职业病致残等级程度评定、劳动能力评定、性功能鉴定、诈病(伤)及造作病(伤)鉴定、致伤物和致伤方式推断等。

(3)法医精神病鉴定，是指运用司法精神病学的理论和方法，对涉及与法律有关的精神状态、法定能力(如刑事责任能力、受审能力、服刑能力、民事行为能力、监护能力、被害人自我防卫能力、作证能力等)、精神损伤程度、智能障碍等问题进行鉴定。其主要内容包括被检者精神是否正常，如果不正常，患何种类型的精神病；被检者虽然有精神病，但作案时是否由病态支配；被检者对作案时的行为有无辨认能力和控制能力。

(4)法医物证鉴定，是指运用免疫学、生物学、生物化学、分子生物学等的理论和方法，利用遗传学标记系统的多态性对生物学检材的种类、种属及个体来源进行鉴定。其主要内容包括个体识别、亲子鉴定、种族和种属认定等。

(5)法医毒物鉴定，是指运用法医毒物学的理论和方法，结合现代仪器分析技术，对体内外未知毒物、毒品及代谢物进行定性、定量分析，并通过对毒物毒性、中毒机理、代谢功能的分析，结合中毒表现、尸检所见，综合作出毒物中毒的鉴定。其主要内容包括是否中毒、是否中毒致死、毒物的性质、毒物进入机体的途径、中毒方式、毒物在体内的代谢过程、毒物量与中毒或死亡的关系等。

2.物证类鉴定：

(1)文书鉴定，是指运用文件检验学的原理和技术，对文书的笔迹、印章、印文、文书的制作及工具、文书形成时间等问题进行鉴定。

(2)痕迹鉴定，是指运用痕迹学的原理和技术，对有关人体、物体形成痕迹的同一性及分离痕迹与原整体相关性等问题进行鉴定。在诉讼活动中，最常见的痕迹鉴定主要有指纹鉴定、足迹鉴定、工具痕迹鉴定和枪弹痕迹鉴定等。

(3)微量鉴定，是指运用物理学、化学和仪器分析等方法，通过对有关物质材料的成分及其结构进行定性、定量分析，对检材的种类、检材和嫌疑样本的同类性和同一性进行鉴定。在司法实践中，常见的微量物证鉴定有爆炸残留物、射击残留物、纵火物证、泥土、灰尘、粉尘、玻璃或金属残渣等物证的鉴定，还有纤维、纺织品、塑料、橡胶、油脂、涂料等物证的鉴定。

3.声像资料鉴定，就是对录音带、录像带、磁盘、光盘、图片等载体上记录的声音，图像信息的真实性、完整性及其所反映的情况过程进行的鉴定和对记录的声音，图像中的语言、人体、物体作出种类或者同一认定。

4.其他鉴定，包括计算机司法鉴定、环境监测司法鉴定、工程造价司法鉴定、产品质量司法鉴定、司法会计鉴定、知识产权司法鉴定、税务司法鉴定、农业司法鉴定、资产评估司法鉴定和建筑工程司法鉴定。

(三)医疗过错司法鉴定

在医疗纠纷中,因医疗事故以外的原因引起的其他医疗赔偿纠纷也可以进行司法鉴定的,按照《人民法院对外委托司法鉴定管理规定》组织鉴定。医疗过错的司法鉴定,是指法院在审理医疗损害赔偿民事诉讼案件中,依职权或应医患纠纷任何一方当事人的请求,委托具有专门知识的人,通过调查研究、搜集物证(包括尸检结果)、查阅书证(病历等资料),听取证人证言、当事人、就医者或其家属陈述,分析原因,依照有关法定标准,判定医疗纠纷的性质,作出就医者有无医疗损害事实的存在、医院或医务人员有无医疗过错、医疗过错与损害事实有无因果关系以及有无医疗服务合同违约等有关的待证事实进行鉴别和判断的活动。

二、司法鉴定程序

司法鉴定程序是指在诉讼过程中,司法鉴定机构和鉴定人进行的鉴定活动应当遵循的方式、方法、步骤以及三大诉讼法和相关规则和标准的程序规范。司法鉴定程序一般由司法鉴定的提请、司法鉴定的决定与委托、司法鉴定的受理、司法鉴定的实施、补充鉴定和重新鉴定组成完整的程序体系。按照上述程序的性质和在鉴定中的意义,又分为司法鉴定的启动程序、司法鉴定的实施程序和司法鉴定的后续程序三部分。

(一)司法鉴定的启动程序

1.司法鉴定的申请。在举证期限内,凡是在诉讼活动中具有举证责任的诉讼当事人和侦查机关均有申请司法鉴定的权利。对案件中需要鉴定的专门性问题提出鉴定申请是司法鉴定的第一道程序,但不是司法鉴定的必经程序。提请司法鉴定主要采取书面方式,被羁押的犯罪嫌疑人可以用口头方式申请鉴定,但司法机关应对其口头申请记录在案。鉴定申请书应当写明案由、鉴定对象和鉴定要求等。

2.司法鉴定的决定与委托。我国三大诉讼法规定,司法鉴定的决定权和委托权属于司法权,只能由司法机关行使。司法鉴定的决定是指司法机关对司法鉴定申请作出是否同意鉴定的回应。而司法鉴定委托是指司法机构决定鉴定后,依法选择鉴定机构和鉴定人,并办理委托事项的过程。司法鉴定的委托是进行司法鉴定活动的必经程序。

司法鉴定机构接受鉴定委托,应当要求委托人出具鉴定委托书,提供委托人的身份证明,并提供委托鉴定事项所需的鉴定材料。鉴定材料包括检材和鉴定资料。检材是指与鉴定事项有关的生物检材和非生物检材;鉴定资料是指存在于各种载体上与鉴定事项有关的记录。涉及医疗纠纷司法鉴定的资料是病历资料。委托人委托他人代理的，应当要求出具委托书，载明委托单位、委托时间、基本案情、委托鉴定项目以及送交的资料名称和数目。委托鉴定事项属于重新鉴定的，应当在委托书中注明。委托人应当向司法鉴定机构提供真实、完整、充分的鉴定材料，并对鉴定材料的真实性、合法性负责。

3. 司法鉴定的受理。司法鉴定受理是指法定的司法鉴定机构和鉴定人对侦查机关、人民检察院和人民法院以及诉讼当事人的鉴定委托事项进行审查，对符合委托条件的予以受理并签订鉴定委托协议的过程。

司法鉴定机构收到委托，应当对委托的鉴定事项进行审查，审查包括以下几项：

(1)审查司法鉴定委托书以及委托方的主体资格是否符合法律规定；

(2)听取委托方介绍与鉴定相关的案情和具体要求，是否超出本鉴定机构的业务范围；

(3)鉴定机构与委托方共同核对鉴定材料的名称、数量、质量以及保存状况等，双方签名确认。

针对医疗纠纷司法鉴定的案件，要认真审查全部的原始病历，包括门诊及急诊病历，住院病历，各种辅助诊断报告、处方，有关疾病证明等。要注意分析资料的真实性，有无掩盖错误，涂改病历或病程记录等情况。

司法鉴定机构对符合受理条件的鉴定委托，应当即时作出受理的决定；不能即时决定受理的，应当在 7 个工作日内作出是否受理的决定，并通知委托人；对通过信函提出鉴定委托的，应当在 10 个工作日内作出是否受理的决定，并通知委托人；对疑难、复杂或者特殊鉴定事项的委托，可以与委托人协商确定受理的时间。

对属于本机构司法鉴定业务范围，委托鉴定事项的用途及鉴定要求合法，提供的鉴定材料真实、完整、充分的鉴定委托，应当予以受理。对提供的鉴定材料不完整、不充分的，司法鉴定机构可以要求委托人补充；委托人补充齐全的，可以受理。具有下列情形之一的鉴定委托，司法鉴定机构不得受理：委托鉴定的主体不符合法定条件；委托事项超出本机构司法鉴定业务范围的；鉴定材料不真实、不完整、不充分或者取得方式不合法的；鉴定事项的用途不合法或者违背社会公德的；鉴定要求不符合司法鉴定执业规则或者相关鉴定技术规范的；鉴定要求超出本机构技术条件和鉴定能力的；其他不符合法律、法规、规章规定情形的。对不予受理的，应当向委托人说明理由，退还其提供的鉴定材料。

司法鉴定机构决定受理鉴定委托的，应当与委托人在协商一致的基础上签订司法鉴定协议书。司法鉴定协议书应当载明下列事项：委托人和司法鉴定机构的基本情况；委托鉴定的事项及用途；委托鉴定的要求；委托鉴定事项涉及的案件的简要情况;委托人提供的鉴定材料的目录和数量;鉴定过程中双方的权利、义务;鉴定费用及收取方式;其他需要载明的事项。

因鉴定需要耗尽或者可能损坏检材的,或者在鉴定完成后无法完整退还检材的,应当事先向委托人讲明,征得其同意或者认可,并在协议书中载明。在进行司法鉴定过程中需要变更协议书内容的,应当由协议双方协商确定。

(二)司法鉴定的实施程序

司法鉴定的实施是指鉴定机构和鉴定人受理鉴定后,按照法律、法规并运用科学的技术和方法完成鉴定委托要求的活动。包括司法鉴定时限,实施鉴定的人数和条件,鉴定的组织与监督,鉴定的方法,鉴定过程与结果的记录,分析讨论、出具鉴定文书等多个环节。

1.司法鉴定的时限。鉴定期限是指从决定受理委托鉴定之日起,到发出鉴定文书之日的时间。司法鉴定机构应当在与委托人签订司法鉴定协议书之日起30个工作日内完成委托事项的鉴定。鉴定事项涉及复杂、疑难、特殊的技术问题或者检验过程需要较长时间的,完成鉴定的时间可以延长,延长时间一般不得超过30个工作日。司法鉴定机构与委托人对完成鉴定的时限另有约定的,从其约定。在鉴定过程中补充或者重新提取鉴定材料所需的时间,不计入鉴定时限。

2.实施鉴定的人数和条件。司法鉴定机构受理鉴定委托后,应当指定本机构中具有该鉴定事项执业资格的司法鉴定人进行鉴定。司法鉴定机构对同一鉴定事项,应当指定或者选择两名司法鉴定人共同进行鉴定;对疑难、复杂或者特殊的鉴定事项,可以指定或者选择多名司法鉴定人进行鉴定。鉴定人必须自己实施司法鉴定,在遇到特别复杂、疑难、特殊的技术问题时,可向本机构以外相关专业领域专家进行咨询,但最终鉴定意见应当由司法鉴定人本人作出。

3.司法鉴定的组织与监督。司法鉴定的实施,一般由鉴定机构负责安排相应的鉴定人,并提供鉴定所需的物质和技术保障。

对有后遗症、致残或导致器官功能障碍的病人必须进行全面的临床检查,检查伤病员时应由与医疗事故无关的临床专家协同进行。检查伤病员时包括查体及各种必要的临床和实验室检验,以确定有无后遗症或残废,同时对医疗措施做出适当的评价。检查时注意病人的症状及体征有无受到心理因素的影响,有无诈病和造作病的可能。

当医疗事故怀疑与药剂、麻醉、输血及各种各样药物治疗有关时,必须及早收集剩余药品、用药的容器、注射器、输液瓶,以及病人的呕吐物、排泄物、血、体液等,尸体解剖要采集死者的组织器官样品,及时进行组织学检查和相关检验。根据药品在体内组织器官的含量多少,明确与死亡之间的关系,以确定是否排除药品中毒的可能性。

司法鉴定人在进行鉴定的过程中，需要对女性作妇科检查的，应当由女性司法鉴定人进行；无女性司法鉴定人的，应当有女性工作人员在场。在鉴定过程中，需要对未成年人的身体进行检查的，应当通知其监护人到场。对被鉴定人进行法医精神病鉴定的，应当通知委托人或者被鉴定人的近亲属或者监护人到场。对需要到现场提取检材的，应当由不少于两名司法鉴定人提取，并通知委托人到场见证。对需要进行尸体解剖的，应当通知委托人或者死者的近亲属或者监护人到场见证。

司法鉴定机构在进行鉴定过程中，遇有下列情形之一的，可以终止鉴定：

(1)发现委托鉴定事项的用途不合法或者违背社会公德的；

(2)委托人提供的鉴定材料不真实或者取得方式不合法的；

(3)因鉴定材料不完整、不充分，或者因鉴定材料耗尽、损坏，委托人不能或者拒绝补充提供符合要求的鉴定材料的；

(4)委托人的鉴定要求或者完成鉴定所需的技术要求超出本机构技术条件和鉴定能力的；

(5)委托人不履行司法鉴定协议书规定的义务或者被鉴定人不予配合，致使鉴定无法继续进行的；

(6)因不可抗力致使鉴定无法继续进行的；

(7)委托人撤销鉴定委托或者主动要求终止鉴定的；

(8)委托人拒绝支付鉴定费用的；

(9)司法鉴定协议书约定的其他终止鉴定的情形。

一旦终止鉴定，司法鉴定机构应当书面通知委托人，说明理由，并退还鉴定材料。

4.司法鉴定方法要求。鉴定方法要坚持科学性、有效性、先进性。鉴定所采用的技术方法必须是科学原理上无争议的、普遍使用的、经过鉴定实践检验公认的方法。司法鉴定机构应当严格依照有关技术规范保管和使用鉴定材料，严格监控鉴定材料的接收、传递、检验、保存和处置，建立科学、严密的管理制度。司法鉴定人进行鉴定应当依下列顺序遵守和采用该专业领域的技术标准和技术规范：国家标准和技术规范；司法鉴定主管部门、司法鉴定行业组织或者相关行业主管部门制定的行业标准和技术规范；该专业领域多数专家认可的技术标准和技术规范。不具备前款规定的技术标准和技术规范的，可以采用所属司法鉴定机构自行制定的有关技术规范。

5.鉴定过程与结果的记录。鉴定全过程和结果都应完整记录，并存档保存，以备查用。司法鉴定人进行鉴定应当对鉴定过程进行实时记录并签名。记录可以采取笔记、录音、录像、拍照等方式。记录的内容应当确保真实、客观、准确、完整、清晰,记录的文本或者音像载体应当妥善保存。

6.分析讨论、出具司法鉴定文书。医疗纠纷司法鉴定的最后,要根据所得资料,进行实事求是、全面客观的科学的分析讨论。分析应从病人的临床诊断、诊疗护理及医疗后果三个方面予以说明,分析是否属于医疗事故时,应注意案件是否有蓄意犯罪的可能。

司法鉴定机构和司法鉴定人在完成委托的鉴定事项后,应当向委托人出具司法鉴定文书。司法鉴定文书应当由司法鉴定人签名或者盖章。多人参加司法鉴定,对鉴定意见有不同意见的,应当注明。司法鉴定文书应当加盖司法鉴定机构的司法鉴定专用章。司法鉴定机构出具的司法鉴定文书一般应当一式三份,两份交委托人收执,一份由本机构存档。司法鉴定实行鉴定人负责制度,即司法鉴定人对自己出具的鉴定意见负责。

(三)司法鉴定的后续程序

司法鉴定的后续程序包括补充鉴定和重新鉴定,委托人在对医疗纠纷法医学鉴定结论不服时,可申请进行补充鉴定和重新鉴定。补充鉴定是对原鉴定的继续,是对原鉴定进行补充修正和完善的再鉴定过程。重新鉴定是指经过鉴定的专门性问题,由于鉴定程序、方法、结果存在某种缺陷和争议,诉讼当事人有充足的理由按规定程序请求再次鉴定的活动。

重新鉴定和补充鉴定没有次数限制,重新鉴定可委托原鉴定机构以外的列入司法鉴定机构名册的其他司法鉴定机构进行,也可在委托人同意的情况下,由原司法鉴定机构指定其他司法鉴定人进行鉴定。

有下列情形之一的,司法鉴定机构可以根据委托人的请求进行补充鉴定:委托人增加新的鉴定要求的;委托人发现委托的鉴定事项有遗漏的;委托人在鉴定过程中又提供或者补充了新的鉴定材料的;其他需要补充鉴定的情形。

有下列情形之一的,司法鉴定机构可以接受委托进行重新鉴定:原司法鉴定人不具有从事原委托事项鉴定执业资格的;原司法鉴定机构超出登记的业务范围组织鉴定的;原司法鉴定人按规定应当回避没有回避的;委托人或者其他诉讼当事人对原鉴定意见有异议,并能提出合法依据和合理理由的;法律规定或者人民法院认为需要重新鉴定的其他情形。接受重新鉴定委托的司法鉴定机构的资质条件,一般应当高于原委托的司法鉴定机构。

典型案例

一起医疗纠纷　三个鉴定结论

2010年4月12日,来自某县的48岁妇女和某,因"阵发性心悸2年,再发加重1月余”，入住某市某医院心内科。13日，医院为其进行了射频消融术。术后第3日19时许，和某在医院花园散步，忽然晕倒，经抢救无效，于1小时后死亡。17日下午，和某的家属委托鼎鼎司法鉴定中心进行尸检，结论为：系手术后多量空气进入静脉系统阻塞右心、肺动脉致循环功能衰竭死亡。和某的家属认为医院在射频消融术中及术后操作、护理不当，导致大量空气进入和某体内，应当承担和某的相关医疗费等及给家人造成的精神损失赔偿。

县人民法院受理此案后，于2010年12月委托市医学会进行鉴定，结果为：医院在为和某提供医疗服务过程中，无违法、违规行为；进行射频消融术操作规范，无过失行为；尸检报告不符合空气栓塞致死的病理生理及临床过程，否则和某会在手术中立即死亡，体内空气栓塞多考虑由和某死后无效心肺复苏所致；医院的医疗行为与和某的死亡无因果关系。因此认定，此病例不属于医疗事故。和某的家属要求重新鉴定。2011年3月，法院委托省医学会再次进行鉴定。结论再次否定了鼎鼎司法鉴定中心的尸检报告，并补充认为：从此次尸检中所见右心、静脉系统空气栓塞及几处肋锁骨中线处骨折，可以在心肺复苏的抢救过程中形成，医院抢救程序合乎医疗规范。结论仍然是不属于医疗事故。

庭审中，鼎鼎司法鉴定中心的法医出庭。法医表示，他进行尸检时，发现死者血管、动脉里有大约100毫升空气。按正常情况，当人体内达到10～20毫升空气时，就会出现轻微的不适反应；当空气量达到100～150毫升时，就有出现猝死的可能。抢救中，若血管再次开放或人为因素，很有可能将空气带入体内。而在抢救前牵拉伤口也可能会将空气带入体内，但造成大量进入的可能性较小。

原告代理律师认为：司法鉴定机构的鉴定结论已明确表示，死者是大量空气进入体内导致死亡。而两级医学会鉴定有瑕疵，不合法、不科学。鉴于已有两份不构成医疗事故的鉴定，代理人当庭申请参照《云南省高级人民法院关于审理人身损害赔偿案件的若干问题的会议纪要》的内容，请求法院进行医疗过错鉴定，而法官当庭没有采纳。被告医院代理人称：司法鉴定机构尸检时，被告医院没有人在场，因此对结论的真实性和科学性提出质疑。该代理人认为，鉴于省、市医学会的结论，此病例不属于医疗事故，故应驳回原告的全部请求。

第四节　医疗损害鉴定双轨制的法律弊端

一、两种鉴定方式各自存在的问题

（一）医疗事故技术鉴定存在的问题

1.医学会作为鉴定的组织者的不合理性。根据《中华医学会章程》规定，“本会依法维护医学科学技术工作者的合法权益，为医学科学技术工作者服务”。这表明医学会并非纯粹的学术性组织，其具有明显的行业保护倾向。医学会是社团组织，大多鉴定专家隶属于卫生行政系统，有的甚至是医疗事故发生医院的领导或一线医生，因此，医疗事故鉴定主体、程序、人员并没有实质性改变，实际上仍受到卫生行政机关不同程度的控制。将医疗事故技术鉴定组织权由卫生行政部门转移到医学会，并没有从根本上转变自我鉴定的模式，没有实现鉴定的中立性，在这样的体制下，公正和客观是得不到保障的。

2.专家鉴定组组成不合理和鉴定人的来源的不公正性。双方当事人以随机抽取的方式从专家库中选择鉴定专家组成鉴定组，鉴定人员大部分是医学专家。只有涉及死因、伤残等级鉴定的，才抽取1－2名法医参加医疗事故技术鉴定。目前，参与医疗事故技术鉴定的法医缺乏纵深的临床医学知识和经验的积累，在鉴定过程中，要想与各学科医学专家讨论治疗方法、治疗手段和治疗时间的选择，显然缺乏对话的平台，处于一个不对等的地位。鉴定结论的产生是按照少数服从多数的原则，法医即使在鉴定过程中有不同的正确观点，也起不到决定性作用。

医学会的专家鉴定人几乎全部由省内各级医疗机构一线医务人员构成，他们与医疗事故可能责任方的医疗机构和医务人员难免存在千丝万缕的联系，他们之间有的是师生关系，有的是同学关系，有的更是亲属关系，在一定程度上存在共同的利益。患者在与医疗机构发生纠纷后，医学会的医疗事故技术鉴定就有可能偏袒医疗机构和医务人员一方。

3.对鉴定专家缺乏有效的监督机制。现行的医疗事故技术鉴定实行的是集体鉴定制，鉴定结论采取少数服从多数的合议制方式表决产生。医疗事故技术鉴定书仅仅加盖医学会医疗事故技术鉴定专用印章，并无鉴定成员的签名和盖章。这种以鉴定委员会的名义出具鉴定结论，在形式上就规避了鉴定专家的法律责任和义务，使鉴定专家的权利处于失去监督的真空状态；同时也剥夺了被鉴定当事人提出异议和追究伪证责任的权利，不利于保障鉴定结论的科学性、客观性，集体鉴定制其实就是每个人对鉴定结论都不负责。

4.鉴定范围狭窄、内容不明确。《医疗事故处理条例》没有明确规定医疗事故技术鉴定的内容，仅在鉴定书格式提及鉴定结论上包括了“违法违规事实、因果关系、责任程度、事故等级、对患者医疗护理学建议”等内容。医疗事故技术鉴定实质上要求对行为过错性、违法性、因果关系进行分析和研究，参照损害后果，做出是否属于事故的结论。但是只有构成医疗事故时鉴定结论才涉及这几项内容，做出相关鉴定结论不构成医疗事故则不加以描述。对鉴定内容不作具体明确的规定引发的问题只要与医疗机构有关的，患方都可以提请医学会组织鉴定，不论其内容是否确有必要进行专业的技术鉴定。医疗事故鉴定只注重医疗行为是否属于医疗事故而不是具体认定是否存在医疗过错，不能满足司法审判的需要。

5.医疗事故技术鉴定程序不够完善。启动程序不合理。目前我国医疗事故技术鉴定的启动程序有三种方式：

(1)进入诉讼程序之前由医患双方共同向医学会提出鉴定申请，一方主张权利必须征得对方配合，任何一方都无权单方面申请医疗事故技术鉴定。众所周知，发生医疗纠纷时，医患双方处于水火不容的对立地位，共同委托鉴定是不现实的，患方申请鉴定的权利也无法得到保障；

(2)医方或患方向卫生行政部门申请，由卫生行政部门移交医学会进行鉴定，由此产生卫生行政部门移交可能存在行政干预的问题，另外日益增多的医疗纠纷案件也加大了行政成本；

(3)进入诉讼程序以后，由法院根据当事人的申请委托医学会进行医疗事故技术鉴定，如当事人的诉讼原因为是否存在医疗过错，法院可能委托进行司法鉴定。

6.回避制度的执行流于形式。参加医疗事故鉴定的相关专业的专家，由医患双方在医学会主持下从专家库中随机抽取，抽取的是组成专家鉴定组成员的代码，并不知道鉴定专家的真实身份，即使在正式鉴定的时候，公布的也仅仅是鉴定专家的姓名和职称等非常少的信息。在此种情况下，让医患双方作出是否申请专家鉴定组成员回避的决定是不现实的，所以表面上看，医患双方当事人享有了申请鉴定组专家回避等权利，鉴定程序实现了公平，实际上并未改变“暗箱操作"、“行业保护”等影响鉴定公正性的因素所起的负面作用。

7.鉴定过程不透明。《医疗事故技术鉴定暂行办法》规定：“双方当事人退场，专家鉴定组对双方当事人提供的书面材料、陈述及答辩等进行讨论，经合议，根据半数以上专家鉴定组成员的一致意见形成鉴定结论。”首先，当事人提交材料后，无法知道对方提交了什么材料，更无法确定医方是否提交了充分、真实的材料，而且不知道医学会是否将全部材料交与鉴定人员；其次，鉴定是在一种封闭状态下进行，当事人无从知晓鉴定的过程，无法举证鉴定的过程是否违法，因而当事人很难提出有异议的理由及根据；最后，对鉴定专家的原始意见及合议书，当事人无权查阅。

8.鉴定陈述过程不对等。医患双方对医学知识的掌握是不对等的，在陈述过程中，不具有相应医学专业知识的患方很难真正发现问题，使患方的陈述流于形式，患方对医疗行为持有的异议，往往是从自身利益角度衡量，而不是从专业角度评价。医疗机构在陈述过程却具有充分的优势，这种陈述能力的不对等，不利于鉴定专家在双方当事人充分陈述的基础上居中裁判。

《医疗事故处理条例》和《医疗事故技术鉴定暂行办法》中赋予了卫生行政机关对医疗事故争议的受理权、鉴定结论的审核权、再次鉴定的受理权和医疗事故争议处理权。显然这是用法律的形式，明确规定卫生行政部门可以干预鉴定机构的整个鉴定过程，妨碍了医学会“独立鉴定”的原则。

9.鉴定属地管辖规定的利弊。我国各省经济发展不平衡，医疗卫生事业的发展也不均衡，因此，以发达省份的医疗卫生水平来评价欠发达地区的医疗技术水平是不公平的，首次鉴定和再次鉴定的医疗事故技术鉴定专家组对本地的医疗技术水平是最了解和熟悉的，而且鉴定费及诉讼费也是最经济的，这是目前属地鉴定存在的必然性。然而在我国，医疗市场往往都是被以医学高等院校为依托的大型医院所垄断，这必然导致医疗事故技术鉴定时专家的集中化，加之医学教育的单一化，使得完全斩断涉案医院与鉴定专家的联系是不可能的，“行业保护”存在的可能性极大，这种地域限制的两级鉴定并不能保障鉴定人员进行独立的鉴定，进而也就无法保障鉴定结论的公正性。

10.鉴定结论产生的不合理及局限性。鉴定结论以超过半数的专家鉴定组成员通过表决产生，实际上，鉴定是对客观事实的认识和判断，都是鉴定人运用专门的知识、技能和经验所从事的科学研究活动。在科学面前只有是与非，而不存在少数服从多数。医疗事故技术鉴定的鉴定结论，要对是否有违法违规事实、医疗行为与人身损害后果之间是否存在必然、直接的因果关系、医疗事故等级等几项内容加以阐述。目前不构成医疗事故的鉴定结论对上述内容均不加以描述，缺少对责任程度的判定，缺少对是否侵权损害构成要件的技术性分析。

（二）医疗过错司法鉴定存在的问题

司法鉴定与医疗事故鉴定相比，在程序公正方面有很大的优势。司法鉴定机构与行政部门没有直接的隶属关系，其鉴定人员与医疗机构也没有直接的利益关系，这就切断了卫生行政部门和医疗机构对鉴定的干预。因此，司法鉴定可以保持它的独立性与中立性，保证了鉴定结论的客观、公正，能够得到患方的普遍认可。但在实践过程中，司法鉴定也存在一些不足，需要进一步完善。

1.司法鉴定机构专家的局限性。目前，社会上的司法鉴定机构是自主执业的机构，它是由司法行政部门核准登记的，财政上实行自行收支，不依附于任何行政部门或其他机构。我国的社会司法鉴定机构和鉴定人的登记、注册数量正在迅速增长，许多鉴定机构不具备医疗事故鉴定的资质，勉强受理案件难免作出低质量的鉴定。在司法鉴定机构的专家组成员中，专家构成存在着一定的不合理性。现有的司法鉴定机构专家组成以法医学专家为主，临床医学专家为辅。所以在数量上，法医学专家数量最多，大多数医疗损害的司法鉴定结论也是由法医学专家作出的，临床专家很少。但是应当注意到，法医与临床医生差异很大，法医不是临床医学专家，处理的对象主要是尸体，具有一定的司法教育背景，但对临床专业水准的评判存在缺陷，并且司法鉴定机构自身建设水平不平衡。

2. 司法鉴定人缺少临床实践经验。与医疗纠纷鉴定有关的只是法医病理鉴定和临床法医鉴定，在司法鉴定机构中，参与医疗事故鉴定的这两类专家擅长于对于患者死亡原因的判断和损伤与疾病关系评定等事项的鉴定，但对医生的医疗行为是否存在过错以及医疗行为与患者的损害后果是否存在因果关系的判断，缺乏较丰富的临床经验。临床医学内容复杂、性质特殊，医学分科也越来越细，不是专科的医师很难精确评估疾病演变过程。司法鉴定人不是临床医师，受知识和经验的限制，无法对诊疗措施的选择、手术指征的掌握等医疗行为做出客观、合理、公正的评价，可能会做出偏颇的鉴定结论。医疗损害鉴定是一门经验和专业性极强的科学，鉴定很大的程度上是依赖于临床经验的，必须有较高的医疗技术水平和丰富的临床经验才能做出正确的判断。法医虽然有一定的医学背景，但是面对广阔而复杂的医学，他们与真正的临床医学专家之间有很大的差距，所以在医疗损害鉴定中应当增加医学临床专家的数量。

3. 不能全面反映鉴定结论的形成全过程。我国的法律、法规中规定了鉴定人保留鉴定意见的权利，当鉴定人与其他鉴定人共同鉴定，不能取得一致结论时，鉴定人有权保留自己的意见，分别出具鉴定结论。如《司法鉴定人管理办法》第28条第6项规定：与其他司法鉴定人的意见不一致时，有权保留意见。《黑龙江省司法鉴定管理条例》第33条第4项规定：与其他鉴定人意见不一致时，保留意见。但是我国鉴定机构出具书面鉴定结论的时候，都是以鉴定机构的名义出具的，当鉴定人之间有不同意见时，分别以鉴定机构的名义出具两份甚至多份意见不一的鉴定书时，显然有失鉴定的权威性和科学性。在实践中，当鉴定人之间有不同意见时，则是以大多数鉴定人的意见出具鉴定报告，少数鉴定人的意见予以保留，但同时也带来了一个问题，就是少部分鉴定人的不同意见不能在鉴定书中得到充分的体现，审判机构的法官最后看到的只是多数人的意见，不利于法官全面了解证据，对鉴定结论进行有效的质证。而以自然人鉴定人的身份出具不同意见的鉴定报告则不会出现这个问题，因为每个自然人的认知是不同的，他们以各自的名义出具鉴定报告也是可行的。

4. 尚未建立真正意义的鉴定质证制度。我国鉴定结论的质证程序规则相当匮乏，而且有些规定存在冲突，导致司法实践对鉴定结论的质证形式化，如对鉴定结论的质证一般只要求对结论部分进行，对于结论以外的其他部分不予质证，只要当事人对结论部分没有异议，法院就可以将其作为认定案件事实的根据质证出现片面性；对鉴定人的询问不够彻底，尚未形成完善的交叉询问制度。此外，由于没有庭前鉴定结论的展示程序，致使鉴定结论在庭审前大多是保密的，只有在庭审时才出示或宣读；由于另一方当事人庭前不知道鉴定结论的具体内容，难以当庭对鉴定结论进行质疑，英美法系国家程序改革割除了“突然袭击”的问题，在我国依然存在。如果当事人当庭对出示或宣读的鉴定结论不服，只能通过重新鉴定进行处理，这不仅延长了诉讼的周期，而且受制于当事人，只有质证程序形式外壳，不具有质证的实际意义。

5. 鉴定人出庭率低。实践中，多数鉴定人不出庭，鉴定人不出庭成为常态。尽管鉴定人出庭作证制度已被我国的诉讼法所规定，但在司法实践中常常被忽视，很少得到贯彻。多数法院对鉴定结论尚停留在书面审查阶段，对具体案件的审查满足于案卷中已有的鉴定结论，审判时只是在法庭上宣读一下鉴定结论而很少通知鉴定人到庭，对鉴定人提出的不到庭的要求，即使理由不正当，也往往无原则地迁就。这种审判方式难以对鉴定结论的科学性和鉴定人的权威性作出准确审查，鉴定人的公正性和鉴定结论的科学性难以令被告人和被害人真正信任和自愿认同，因而在一定程度上缺乏公信性。

6. 司法鉴定的质证制度不完善。现行的法律法规及司法解释虽然在程序上设计了司法鉴定人出庭质证制度，但对何种情况下必须出庭、何种情况下可以不出庭以及在必须出庭的情况下如果不出庭会承担怎样的责任等方面并没有明确规定。

根据民事诉讼法和证据制度的有关规定，只有经过质证的证据才能成为定案的依据，鉴定结论作为七大证据之一也不例外。在司法实践中，司法鉴定人会以种种理由拒绝出庭接受质证，即使鉴定人出庭接受质证，法官、律师和当事人由于缺乏专门知识，也没有参加鉴定的全过程，很难对鉴定方法和鉴定过程提出有效的质疑，对鉴定结论的发问也超出了其知识和经验的范围，也无法做到有效充分的质证。对鉴定结论的质证缺乏科学合理的制度设计，造成了法庭对鉴定结论采信的被动性，这体现了我国现有的医事纠纷司法鉴定制度本身存在着重大缺陷。

7. 对鉴定人法律责任规定的缺失。我国司法鉴定人法律责任的规定中大部分都是行政责任的规定，而对鉴定人的刑事责任也只有在刑事诉讼法中才有，而在民诉和行诉中鉴定人的主体是机构而非自然人，因此，即使在民诉和行诉中规定了鉴定主体的刑事责任，也因其鉴定主体为机构而无法承担刑事责任。对于鉴定人的民事法律责任，《司法鉴定人管理办法》中规定了机构作为民事法律责任的主体，同时规定了机构向鉴定人的追偿权，条件是在鉴定人有故意和重大过失的前提下，而这往往会导致鉴定机构与鉴定人之间责任无法明确区分。

二、《侵权责任法》带来医疗损害鉴定规范化

医疗损害责任作为七种典型侵权责任之一，在《侵权责任法》第七章以 11 条（典型侵权种类中条款最多的）的篇幅崭新登场，较之于过去的《医疗事故处理条例》有很多变化，这不仅明确医疗机构（含医务人员）的责任，提高了医疗纠纷处理的法律依据的位阶，也将使举证责任和侵权事实认定体系发生变化。《侵权责任法》的实施在今后的医疗损害诉讼中为患方带来有利的变化。表现为以下四个方面。

（一）患方有可能获得先申请司法鉴定的权利

"谁主张，谁举证"。这是民事诉讼中的金科玉律。在《侵权责任法》实施之前，因为举证责任倒置，医方负有证明其不存在医疗过错的举证责任，所以在诉讼中，医方以进行医疗事故技术鉴定为证明其不存在医疗过错的举证方式，并申请、实施医疗事故技术鉴定、提交该鉴定报告的方式来完成其举证责任。

从"谁主张，谁举证"这样的法理上讲，医方申请医疗事故技术鉴定，总能得到人民法院的支持，这是合乎法理、情理、也合乎国情的。为此，近年各省、市高级人民法院都以高院的名义纷纷下发《审理医疗损害赔偿纠纷案件问题的意见》，在这些意见中，基本上都规定了"一方当事人申请进行有关医疗过错的司法鉴定。而另一方当事人申请进行医疗事故技术鉴定的，人民法院应当委托进行医疗事故技术鉴定"。

各高级人民法院的意见做出如此明确规定，支持医方申请医疗事故技术鉴定的理由，被解释为医方负有举证责任，所以应当支持医方申请进行医疗事故技术鉴定的申请。

《侵权责任法》取消了医疗损害诉讼中举证责任倒置的规定，由患方举证证明医方存在医疗过错。也就是说，在以后的医疗损害诉讼中，患方负有举证责任。患方负有举证责任时，应拥有先申请鉴定的权利。

（二）对于医方因违反法律、行政法规、规章造成患者损害的，依法不应当进行鉴定

《侵权责任法》第 58 条第 1 款规定：医疗机构因为违反法律、行政法规、规章造成患者损害，应当由人民法院推定医方存在医疗过错并承担赔偿责任。

依据相关法学原理，被推定过错的当事人有权举证证明自己行为不存在过错。以此原理，如果患方以第 58 条第 1 款所规定的前三项内容起诉时，人民法院推定医方存在医疗过错，则医方有可能要求进行医疗事故技术鉴定，以证明自己不存在医疗过错。但医方因违反法律、行政法规、规章造成患者损害产生的医疗诉讼，依法不应当进行鉴定。

(三)因为医疗产品责任造成患者损害的医疗诉讼,依法不应当进行鉴定

《侵权责任法》第 59 条规定:因药品、消毒药剂、医疗器械的缺陷,或者输入不合格的血液造成患者损害的,患者可以向生产者或者血液提供机构请求赔偿,也可以向医疗机构请求赔偿。患者向医疗机构请求赔偿的,医疗机构赔偿后,有权向负有责任的生产者或者血液提供机构追偿。

全国人大法律工作委员会在《〈中华人民共和国侵权责任法〉条文说明、立法理由及相关规定》中指出,药品、消毒药剂、医疗器械属于产品。《产品质量法》第 41 条规定,因为产品存在缺陷造成人身损害的,生产者承担责任;第 43 条规定:因为产品存在缺陷造成人身损害的,受害人可以向生产者要求赔偿,也可以向销售者要求赔偿。在立法的过程中,一些参与立法的医疗卫生行业人士也认为,因为产品存在缺陷造成人身损害的,患方向医疗机构请求赔偿,符合社会一般常理的可以接受。

依据《产品质量法》第 41 条规定,缺陷产品的生产者应当承担无过错责任。患方依据《侵权责任法》第 59 条规定的医方因药品、消毒药剂、医疗器械等产品存在缺陷造成患者损害为由起诉医疗机构的案件,因为属于产品质量缺陷致人损害,需要对产品质量进行鉴定,所以依法不属于医疗损害鉴定范围。

(四)因为医方隐匿或者拒绝提供与纠纷有关的病历资料造成患者损害而产生的医疗损害诉讼,依法不应当进行鉴定

因为医方隐匿或者拒绝提供与纠纷有关的病历资料造成患者损害,医方承担赔偿责任。这一条款是《侵权责任法》规定的最为到位的一条,但对于患方医疗损害诉讼没有实用价值,因为医方许多医疗行为都容易导致患者损害,唯有隐匿或者拒绝提供与纠纷有关的病历资料这一医疗行为难以造成患者损害,现实中就算是有,也难以证明这一点。因此,这一条对于患方进行医疗诉讼的实际价值不大。

但现实中患方如能证明医方“隐匿或者拒绝提供与纠纷有关的病历资料造成患者损害”,则应当拒绝进行任何鉴定,理由是病历材料不真实,依法不能进行任何鉴定。

第五节 构建一元化医疗损害鉴定制度的设想

一、一元化医疗损害鉴定制度的理论基础

(一)明确医疗损害技术鉴定的法律性质

在一元化司法鉴定模式的选择下,医疗损害鉴定的性质就应定性为司法鉴

定。医疗事故鉴定是卫生行政部门决定是否追究医疗机构及其医务人员行政责任的判断依据。按规定,只有医院给患者造成医疗损害的过错达到一定程度时才被认为是医疗事故。但是,从民法的角度讲,如果医生的行为对患者的伤害有过错,就应承担责任,并不要求达到医疗事故的程度。这是因为,行政责任与民事责任的追究理念和责任构成要件截然不同。虽然给患者造成的伤害没有构成医疗事故,不能追究有关人员的行政责任,但符合民事责任构成要件的,医院仍应承担损害赔偿责任。判断医疗赔偿案件不依是否存在医疗事故而定,而是根据医院是否存在过失判决。所以医疗损害技术鉴定应定位于司法鉴定,其目的是为了给审理医疗损害赔偿纠纷案件的法官提供专业性问题的帮助。这样的医疗损害技术鉴定将有利于医疗赔偿案件中过错责任的确定,符合诉讼规律,能够为判案法官提供依据,也能够平息医患双方不平衡的心态,有利于医疗赔偿案件的公正处理。此外,将医疗损害鉴定的性质定性为司法鉴定,最重要的一个原因是要让参与鉴定的医学专家、法医学专家、法学专家等参与医疗损害纠纷诉讼的质证程序,以此做到对医患双方负责、对法律负责。因此,将其定性为司法鉴定有助于保证鉴定程序的合法性,保证鉴定结论的科学性与公正性,能够增强医疗损害鉴定的公信力,取得当事人的信任。

(二)必须对传统的医疗损害司法鉴定进行改革与完善

在完善医疗损害司法鉴定体制时,融合与创新是医疗损害鉴定制度的精髓。我们应保留现有司法鉴定制度中的优势,如鉴定人的中立性、鉴定制度的运行成本相对低廉等特点,同时对司法鉴定制度的弊端进行改革与创新。

1.司法鉴定专家库的完善。现有司法鉴定是以法医学专家为主,临床医学专家为辅的鉴定制度。众所周知,医疗损害鉴定包含很多的医学知识和医学技能,故其鉴定结论的公正性与否与鉴定人员的技能之间存在着很大的关系。因此,在新的统一的医疗损害鉴定模式下,应当对医疗损害鉴定专家库进行完善,具体来说,应做到以下几点:(1)在专家库中加大医学专家的数量,可以将原有医疗事故鉴定专家组中的医学专家吸收到新的专家库中,使其在有关医疗损害鉴定中能够起到一定的主导作用;(2)保留现有的法医学专家,法医学专家在鉴定过程中既可以发挥自己专业的特长,又可以对医学专家的鉴定进行监督从而保证鉴定结论的公正性;(3)引入医法结合型人才,使其能够从医学和法学结合的角度对鉴定结论进行具体的分析,纵观全局,全面透彻的对医疗损害案件进行分析与判断。

2.专家选择机制上的完善。现有的医疗事故技术鉴定在专家选择上一直采取的是随机抽取专家的方式,而且在实践中也在一直严格执行该随机模式。现有的司法鉴定虽然也强调专家选择的随机性,但是在操作上一直是司法机构在随机选择,而没有委托当事人的参与。所以,在一元化的医疗损害鉴定中,应当完善专家选择的机制。首先,司法鉴定中心应当根据医疗损害纠纷所涉及的领域进行科室分类,根据此种分类确定专家鉴定组的组成类别;其次,鉴定机构应对专家库中的专家进行编号,提前通知双方当事人在确定的时间与地点进行专家鉴定组的随机抽取,充分体现当事人随机选择专家的主动性;最后,完善专家选择的候补机制,一定要考虑到专家有可能因为特殊情况无法参加鉴定,所以鉴定专家的候补机制也应完善。

3.完善鉴定人出庭作证制度。鉴定人出庭接受当事人和法官的询问,是法官审理医疗损害赔偿案件中审查证据、判断事实时必然的诉讼要求,如何让鉴定过程合法妥当以及如何避免法官轻率或武断评价证据,是刑事诉讼制度上应该注意的大事。我国现行的法律已经有相当多的要求鉴定人出庭接受质证的规定。根据《民事诉讼法》第63条、第125条和最高人民法院《关于民事诉讼证据若干问题的规定》第47条、第59条的规定,鉴定结论必须当庭出示并接受双方当事人质证,法庭认证之后才能作为定案的依据。不服鉴定结论的一方,可以要求专家鉴定人出庭接受质询。如鉴定人确有法定理由不能出庭,应书面答复质询。在对司法鉴定制度进行改革的时候,应当将我国现有的法律规定落实在医疗损害技术鉴定制度中,具体可以规定:在医疗损害技术鉴定中,如果全体意见一致,由鉴定组组长出庭接受双方当事人的质证;如果鉴定意见不一致,由形成鉴定意见的多数派专家推选代表出庭接受法庭质证。鉴定组组长属于多数派的,由鉴定组组长出庭接受法庭的质证。

4.法官有权对鉴定结论进行司法审查。如果将医疗损害的性质定性为司法鉴定,那么法官理应对鉴定结论具有司法审查权。法官有权对鉴定结论的真实性进行审查,并根据自己的分析与判断决定是否采纳此鉴定结论,是否应进行重新鉴定等。法官对鉴定结论具有司法审查权,才能保障对鉴定责任认定的科学性与合法性,才能更充分的保护患者的合法权利。

(三)认清我国借鉴和部分引入专家证人制度的必要性,建立专家辅助人制度

医疗损害的鉴定作为司法鉴定的一种,是司法制度中的一个重要有机组成部分和核心内容,在实现社会公平和正义,保证当事人的合法权益等方面有着重要的理论意义和巨大的实际意义。当今社会正迈进知识经济时代,全球化、信息化等多角度冲击着社会生活各个方面。随着现代科技的日益发展,涉及高科技的纠纷以及运用高科技手段解决的纠纷日益增加,如交通事故、环境污染、医疗事故、药物副作用等由鉴定人在诉讼中扮演关键角色的案件也在不断增加。借鉴英美法系专家证人制度的先进经验,在我国可以建立专家辅助人制度,这种称

呼区别于英美法系的专家证人制度。

专家辅助人是指在科学、技术以及其他专业知识方面具有特殊的专门知识或经验的人员，根据当事人的聘请并经法院准许，出庭辅助当事人对案件事实所涉及的专门性问题进行说明或者发表专业意见或评论的人。最高人民法院《关于民事诉讼证据制度的若干规定》第62条第1款规定："当事人可以向人民法院申请一至二名具有专门知识的人员就案件的专门性问题进行说明。人民法院准许其申请的，有关费用由提出申请的当事人负担。"这是出于专家辅助人参与审判程序是因为当事人委托，但是专家辅助人不以当事人的名义进行活动，具有独立的诉讼地位。他们除了对专门性的问题发表专业意见以外，在诉讼过程中无权对其他问题发表意见和看法。在审判实务中，司法实务部门已经做出了初步的、有益的探索。在诉讼中，专家辅助人可以以两种不同的身份发挥作用：一是可以作为当事人的诉讼代理人对鉴定结论进行质证，维护当事人的合法权利；二是以证人的身份出现，对一些专业术语、专业问题进行解释和说明，可以帮助法官对证据作出正确的判断，发现案件的事实等。① 虽然，有两种不同的身份，但是其在法庭的诉讼活动中的地位是中立的，以确保案件审理的客观性与公正性。在医疗损害技术鉴定制度的改革中，我国应该汲取司法实践的成功经验，进一步加强对专家辅助人的具体制度设计，大力推动专家辅助人制度的完善和推广。

二、一元化医疗损害鉴定模式的选择

鉴于医疗损害鉴定"二元化"现象导致的诸多法律和现实弊端，所以构建一元化的医疗损害鉴定制度势在必行。构建一元化的医疗损害鉴定体系的核心问题是其模式选择。前文我们注意到大陆法系的鉴定人制度和我国的医疗损害鉴定制度本身存在着不少的缺陷，需要通过改革来加以完善。英美法系的专家证人制度也并非尽善尽美，如果完全以英美法系的专家证人制度来取代我国现有的鉴定人制度，只会在解决一些问题的同时又产生另外一些问题，对专家证人制度的全面直接移植是不可取的。在当今的社会，两种诉讼模式的相互借鉴与融合是不可逆转的发展趋势。在医疗损害鉴定中，我们不可能以一种制度去取代另一种制度，通过比较研究发现各种制度的优点和缺点，取其精华去其糟粕，将不同的制度加以融合并不断创新，才是完善我国医疗损害鉴定应有的态度。据此，我们认为，在构建一元化的我国医疗损害鉴定制度时，应当保留现有制度的精华，如鉴定人的中立性、制度运行成本相对低廉等优点，在此基础上吸收专家

---

① 江伟：《专家证人制度研究》，中国人民大学出版社2004年版。

证人制度的长处，如完备的专家证人采信规则、系统的专家证人质证机制等。在将专家证人与鉴定人制度相互融合后，新的制度以鉴定人制度为主体，吸收了专家证人制度的相关内容，我们称之为医疗损害鉴定的“鉴定人—专家”制度。

三、医疗损害“鉴定人—专家”制度的设想

(一)“鉴定人—专家”的主体规定

医疗损害鉴定人—专家制度的主体体现为融合性，共存在三个主体：(1)鉴定人；(2)专家辅助人；(3)专家陪审员。三种主体具有不可替代的作用，应当并存。在医疗损害鉴定人—专家制度的主体规定中，鉴定人处于核心地位。

在医疗损害的“鉴定人—专家”制度中，由于三个主体并存，必须考虑一个核心主体问题。在医疗损害诉讼中该核心主体应当是鉴定人，即应当由鉴定人完成对医疗损害的证据资料(如病历、活体检查)的第一个加工过程，形成“鉴定结论”。

在制度设计上将鉴定人作为核心主体，理由之一就在于将一元化的医疗损害制度的性质定位为司法鉴定。同时考虑到我国立法上并无专家证人概念，在解决专门性问题上，我国是秉承大陆法系传统，实行鉴定人制度。鉴定人具有证人性质，作用在于以中立的态度分析、解释与医疗损害案件有关的专业问题，鉴定结论是诉讼证据，是法官审查的对象，所以将鉴定人作为医疗损害“鉴定人—专家”制度的核心主体。

让鉴定人担任核心主体有利于实现制度的中立性和效率性。让鉴定人担任核心主体有利于实现制度的中立性和效率性，适应我国的实际情况。医疗损害鉴定的性质前面我们已经界定为司法鉴定，因此此时的鉴定人才是审问制诉讼下的主体。医疗损害鉴定的鉴定人由法官选任，具有中立性。而且鉴定人普遍就职于法定的鉴定机构，收费相对低廉，鉴定程序所耗费的司法资源相对较少。而专家证人一般是由当事人各自聘请的，虽然英美法系各国普遍强调专家证人应当严守中立，首先对法庭负责，但是英美法系的对抗诉讼制的文化与专家证人的中立地位之间存在不可调和的矛盾，致使专家证人一般无法保持中立。因此，中立性与效率性是使用鉴定人而不是专家证人作为“鉴定人—专家”制度核心主体最重要的理由。中立性能够在很大程度上保障诉讼的公正性，而在社会经济相对落后、司法资源严重稀缺的中国诉讼效率性的实现更是难能可贵。因此，将鉴定人作为构建新制度的核心主体，就是要坚持新制度的公正性与效率性。

鉴定人的缺陷可以由专家辅助人和专家陪审员来弥补。以鉴定人作为制度

的核心主体，并不是将鉴定人作为新制度的单一主体。鉴定人本身具有难以弥补的缺陷，其主要表现：鉴定人由法官选任，得到法官的高度信任；缺乏专业知识的当事人难以对专业的医疗损害鉴定结论进行质证，同样缺乏专业知识的法官也难以辨明医疗鉴定结论的真伪。要弥补这些鉴定人制度的固有缺陷，可以以其他主体相辅助。如专家辅助人可以帮助当事人对医疗损害鉴定结论进行质证，专家陪审员可以帮助法官认定鉴定结论。

沿用鉴定人制度作为新制度的核心主体更能体现制度重构的效率。鉴定人制度是我国三大诉讼法的传统制度，鉴定人一直也是我国鉴定制度的主体。在进行制度重构时，如果能够善用司法鉴定资源，必然能够节约制度重构的成本。以鉴定人作为“鉴定人—专家”制度的核心主体，可以最大限度地利用现有的司法鉴定系统，保证制度重构的高效性。

（二）当事人的专家辅助人

1.性质及作用。当事人的专家辅助人是指在医疗损害诉讼中，由当事人或其法定代理人聘请帮助其审查判断案件中的某些技术性证据材料、指导或参与技术证据的质证的专门人员。当事人的专家辅助人其作用在于辅助医疗损害的双方当事人，一方面为当事人解释一些具有普遍性的规则、原理和惯例等；另一方面为当事人询问鉴定人提供帮助，他们由当事人聘请，为当事人服务。在发挥为当事人解释一些具有普遍性的规则、原理和惯例等功能时，他们的法律地位是证人；在为当事人询问鉴定人提供帮助时，他们的法律地位相当于诉讼代理人。

2.法律依据。《证据规定》第61条规定：“当事人可以向人民法院申请由一至二名具有专门知识的人员出庭就案件的专门性问题进行说明。”《证据规定》第61条的规定已突破性地挑战了传统的鉴定结论制度，并且在民事诉讼中借鉴了英美法系中专家证人制度和意大利国家“技术顾问”制度的合理成分，初步设立了专家辅助人制度。一般而言，“专家证人”是英美法系国家证据法上的概念，具有特定的内涵。学理上，“专家证人”属于证人的一种，在诉讼活动中仍遵守适用于证人的一般规则。

3.对专家辅助人证言应采用“综合采信原则”。绝大多数情况下，专家辅助人是由当事人聘请的，不可避免在某些方面带有一定的偏向性，专家意见也有可能是在案件事实尚未完全定格情况下所作出的一种假设。所以，无论是法院委托还是当事人提供的专家意见，均应结合全案情况综合考虑决定是否采纳或采纳多少。专家证言没有优于其他证据方式的必然效力。法院对专家证言的采信与否在于专家证言反映案件的真实性、科学性程度。

对于冲突的专家辅助人证言的采信规则。由当事人各自提供专家证言造成专家意见冲突是很正常的，如何确定专家意见的证明力，主要在于充分利用法庭质证程序，发现专家意见所依据的事实和数据是否确凿，是否利用了假设的事实，专家得出意见所利用的手段和方法是否被普遍接受。关键在于确定造成不同专家意见的症结，从而围绕该症结重点展开调查，确定专家意见的证明力。法院可以通过对该部分的审查，确定专家意见在本案中的证明力。如将无关的或推测性的事实作为事实依据，会严重影响专家意见的证明效力。

4.专家辅助人的权利。

(1)专家辅助人有权就案件的专门性问题查阅案件有关资料；

(2)专家辅助人有权对法院启动鉴定程序、聘任鉴定人的工作发表意见和提出建议，有权表达委托方当事人对鉴定程序的要求；

(3)专家辅助人有权参与鉴定过程，向鉴定人提出问题和建议，对此鉴定人必须在其鉴定结论中注明；

(4)专家辅助人有权与鉴定人就有关案件中的问题进行对质；

(5)专家辅助人的人身及精神权利受法律保护；

(6)专家辅助人有权获得报酬。

5.专家辅助人的义务。

(1)专家辅助人应该根据案件事实如实地就案件的专门性问题进行说明；

(2)专家辅助人除了对案件的专门性问题发表专业意见以外，无权对其他问题发表意见和看法；

(3)鉴定人有权对出庭的专家辅助人进行询问，专家辅助人应予答复；

(4)专家辅助人不得同时担任鉴定人，不得在同一案件中担任双方当事人的专家辅助人；

(5)专家辅助人对专门性问题的说明必须忠于法律和科学事实真相。

(三)专家陪审员

1.性质及作用。除了传统的鉴定人外，我们在医疗损害诉讼的“鉴定人—专家”制度中引入一种新的主体，即专家陪审员。专家陪审员是医学专家，他不是鉴定人，并不直接从事鉴定工作，他们是真正的法官辅助人，主要任务是参加合议庭，帮助法官了解、接受医疗损害的司法鉴定结论，在涉及医疗损害的专业问题案件中认定事实，他们的法律地位是案件的审判人员。

2.法律依据。专家陪审员的引进，与两种制度相关联，一种是陪审制度，另一种是合议制度。我们认为，正是这两种制度的共同作用及现实需要，才决定了专家陪审员成为了“鉴定人—专家”制度的主体。

(1)陪审制度。陪审制度在我国的诉讼中被称为人民陪审员，其内容是普通公民参加合议庭，与法官一同认定事实并适用法律。因此我国的人民陪审制度在本质上属于大陆法系的参审制。我国现行法律没有对陪审制度的适用范围作出明确的规定，基于诉讼成本的考虑，国外一般对陪审制度的适用范围有所限制。在医疗损害案件中设立陪审制度确有必要，因为在医疗损害案件中，吸收专业的医学专家陪审员可以弥补法官在医学专业知识与经验不足的缺陷。尽管目前我国不可能像英国那样将陪审员与法官作出事实审与法律审的职能分工，但不可否认的是，由于医学专家不具备法律素质，不可能在程序的掌控与法律的适用上扮演积极角色。因此，医疗损害案件鉴定制度中的专家陪审员始终应当着力于对事实和鉴定结论的判断与确认上。

(2)合议制度。为了有效地控制法官，我国从各个方面创设了各种制度。在审判机构的设置上，大陆法系国家与英美法系国家都采取了以集体审判替代个体审判的方式，希望通过具体的思考来限制个体的主观专断，其中英美法系采取的是陪审制度，即将事实认定的权利从法官手中分离出来，交由陪审团行使。而大陆法系国家则采取合议制度，由若干个法官共同审理案件，希望以集体的智慧来限制个人的考虑不周。我国也采用合议制的方式来保证司法公正的实现。合议制的实现确实能够在很大程度上保障审判的公正性。但是在诉讼爆炸的今天，至少使用三名法官的合议制似乎已经逐渐难以适应社会发展对诉讼效率所提出要求。我国的法院普遍实行案件主办制，即某案件即使由合议庭进行审理，也会指定一名主办法官具体负责案件。由于每位法官每年都要完成相当数量的审判任务，所以一些法官对于自己作为合议庭的案件而非自己主办的案件持随大流的态度，从而并不能真正发挥合议庭的作用。同时由于医疗鉴定结论的专业性和医疗诉讼的专业性，负责案件的主审法官因为专业知识、经验的局限而无法做出准确的判断，吸收一些具有专业知识的人民陪审员参加合议庭有助于弥补法官在经验与知识上的不足。

典型案例

1998 年，市民张某感到胸闷、发热、咳嗽，市胸科医院诊断为支气管扩张、右下肺感染不张。行右下肺叶切除术，术中损伤肺动脉；切除右全肺时又损伤食道，造成脓胸，后又被迫完全切除食道。1999 年张某委托区医疗事故技术鉴定委员会进行医疗事故鉴定。因医院不提供相关病历，2000 年底终止鉴定。2001 年张某向法院提起诉讼，经法院委托市、省两级医疗事故技术鉴定委员会鉴定均不属于医疗事故。2004 年，省卫生厅提交中华医学会，因已进入司法程序被退回，再由省高级法院提交。2005 年中华医学会受理得出鉴定结论为二级丁级事故，医方承担主要责任。法院认为中华医学会的鉴定报告在责任认定上较为明确，没有含糊语言，最终采纳了中华医学会的鉴定结论。

本案中，第一次由区级医疗事故技术鉴定委员会组织的鉴定就因医院的不配合而终止鉴定，可见低级别医学会组织鉴定往往会遇到很大的阻力。如果每一起医疗纠纷案件都得移交中华医学会才能得到公正的解决，会造成重复鉴定的严重现象，也导致了社会资源的极大浪费。我国传统鉴定制度的一个弊端是不同级别的医学会所作的医疗事故技术鉴定其鉴定结论会不同，且上级单位做出的鉴定结论，其证明效力一般大于下级单位。这会大大降低地市级、甚至省级医学会鉴定的威信，容易造成患者对医学会鉴定的不信任，引发大量的医疗纠纷。

小　结

医疗事故技术鉴定与司法鉴定这两种不同的鉴定活动，虽然都是由具有医学专业知识的人，受委托对医疗纠纷中专门性问题，采用相同的技术手段进行鉴定，但医疗事故技术鉴定和司法鉴定对造成医疗损害后果责任认定存在不同。现行的医疗事故技术鉴定仅仅是判断是否为医疗事故，没指出行为与结果之间的关系。事实上，一起完整的医疗纠纷有时虽然不构成医疗事故，但却往往存有医疗行为上的某种缺陷或不足，给患者造成损害后果，因此也应承担一定责任。两种鉴定制度都有自身的优势和缺陷，造成了目前解决医疗纠纷双轨鉴定制度并存的局面，当真正要解决现状，必须完善医疗纠纷鉴定的法律、法规，建立起统一、规范、科学的医疗纠纷鉴定制度。使鉴定活动标准化，进而提高鉴定结论的科学性和客观性。

思考题

1. 医疗事故技术鉴定的途径、程序及内容是什么？
2. 简要说明医疗事故司法鉴定的程序是什么？
3. 医疗事故技术鉴定和司法鉴定的区别是什么？

（刘维全　赵　永）

第十三章　医事诉讼保障制度

引导案例

2005年2月21日，严某因发热被父母送到某卫生所治疗，诊断为上呼吸道感染，并开具小儿感冒冲剂4袋、小儿退热栓3枚。严某按医嘱用药后病情恶化。2月23日，严某到某总医院住院治疗，该院诊断为急性肠炎、肺炎等，并告知病危，建议转院治疗。2月27日，严某出院，但并未出现生命危险。4月21日，严某到另一医院检查治疗，该院建议做脑电图检查。5月16日，严某回总医院做核磁共振检查，确诊为重度脑萎缩，并已形成脑瘫。

2006年4月27日，严某以卫生所为被告提起诉讼。同年10月11日严某撤回起诉。11月1日，严某以卫生所超剂量使用含"对乙酰氨基酚"的药品，造成严北灵酸中毒；总医院误诊、漏诊，错误治疗，致使严某脑缺氧形成脑萎缩为由，以卫生所和总医院为共同被告向法院起诉，并依照民法通则和医疗事故处理条例的规定，要求两被告赔偿医疗费等各项损失20.5万元。

严某的法医学鉴定结论为：严某构成三级伤残，需后续治疗费8万元，可专人护理至成年前。卫生所提交的法医学鉴定结论为：卫生所在给严某的医疗中存在一定过错，但无依据认定其过错与患儿的后果有因果关系。

本案在司法实践中涉及诉讼时效问题。即伤势确定后，超过一年起诉，是否超过诉讼时效。

第一种观点认为，严某在伤势确定后一年内曾以卫生所为被告向法院起诉，诉讼时效中断。后重新以卫生所和总医院为共同被告向法院起诉，未超过诉讼时效。

第二种观点认为，《最高人民法院关于贯彻执行〈中华人民共和国民法通则〉若干问题的意见(试行)》第168条规定，人身损害的诉讼时效期间，伤害明显的，从受伤害之日起算；伤害当时未曾发现，后经检查确诊并能证明是由侵害引起的，从伤势确诊之日起算。严某于2005年5月16日已被确诊为脑萎缩，但其2006年11月1日才起诉总医院。严某从伤势确定之日到起诉，超过了一年。

根据民法通则第136条规定，严某的起诉超过了诉讼时效。

第三种观点认为，上述两种观点均错误。错误原因在于只考虑了被侵害的事实，而疏漏了侵害人这一前提。权利人的权利被侵害后只知道某一侵害人，不知道其他侵害人，则对其他侵害人的诉讼时效期间应自查清其他侵害人之日起计算。

诉讼时效期间从知道或者应当知道权利被侵害时起计算。首先，在有多个侵害人的诉讼中，受害人对某一侵害人起诉，存在两种情况：一是受害人只知道某一个侵害人，不知道或不可能知道还有其他侵害人。这种情况下，对被起诉的侵害人诉讼时效发生中断，对于受害人尚未知道的侵害人，诉讼时效还没有开始起算，当然就不存在诉讼时效中断的问题。所以，共同侵权的诉讼中，对某一侵权人提起的诉讼对其他侵权人不产生中断时效的法律后果。二是受害人明知还有其他侵害人，而明示或默示放弃诉讼的，对其他侵害人的诉讼时效开始起算，适用一年的诉讼时效。其次，知道或应当知道包括两个方面的内容：一是知道被侵害的事实；二是知道被谁侵害。本案中，严某虽然在2005年5月16日已被确诊为"重度脑萎缩"，但其成因具有相当专业性，且严某先后在卫生所、总医院等3家医院就医，医疗机构不具有唯一性，其不可能知道或应该知道其损害结果除了与卫生所有因果关系外，还与总医院的医疗行为有因果关系。严某曾以某卫生所为被告向法院起诉，后查清总医院也是侵害人，于是撤回诉讼后又以卫生所和总医院为共同被告重新向法院起诉。因此，虽然严某伤势确定后超过一年才起诉总医院，但根据民法通则第137条的规定，严某从权利被侵害之日起并没有超过20年，人民法院应予保护。

第一节　期间和送达

一、期间

（一）期间的概念及意义

期间是指人民法院、当事人或其他诉讼参加人各自完成某项诉讼行为的期限。

医事程序中的期间与民事诉讼法中的期间是一致的。期间主要是对当事人及其他诉讼参加人实施诉讼行为的时间要求，也是对法院进行审判活动的时间要求。程序法确立期间制度的目的，对于当事人及其他诉讼参加人而言，在于为他们实施诉讼行为提供时间上的保障，同时也是督促他们及时行使诉讼权利、履行诉讼义务的功能预设；对于法院而言，则在于保证并督促其及时审理案件，提高审判效率，避免争诉中的民事法律关系长期处于不确定状态，以保护当事人的合法权益。

（二）期间的种类

根据我国的《民事诉讼法》第75条第1款和《证据规定》第33条第2款的规定，民事诉讼的期间包括法定期间、指定期间和约定期间。

1.法定期间。法定期间是指由法律明确规定的诉讼期间。我国法定期间的种类有立案期间、提出答辩状期间、公告期间、各类案件的审结期间等。在法定期间内的任何时候，都可以实施相关诉讼行为，也只有在法定期间内所进行或完成的诉讼行为才是有效的诉讼行为，可以产生相应的诉讼法律效果。

对于法定期间，除法律另有规定外，受诉法院不得依职权或依当事人、其他诉讼参加人的申请而变更。因此，法定期间又被称为不变期间，这是刚性规定，必须严加遵守。所谓法律另有规定，是指法律针对诉讼中的某些特殊情况对法定期间所作的调节性规定。例如，我国《民事诉讼法》第135条规定：人民法院适用普通程序审理案件，应当在立案之日起6个月内审结。有特殊情况需要延长的，由本院院长批准，可以延长6个月；还需要延长的，报请上级人民法院批准。

2.指定期间。指定期间是指人民法院依职权指定诉讼参与人进行某种诉讼行为的期限。指定期间的特点是，法院可以确定期间的长短及延展，同时法院也可以变更。所以，指定期间都是可变期间。如法院指定当事人期限补正起诉状中的欠缺，或指定举证时限，就属于指定期间。

指定期间是法律赋予法院的一项权利，该权利的行使既不能超越法律允许的期间范围，更不能与法定期间相冲突。同时，指定期间要明确而具体，指定期间长短应与实施行为的难易程度相适应，既不能过长，也不能太短。期间一经指定，就不能轻易变动，否则会使当事人或其他诉讼参与人无所适从。

3.约定期间。约定期间是指根据法律或司法解释所确立的约定机制，由各方当事人协商一致，并经受诉法院认可的诉讼期间。我国的《民事诉讼法》并未明确规定约定期间，但是，我国的《证据规则》第33条第2款对约定期间给予了明确规定，即“举证期间可以由当事人协商一致，并经法院认可”。从实现诉讼民主的应用价值看，我国的民事诉讼应坚持以法定期间为原则的前提下，适当缩小指定期间的范围而相应扩大约定期间的适用场所。

（三）期间的计算

诉讼必须在一定的期间内进行。期间的起止，关系到法院职权和职责的实现，关系到当事人、其他诉讼参与人诉讼权利的行使，关系到当事人实体权益的保护与实现。为了维护诉讼秩序，维护当事人及其他诉讼参与人的诉讼权利，期间的计算是个重要问题。

1.计算期间的单位。期间的计算单位是时、日、月、年，何种诉讼活动以时或日或月或年为计算标准，则根据法律规定或法院指定的内容来确定。

2.计算期间的方法。

(1)期间开始的时和日不计算在期间内。无论是法定期间还是指定期间，期间的开始的时和日，不计算在期间内，而从下一个小时或从次日起算。如民事诉讼法规定，人民法院采取诉讼中财产保全措施，在接受当事人的申请后，情况紧急的，应当在48小时内作出裁定，并开始执行。如果当事人提出申请是在某日的10时，那么计算这一期间时就应当从该日的11时开始。如当事人不服第一审人民法院判决，提起上诉的期间为15日，期间的计算就应当从判决书送达的次日开始起算。

期间以月计算，则不分大月、小月；以年计算的，不分平年、闰年。以月计算的，期间届满的日期应当是届满那个月的最后一天。如一起宣告失踪的案件中，人民法院于2000年3月31日公告寻找下落不明人，公告期间为3个月，公告届满日期是2000年6月30日。在该日期下落不明人还未出现的，人民法院可以判决宣告下落不明人失踪。

(2)期间届满的最后一日是节假日，以节假日后的第一日为期间届满日期。例如，当事人不服判决的上诉期为15日，若第15日正好是星期天，那么就应该以星期天的次日，为期间届满日的日期。期间届满的最后一日虽然是节假日，但节假日有变通规定的，应当以实际休假的次日为期间届满的最后一日。

(3)期间不包括在途时间，诉讼文书在期满前交邮的，不算过期。在途时间是指人民法院通过邮寄送达的诉讼文书，或当事人通过邮寄递交的诉讼文书，在途中所用去的时间。确定期满前是否交邮，应当以邮局的邮戳为准，只有邮戳上的时间证明在期间届满前，当事人或人民法院已将需邮寄的诉讼文书交付邮局，就不算过期。

(四)期间的耽误及补救

期间的耽误，是指当事人及其诉讼代理人在法律规定或人民法院指定的时间内，没有完成应当进行的诉讼行为。

由于延误的原因不同，期间耽误的法律后果不同。由于当事人或诉讼代理人主观上的故意或过失，导致了期间的耽误，其直接后果是当事人失去了在规定的期间内行使某种权利的机会。如果由于客观上不可抗拒的事由或其他正当理由造成了期间的耽误，法律上则给予补救的机会。《民事诉讼法》第76条规定，当事人因不可抗拒的事由或其他正当理由耽误期限的，在障碍消除后的10日内，可以申请顺延期限。客观上不可抗拒的事由，是指在当时的条件下，当事人无法预测，也不可避免的事实和理由。如洪水造成的交通中断，战争爆发等致使当时无法进行诉讼行为。其他正当理由指除了客观上不可抗拒的事由之外,不可归责于当事人的其他客观情况。应当注意,顺延期限是把耽误的诉讼期间如实补上去,不是重新开始计算。根据民事诉讼法的规定,当事人申请顺延期限,是否准许,由人民法院决定。

二、送达

(一)送达的概念、特点和意义

送达是指人民法院依照法律规定的程序和方式,将诉讼文书送交当事人或者其他诉讼参与人的行为。

送达是人民法院单方实施的诉讼行为,对人民法院与当事人、其他诉讼参与人之间的诉讼法律关系的发生、变更和消灭有重大意义。

送达的特点是:

(1)送达的主体是法院。当事人或者其他诉讼参与人向人民法院递交诉讼文书,不能称其为送达;

(2)送达的对象是当事人或其他诉讼参与人。当事人和其他诉讼参与人之间、法院之间相互传递材料以及法院对其他单位或个人发送材料,都不是送达;

(3)送达的内容还是各种诉讼文书,如起诉状副本、开庭通知书、判决书、裁定书等;

(4)送达必须按法定的程序和方式进行。

执行送达任务,向当事人及其他诉讼参与人履行送达义务的人,为送达人;接受法院送达的诉讼文书的当事人或其他诉讼参与人,为受送达人。依法将诉讼文书交给受送达人的方法,称为送达方式。

诉讼文书一经送达,就会产生一定的法律后果。当事人及其他诉讼参与人可以在规定的期间内引起某种诉讼权利,履行某种诉讼义务。否则,就可能丧失进行该项诉讼行为的权利,或者要承担法律规定的后果。例如,一审法院判决送达当事人后,当事人有权在收到判决书后15日内提起上诉;调解书送达双方当事人有权申请执行。因此,规范送达行为和送达方式,对于保障当事人和其他诉讼参与人的合法权利,保证诉讼活动的顺利进行具有重要意义。

(二)送达方式

1.直接送达。直接送达是执行送达任务的司法警察或者书记员将应当送达的诉讼文书,直接交付给受送达人签收的送达方式。受送达人在送达回证上签收日期即送达日期。诉讼文书以直接送达为原则,直接送达是最基本的送达方式。

2.留置送达。留置送达是指受送达人拒收诉讼文书时,送达人把诉讼文书留在受送达人住处的送达方式。留置送达与直接送达具有同等的效力。根据民事诉讼法的规定，受送达人或他的同住成年家属拒绝接受诉讼文书时，送达人应当邀请有关基层组织或其他单位的代表到场，说明情况，在送达回证上记明拒收事由和日期，由送达人、见证人签名或盖章，将诉讼文书留在受送达人的住处，即视为送达。

3.委托送达。委托送达是指受诉法院直接送达诉讼文书有困难时，委托其他人民法院代为送达的送达方式。《民事诉讼适用意见》第86条规定，委托其他人民法院代为送达的，委托法院应当出具委托函，并附需要送达的诉讼文书和送达回证。受送达人在送达回证上签收的日期为送达日期。

4.邮寄送达。邮寄送达是指人民法院将需要送达的诉讼文书以挂号形式邮寄给受送达人的送达方式。邮寄送达和委托送达之间是平行选择关系，它们的适用前提都是受诉法院“直接送达诉讼文书有困难”，因此受诉法院既可以选择委托送达，也可以选择邮寄送达，而且在审判实践中大多选择邮寄送达。邮寄送达是以挂号信回执上注明的收件日期为送达日期。

5.公告送达。公告送达是指在受送达人下落不明或用上述方法无法送达的情况下所采用的一种特殊送达方式。公告送达可以在法院的公告栏、受送达人原住所地张贴，也可以在报纸上刊登。自公告发出次日起，经过60日，即视为送达。

（三）送达的效力

送达的效力是指人民法院依法将诉讼文书上的给受送达人后所产生的相应法律后果。送达的效力因诉讼文书种类的不同而产生以下几个方面的效力。

(1)受送达人实施有关诉讼行为、行使诉讼权利、履行诉讼义务的起始日期得以确定。比如，起诉状副本的送达，导致被告提出答辩状的15日期限开始计算。

(2)受送达人接受送达的诉讼文书后，若未依法律规定或诉讼文书的要求实施一定的诉讼行为，将承担程序法上的相应后果。比如，受诉法院依法向原告送达传票后，若无其他正当理由拒不到庭，即可按撤诉处理。

(3)引起某种诉讼法律关系的发生或消灭。比如，法院立案后，依法将起诉状副本送达给被告，即导致受诉法院与被告之间发生了民事诉讼法律关系。

(4)送达是某些诉讼文书发生法律效力的条件之一。比如，一审判决书依法送达后，若双方送达人均未在法定期限内提起上诉，判决书即发生法律效力。

第二节　诉讼费用和司法救助

一、诉讼费用

(一)诉讼费用概说

医事程序中的诉讼费用是民事诉讼制度的组成部分。我国民事诉讼费用征收的法律依据主要有现行民事诉讼法、《诉讼费用交纳办法》、最高人民法院《关于适用〈民诉法〉若干问题的意见》等。

诉讼费用主要包括案件受理费和其他费用。案件受理费是指人民法院决定受理起诉时,按规定向当事人征收的费用,除法律另有规定外,原则上民事案件都要征收。案件受理费包括第一审案件受理费;第二审案件受理费;再审案件中,依照规定需要交纳的案件受理费。其他诉讼费用包括:

(1)勘验、鉴定、公告、翻译费;证人、鉴定人员出庭的交通费、住宿费、生活费和误工补贴费;

(2)保全申请费和实际支出;执行判决、仲裁和调解协议的费用;

(3)人民法院认为应当由当事人负担的其他费用,主要包括:①非财产案件当事人应当负担勘验、鉴定、公告、翻译实际支出的费用;②财产案件和行政案件的当事人自行收集提供有关证据确有困难,法院认为有必要异地调查取证和异地调解本案时的差旅费。

诉讼费用制度具有以下意义:①可以减少国家的财政支出,并消除少数人进行诉讼而费用却由全社会负担的不合理现象;②有利于促使当事人严肃认真地行使诉讼权,防止滥诉、缠诉现象的发生;③有利于教育当事人自觉遵守法律,建立和完善防止纠纷发生的内部自我约束机制;④有利于维护国家的主权和经济利益。

(二)诉讼费用的征收

我国就民事案件分为非财产案件和财产案件两类,分别有不同的收费标准。

1.非财产案件受理费的征收标准。非财产案件受理费原则上按件计征,具体数额由人民法院在法定幅度内收取。非财产案件中涉及财产部分的受理费依不同情况,分别计收。其他非财产案件每件交纳50元至100元。

2.财产案件受理费的征收标准和计算方法。原则上以诉讼争议金额的大小按比例递减收取。

争议金额的大小以当事人提出的诉讼请求为准。如果请求的金额与实际争议的金额不符,由人民法院来核定。

(三)诉讼费用的预交及负担原则

1.起诉人、申请人预交诉讼费用。案件受理费、申请费、执行费均由起诉人、申请人预先向人民法院缴纳;在案件审结或者执行完毕后,依照法律规定最终确定负担多少、由谁负担。起诉人或者申请人预先负担原则,既便于操作又可预防当事人滥用起诉与申请执行的权利。诉讼费用的预交及不预交要产生诉讼上的后果。

(1)案件受理费的预交。一审案件受理费由原告在接到人民法院预交受理费通知书7日内预交;被告反诉的,应在反诉的同时预交。当事人在预交期内既未申请缓交又不预交的,按自动撤回起诉处理。

上诉案件受理费由上诉人向上诉人民法院递交上诉状时预交。双方当事人都上诉的,由双方当事人分别预交。上诉人在上诉期内未预交诉讼费用的,人民法院应当通知其预交。上诉人在接到人民法院预交案件受理费用通知后7日内既不预交又不申请缓交的,按自动撤回上诉处理。二审法院裁定发回重审的案件,原上诉人已缴纳的上诉案件受理费不予退还;重审后又上诉的,不再预交案件受理费。

(2)申请费的预交。申请费由申请人在提出申请的同时向人民法院预交。拒不预交的,视为未提出申请。其他诉讼费用的预交由人民法院决定。

(3)诉讼费用预交的例外。

第一,追索赡养费、抚养费、抚育费、抚恤金和劳动报酬的案件,原告可以不预交案件受理费;案件审结后,由败诉方负担。

第二,在代表人诉讼中,当事人预交案件受理费,案件审结后按诉讼标的额由败诉方交纳。

第三,在破产还债案件中,可以不预交案件受理费,破产费用最后从破产财产中拨付。

(4)诉讼费用预交的特殊情况。

①移送的案件。原受理人民法院应当将已预交诉讼费用,随案移交接受案件的人民法院。

②在经济案件中,发现本案属于刑事案件而全案移送有关部门的,退还当事人已预交的诉讼费用;案件移送有关部门处理后,经济纠纷仍需按民事诉讼程序审理的,当事人已预交的诉讼费用不予退还。

③诉讼中止的,不退还案件受理费;恢复诉讼后,当事人不再预交案件受理费。

2.败诉方最终负担诉讼费用的原则。

(1)当事人一方败诉的,由败诉的一方当事人负担。败诉的一方当事人负担的费用包括案件受理费、申请执行费、执行中实际支出的费用、申请采取财产保全措施的费用以及海商案件中的申请扣押船舶、留置货物、燃料的申请费。

(2)按比例负担。当事人双方都有责任的，由人民法院确定各自过错的大小，决定分担诉讼费用的比例。按比例负担是败诉方负担原则的当然要求。

(3)在共同诉讼中，共同诉讼人一方败诉的，由人民法院根据他们各自与诉讼标的的利害关系决定各自负担的具体数额。共同诉讼人因连带或不可分之债败诉的，对诉讼费用也负担连带责任。共同诉讼人中，如有专为自己利益的诉讼行为所支出的费用，则由该当事人负担。

败诉方最终负担原则也有例外情况，如离婚案件诉讼费用的负担，由人民法院根据具体情况决定；撤诉的案件，案件受理费由原告负担，减半收取；法院裁定不予以受理或裁定驳回起诉的，属于程序要件不具备，司法实践中减半收取案件受理费；其他诉讼费用，按实际支出收取；调解达成协议的案件，诉讼费用由当事人协商负担；协商不成的，由人民法院决定；由于当事人不正当的诉讼行为所支出的费用，由该当事人承担，等等。

3.第二审程序和再审程序中诉讼费用负担的特别规定。上述诉讼费用负担原则，适用于一审、二审和再审程序中。但是，由于二审和再审程序的特殊性，司法解释对二审和再审程序关于诉讼费用负担作了特别规定。

(1)第二审程序中诉讼费用负担的特别规定：①二审判决驳回上诉、维持原判的案件，诉讼费用由上诉人负担；双方都上诉的，由双方当事人负担；②二审依法改判的案件，二审法院除确定二审诉讼费用以外，还应当改变一审法院关于诉讼费用负担的决定；③二审调解达成协议的案件，对一审和二审诉讼费用的负担，由当事人协商；协商不成的，由二审人民法院一并作出决定。

(2)再审程序中诉讼费用负担的特别规定：①人民法院依职权提起的再审案件和人民检察院抗诉的再审案件，当事人不需要交纳诉讼费用；②经再审程序，对一审或者二审判决作了变更的，再审法院应当重新确定原诉讼费用的负担。

二、司法救助

司法救助是指国家或者法院根据当事人收入和经济状况，对无力支付诉讼费用者给予全额或者部分司法援助，或决定诉讼费用缓交、减交或者免交措施，以保障当事人行使诉权，免除其经济负担之忧。

我国司法救助主要内容是由《人民法院诉讼收费办法》《诉讼费用补充规定》和《人民法院诉讼费用管理办法》等司法解释确定的，其制度规范与德国比较接近。当事人进行民事诉讼时，如果经济困难、无力负担或者暂时不能足额缴纳诉讼费用，为保障其行使诉权，人民法院应当根据案件具体情况决定当事人缓交、减交或者免交诉讼费用。

1.缓交、减交或者免交诉讼费用的情形。

(1)当事人为社会公共福利事业单位的,如福利院、孤儿院、敬老院、荣誉军人休养单位、精神病院、SOS儿童村等;

(2)当事人是没有固定生活来源的残疾人;

(3)当事人因自然灾害或者其他不可抗力造成生活困难,正在接受国家救济或者生产经营难以为继的;

(4)当事人根据有关规定正在接受法律援助的;

(5)人民法院认为其他应当进行司法救助的;

2.当事人免交诉讼费用的情形。

(1)依照特别程序审理的案件,当事人一律免交诉讼费用。

(2)依照民事诉讼法规定的审判监督程序提审、再审的案件,免交诉讼费。

但是,依照审判监督程序审理的下列案件除外:

(1)依照《民事诉讼法》第179条第1款第1项的规定,"有新的证据,足以推翻原判决、裁定的",向人民法院申请再审,人民法院经审查决定进行再审的案件,当事人应当交纳诉讼费用。当事人提出了在原诉讼中没有提出的新证据,是当事人有过错,而不是法院裁判有错误,所以应当交纳诉讼费。

(2)当事人对人民法院第一审判决或者裁定未提出上诉,一审判决、裁定或者调解书已发生效力后,当事人又提出申请再审,人民法院经审查后决定再审的案件,应当交纳诉讼费用。

第三节 财产保全和先予执行

一、财产保全

(一)财产保全的概念和种类

财产保全是指人民法院在利害关系人起诉前或者当事人起诉后,为保证将来的生效判决能够得到执行或避免财产遭受损失,对当事人的财产或争议的标的物,采取限制当事人处分的强制措施。

医事程序中的财产保全主要体现在我国《民事诉讼法》及相关的法律解释中。根据《民事诉讼法》的规定,我国将财产保全分为诉讼中财产保全和诉前财产保全。

1.诉讼中财产保全。

(1)诉讼中财产保全的概念。诉讼中财产保全是指人民法院在受理案件后、作出判决之前，对当事人的财产或争议标的物采取限制当事人处分的强制措施。

(2)诉讼中财产保全的适用条件。

①需要对争议的财产采取诉讼中财产保全的案件必须是给付之诉，即该案的诉讼请求具有财产给付内容。

②将来的生效判决因为主观或客观的因素导致不能执行或难以执行。主观因素，当事人有转移、毁损、隐匿财物的行为或者可能采取这种行为；客观因素主要是诉讼标的物容易变质、腐烂的物品，如果不及时采取保全措施将会造成更大的损失。

③诉讼中财产保全发生在民事案件受理后、法院尚未作出判决生效前。在一审或二审中，如果案件尚未审结，就可以申请财产保全。如果法院的判决已经生效，当事人可以申请强制执行，但是不得申请财产保全。

④诉讼中财产保全一般应当由当事人提出书面申请。当事人没有提出申请的，人民法院在必要时依职权也可以裁定采取财产保全措施。

⑤人民法院可以责令当事人提供担保。人民法院依据申请人的申请，在采取诉讼中财产保全措施前，可以责令当事人提供担保。提供担保的数额应当相当于请求保全数额。申请人不提供担保的，人民法院可以驳回申请。在发生诉讼中财产保全错误给申请人造成损失的情况下，被申请人可以直接从申请人提供担保的财产中得到赔偿。

2.诉前财产保全。诉前财产保全是指在紧急情况下，法院不立即采取财产保全措施，利害关系人的合法权利会受到难以弥补的损害，因此法律赋予利害关系人在起诉前有权申请人民法院采取财产保全措施。

依据《民事诉讼法》的规定，诉前财产保全的适用条件有以下四种情况。

(1)需要采取诉前财产保全的申请必须具有给付内容，即申请人将来提起案件的诉讼请求具有财产给付内容；

(2)情况紧急，不立即采取相应的保全措施，可能使申请人的合法权益受到难以弥补的损失；

(3)由利害关系人提出诉前财产保全申请。利害关系人，即与被申请人发生争议，或认为权利受到被申请人侵犯的人；

(4)诉前财产保全申请人必须提供担保。申请人如不提供担保，人民法院驳回申请人在起诉前提出的财产保全申请。

(二)财产保全的范围、措施和程序

1.财产保全的范围。财产保全的作用是，防止当事人在人民法院作出判决前处分有争议标的物或处分判决生效后用以执行的财产，以防止纠纷扩大，并保障生效判决得到执行。但是，如果人民法院采取财产保全措施不当的话，就会给当事人财产权和人身权造成损害。因此,《民事诉讼法》第94条规定:"财产保全限于请求的范围,或与本案有关的财物。"采取财产保全措施,只能在当事人或利害关系人的请求范围内,才能达到财产保全的目的,使申请人的权益得到实现,也避免给被申请人造成不应有的损失。

2.财产保全的措施。根据民事诉讼法规定,财产保全可以采取查封、扣押,冻结或法律规定的其他方法。

查封是指人民法院将需要保全的财物清点后,加贴封条、就地封存,以防止任何单位和个人处分的一种财产保全措施。扣押是指人民法院将需要保全的财物移置到一定的场所予以扣留,防止任何单位和个人处分的一种财产保全措施。冻结是指人民法院依法通知有关金融单位,不准被申请人提取或者转移其存款的一种财产保全措施。人民法院依法冻结的款项,任何单位和个人都不准动用。

人民法院在财产保全中采取查封、扣押财产措施时,应当妥善保管被查封、扣押的财产。当事人可以负责保管被扣押物,但不得使用。

人民法院对季节性商品、鲜活、易腐烂变质和其他不宜长期保存的物品采取保全措施时,可以责令当事人及时处理,由人民法院保存价款;必要时,由人民法院予以变卖,保存价款。

3.财产保全的程序。诉讼中财产保全应当由当事人提出申请,人民法院进行审查,作出财产保全的裁定,根据裁定采取财产保全措施。人民法院也可以根据案件的实际情况,依职权主动作出财产保全裁定,采取保全措施。

人民法院在接到申请后,对情况紧急的,必须在48小时内作出裁定,并开始执行。诉前财产保全,一概由申请人提出申请,并且提供担保。人民法院对诉前财产保全,必须在接受申请后48小时内作出裁定,并立即开始执行。

财产保全裁定一旦作出立即生效,当事人或利害关系人可以申请复议一次。复议期间,人民法院不停止财产保全裁定的执行。

(三)财产保全的解除

财产保全因下列原因而解除:(1)被申请人提供担保;(2)诉前财产保全的申请人在采取保全措施后15日内未起诉的;(3)申请人撤回保全申请的。

人民法院根据利害关系人或当事人的申请而采取财产保全措施的,如果由于申请人的错误而导致被申请人因财产保全而遭受损失的,应当由申请人负责赔偿。

二、先予执行

(一)先予执行的概念

先予执行是指在终局执行以前,为了权利人生活或生产经营的紧急需要,法院裁定义务人预先给付权利人一定数额的金钱或财物的措施。

(二)先予执行的适用范围和条件

1.先予执行的适用范围。先予执行是法院已经受理案件但尚未作出判决，法院责令当事人预先履行义务，所以，它只适用于特定的案件。

根据《民事诉讼法》第97条规定，下列案件可以根据当事人的申请，裁定先予执行：

(1)追索赡养费、抚养费、抚育金、医疗费用的案件；

(2)追索劳动报酬的案件；

(3)因情况紧急需要先予执行。

2.先予执行的适用条件。为了避免损害被申请方当事人的利益，避免给法院判决的执行带来不必要的争议，人民法院作出先予执行裁定时，必须严格遵守法定条件。先予执行的条件有以下四种情况。

(1)当事人之间事实基本清楚、权利义务关系明确，不先予执行将严重影响申请人的生活或生产经营。先予执行的案件，应当是在发生争议的民事法律关系中，双方当事人之间各自应享有什么样的权利，承担什么样的具体义务十分清楚。

(2)申请人确有困难并提出申请。申请人确有困难，主要是指两种情况：一是申请人依靠被告履行义务而维持正常生活，在人民法院作出生效判决前，如不裁定先予执行，原告就无法维持正常的生活；二是原告的生产经营活动必须依靠被告提供一定条件或履行一定义务才能够进行，在人民法院判决前，如法院不裁定先予执行，将严重影响原告的生活或生产活动。并且，人民法院不得依职权作出先予执行的裁定。

(3)案件的诉讼请求属于给付之诉。案件不具有给付性质的，不存在先予执行的问题。

(4)被申请人有履行能力。先予执行是为了及时解决原告的实际困难。但是，如果被告根本没有能力先行给付，裁定先予执行也就没有任何意义。所以，在诉讼判决前法院裁定先予执行，必须是在被申请人有履行能力的条件下作出的。

具备上述条件，人民法院就应当裁定先予执行。先予执行的裁定一经作出，即发生法律效力，并立即开始执行。如果当事人不服先予执行的裁定，不准上诉，但可以申请复议一次。复议期间，不停止先予执行裁定的执行。人民法院对当事人提出的复议应当及时审查，裁定正确的，通知驳回的申请；裁定不正确的，作出新的裁定变更或撤销原裁定。

(三)先予执行的担保和赔偿

在某些情况下也会发生先予执行的裁定不是人民法院对案件的最终判决，

所以，在某些情况下，会发生先予执行裁定的内容与将来的判决结果不一致的情况。人民法院裁定先予执行后，被申请人在诉讼终结时反而胜诉的情况也时有出现。为了既能够达到解决申请人生活或生产急需的目的，又能保证被申请人的合法正当权利，《民事诉讼法》第98条第2款规定："人民法院可以责令申请人提供担保，申请人不提供担保的，驳回申请。申请人败诉的，应当赔偿被申请人因先予执行遭受的财产损失。"所以，人民法院裁定先予执行后，经法庭审理，判决申请人败诉的，申请人不仅应将因先予执行取得的财产返还给被申请人，而且对被申请人因先予执行所遭受的经济损失，要给予赔偿。

在先予执行中，人民法院要根据案件的具体情况决定是否要求申请人提供担保，但是并不是所有的案件都要求申请人提供担保。先予执行本来就是申请人的生活或生产经营遇到严重困难的紧急情况下采取的一种措施，如果还要提供财产担保，往往等于雪上加霜。

(四)应当注意的问题

人民法院采取先予执行措施后，申请先予执行的当事人申请撤诉的，人民法院应当及时通知对方当事人、第三人或有关的案外人。在接到通知至准予撤诉的裁定送达前，对方当事人、第三人以及有关的案外人对撤诉提出异议的，应当裁定驳回撤诉申请。

第四节　强制措施

一、医事程序强制措施的概念和意义

医事程序强制措施是指在医事程序中，对妨害医事程序秩序的行为人采用的排除其妨害行为的一种强制措施。

设立医事程序强制措施的目的是为了保障医事程序活动的正常进行。从本质上讲，它是一种排除妨害的强制性手段，是一种教育手段，而不是惩罚手段，不同于刑事制裁、民事制裁和行政制裁方法。

二、妨害医事程序诉讼行为的构成和表现形式

(一)妨害医事程序法行为的构成

妨害医事程序法的行为是指行为主体故意破坏和扰乱正常诉讼秩序，妨碍诉讼活动正常进行的行为。妨害医事程序法的行为主体，既可以是当事人，也可以是其他诉讼参与人，还可以是案外人。行为主体妨害医事程序法必须同时具备以下三个条件：

第一，行为人实施了妨害医事程序法的行为，包括作为与不作为；

第二，行为人实施妨害医事程序法的行为主观上是故意的，即希望或放任妨害医事程序诉讼结果的发生；

第三，行为人实施妨害医事程序法的行为发生在诉讼过程中，其中包括执行程序之中。

（二）妨碍医事程序行为的表现形式

妨碍医事程序的行为主要表现为下列五种情况。

1.必须到庭的被告，经两次传票传唤，无正当理由拒不到庭。

2.违反法庭规则的行为。如未经允许在开庭时录像、录音、拍照。

3.当事人、其他诉讼参与人以及其他人所实施的下列行为：

(1)伪造、毁灭重要证据，妨害人民法院审理案件；

(2)以暴力、威胁、贿买方法阻止证人作证或指使、贿买、胁迫他人作伪证；

(3)隐藏、转移、变卖、毁损已被查封、扣押的财产或已被清点并责令其保护的财产，转移已被冻结的财产；

(4)对司法工作人员、诉讼参与人、证人、翻译人员、鉴定人、勘验人、协助执行人，进行侮辱、诽谤、诬陷、殴打或打击报复；

(5)拒不执行人民法院已生效的裁判。

4.有义务协助调查、执行的单位实施的下列行为：

(1)有关单位拒绝或妨碍法院调查取证。

(2)银行、信用合作社和其他有储蓄业务的单位接到人民法院协助执行通知后，拒不协助查询、冻结或划拨存款。

(3)有关单位接到人民法院协助执行通知书后，拒不协助扣留被执行人的收入，拒不办理有关财产权证照转移手续，拒不转交有关票证、证照或其他财产。

(4)其他拒绝协助执行的行为。主要包括：其一，擅自转移已被人民法院冻结的存款，或擅自冻结的；其二，以暴力、威胁或其他方法阻碍司法工作人员查询、冻结、划拨银行存款的；其三，接到人民法院协助执行通知后，给当事人通风报信，协助其转移、隐匿财产的。

5.妨害执行的行为。如隐匿、转移、变卖、毁损向人民法院提供担保的财产的行为人、案外人与被执行人恶意串通转移被执行人财产的行为，伪造、隐匿、毁灭有关被执行人能力的重要证据，妨碍人民法院查明被执行人财产状况的行为等。

三、医事强制措施的种类及适用

（一）拘传

拘传是对于必须到庭的被告人，经人民法院两次传票传唤，无正当理由拒绝出庭的，人民法院派出司法警察，强制被传唤人到庭参加诉讼活动的一种措施。

采取拘传应具备三个条件：一是拘传的对象是法律规定或法院认为必须到庭的被告，或给国家、集体或他人造成损害的未成年人的法定代理人；二是必须经过两次传票传唤；三是无正当理由拒不到庭。

适用拘传措施，应当由本案合议庭或独任审判员提出意见，报经院长批准，然后填写拘传票，交司法警察直接送达给被拘传人，令其随票到庭。如果被拘传人拒不到庭，司法警察可以使用戒具强制其到庭。

（二）训诫

训诫是人民法院对妨害诉讼程序秩序行为较轻的人，以口头方式予以严肃地批评教育，并指出其行为的违法性和危害性，令其以后不得再犯的一种强制措施。

适用训诫措施，由合议庭或独任审判员决定，以口头方式指出行为人的错误事实、性质及危害后果，并当庭责令妨害者立即改正。训诫的内容应当记入庭审笔录。

（三）责令退出法庭

责令退出法庭是指人民法院对于违反法庭规则的人，强制其离开法庭的措施。

适用责令退出法庭，由合议庭或独任审判员决定，由审判长或独任审判员口头宣布，责令行为人退出法庭。作出责令退出法庭的决定后，行为人应当主动退出法庭，否则，司法警察可以责令其退出法庭。

（四）罚款

罚款是人民法院对实施妨害诉讼程序行为情节比较严重的人，责令其在规定的时间内，交纳一定数额的金钱。

罚款和拘留只能由合议庭或独任审判员提出处理意见，报请院长批准后执行。人民法院决定罚款和拘留，应当制作决定书，并将此决定书正式通知或出示给行为人。当事人对罚款或拘留不服的，可以向上一级人民法院申请复议一次，但是复议期间，不停止决定执行。同时，对于被拘留者在拘留后承认并改正错误、表现良好的，人民法院可以决定提前解除拘留。

（五）拘留

拘留是人民法院对实施妨害诉讼行为情节严重的人，将其留置在特定的场所，在一定期限内限制人身自由的强制措施，拘留期限15日以下。

除上述强制措施外，如果妨害医事诉讼程序行为情节特别严重、构成犯罪的，依法追究其刑事责任。

小 结

医事程序的运作，一般表现为医事当事人的起诉和应诉、举证、辩论，法院的受理、审理、职权调查核实证据和判决等环节，一审、二审和再审程序都是如此。但程序进行的过程中还常常需要其他一些制度作为保障，使程序能够顺利启动和进行，这就是医事诉讼程序中的保障制度。它主要包括期间和送达、财产保全、先予执行、对妨害诉讼的强制措施以及诉讼费用的收取和司法援助等等。

思 考 题

1. 简述期间的概念和意义。
2. 简述送达的方式。
3. 简述诉前财产保全和诉中财产保全的区别。
4. 简述先予执行的适用条件。

（张赫楠）

第十四章　医事诉讼程序

引导案例

案例一：

2000年某市一位两岁儿童患者因患肺炎在某个体诊所用药，未见好转，遂转入市某儿童医院进行治疗。后经该院医师诊治，发现原诊所医生用药错误，已引起诱发脱脂皮炎，住院一天后，由于脱脂皮炎急速发展导致小孩呼吸衰竭，经抢救无效死亡。后患者亲属在医闹的唆使下在该医院设灵堂、摆花圈闹得乌烟瘴气，要求院方赔偿10万元医疗费及精神损害费。后由于该院处于市中心，第二天市内有大型会议召开，政府和公安机关要求该医院迅速将此事处理好，第二日凌晨医院迫于压力给患方6万元钱才将此事解决。患方拿到钱后分给医闹3万元。在此医疗纠纷中院方根本无过错而损失6万元，并严重影响其工作秩序和医生工作积极性。

案例二：

某患者2001年9月因交通事故受伤到被告医院外科住院接受治疗。入院诊断为：头皮挫裂伤；左肩关节半脱位伴肩胛骨骨折；左胫骨髁间隆突骨折；左膝关节脱位。在治疗过程中，医院对患者施行跟骨牵引、清创缝合、抗感染、消肿等处理，并于同年10月请上一级医院专家进行会诊，为患者施行了左膝断裂韧带修补术。患者于同年11月出院。2002年11月，该患者按医嘱来到该院接受取出钢钉的手术，发现左下肢短了3cm和陈旧性左髋关节骨折脱位，医生告知取出钢钉已无重要意义。对此，患者认为该后果属于医疗事故，要求被告医院赔偿相应的损失。之后，双方经协商委托当地市级医学会进行医疗事故技术鉴定。医学会于2004年3月作出鉴定分析，即左髋关节脱位骨折是车祸造成的。医院在该诊疗过程中存在漏诊行为。漏诊与患者的人身伤害无因果关系。鉴定结论为“不构成医疗事故”。由于患者要求医院赔偿损失并支付鉴定费用遭到拒绝，引发了纠纷，患者遂向法院提起诉讼。最终，法院判决被告医院赔偿原告患者各种费用总计一万多元。

案例一中患儿的死亡是由于院外医生错误用药所致，与该儿童医院的医疗行为之间不存在因果关系，故不应由医院承担责任。但由于医闹的参与，与患者家属一起跟随、殴打医务人员，在诊室、医师办公室、领导办公室内滞留，并在医院设灵堂、打砸财物、设置障碍阻挡患者就医，严重妨碍医疗秩序，在市内有大型会议召开之际扩大事态，给医院造成负面影响，给医院施加压力，从中牟利。

案例二是一起因被告方的漏诊行为导致的医疗服务合同纠纷案件。医院在诊治过程中，没有对原告进行全面的检查，对原告的左髋关节损伤存在着漏诊行为。虽然该行为不构成医疗事故，而被告医院对这种医疗服务过程中的违约行为，仍应当承担相应的违约责任，也就是要对与漏诊造成的有关的损失承担赔偿责任。

医疗纠纷是在医疗卫生、预防保健、医学美容等具有合法资质的医疗企事业法人或机构中，一方（或多方）当事人认为另一方（或多方）当事人在提供医疗服务或履行法定义务和约定义务时存在过失，造成实际损害后果，应当承担违约责任或侵权责任，但双方（或多方）当事人对所争议事实认识不同、相互争执、各执己见的情形。从上述两个案例中可见，医疗纠纷在所难免，其发生不以医疗行为有过错为条件。

近年来，由于法律的不断发展和患者维护自我权利的意识越来越强，医疗纠纷呈不断上升之势。医患关系紧张成为我国医疗行业面临的主要困境之一。医患纠纷不仅给医院带来经济损失和不良影响，也影响到医护人员执业心态的稳定和工作的积极性。医事领域中程序性问题的规范化对处理好医患矛盾具有重要意义。处理医疗纠纷、解决医疗争议的程序法律规范的总称即是医事程序法。医事程序法律规范可以有效地处理医疗事故争议。按程序实施医疗行为、依法界定医疗纠纷、依法解决医事争议既有利于规范医疗行为，又便于患者维权。

第一节　医事诉讼程序类别

医患矛盾的解决是世界各国共同研究的一个棘手的问题，医事程序法律制度的发展为各国政府所重视，但是通过医事程序法律规范医疗纠纷处理的程序却纷繁复杂不尽相同。尤其是随着各国医事程序制度的不断改革和完善，医事程序法类别也逐渐增多，出现了民事诉讼与仲裁、ADR、行政、刑事等医疗纠纷处理程序，其中医事 ADR 程序的研究设计和运用成为发展的主流。

医事诉讼程序是指以国家审判机关为第三方，在医疗纠纷主体及其他相关诉讼主体的参与下，依法审理作出裁决的司法程序。从概念得知医事诉讼程序应包括所有与医患纠纷相关的诉讼，即民事诉讼、行政诉讼、刑事诉讼。以上三种诉讼中以民事诉讼程序为医事诉讼的主要程序，因为医事诉讼程序建立的中心目的是解决医患纠纷，而行政诉讼程序和刑事诉讼程序只是在特殊情况下适用的对医患纠纷处理程序的补充。民事诉讼是医疗纠纷解决机制中最常见、最具有法律效力的公力救济方式，是处理医患纠纷的一种最具权威和最有效力的机制，是医事诉讼程序的核心程序。所以本章主要对医事诉讼程序的核心程序，即民事诉讼程序进行论述。结合民事诉讼的相关规定，医事诉讼程序分为一审程序程序、二审程序、审判监督程序（再审程序）、执行程序。

一、医事民事诉讼

（一）医事民事诉讼的概念

医事民事诉讼是指患方认为医疗机构及其医务人员的诊疗行为存在过错，侵犯了其合法权益，依法向人民法院起诉，要求人民法院对该争议予以解决而产生的民事诉讼。此概念有以下几层含义：

第一，医事民事诉讼属于民事诉讼的范畴，由医事法律和民法调整，具有民事诉讼的一般特点，但又有其特殊性，例如医疗侵权民事诉讼的举证责任由医疗机构承担，即被告举证，适用举证责任倒置。

第二，医事民事诉讼的原告与被告的范围应是确定的，原告只能是患者或其近亲属，被告只能是医疗机构或执业医生。

第三，医事民事诉讼处理的是医疗纠纷案件，所以此类诉讼不仅涉及法律问题，而且会涉及与医学科学领域相关的专业性问题，具有专业性较强的特点。

（二）医事民事诉讼的缺陷与制度改革

就目前而言，医事诉讼已经或正在成为各国处理医疗争议最主要的方式，这是由诉讼本身的特点所决定的。诉讼具有严格的程序制度、最高权威的裁判和国家强有力的措施来保证裁判结果的实施，使得医事民事诉讼在各种医疗纠纷解决方式中始终占据着最主要的地位。但是，医事民事诉讼在医疗纠纷解决过程中所暴露出来的缺陷也是显而易见的，诉讼要经过一个漫长的过程，需要耗费金钱、时间、人力，但是结果却是未知数。另外，诉讼中角色不同所引发的激烈对抗使得双方互不信任，医患关系遭受严重破坏。而且对于我国来讲，诉讼解决医疗纠纷在审判实践中还面临着许多难题。比如诉讼案由不统一、医疗事故鉴定程序问题、法律适用二元化问题、医患法律关系问题等，使得我国医事民事诉讼处理医患纠纷陷入了困境。

总之，医事民事诉讼的缺陷不利于医疗纠纷的解决，需要对医事民事诉讼制度予以改革，这也是世界各国普遍的做法。当然，一方面可以建立各种更有利于纠纷解决的方式，另一方面可以对诉讼制度本身进行改革，重点是改革法院内部运行机制。例如，可以借鉴某些发达国家在地方法院设置医疗案件集中处理部或者成立医疗纠纷合议庭，来审理医疗案件缩短案件审理时间。同时要充分发挥医疗专家的作用，凭借医疗专家丰富的专业经验来协助法院的调解工作，从而健全医事民事诉讼调解制度。

二、医事仲裁

（一）医事仲裁的概念和特点

医事仲裁指的是医患双方对医疗纠纷的处理发生争议时，由仲裁机关做出的裁决、判断和处理。医事仲裁是纠纷解决替代机制又称非诉讼纠纷解决机制形式中的一种。以仲裁的方式解决争端更有利于实现公平和正义。医事仲裁作为解决医疗争议的一种制度具有以下特点。

第一，专业性。医事仲裁的仲裁员都是由医学家、法学家、法医学家等具有医学、法学专业知识的人士担任，丰富的专业知识使其在纠纷处理上更公正。

第二，保密性。医事仲裁程序采取不公开审理的原则，整个仲裁过程都不公开，医事仲裁机构和仲裁员具有保密义务。

第三，独立和公正性。医事仲裁机构具有独立性、民间性和中立性等特点。医事仲裁机构独立于行政机关，跟行政机关没有隶属关系，同一个仲裁庭的每一个仲裁员彼此也是独立的。他们凭借自己的学识和经验做出分析和判断，不受任何人的影响。

第四，快捷性。医事仲裁根据案件的难易程度，既可以开庭审理也可以进行书面审理。这样大大加快了案件的审理速度，提高了案件审理的效率，同时为当事人节约了大量诉讼成本。

（二）国外医事仲裁的发展概况

仲裁在医疗纠纷领域的兴起开始于20世纪中后期，这一时期西方各国的医疗纠纷急剧增多，致使很多医生常常卷入医疗诉讼中，诉讼最终导致了医疗保险费用和诉讼的法律费用的增加，然而这些讼累都会转嫁于公众。由此西方国家面临“医疗纠纷危机”。为了使医患双方摆脱讼累之苦，遏制医疗服务费用激增，西方各国开始了诉讼外纠纷解决方式的理论探索和实践，医事仲裁制度就是在这个时期应运而生的，并在解决纠纷的过程中起到重要作用。世界上的许多国家和地区已经将仲裁视为与诉讼制度并行不悖、相互补充的重要社会机制。1960年，日本就已经有了东京医师会设立的“医疗纠纷处理委员会”，该委员会就是专门处理医疗事故的医事仲裁组织。另外，美国日趋成熟的医事仲裁制度在西方国家中产生一定的影响力和作用，在美国85%的医疗纠纷都是通过仲裁和调解方式来解决的。1997年，美国仲裁协会、美国律师协会以及美国医学会作为发起机构，联合成立了国家医疗纠纷解决委员会。该委员会通过实施“正当程序协定书”发挥了仲裁在解决医疗纠纷中的作用。实践证明，仲裁解决医疗赔偿纠纷会对医患纠纷双方都有利。随着医事仲裁在处理医疗纠纷的过程中体现出来的巨大优越性，医事仲裁制度的建立和发展在世界上普遍盛行起来。

（三）我国医事仲裁制度的建立

我国以仲裁方式解决争议在经济、贸易、海事等领域已经有了长足的发展。在医事领域中，目前仲裁仅是我国处理医疗事故和纠纷的行政处理手段之一。由于立法空白、医事仲裁员缺乏、医患双方对仲裁制度普遍不了解等因素，我国医事仲裁事业的发展受到严重的制约。基于医事仲裁的优越性，我国应合理借鉴国外医事仲裁先进经验，建立适合我国的医事仲裁制度。

理论界对我国的医事仲裁制度构建存在的观点是修改现行《仲裁法》，将医疗纠纷纳入法律或者出台一部独立的《医事仲裁法》，建立类似于劳动争议仲裁制度的强制性医事仲裁制度。但是我国目前《仲裁法》的受案范围将人身损害赔偿纠纷排除在外，一般的医疗纠纷不在可仲裁事项范围之列。所以我国医事仲裁制度的建立应以立法为起点，从立法层面对医事仲裁予以肯定，即以法律的形式确定成立一个独立于行政机关的半官方机构“医疗纠纷仲裁委员会”，委员会的主任、副主任和委员由法律、医学、法医学的专家组成。医事仲裁员应具有医学和法学双重知识背景并通过国家司法资格考试获得仲裁员资格，以此保证仲裁的公正和独立。在程序设置上应注重调解、仲裁和诉讼的衔接，确定调解是仲裁的前置程序，仲裁为医事诉讼的前置程序。当事人对仲裁裁决不服，允许当事人提出终局性的二次仲裁，或者选择向法院起诉。

三、医事 ADR

（一）医事 ADR 的产生和发展

ADR 是 20 世纪逐步发展起来的各种诉讼外纠纷解决方式的总称。根据字面意义可译为“替代性或代替性纠纷解决方式”，根据其实质意义译为“诉讼外或非诉讼纠纷解决程序”。ADR 产生于美国，最初是作为替代诉讼的一种纠纷解决方式在法院内部建立，在法院内附设仲裁、调解等第三人解决纠纷的程序。世界各国对 ADR 的青睐源于法院对纠纷解决功能的弱化及司法资源供求失衡。20 世纪后期，医疗纠纷的特殊性越来越受到世界各国的重视。由于诉讼固有的弊端，越来越多的国家在法院以外建立了医疗纠纷的 ADR 程序。一个毫无争议的事实是，法院不可能解决社会的所有纠纷，为了解决特殊而复杂的医疗纠纷，出现了医事 ADR。医疗纠纷案件涉及诸多的医学专业知识，对于没有受过医学专业知识训练的普通法官在面对医疗纠纷时，根本无法实现所谓的“公正”，这不仅对解决医疗纠纷无实质意义，而且还造成了有限司法资源的浪费。最终使得医事ADR在实践中广泛存在且得到认可。目前，世界各国ADR的利用和发展已经成为一种时代潮流，在医事ADR形式的运用与设计上，每个国家根据本国的特点采用了不尽相同的形式，例如成功运用ADR的美国曾一度推行的医事ADR方式有监察人制度、事实发现、调解、仲裁、达成一致意见、混合ADR。虽然推行的ADR方式多种多样，但根据报告的调查，美国的医疗纠纷主要还是通过调解和仲裁得到解决的。所以归纳起来，被各国普遍运用的医事ADR形式主要有仲裁、调解、协商三种，这些ADR形式在解决医疗纠纷过程中也表现出了引人注目的优势。

总之，医事ADR的引入对医疗纠纷的解决发挥了前所未有的作用。其灵活、高效、快速、低廉的解决程序不仅使纠纷能得以尽快平息，而且减少了当事人对时间与金钱的付出，可以说满足了当事人的不同需求。因此，许多国家和地区都在积极地完善本国的医疗纠纷解决机制，将医事ADR的发展作为机制改革的一个重要方向，并取得了很好的效果。

（二）我国医事ADR的构建

我国诉讼解决医疗纠纷并不尽如人意，运用ADR解决医疗纠纷也较为落后。2002年颁布的《医疗事故处理条例》中所确立的法定医事ADR形式只有协商和卫生行政部门的调解。许多国家广泛运用并取得较好效果的ADR方式，如医事仲裁以及民间组织调解等在我国尚属缺失状态。这一现状使得我国在医疗纠纷的处理上显得不容乐观。医事ADR的发展是我国克服诉讼弊端的唯一且有效途径，因此借鉴其他国家有益经验，加速我国医事ADR构建势在必行。

在现有条件下结合我国实际，我国医事ADR的构建需要通过以下三种途径得以实现。

1.引入医事仲裁程序。通过立法，以法定形式逐步建立强制性医事仲裁制度，以弥补我国现行医事ADR形式中的缺憾。

2.发展多元化医事调解程序。针对我国医疗纠纷的处理机制的现状，医事调解目前可以划分为三类：卫生行政部门调解、民间（中立组织）调解、法院诉讼前调解。其中，民间（中立组织）调解是在原有卫生行政部门调解的基础之上所推广的“第三方援助”，其有可能成为具有中国特色的医疗纠纷处理的有效途径，极具发展空间。

3.完善并推行现行协商程序。协商作为解决医疗纠纷的一条途径既便捷、又经济，应大力提倡。而且协商可以和其他纠纷解决方式同时使用，并在其中发挥重要作用。但必须明确与其他解决方式之间的衔接，一旦协商破裂应及时启动其他方式解决医疗纠纷。通过协商解决医疗纠纷应采用要式协议，以此加强协议的法律效力。

四、医事行政处理

医事行政处理应包含两方面内容：一是对医疗事故争议的处理；二是对医疗事故赔偿争议的调解。

（一）医疗事故争议的处理

医疗事故争议处理是指卫生行政部门依法对发生医疗事故的医疗机构和医务人员做出行政处理。我国医疗事故争议以卫生行政部门处理为主，1986 年颁布的《医疗事故处理办法》就已经明确了卫生行政部门处理医疗纠纷或事故的行政法律地位。其第 11 条规定："病员及其家属和医疗单位对医疗事故或事件的确认和处理有争议时，可提请当地医疗事故技术鉴定委员会进行鉴定。对卫生行政部门处理不服的，病员及其家属和医疗单位均可在接到结论或者处理通知书之日起十日内，向上一级医疗事故技术鉴定委员会申请重新鉴定或者向上级卫生行政部门申请复议，也可以直接向当地人民法院起诉。"2002 年国务院颁布的《医疗事故处理条例》第 37 条规定："发生医疗事故争议，当事人申请卫生行政部门处理的，应当提出书面申请。

（二）医疗事故赔偿争议的调解

所谓调解，是指在第三者的主持劝说下，纠纷双方当事人自愿协商，排除争端，达成和解，改善关系的一种方法和活动。根据我国《医疗事故处理条例》的规定，医疗纠纷的调解主要由卫生行政部门来主持，因此我国医疗纠纷调解实质上是一种行政调解。卫生行政部门在坚持事实的基础上，通过说服教育，促成双方当事人达成协议，使医疗事故赔偿纠纷得以解决。根据我国《医疗事故处理条例》的规定，卫生行政机关的调解仅限于医疗事故的民事赔偿争议，而且调解不具有强制执行力，是否履行调解协议全凭当事人的意愿。

实际上，调解的生命力在于第三者的居间公正裁决与调和，而卫生行政机关在调解中能否保持中立性使我国卫生行政机关调解的公正性备受质疑。由于行政调解机关与医疗机构的特殊关系，常常会使患方不信任医疗纠纷行政调解结果。然而，在实践中，卫生行政部门作为具有国家公权力的行政机关，其所具有的权威性对医疗纠纷的调解具有重要作用，与其他调解主体（民间组织、法院）相比行政机关本身具有的特性在纠纷解决中具有相当的优越性。所以对于我国目前来讲，不能完全摒弃行政调解，而应适时地去完善这一制度。

五、医事刑事处理

20 世纪 70 年代以来，国际上在医事刑事立法方面已有重大进展。德、日等国一直致力于医事刑法学的研究，目前的立法与司法实践已达到一定深度。然而，我国有关医事刑法学的研究却相当滞后，立法实践则更是近乎盲区。近年来，我国的医疗事故与医疗纠纷问题比较突出，一些医务人员的玩忽职守是造成医疗事故的重要原因之一。现实生活中，曾发生医务人员对医疗工作严重不负责，致使患者死亡或严重损害患者身体健康的事件，这种行为具有相当大的社会危害性，其性质已构成犯罪。但是我国医事刑事责任承担方面的立法一度缺失，甚至是空白。我国1997年《刑法》修订之前根本没有“医疗事故罪”的罪名，以至于在司法实践中对这类案件的定性与处罚产生了一定的混乱。为了依法惩治医疗失职行为，为了维护正常医疗秩序和广大患者的生命健康权利，1997年《刑法》在修订中增设了医疗事故罪以及其他与医疗行为相关的一些罪名，这一突破无疑为我国医疗纠纷的刑事处理奠定了法律基础。但由于医事刑法学理论研究的不足和立法方面的缺失，这类案件在刑事处理中仍然面临着许多困难。例如医事行政处理与司法诉讼衔接不规范导致立案难；医疗事故罪的追诉期限计算难；公诉机关的举证责任难等问题还无从解决。因此，目前我国在医事刑事立法方面的研究与发展任重而道远。

典型案例

2006年3月25日产妇甲在某县医院剖腹产产下一子乙。3月29日乙生病，经诊断为腹泻，主治医生为乙肌肉注射丁胺卡那霉素30毫升，乙未见好转，30日，主治医生加大剂量，肌肉注射丁胺卡那霉素40毫升，31日上午停止注射。6个月后，乙的父母发现其子双耳重度听神经损伤并伴严重智能障碍，认为是乙出生住院期间注射丁胺卡那霉素所致。乙的父母向医院提出赔偿，双方协商不成，其父母提请当地县级卫生行政部门处理，处理该起事故争议的工作人员丙在接到处理申请后利用职务之便拖延审查，既未及时移交当地医学会组织进行鉴定，也未按照规定逐级上报，隐瞒情况长达5个月之久。且丙吓唬和欺骗乙的父母。后经举报查实，该工作人员丙收受某市医院负责医生钱物折合人民币5000余元。

本案是一起医疗纠纷行政处理案件。适用医事行政处理程序，医事行政处理主要包括对医疗事故争议的处理和对医疗事故赔偿争议的调解。根据我国《医疗事故处理条例》第38条的规定：发生医疗事故争议，当事人申请卫生行政部门处理的，由医疗机构所在地的县级人民政府卫生行政部门受理。导致患者死亡或可能为二级以上医疗事故的，县级人民政府卫生行政部门应当自接到医疗机构的报告或者当事人提出医疗事故争议处理申请之日起 7 日内移送上一级人民政府卫生行政部门处理。第 39 条规定:卫生行政部门应当自收到医疗事故争议处理申请之日起 10 日内进行审查,作出是否受理的决定。对符合本条例规定,予以受理,需要进行医疗事故技术鉴定的,应当自作出受理决定之日起 5 日内将有关材料交由负责医疗事故技术鉴定工作的医学会组织鉴定并书面通知申请人;对不符合本条例规定,不予受理的,应当书面通知申请人并说明理由。第 48 条规定:已确定为医疗事故的,卫生行政部门应医疗事故争议双方当事人请求,可以进行医疗事故赔偿调解。调解时,应当遵循当事人双方自愿原则,并应当依据本条例的规定计算赔偿数额。经调解,双方当事人就赔偿数额达成协议的,制作调解书,双方当事人应当履行;调解不成或者经调解达成协议后一方反悔的,卫生行政部门不再调解。

根据我国现行法律规定,本案中乙的父母试图通过行政救济来解决赔偿争议,但在寻求行政救济时却发生了卫生行政部门的违法不作为行为,那么本案应如何追究卫生行政部门及其工作人员的法律责任呢?首先,根据《医疗事故处理条例》第 38 条、第 39 条的规定,丙接到医疗纠纷处理申请后未在规定时间审查或者移送上一级卫生行政部门处理,也未及时移交当地医学会组织进行鉴定,隐瞒情况长达 5 个月。这一违法行为应依法由上级卫生行政部门给予丙所在卫生行政部门警告并责令限期改正,还应对丙和负有责任的主管人员依法给予行政处分。其次,丙收受负责医生钱物,利用职务之便拖延审查,吓唬和欺骗乙的父母,属于利用职务上的便利条件收受他人财物或者其他利益,而且收受钱物折合人民币 5000 余元,受贿金额超过 5000 元依据我国《刑法》构成受贿罪。

第二节　医事诉讼第一审程序

绝大部分医事诉讼案件是在一审了结的,可以说一审程序是诉讼程序的核心部分,医患双方均应当将主要精力集中在一审诉讼的各个环节中。

一、起诉与受理

1. 起诉。医事诉讼程序中的起诉是指医患纠纷当事人就该案件向人民法院提起诉讼,请求人民法院依照法定程序进行审判的行为。即请求法院通过审判,使被告人承担某种法律上的责任和义务。

在医事诉讼中,法院未正式开庭审理之前,原告方必需具备一定的起诉条件,法院才能依法受理并给予立案。原告起诉时应当准备医事诉讼案件相关材料,主要包括原告的身份证明,被告的主体证明,起诉状,医疗病历资料,损害后果的证明资料，原告发生各种经济损失的证据材料。医事诉讼属于特殊民事诉讼，起诉与受理应符合民事诉讼相关规定。根据《民事诉讼法》第108条的规定，起诉必须符合以下条件：

(1)原告是与本案有直接利害关系的公民、法人或者其他组织。医事诉讼中原告必须适格，即原告必须是有诉讼权利能力的公民、法人或其他组织；必须是“与医疗纠纷案件有直接利害关系”的人，即人身权、财产权利或其他权益直接遭受侵害的人，包括患者本人、患者家属、法定监护人等。

(2)有明确的被告。所谓明确的被告，是指原告起诉必须明确指出被告是谁，也就是要明确谁侵害了自己的合法权益。医事诉讼中的被告包括医疗机构、医务人员、护理人员等。

(3)有具体的诉讼请求和事实、理由。具体的诉讼请求，是指原告要求人民法院予以确认或保护的民事权益的内容和范围应当明确、具体。事实和理由是指原告必须向人民法院陈述的“案件事实”和“证据”以及支持该诉讼请求的理由。说明医事法律关系发生、发展、变更、消灭的情况及所持的观点、理由，并提供有关证据。

(4)属于人民法院受理民事诉讼的范围和受诉人民法院管辖。原告起诉的案件应该属于人民法院受理民事诉讼的范围，应当属于由人民法院主管，人民法院依法有权对这一案件进行审判。

2.受理。医事诉讼程序中的受理是指人民法院通过对医疗纠纷案件当事人的起诉进行审查，对符合法律规定条件的，决定立案审理的行为。当事人的起诉行为只有与法院的受理行为相结合，民事诉讼程序才能开始。人民法院接到医疗纠纷当事人的起诉后，应当在7日之内进行审查。经过审查，对于符合法定条件的，予以受理；对于不符合起诉条件的，裁定不予受理，对该裁定，当事人可以在接到裁定次日起10日内上诉。人民法院受理医事诉讼案件后，就产生以下法律后果：

(1)人民法院取得了对该医疗纠纷争议案件的审判权；

(2)人民法院取得对该医疗纠纷争议案件的排他管辖权，其他法院不得重复受理案件，受理案件的法院也不得将案件再移送给其他有管辖权的人民法院；

(3)医疗纠纷双方当事人取得相应的原、被告诉讼地位；

(4)诉讼时效中断。

实际上，诉讼时效从当事人起诉就开始中断。

二、审理前的准备

1.起诉状、答辩状的送达。按照我国《民事诉讼法》第113条规定，人民法院在受理医事诉讼案件、立案之日起的5日内将起诉状副本发送被告医疗机构，被告医疗机构在收到起诉状之日起15日内提出答辩状或者答辩意见。医疗机构提出答辩状或者答辩意见的，人民法院应当在收到之日起5日内将答辩状、答辩意见副本发送给患者及其家属。如果被告不提交答辩状，放弃行使辩论权的，并不影响法院对案件的审理。

2.法院的告知、调查。人民法院对已经决定受理的案件，应当在受理案件通知书和应诉通知书中，向医疗纠纷的双方当事人告知有关的诉讼权利义务，或者口头告知。普通程序的审判组织必须采用合议制，为保障当事人申请回避权的充分行使，审理案件的合议庭组成后，法院应当在3日内告知医疗纠纷的当事人合议庭的组成人员。

法庭庭审开始前，审判人员应审核诉讼材料，调查收集必要的证据。主要是通过审阅原告提交的起诉状、被告提交的答辩状以及各自的证据和其他诉讼材料，初步了解案情，掌握双方当事人争执的问题和矛盾的焦点，并确定当事人提供的证据是否充分，是否需要人民法院调查、收集必要的证据，案件应当适用的有关法律，涉及的有关医疗专业知识，以及案件是否能及时进入开庭审理阶段。如果人民法院派出人员进行调查，应当向知道医疗纠纷情况的被调查人或者本案的“关键证人”出示证件。调查笔录经被调查人校阅后，由被调查人、调查人签名或者盖章。为了保障人民法庭收集证据的完整性和可靠性，必要时还可以委托外地人民法院进行调查。受委托人民法院收到委托书后，应在30日内完成调查。在调查收集证据过程中，人民法院发现医疗纠纷需要由人民法院委托医疗事故技术鉴定的，人民法院应当委托医学会进行医疗事故技鉴定；案件比较复杂、证据材料较多的案件，人民法院可以组织当事人交换证据。

3.追加共同诉讼人。按照民事诉讼法的规定，必须共同进行诉讼的医疗纠纷当事人没有参加诉讼的，人民法院应当通知其参加诉讼。也就是说，如果死者家属、患者家属有很多，并且每一个家属都具有“原告资格”都应当参加到诉讼中来，如果其中有的原告不能够参加到诉讼中来的，法院应当通知其参加庭审。如果确实由于特殊原因不能够参加庭审、或者不愿意参加庭审，按照法律的规定，应当通过授权委托书的形式，将本人的诉讼权利、义务委托其他原告行使。

三、开庭审理

人民法院审理医事诉讼案件，应当在开庭3日前书面或者口头通知当事人和其他诉讼参与人。公开开庭审理的，应当在法院门口的公告栏中公告医疗纠纷当事人的姓名、案由和开庭的时间、地点等，以便群众旁听，记者采访、报道。人民法院开庭审理医事诉讼案件必须依次经过准备开庭、法庭调查、法庭辩论、评议和宣判四个阶段。

1.准备开庭。开庭审理前，书记员应当查明医疗纠纷当事人以及其他诉讼参与人是否到庭，然后宣布法庭纪律。正式开庭时，由审判长核对医疗纠纷当事人，宣布案由以及审判人员、书记员名单，口头告知医疗纠纷当事人有关的诉讼权利和义务，询问当事人是否提出回避申请。

2.法庭调查。法庭调查是开庭审理的重要阶段，其任务是审查核实各种诉讼证据，对案件进行直接的、全面的调查。法庭调查按下列顺序进行。

(1)当事人陈述，即由当事人对自己的主张及其所根据的事实和理由加以陈述。具体按原告、被告、第三人及其诉讼代理人的先后顺序进行陈述。

(2)证人出庭作证。凡是了解案情的人都有义务作证。应人民法院传唤出庭的证人在法庭上应当如实提供证言，作伪证应负法律责任。证人如果确有困难不能出庭，经法院许可可以提交书面证言，由法庭宣读。

(3)出示书证、物证和视听资料。不论是当事人提供还是人民法院主动收集的书证、物证和视听资料，除法律规定不准公开外，均须当庭出示。

(4)宣读鉴定结论。鉴定结论要当庭宣读。鉴定人应向法庭说明鉴定的方法和经过，以及鉴定结论的科学依据。

3.法庭辩论。法庭辩论是医疗纠纷双方当事人及其诉讼代理人充分行使自己的辩论权，在法庭上就有争议的事实和法律问题进行辩驳和论证。法庭辩论是开庭审理的重要阶段之一，由合议庭主持，按照原告及诉讼代理人、被告及诉讼代理人、第三人及诉讼代理人互相辩论的顺序进行。法庭辩论终结时，审判长按照原告、被告，第三人的先后顺序征求各方最后的意见，给当事人再一次阐述自己观点和意见的机会。至此，法庭辩论即告终结。法庭辩论终结后，法院作出判决前，对于能够调解的，可以在事实清楚、是非明确的基础上再进行调解。调解不成的，应当及时判决。

4.评议和宣判。评议和宣判是合议庭的人员在法庭调查和法庭辩论的基础上，认定案件事实，确定适用的法律，最后宣告案件的审理结果，这是开庭审理的最后阶段。宣告判决有两种方式：当庭宣判、定期宣判。不管采用哪种形式宣判都要告知当事人上诉权利、上诉期限以及上诉法院。

人民法院从立案受理医事诉讼案件到作出裁判的法定审理期限期为6个月，即人民法院应当在立案之日起6个月内审结。有特殊情况需要延长的，报请院长批准，批准延长的期限，最长不超过6个月；在上述期限内还未审结，需要延长的，则由受诉法院报请上级法院批准，延长的期限，由上级法院决定。

四、特殊程序

1.撤诉和缺席判决。撤诉是指在人民法院受理案件之后，宣告判决之前，原告要求撤回其起诉的行为。撤诉是当事人对其诉讼权利行使处分权的表现。撤诉必须合法,申请撤诉的时间必须是在法院受理案件之后,宣告判决之前。撤诉会直接引起终结诉讼程序的法律后果。

缺席判决是指人民法院在一方当事人无正当理由拒不参加法庭审理的情况下,依法作出判决。缺席判决与对席判决具有同等法律效力。对于缺席判决,人民法院同样应当依照法定的方式和程序,向缺席的一方当事人宣告判决及送达判决书,并保障当事人的上诉权利的充分行使。

2.诉讼中止和诉讼终结。诉讼中止是指在诉讼进行过程中,因发生某种法定中止诉讼的原因,诉讼无法继续进行或不宜进行,因而法院裁定暂时停止诉讼程序的制度。法定中止诉讼的原因排除后,由当事人申请或者法院依职权恢复诉讼程序。从法院通知或准许当事人双方继续进行诉讼时起,中止诉讼的裁定即失去效力;诉讼中止前进行的一切诉讼行为,在诉讼程序恢复后继续有效。

诉讼终结是指在诉讼进行过程中,因发生某种法定的诉讼终结的原因,使诉讼程序继续进行已没有必要或不可能继续进行,从而由人民法院裁定终结诉讼程序的制度。如出现一方当事人死亡、丧失诉讼行为能力或其他原因无法参加诉讼而放弃诉讼权利的可终结诉讼程序。诉讼终结的裁定一经作出即发生法律效力,当事人不得上诉,也不得申请复议;自裁定送达当事人之日起或宣布之日起发生法律效力。诉讼终结的案件,当事人不得以同一事实和理由,就同一诉讼标的再行起诉,法院也不得再行受理此案。

第三节　医事诉讼第二审程序

一、第二审程序的概念及意义

第二审程序是指医疗纠纷当事人不服地方各级人民法院未生效的第一审判决、裁定,在法定期限内提起上诉,请求上一级人民法院进行审判,上级人民法院对当事人的上诉案件进行审理所适用的程序。人民法院适用第二审程序对上诉案件进行审理后所作的判决、裁定是终审判决、裁定,当事人不得上诉。因此,第二审程序又称终审程序。

第二审程序是为了保证当事人依法行使上诉权和上一级人民法院依法进行审判而设置的。第二审程序并不是每个案件的必经程序。如果一个案件经过第一审程序审理,当事人达成了调解协议,或者在上诉期限内当事人没有提出上诉,就不会引起第二审程序的发生,当然也就不需要经过第二审程序。第二审程序是上诉人要求上一级人民法院审查第一审人民法院的裁判是否正确、合法,以上诉权维护自己的合法权益的诉讼程序；也是上一级人民法院根据当事人的上诉请求，对第一审人民法院裁判的有关内容进行检查、监督，使有错误的裁判在发生法律效力前得到纠正的诉讼程序。

二、上诉与上诉的受理

上诉是指医疗纠纷当事人不服地方各地人民法院未生效的第一审判决、裁定，在法定期限内提出上诉状请求上一级人民法院进行审判的诉讼行为。法律赋予医事纠纷当事人的一项诉讼权利，叫上诉权。医疗纠纷当事人行使上诉权，必须同时具备以下条件：

第一，提起上诉必须是享有上诉权或可依法行使上诉权的人。根据民事诉讼法规定，第一审案件中的当事人，包括原告、被告、共同诉讼人、有独立请求权的第三人，有权提起上诉；无独立请求权的第三人，人民法院判决其承担民事责任的，也享有上诉权。上诉权可以由当事人自己行使，也可以委托他人代为行使。但是代为行使上诉权的必须是法律明文规定可以行使上诉权的人。

第二，提起上诉的对象必须是依法允许上诉的判决或裁定。当事人不服并依法行使上诉权，请求上一级人民法院予以纠正的判决、裁定，称上诉对象。能够成为上诉对象的，只能是地方各级人民法院第一审未发生法律效力的判决或裁定。

第三，必须在法定期限内提起上诉。当事人对第一审人民法院的判决、裁定提起上诉，必须在法律规定的期限内进行。民事诉讼法规定，对判决提起上诉的期限为 15 日，对裁定提起上诉的期限为 10 日，从判决书、裁定书送达当事人之日起算。

第四，上诉必须递交上诉状。上诉状是当事人提起上诉的根据。上诉状依照法律规定应包括当事人的姓名、法人的名称及其法定代表人的姓名或者其他组织的名称及其主要负责人的姓名，原审人民法院名称、案件的编号和案由，上诉的请求和理由。

人民法院在收到上诉人提出的上诉状或者第二审人民法院移交的上诉状后，应当在 5 日内将上诉状副本送达对方当事人，并告知其在 15 日内提出答辩状。对方当事人在法定期限内提出答辩状的，人民法院应当在收到答辩状之日起 5 日内将副本送达上诉人。原审人民法院收到上诉状、答辩状，应当在 5 日内连同全部案卷和证据，报送第二审人民法院。

三、上诉的撤回

在第二审人民法院受理上诉人的上诉至第二审人民法院判决、裁定宣告前，上诉人认为自己的上诉理由不充分，或者接受了第一审人民法院的判决、裁定；

“可以向第二审人民法院申请撤回上诉。撤回上诉的申请必须在第二审人民法院受理上诉至宣判前提出。按照《民事诉讼法》第156条规定，人民法院是否准予上诉人撤回上诉，都应当作出裁定。裁定可以采取书面形式，也可以采取口头形式。书面裁定应制作裁定书，由合议庭组成人员、书记员签名，并加盖人民法院印章。口头裁定，应当记入笔录。上诉人撤回上诉，一经人民法院准许，即产生两个法律后果：一是第一审人民法院的判决或裁定即发生法律效力；二是当事人丧失了对本案的上诉权。

四、上诉案件的审理

第二审案件审理程序与第一审程序基本相同，一般情况下医事诉讼案件都要开庭审理，庭审要依次经过准备开庭、法庭调查、法庭辩论、评议和宣判四个阶段。第二审人民法院审理上诉案件应当在立案之日起3个月（裁定为30日）内作出终审裁判。有特殊情况需要延长的，报请院长批准。

第四节　医事诉讼审判监督程序

审判监督程序又称再审程序，是指人民法院对已经发生法律效力的判决和裁定，认为在认定事实或者适用法律上确有错误，对原案件进行重新审理予以纠正的程序。审判监督程序不是每一个民事案件的必经程序，只是对已经发生法律效力，但又确有错误的判决和裁定才可以适用的一种诉讼程序，是保证人民法院作出的判决、裁定正确、合法的一项重要的诉讼制度。审判监督程序，既不同于第一审程序，也不同于第二审程序，主要区别表现在：

第一，性质不同。第一审和第二审程序，属于正常的审判程序，是两个不同的审级；审判监督程序不是诉讼的审级，只是审判程序的特殊阶段。

第二，审理的对象不同。第一审程序审理的对象是当事人之间发生的权利义务纠纷，是解决他们的争议。第二审程序审理的对象，是第一审人民法院作出的尚未发生法律效力的判决、裁定，是对这一案件重新审理。审判监督程序是对已经发生法律效力的判决、裁定的审理，不论是一审判决、裁定，还是二审判决、裁定，只要是确有错误的，都可以作为再审的对象。

第三，提起审理的主体不同。有权提起第一、第二审诉讼的，是对本案有实体权利义务的人，包括原告、被告、有独立请求权的第三人。有权提起审判监督程序的是上级人民法院和人民检察院。当事人也可以提出再审的申请。

第四，提起的时间不同。提起第一审程序，受实体法规定的民事诉讼时效的限制，超过时效，无正当理由的，不得起诉。按第二审程序提起上诉的，必须在第一审判决、裁定作出后的法定上诉期内提起。提起审判监督程序，不受时间限制，发现判决、裁定有错误，随时可以提出。但是，当事人申请再审有两年时效的限制。

人民法院审理再审案件，如果是对一审案件提起再审则适用第一审程序，如果对二审案件提起再审则适用第二审程序。人民法院需另组合议庭，原审判人员不得再参加案件的再审。

第五节　医事诉讼执行程序

医事诉讼执行程序是人民法院运用国家权力，强制生效法律文书确定的义务人履行生效法律文书确定的义务的法定程序。执行程序能充分保护案件当事人以及其他利害关系人的合法权益，保证人民法院执行工作的顺利进行。

一、申请执行期限

申请执行人申请执行立案须在法定期限内提出申请。双方当事人或一方当事人是公民的期限为 1 年，双方都是法人或其他组织的期限为 6 个月，从法律文书规定履行期限的最后 1 日开始计算。

二、执行立案条件

向人民法院申请执行，应当符合以下条件。

第一，申请应当向作出一审裁判的法院提出。我国法律规定，无论案件经过了几级审判，强制执行都由作出一审裁判的法院管辖。

第二，申请执行需要提交以下文件：申请执行书、作为执行根据的生效法律文书、身份证明。

第三，被执行人在生效法律文书确定的期限内未履行义务。

三、法院受理与执行

人民法院的立案机构对符合条件的执行案件，应在 7 日内审查立案，并移送执行机构；对不符合条件的执行案件，应当在 7 日内裁定不予受理。执行机构在接受移送后，应当在 3 日内向被执行人发出执行通知，责令被执行人履行生效法律文书确定的义务，并承担迟延履行期间的债务利息或迟延履行金；逾期仍不履行的，依法强制执行。人民法院执行案件，一般应当在立案之日起 6 个月内执行结案。

典型案例

2005年3月，乙因头颅受伤，被送到当地某市医院接受了血肿消除手术，手术麻醉过程中乙因严重缺氧致心跳停，虽经抢救，但术后一直昏迷不醒，成了植物人。乙家属认为是由于医院手术麻醉过量导致某乙成了植物人，属于医疗事故，要求医院承担赔偿责任。而医院认为手术麻醉过程并无不当，乙是特异性体质，属于医疗意外。双方发生纠纷，乙家属一纸诉状向当地法院提起诉讼，但法院立案厅的人员告诉乙家属："没有经过医疗事故技术鉴定，法院不好认定过错等问题。"要求乙家属先与医院共同委托医学会做技术鉴定，然后法院才能立案。

本案中乙家属在通过医事诉讼程序解决争议时，遇到了有关医事诉讼程序问题，医疗事故技术鉴定程序如何启动，医疗纠纷当事人起诉应具备哪些条件？向法院起诉前，是否先要进行医疗事故技术鉴定？

第一，目前我国医疗事故技术鉴定在实践中可以通过双方当事人委托鉴定、卫生行政部门移交鉴定和人民法院委托鉴定三种方式启动。这三类主体都可以分别启动医疗事故技术鉴定。

第二，根据我国《民事诉讼法》的规定起诉必须同时具备四个条件：原告是与本案有直接利害关系的公民、法人或者其他组织可以是患者本人、患者家属、法定监护人等；有明确的被告可以是医疗机构、医务人员、护理人员等；有具体的诉讼请求和事实、理由；属于人民法院受理民事诉讼的范围和受诉人民法院管辖。

第三，依据《医疗事故处理条例》46条的规定："发生医疗事故的赔偿等民事责任争议，医患双方可以协商解决；不愿意协商或者协商不成的，当事人可以向卫生行政部门提出调解申请，也可以直接向人民法院提起民事诉讼。"三种救济方式在法律上是平行的，当事人可以选择任何一条途径寻求救济。即医患双方可以协商解决与争议相关的内容，包括是否需要共同委托医学会鉴定也可以自行协商。如果双方不愿协商或协商不成的，医患双方中任何一方都可以向卫生行政部门提出调解申请，卫生行政部门的调解以医疗事故的确定为条件，即以医疗事故技术鉴定为行政处理的前提条件，卫生行政部门应移交医学会鉴定。当然，医患双方当事人也可以不选择前两种途径解决纠纷，直接向法院提起民事诉讼解决，在案件进入诉讼程序中对需要鉴定的，由法院启动鉴定程序。

通过以上三项内容的分析可以看出医疗事故技术鉴定并不是医事诉讼程序的起诉条件或前置条件，本案中法院对某乙家属的解释和要求是不对的，其正确的做法是：应给予立案，按诉讼程序进行调查审理，如确实需要鉴定法院可以在诉讼中启动鉴定程序，委托医学会进行鉴定。

小　结

医事诉讼程序是一个涵盖了民事诉讼程序、行政诉讼程序和刑事诉讼程序的总体的医事关系方面的程序规范。其中又以民事诉讼程序为最常见也最密切的医事诉讼程序。本章即以医事民事诉讼程序的具体规范为载体，对其内容进行梳理。从总体上说，医事民事诉讼程序与普通民事诉讼没有规范上的区别，只是在具体操作内容上更具专业性。主要包括举证责任的分配、证据的形式和证据效力的确定、执行的方式和内容等方面。

思 考 题

1. 简述医事民事诉讼程序的特点。
2. 简述医事民事诉讼程序的审理环节。
3. 简述人民法院受理医事诉讼的法律后果。
4. 简述医事审判监督程序的立案条件。

（徐晗宇）

第十五章　医事程序法典型案例评析

案例一：

因新生儿先天缺陷诉产前医疗机构案

【案情】

王某、朱某于2000年4月14日登记结婚。朱某于2004年4月初发现自己怀孕。自2004年8月16日开始，朱某在某医院办理了孕产妇系统管理保健卡。此后，朱某按照该医院的规定定期进行常规性B超检查。朱某分别于2004年7月6日、2004年11月30日、2005年2月14日三次在该医院进行黑白B超检查，B超检查报告单记载的检查结果是：胎儿未见异常。为朱某进行B超检查的医务人员陈某和蔡某均具有中华人民共和国医师资格证书，并在医疗机构所在地卫生行政部门注册。2005年3月2日，朱某到该医院住院待产，3月4日经剖腹产手术生下一名男婴，但是男婴“先天性右手掌缺失”，后经法医鉴定为三级肢体残疾。王某和朱某认为该医院对孕妇产前检查期间，未如实告知有关胎儿的真实情况，致使两人失去是否保留胎儿的判断权和选择权，存在严重过失，并且给原告造成严重的精神伤害，应当依法承担相应的法律责任。遂向该医院所在地区人民法院提起诉讼，请求判令该医院赔偿其进行产前检查及住院待产、剖腹产手术期间支付的医疗费用5734.6元，并向其支付精神损害抚慰金5万元。

【判例】

人民法院经过审理认为，原告朱某在怀孕期间多次在被告处进行包括B超在内的一系列产前检查，形成了医疗服务法律关系。但是原告之子在妊娠过程中形成的先天性残疾与被告实施的产前检查行为之间并不存在因果关系。根据医学实践，中晚期妊娠超声常规检查内容不包括手掌缺失情况的检查，而且被告提供的专家证人证明：在目前的医疗技术水平下，先天性手掌缺失在技术方面并非一定能够检查出来。被告提供为原告朱某实施B超检查的医务人员的医师资格证书和执业注册相关材料，能够证明实施B超检查医务人员具有合法资质。

同时，医务人员在检查过程中未出现违反常规B超检查规范的行为。法院认为被告已经适当履行医疗合同义务，不存在过错。两原告关于被告医务人员未能如实告知胎儿真实情况而使其无法行使生育选择权，并应当承担法律责任的主张不能成立，因此依法驳回原告的诉讼请求。

【评析】

产前诊断又称宫内诊断，是应用产前诊断技术，检查妊娠期胎儿的生长发育是否正常、有无遗传病或先天畸形，以及其他各种疾病。若发现胎儿患有遗传病、畸形和发育不正常等，则可及时终止妊娠或采取其他防治措施，以达到优生的目的。通过定期的产前检查，可以全面地了解孕妇的妊娠过程和健康状况，及早发现和治疗并发症，及时发现和纠正异常胎位，还可以结合孕妇具体情况，早期确定分娩的处理方法。

进行产前检查的目的在于保障母婴健康，提高出生人口素质。然而，在实践中，像原告这样在进行了包括B超检查在内的产前检查之后仍生下缺陷儿的情况并不是个例。在本案中，双方争议的焦点在于：胎儿手掌先天性缺陷是否是常规B超检查必须查明的内容；被告目前所具有的医疗设备和技术水平对胎儿手掌先天性缺失是否一定能够检查出来；被告在为原告朱某提供常规性B超检查服务过程中是否存在过错，是否应承担民事责任。

（一）胎儿手掌先天性缺失与被告提供的医疗检查服务之间是否存在因果关系

本案中，原告之子的先天性手掌缺失，是在其自然孕育生长过程中因某种原因而产生，并非医疗机构的检查行为所致。在胎儿孕育过程中，导致胎儿畸形的因素很多，如物理因素、化学因素、各种感染以及遗传因素等，这些危险因素是医疗机构和医务人员无法左右的。因此，原告之子手掌的先天性缺失与被告提供的B超产前检查服务之间无因果关系。

（二）胎儿手掌的先天性缺失是否属于常规B超检查的内容

产前检查则是从确定怀孕开始直至分娩期间应进行的一项常规围产期保健检查。如妊娠早期需了解产道及附件有无异常，测量血压、检查心肺、透视胸部、检查尿常规及尿糖等。根据临床技术操作规范的规定，中晚期妊娠常规超声检查内容包括：(1)胎位；(2)胎儿径线测量双顶径(BPD)，股骨长度(FL)；(3)是否为多胎；(4)检查胎儿有无明显性脊柱裂、无脑儿、腹裂、心脏外翻；(5)测量胎心率，及观察胎动；(6)确定胎盘位置；(7)测量羊水深度。因此，临床技术操作规范中关于中晚期妊娠常规检查的内容并未包括手掌缺失，即使是更好要求的产前诊断项目检查也没有规定必须对手掌的情况进行检查。所以，被告医院未能检查出原告之子的先天性手掌缺失并不违反B超检查内容规定。

(三)被告医院所具有的医疗技术水平是否一定能够检查出胎儿手掌先天性缺失

两原告主张被告经检查就应该如实告知胎儿存在的缺陷,否则就存在过失。这里存在“医疗技术水平”的问题,即现有B超检查能不能百分之百检查出“先天性手掌缺失”的缺陷,这需要医学专业技术人员来证明。法院审理过程中,大胆引入专家证人制度,同意被告申请著名医学专家出庭陈述。经专家陈述可以证明:B超检查设备作为医学科学技术发展的产物,尽管目前B超技术比较先进,但是还是存在技术上不足。B超检查设备由于诸多不可预知因素影响而导致超生检查结果可能不正确的风险,如胎儿本身遮盖造成检查结果不准确性。因此,医疗机构B超检查没有能发现胎儿手掌先天性缺失属于医学技术自身缺陷,不能认定医务人员存在过失。值得注意的一点是,孕妇及其家属对医学技术期望值过高是纠纷发生的重要原因之一。随着现代医学科技的发展,医务人员过于依靠医疗器械,让患者对医学检查产生过高期望值,而忽视医疗器械自身的缺陷。常规B超检查只是对胎儿一般情况的初步判断,在短时间内准确无误地把每一个部位逐一仔细查看,排除所有畸形是不符合现代医学技术水平的。特别是胎儿颜面部、四肢尤其膝关节或肘关节远端的肢体部分超出一般常规产前检查的范围,这部分畸形的漏诊较为常见,也是现代医学技术水平所允许的。

(四)医疗机构B超检查医疗服务过程中因医疗技术不能而出现漏检的法律责任

民事法律责任是民事主体违反民事义务而依法应承担的法律后果。民事法律责任主要包括违约责任、侵权责任和其他违反民事义务承担民事责任。医疗行为产生的法律责任包括违约责任和侵权责任。原告主张被告对孕妇产前检查期间,未如实告知有关胎儿的真实情况,致使两原告失去是否保留胎儿的判断权和选择权,从原告诉讼请求来看,本案属于医疗侵权纠纷。医疗侵权行为构成要件有:(1)医疗机构及其工作医务人员实施医疗行为;(2)患者遭受损害;(3)医疗行为存在过失;(4)医疗过失行为与患者损害之间具有因果关系。人民法院审理过程中,应对医疗行为事实给予认定。被告医疗机构提供B超检查医务人员具有合法资质,并且检查内容和程序符合法律规定和诊疗常规,出现漏检属于医疗技术不能。同时医疗机构邀请医学专家出庭陈述,提供了权威的医学文献资料佐证,能够证明医疗行为不存在技术上过失,同时医疗行为与患者损害之间不具有因果关系,医疗机构为此承担法律责任是缺乏法律依据的。

通过本案的审理,有两点值得我们思考:第一,产前超声检查技术应用的规范问题。产前超声检查作为阻止畸形儿、残疾儿出生的主要医学手段,为提高人口素质和优生优育奠定了基础，但是目前我国对产前超声检查内容缺乏统一技术规范，胎儿每个阶段超声检查内容以及检查报告单的书写，并没有统一的技术要求，容易产生纠纷。本案中，原告和被告对超声检查内容以及检查报告单的书写产生很大争议。B超检查报告单结果为“无异常”，医生是从B超显示的状况来看无明显异常，而原告则认为胎儿各项指标都很正常，因为孕妇一般不知道B超检查内容。因此，建议卫生行政部门应当对B超产前检查引起重视，不仅要求检查内容细化，进一步对医疗技术规范规定以外的项目，也应仔细检查，有条件的地方可以在征求孕妇及家属意见的前提下开展进一步的B超筛查，同时规范B超检查报告单的书写，而不能仅用“未见异常”等粗略术语。第二，医患沟通问题。目前，信息不对称是医患纠纷产生的重要原因之一。在医疗过程中，患者及其家属对医学技术期望过高，很多患者及其家属认为进了医院，就等于进了保险箱，一旦出现意外情况，就认为医疗机构和医务人员存在过失，就应该承担责任。同时，医患双方交流机会减少，大量器械检查和化验检查隔断医患之间沟通，造成的严重后果使患者远离医生，对医学技术了解甚少。随着医疗卫生体制改革深入，医疗机构应加强医务人员沟通能力培训，让患者了解自己病情，参与疾病治疗。就本案而言，如果医务人员事先能够对B超检查目的和功能向患者说明，让患者对B超检查有所了解，并且让孕妇及家属了解除一般B超检查之外还有较为科学的检查技术，能够较为全面获悉胎儿情况的技术方法，可能会避免纠纷。如果医务人员能够认真负责，对孕妇更加细心，即使事后出现问题，医患双方可以比较容易达成谅解。

案例二：

韩某诉济南市某医院侵犯知情同意权纠纷案

【案情】

韩某是济南市市中区居民，2010年1月因为身体不适、呕吐不止到济南市某医院就诊，该医院初步诊断韩某怀孕。由于韩某已经生育子女，随即要医院中止妊娠。在就诊后的第二天，该医院安排韩某做了刮宫手术。手术完成后，韩某认为刮宫手术“完事”，随即离开医院。一个月后，韩某因为身体依旧不适，再一次来到该医院就诊，然而就诊结果为宫外孕。韩某大吃一惊，“这怎么可能呢？一个月前刚刚做完了刮宫手术，中止妊娠，现在怎么成了宫外孕？”韩某随即向刮宫手术的医生了解情况，医生的回答更让她感到意外，医生称，韩某做的刮宫手术是“诊断性刮宫手术”，必须在手术完成后拿到病理切片检验报告作进一步检查确诊是不是宫外孕，由于韩某做完手术后就出院没有去拿化验单，所以耽误了进一步检查，没有及时检查出宫外孕的症状。韩某回忆刮宫手术后根本没有人告诉她术后必须再去拿化验单。由于没有及时拿化验单做进一步检查，韩某出院后宫外孕的症状急剧恶化，医院不得已决定给韩某实施输卵管切除手术。术后，韩某多次与该医院协商赔偿问题，但是未能达成一致。韩某以该医院侵犯其知情同意权、生命健康权为由将该医院告上法庭，要求该医院赔偿各项费用共计17万元。

【判例】

法院受理该案后，委托了专门的医疗鉴定机构对医院的医疗行为是否属于医疗事故进行鉴定。经过医疗鉴定机构的专家鉴定认为，医院为韩某实施的"诊断性刮宫手术"这一医疗行为本身并不构成医疗事故，而且在医学上不存在明显的过错。但是主审法官对案件进行了理性分析，尽管医疗鉴定结论认为该医院实施"诊断性刮宫手术"在技术层面不存在过错，但是医院在为实施诊断性刮宫手术后，没有确定原告是否怀孕，是否流产成功，而且没有提示韩某取化验单和告知韩某身体不适后及时就诊，导致韩某主观上对自己宫外孕认识不足。因此，该医院没有尽到告知义务。根据《侵权责任法》第55条的规定，医务人员在诊疗活动中应当向患者说明病情和医疗措施。需要实施手术、特殊检查、特殊治疗的，医务人员应当及时向患者说明医疗风险、替代医疗方案等情况，并取得书面同意；不宜向患者说明的，应当向患者的近亲属说明，并取得其书面同意。医务人员未尽到前款义务，造成患者损害的，医疗机构应当承担赔偿责任。在实施"诊断性刮宫手术"过程中，医院应当将患者的病情、诊疗结果、治疗措施等明确告知患者，如果没有及时告知造成患者损害的，应当承担法律责任。本案中，该医院虽然不存在医疗技术过失，但是没有尽到告知义务，存在明显医疗伦理过失，侵犯原告的知情同意权。经人民法院调解，韩某和该医院达成调解协议，医院一次性支付韩某各项赔偿金10万元。

【评析】

患者的知情同意权对应的是医疗机构的告知义务。告知义务与知情同意权是医患关系中的重要问题，具有很强的生命伦理特点，又是法律上的疑难问题。关于医疗机构的告知义务在《医疗机构管理条例》《执业医师法》《医疗事故处理条例》等法律、法规中都有明确的规定。《侵权责任法》实际上吸收原有法律规范的相关内容，对医疗机构的告知义务进一步确认。医疗告知义务是作为知情同意权的重要内容发展起来的。告知同意理论认为，为了尊重患者的自我决定权，在实施侵袭性医疗行为前，医务人员应该向患者提供患者行使自我决定权所需的医学情报。根据该理论，告知义务是基于患者的自我决定权产生的，是医生对患者承担的法定义务。从法律上讲，患者的自我决定权源自其人格自由权，而从事实上讲，医疗领域强调患者的知情同意权是源于医疗行为的特殊性。这种特殊性体现在：医疗行为在造福患者的同时对患者的生命、身体健康具有不同程度的侵害性。因此，医疗行为要获得正当性，就必须取得作为生命健康权利主体患者的同意。与此同时，医疗行为具有很强的专业性，患者必须充分了解自己的病情，患者不知情就无法做出适当选择。医疗行为的侵害性在法理上称为容许性侵害。医疗行为具有高风险性，这是由医学科学性质和人体差异性引起的。医疗风险如何分担决定医疗行业的发展，告知义务或知情同意权是医患之间划分医疗风险的一种有效机制。

医疗行为具有专门性、复杂性、侵袭性、高风险性和不确定性等特点，其决定了医方承担系统全面的注意义务。综合本案来看，医方没有告知韩某术后去取化验单和发现身体不适及时就诊，致使患者遭受身体损害，法院认定医方属于违反告知义务，符合《侵权责任法》的相关规定。但是关于医方告知义务理论问题仍值得进一步思考。

（一）医疗告知义务的判断标准

告知义务属于医方伦理性注意义务的重要内容。但是关于医方告知义务的标准理论界存在很大争议。理论界对告知义务的判断标准归纳起来有四种观点。①合理医生标准说，是指以同样客观情况下的一般临床医生所做说明的程度和范围作为告知义务的判断标准；②合理患者标准说，是指以同样状况下的一般患者做决定时在客观上大致视为主要信息作为告知义务的判断标准；③具体患者标准说，是指以该患者本人进行决定时主观视为重要的信息(必须以该医生应当能够认识该信息为前提)作为告知义务的标准；④二重标准说。该说肯定具体患者说和合理医生标准说，赞成采用以具体患者进行决定时在主观上大致视为重要的信息为标准，但同时强调，只有当具体担任治疗的医生能够预见到“该患者在主观上大致希望知道某种重要信息”时，该医生才应该对该信息承担说明义务；并且，判断医生是否预见或者是否应该预见，应当“以同样状况下的一般临床医生是否了解是否应该了解该患者的这一心理状态”为标准。

在医疗关系中，患者处于专业上的弱势地位，不可能能够认识医疗行为具体的内容，而医务人员处于信息的强势地位，应该指导患者的行为。结合本案来看，不能不考虑患者的具体情况，否则不利于对患者的保护。合议庭在审理过程中，认定医务人员应该考虑患者的具体情况，实行有针对性的告知，才能平衡医患关系中地位。因此，本案合议庭采用二重标准说。二重标准说考虑医生与患者两方面因素,医师若能预见该患者重视医疗信息,且该医疗信息为医师知道或应该知道时,医师对该医疗信息具有告知义务。《侵权责任法》对该告知的标准并无规定,由于对治疗的选择需要患者作出决定,而患者的决定所需要的信息是医务人员而非患者所知悉,因此如果认为医务人员应提供信息仅仅由医务人员或者医疗职业的视角所决定,这将是不合逻辑的。但是医疗行为本身具有较高的专业性和风险性,告知是否充分等,还应该考虑当时医疗水平。

(二)医疗告知义务的内容和方式

1.告知义务的内容。关于告知义务的内容,立法并没有明确具体统一的规定。在实践中,医疗告知的内容比较简单,包括患者的病情、可采取的医疗措施以及可能产生的不良后果等。从理论上分析,告知的内容因病情和医疗阶段的不同而不同,并且和患者自身的认知程度密切相关。严格来讲,告知的内容应当包括对患者治疗方案选择和利益相关的信息。

从诊疗阶段来讲,应告知以下信息:治疗前的相关医疗信息,包括患者有必要作的检查项目及风险,针对检查结果所作出的诊断,不做治疗疾病可能的发展方向;治疗过程中医疗信息,包括病情治疗进展情况,如果手术治疗,可能采取的手术方案,每一种手术方案利弊、危险系数、产生的后果等。如果是药物治疗,包括适用该药物的必要性、可能带来的毒副作用和昂贵药物的价格等;转诊情况,包括转院和院内转科,不管哪种情形,一定告知转诊的原因和必要性;出院之后需要注意或禁忌事项。

2.告知的方式。告知主要指医疗机构及其医务人员向患者或其近亲属所作的医疗信息解释。告知的方式主要是书面告知,当然不排除在书面告知过程中的口头说明,体现为各种病历资料。

案例三:

牛某因体检漏检诉某市中心医院赔偿纠纷案

【案情】

2004年10月20日,牛某所在单位组织员工到某市中心医院进行体检,体检内容包括腹腔脏器及盆腔子宫附件B超等。B超检查提示:子宫附件显示不清。大约一周后,牛某的健康体检表送至其单位,单位遂转交给牛某本人。体检报告关于B超结论记载为:宫颈涂片Ⅱ级,妇科门诊随访。同年10月22日,牛某在另一家医院门诊就诊,做了钡剂灌肠造影,结果显示:直肠与乙状结肠交界处狭窄。11月3日,牛某入住该医院。11月15日,该医院给牛某做了“肠粘连松解＋双侧附件切除＋子宫部分切除＋阑尾切除＋大网膜肿块切除术。术后病理显示：双卵巢浆液性腺癌Ⅱ－Ⅲ，部分子宫及盆腔、大网膜及肠系膜、阑尾、膀胱后壁及脐周节均见低分化腺癌侵润。2004 年 12 月 9 日，牛某出院。至 2006 年 2 月 3 日止，牛某先后多次住院治疗。牛某认为在某市中心医院体检过程中，在行腹腔及盆腔子宫附件 B 超检查时发现其子宫及附件显影不清时，未安排复查，漏诊其患有双侧卵巢腺癌，导致卵巢腺癌广泛转移、病情恶化。因此，牛某向人民法院提起诉讼，要求被告赔偿医疗费、住院伙食补助费、陪护费等共计人民币 26.7 万余元。

【判例】

人民法院受理案件后，调取牛某的体检报告、住院病历资料及外院住院病史和入院记录等相关资料，经开庭审理认为，牛某于 2004 年 10 月 20 日在被告处体检，体检医院及体检医务人员具有合法资质，B 超检查符合医学常规，并不存在过错行为，而且牛某在尚未收到体检结论之前已于同年 10 月 22 日在外院进行钡剂造影检查，后住外院接受手术治疗。根据医学常规，患者接受钡剂造影须提前三至四日作检查前的肠道准备，由此可以推断牛某在被告处体检之前因腹痛在外院诊疗检查。牛某在体检时，也未告知被告不适应症状，故牛某主张被告因体检漏诊而延误治疗的主张不能成立。同时，被告在给原告进行体检时，根据 B 超检查牛某子宫附件显示不清的情况，已要求牛某门诊随诊。综上，被告对牛某实施的体检医疗行为，并未妨碍牛某对疾病的治疗，牛某病情的发展与被告的体检行为不存在因果关系。因此，人民法院依法驳回原告的诉讼请求。

【评析】

本案属于医疗侵权诉讼，原告认为医方在体检过程中存在漏诊的医疗过失，延误了原告治疗时机，导致双侧卵巢腺癌广泛转移的损害结果。在案件审理过程中，关于体检行为的性质及体检过程中的医疗过失存在很大争议，值得进一步探讨。

体检是体格检查的简称，又称健康检查，是指医疗机构运用医疗设备、药物或者其他的医学技术方法对人体的健康状况进行检查、判断并作出健康评价的行为。关于体检行为的性质，有些学者认为属于医疗行为，也有些学者认为属于一般消费行为。但是从体检行为本身固有的属性来看，体检行为应属于医疗行为。我国法律、法规对医疗行为并无专门规定。按照传统认识，医疗行为是以治疗疾病为目的的诊断治疗活动。这个概念体现了医疗行为最基本、最典型和最原始的内容。现代关于医疗行为认识有狭义和广义两种说法。狭义的医疗行为，具体是指医疗机构及其医务人员通过检查，使用药物、器械及手术等方法，对疾病作出判断和消除疾病、缓解病情、改善功能、帮助患者恢复健康的活动。但是，随着医学技术的不断进步和社会大众对于健康生活需求的发展，医疗行为已突破了上述狭义的概念，其内涵得到极大发展。现代社会的医疗行为，可以概括为运用医学专业知识和专业技能，为接受治疗者进行的以保障身体健康和生命安全、提高生命质量为目的的专业活动。这种广义的医疗行为不再局限于防病治病、救死扶伤，而是从治疗疾病扩展到全面提高人的健康水平和生命质量。广义的医疗行为包括为接受治疗者消除或缓解疾病、减轻身体痛苦，消除或减轻对药物和毒品等病态依赖，延长生命，改善身体功能或外观，矫正畸形或帮助、避免生育等。具体来说，现代的医疗行为包括以下 7 种：(1)疾病的诊断和以治疗为目的的行为，包括病史采集、医学观察、检查检验、诊断、治疗、处方、手术、麻醉、注射、用药等行为；(2)帮助或避免生育行为；(3)医疗美容行为，包括隆胸、减肥等；(4)戒除毒品、麻醉药品等病态的依赖行为；(5)矫正畸形行为；(6)恢复或增进人体功能行为，如对近视者验光行为；(7)其他运用医学专业知识和专业技能，提高接受治疗者生命健康和生活质量相关的行为。因此，广义的医疗行为包括狭义的医疗行为。

体检行为是医疗机构运用医疗技术手段对人体健康状况进行检查，其目的是对接受检查者的健康现状进行评价。接受检查者可能是健康的，也可能患有疾病。对于经体检查出体检者确有疾病或某种疾病倾向的，医疗机构具有告知义务，即告知体检者所患或可能患的疾病及注意事项，并不发生具体的治疗行为。所以，体检行为不是以诊断治疗为目的的医疗行为。但是，体检行为虽非以治疗疾病为目的，但却具有预防疾病、发现疾病的作用。故从广义的医疗行为理解，体检行为仍属于医疗行为的范畴。从本案来看，牛某参加了所在单位组织的在被告处进行的体检，双方由此建立医疗服务关系，而不是一般的消费行为。原告以体检行为存在医疗过失并导致损害为由向人民法院提起医疗侵权诉讼，符合法律规定。

体检行为属于医疗行为，故对于体检行为所导致的医疗侵权纠纷与其他医疗行为所导致的医疗侵权纠纷一样，判断医疗机构是否承担责任，应满足医疗侵权责任的构成要件，即违法行为、损害后果、违法行为与损害后果之间的因果关系及主观过错。从本案事实来看，被告为牛某实施体检，未能查出双侧卵巢腺癌，而牛某经外院手术确诊卵巢腺癌发生广泛转移。从表面看，被告存在过失，原告的损害与被告过失行为存在因果关系。但是根据查明事实，牛某于 2004 年 10 月 20 日至被告处体检时，右下腹阵发性疼痛已经持续两个多月。10 月 22 日，牛某在未收到体检结论的情况下又在外院行钡剂灌肠造影检查，而钡剂灌肠造影检查需提前三至四日预约，凭借逻辑推理和日常生活经验即可判断牛某在体检之前已经在外院就诊。因此，有充分理由认为牛某的双侧卵巢腺癌发生转移是疾病自然发展的结果，而不是被告未检查出疾病而延误治疗所致。

医学是研究关于疾病的发生、预防、诊断、治疗及人体自身思维、生活活动规律的自然科学，是生命科学。对于人类生命活动的规律，我们目前的认识仅为冰山一角。而疾病发生的原因纷繁复杂，人类的认识水平和识别技术还远不足以对它有完全、确切的认识。可以说，医学是一门高深、复杂、未知领域多、涉及领域广的专门性与综合性统一的科学。虽然被告在体检中未能查出牛某患有双侧卵巢腺癌，但不能因此简单认为被告存在医疗过失。这是因为，一方面某些疾病的诊断非常复杂，对该疾病作出正确的诊断需要经历一个相当复杂的检查检验医学程序，B超检查不能准确诊断卵巢腺癌，只能作出初步诊断，还需安排复查或其他的辅助检查；另一方面体检项目的多少取决于患者所支付的体检费用，因受体检项目的限制，要求医疗机构在有限的检查项目和体检设备中准确地诊断出体检者复杂的疾病，不具有合理性和可行性。被告在体检过程中经B超检查发现牛某子宫附件显示不清，以医嘱“妇科门诊随诊”，已经尽到告知义务，故认定被告体检行为存在过失的主张不能成立。但是，作为体检机构及其医务人员，应该认真进行体格检查，履行医疗行为，及时告知患者所患疾病及疾病倾向。体检机构及其医务人员根据医疗规范在体检中运用医疗设备的医疗条件下未能查出疾病，应当承担侵权责任。

案例四：

深圳“缝肛门”事件引发名誉侵权纠纷案

【案情】

2010年7月23日上午，家住深圳市罗湖区的陈某带妻子林某在该市某医院生产。当日下午3时45分，林某顺产生下一个男婴。在生产时，林某被实施了椎管内麻醉，生产后没觉得身体有什么不舒服。但是回到病房后，晚上9点多时，林某开始喊肛门疼痛。陈某发现妻子的肛门部位肿成了鸡蛋大小，而且还用黑线缝着，怀疑肛门被缝上。陈某询问值班医护人员，得到的答复是产科医生给林某做了阴部侧切手术后，助产士张某发现产妇有痔疮，并且有出血现象，因手压止血不起作用，便采取结扎止血的措施。但是陈某认为这是助产士张某的报复，因为张某曾暗示索要红包。但由于出来时匆忙，陈某身上只带了200元现金，陈某便先给了助产士100元红包，又承诺妻子生产完了一定给她一个1000

元的大红包。

7月26日，陈某向深圳某电视台反映妻子林某进入该医院生产时“肛门被缝闭”。7月28日，深圳市多家媒体介入报道。7月28日，深圳市卫生与人口计划生育委员会（简称卫人委）表示，助产士无权做外科手术，如果发现助产士在行医过程中有问题，将依法严肃处理。7月29日 深圳市卫人委召开新闻通气会，通报：无证据证明助产士将肛门缝闭，但是否缝针专家说法不一。助产士张某本人以人格担保自己未动针。7月31日，陈某就“缝肛事件”向罗湖公安分局黄贝派出所以助产士涉嫌故意伤害为由报警。8月2日，深圳市卫人委宣布，此前调查结果系行政调查，非医疗鉴定结果。8月5日，林某被组织前往罗湖中医院进行法医鉴定。8月12日，罗湖公安分局公示法医鉴定结果：林某的肛门处可见“黑色丝线缝扎”。

8月22日，助产士张某将陈某及深圳报业集团和深圳广电集团一起推上被告席，要求三被告赔偿精神损害赔偿金10万元。因深圳报业集团和深圳广电集团事后及时道歉，张某撤销对两者诉讼请求。2011年1月21日，深圳市罗湖区法院一审作出判决，判决陈某在某媒体上刊登向张某的道歉声明，并赔偿精神损害抚慰金3万元。陈某当即表示要求上诉。

【判例】

本案从性质上看属于名誉侵权纠纷，但是不属于一般的侵权纠纷，而是因医疗纠纷引发的侵权纠纷。本案最大特点在于，原告不是患者而是医务人员，这是一起典型的医务人员自身维权案件。人民法院审理认为，根据深圳市卫生和人口计划生育委员会作出的调查报告认定，无证据证明张某存在实施了缝合产妇肛门的事实。陈某毫无根据就向新闻媒体散布张某缝合产妇肛门的消息，损害了原告的名誉权，使张某身心承受极大痛苦。因此，人民法院依法认定被告侵权成立，依据《侵权责任法》作出陈某赔偿原告精神抚慰金的裁决符合法律规定。

【评析】

名誉权是人们依法享有的对自己所获得的客观社会评价、排除他人侵害的权利。任何人对公民和法人的名誉不得损害。凡败坏他人名誉，损害他人形象的行为，都是对名誉权的侵犯，行为人应负法律责任。《民法通则》第101条规定，公民、法人享有名誉权，公民的人格尊严受法律保护，禁止用侮辱、诽谤等方式损害公民、法人的名誉。《侵权责任法》第2条规定，侵害民事权益，应当依照本法承担侵权责任。本法所称民事权益，包括生命权、健康权、姓名权、名誉权、荣誉权、肖像权、隐私权、婚姻自主权、监护权、所有权、用益物权、担保物权、著作权、专利权、商标专用权、发现权、股权、继承权等人身、财产权益。对“缝肛门”事件进行全面分析，会发现“缝肛门”事件中存在争议焦点有如下几点。

（一）助产士有没有向产妇及家属索要“红包”

“红包”是损害医务人员形象、影响医患关系的一大“毒瘤”。对于病人而言，到医院就诊得到最及时、高质量的服务是其根本权利。连这种最基本的权利也需要通过“红包”才能实现的话，对病人来说，既不公平，更是一个沉重的负担。应当承认，医疗工作是一项辛苦的职业，但这不能成为拿红包的理由。对医生来说，救治病人是其天职，是义务，是本分，是职业使命必须作出的行为。“红包”腐败现象损害了患者的切身利益，严重败坏医疗行业的形象。就本案而言，如果确实存在医务人员索要“红包”现象，作为患者应该向医院及卫生行政机构举报。卫生行政部门对医务人员或有关工作人员索要“红包”可以给予行政处罚，情节严重的，可依法追究刑事责任。

（二）助产士有没有缝合产妇的肛门

产妇肛门是否被缝，被认为是整个“缝肛事件”的关键。深圳市罗湖公安分局鉴定意见告知书的鉴定意见为：产妇林某肛门周围见环状痔脱出，水肿；脱出物在 9 点位，可见黑丝线缝扎，肛门周围皮肤未检见损伤痕。根据鉴定意见可以明确一点，助产士确实对痔疮进行处理，而不是对肛门进行缝合。助产士可不可以单独实施对痔疮的医学处理呢？作为助产士，必须在产科主任和护士长的领导下及医师指导下进行工作，负责正常产妇的接产工作、协助医师进行难产的接产工作。因此，尽管助产士出于“好心”对产妇做了“痔疮缝扎”，但是从性质上看，属于违规行为。深圳市卫生与人口计划生育委员会在新闻发布会上承认助产士张某行为超出执业范围，属于违规行为。

值得深思一点，卫生行政部门及医疗机构对助产士管理存在问题。助产士是护理队伍中从事特殊护理专业的群体，承担着促进母婴生命健康安全的重大责任。加强助产士的职业道德与安全教育，规范服务行为是救死扶伤全心全意为人民服务的首要前提，也是防范医疗纠纷的根本所在。医疗机构应该重视产科理论和技术操作的培训，提高助产士的服务技能。医疗机构产房工作制度的制订必须强调有针对性和可行性，把制度转变为指引工作或临床路径的指南，规范助产士的行医行为。

（三）陈某言行有没有侵犯助产士的名誉权

名誉权的客体是名誉和尊严，其中名誉是一种社会评价，即社会对某一公民或法人的思想、道德、修养等评价，而尊严是一种自我的评价，指个人对自己在社会中的地位和个人品质等方面的评价。名誉权是我国民法中明确规定加以保护的人格权之一。《民法通则》和《侵权责任法》对公民的名誉权保护作出具体规定，并规定了侵害名誉权的民事责任。侵犯名誉权行为有四个构成要件：侵犯名誉的行为、侵犯名誉的后果、侵害名誉权人的过错、侵害行为与损害后果间的因果关系。从本案来看，属于提供新闻材料引起的名誉权纠纷。关于因提供新闻材料引起的名誉权纠纷，认定是否构成侵权，应区分两种情况：①主动提供新闻材料，致使他人名誉受到损害的，应当认定为侵害他人名誉权；②因被动采访而提供新闻材料，且未经提供者同意，新闻媒体擅自发表，致使他人名誉权受到损害的，对提供者一般不应当认定为侵害名誉权。虽系被动提供新闻材料，但发表时得到提供者的同意或默许，致使他人名誉权受到损害的，应认定为侵害名誉权。陈某主动向新闻媒体提供没有依据的新闻材料，不负责任地随意散布助产士"缝肛"行为，造成张某社会评价降低，严重影响其社会声誉，导致身心受到极大伤害。陈某在整个事件中明显存在过错，应依法承担侵权责任。《侵权责任法》第 64 条规定，医疗机构及其医务人员的合法权益受法律保护。干扰医疗秩序，妨害医务人员工作、生活的，应当依法承担法律责任。法律面前人人平等，作为医务人员，其名誉权应当依法受到法律保护。

案例五：

因接生操作不规范导致新生儿损害赔偿纠纷案

【案情】

2008 年 12 月 13 日下午 15 时许，窦某因分娩入住被告江西省吉安县某医院，晚上 19 时 15 分，因胎儿宫内窘迫，被告医院采用胎儿吸引助产，但术前未告知产妇窦某及家属，经胎头吸引助产一活男婴，即原告之子。胎儿分娩后因窒息转入吉安市妇幼保健院诊治，期间发现左肘关节活动受限，为此住院 10 日，用去医疗费 3417 元。2009 年 2 月 22 日，经上海华山医院诊断为"左上臂丛神经部分损伤"。经多次与该医院协商未果，窦某依法将该医院告上法庭。

【判例】

法院审理后认为，窦某因分娩入住被告吉安县某医院，医方在接生过程中由于采用胎头吸引术前未告知产妇及家属，且吸引次数过多，该操作不规范导致婴儿即原告之子左上臂丛神经部分损伤。被告医院明显存在医疗过错，且本起医疗纠纷经鉴定属三级戊等医疗事故，与原告之子左上臂丛神经部分损伤之间具有因果关系，故被告医院对原告之子受伤所致各项损失应承担主要民事赔偿责任。吉安县人民法院对该起医疗损害赔偿纠纷案作出一审判决，被告吉安县某医院应赔偿医疗费、陪护费、残疾生活补助费等各项损失的70%，计人民币30 839元。

【评析】

妇产科是极易发生医疗纠纷的科室，其发生的纠纷占全国医疗纠纷事件的前列，尤其是产科。产科的工作特点是病人多、住院时间短、周转快、产妇及胎儿、新生儿病情变化快、病人及家属的期望值高等，从产妇入院待产直至分娩后母婴出院，其中任何一个环节处理欠妥，都有可能引发医疗纠纷。

胎头吸引术(application of vacuum extractor)是采用一种特制的吸引器置于胎头，形成负压后吸在胎头上面，通过牵引，协助娩出胎头的一种助产手术。胎头吸引术是产科常用的自然分娩的助产方法。胎头吸引术对产妇和新生儿可能造成以下损伤：①宫颈和阴道壁损伤；②新生儿颅骨骨折；③新生儿头皮损伤、水肿或血肿；④新生儿颅内出血。这四种手术并发症，前三种对孕妇和胎儿损伤较小，但新生儿颅内出血则是一种严重的并发症，轻型出血者可无明显症状，需做头部B超或CT检查方可诊断。现有资料表明，新生儿颅内出血对婴幼儿智力是不利影响因素。重型出血者严重窒息或不安，面色苍白，尖叫，抽搐等，前囟饱满，甚至呼吸心跳停止而死亡。值得一提的是，这些并发症大多数情况下是由于操作不当引起。大量调查研究结果表明：胎头吸引术正确使用十分安全，对小儿智力和身体发育均无不良影响。在实施胎头吸引术时，胎头吸引器内负压不宜过大，牵引时间不宜过长。第一次吸引器牵引失败，应寻找失败的原因。吸引器术不应超过两次，若无把握，应改用其他手术方式。

在本案中，该医院在第一次吸引失败后，没有查找失败原因，继而多次实施，严重违反胎头吸引术操作规范，导致婴儿左上臂丛神经部分损伤。医方接生操作不规范是导致患儿左上臂丛神经部分损伤的主要原因。因此，法院认定该医疗机构在实施接生过程中存在过错，依法应承担医疗损害赔偿责任是符合法律规定的。但具体承担赔偿责任份额的确定，必须考虑到医疗损害行为与损害后果之间的因果关系问题。在医疗损害赔偿诉讼中，医疗过失行为与损害后果之间是否存在因果关系，这是构成医疗损害赔偿责任的必备要件之一，也是确定其责任归属的客观基础。医疗损害赔偿责任中的因果关系是建立在民法因果关系理论之上的。它是指医疗过失行为与医疗损害结果之间存在引起与被引起的关系，即医疗过失行为是医疗损害结果发生的原因，医疗损害则是医疗过失行为产生的结果。由于医疗行为具有高度专业性、复杂性及可裁量性的特点，使医疗损害赔偿责任中的因果关系具有特殊性。在医疗纠纷的案件中，法院为正确、公平的处理案件，常常要求解决三个问题：即在医疗纠纷中医院的诊疗行为有无过错？该过错与损害后果有无因果关系？参与度为多少？准确地判定医疗过错在已造成的损害后果、损害参与度的比例，是医疗纠纷案件解决的关键和难点所在。窦某之子的左上臂丛神经部分损伤主要原因是医务人员操作不规范造成的，因此前两个问题很容易解决。但是医务人员不规范操作与窦某之子损害后果、损害参与度的比例应如何分配。在我国，医疗损害参与度的划分较粗，完全责任对应的参与度为100％，主要责任的参与度为60％～90％，次要责任的参与度为20％～40％，轻微责任的参与度是10％。从本案看，窦某之子之所以出现损害一个重要因素是产妇难产导致。

医疗行为本身具有高风险、复杂性，医疗行为的属性决定了医疗纠纷是不可避免的。近年来，随着我国法律法规的不断健全，医疗体制改革的不断深入，患者的自我保护意识逐步增强，对医疗服务的要求也日益提高，只有不断提高医疗技术，改变服务观念，才能有效地防范医疗纠纷。

案例六：

张某诉北京某大学附属医院医疗损害赔偿案

【案情】

从2005年12月开始，患者熊某因长期伏案工作感到有些腰痛。2006年初，熊某在北京某大学附属医院（以下简称附属医院）门诊接受保守治疗。2006年1月18日X光检查结果显示：熊某腰椎骨关节病、腰4/5椎间盘病变、腰峡部裂I度滑脱。同日，熊某入院治疗，后行腰椎管减压、椎弓根钉内固定、植骨融合术。手术后第6日（2006年1月30日）中午，熊某突感憋气、呼吸困难，医嘱给予吸氧后好转（晚6时左右撤去呼吸机）。当日晚22时10分，患者的病情突然急转直下，患者下床只走了几米远就摔倒在地，并伴有恶心呕吐。病历记录显示，22时15分，患者出现呼吸困难、烦躁、血压测不出；22时17分，患者无自主呼吸，无神志，医务人员进行抢救治疗并开胸及开腹探查，终因抢救治疗无效死亡。死亡医学证明书中载明的死亡原因：急性肺栓塞。事后，死者亲属就死因、损害赔偿等问题与该附属医院发生纠纷，诉至北京市第一中级人民法院，要求赔偿各项损害共计542.8万元。

【判例】

原告方认为，被告存在手术前检查不全面，在患者不符合手术指征的情况下对熊某进行了手术。围手术期，对血栓形成等防治不当、抢救不当等过错导致患者死亡，要求被告承担各项损害、被扶养人生活费及精神赔偿等。被告辩称，患者术前诊断明确，有手术适应症，围手术期处理符合操作常规，对患者术后产生并发症的抢救及时得当，不存在违规行为。

在诉讼中，法院委托北京法源司法科学证据鉴定中心对被告提交病历资料进行鉴定，鉴定结论认为，被告提供的病历资料中，除了病历中"手术前讨论记录表"不能作为鉴定材料使用以及"胃溃疡"诊断暂不列入整体考虑范围内外，其他病历资料均可作为鉴定材料使用。后经原被告当事人同意，人民法院委托中国政法大学法庭科学技术鉴定所根据前述鉴定并经双方认可的病历资料就被告的诊疗行为是否存在过错以及该过错与熊某死亡之间是否存在因果关系进行鉴定。鉴定认为，第一，手术适应症缺乏有力支持，手术治疗的选择表现为仓促和过度积极。第二，熊某自身存在高血压、糖尿病、高血脂症病史，围手术期停用阿司匹林等是深静脉血栓形成的因素。因此，鉴定结论认为医院对深静脉血栓形成应当能够预见发生，并应该及时采取措施，对深静脉血栓形成进行检查；由于被告未及时采取具有针对性的综合预防或治疗，失去了干预机会，导致病情最终加重；在抢救过程中，被告虽然采取了一些积极抢救措施，但是由于抢救过程中出现肝脏尤其是心脏破裂，对于死亡结果的发生无疑起到加速作用。

综上所述，人民法院审理认为，被告在治疗和抢救患者过程中，其医疗行为存在一定过失，其过失行为与熊某死亡结果两者之间存在因果关系。鉴定结论原告方予以认可，被告虽不予认可，但是未提供充分的证据予以否认或证明该鉴定程序存在重大瑕疵，法院予以采信。北京市第一中级人民法院判决被告依法承担医疗损害民事赔偿 75.49 万元。

一审判决后，原被告双方均不服，均向北京市高级人民法院提起上诉。原告认为，一审法院没有认定被告存在"非法行医"；被告认为，一审法院坚持进行司法过错鉴定违反了《北京市高级人民法院关于审理医疗损害赔偿纠纷案件若干问题的意见(试行)》的规定，属于程序违法，并且一审法院仅以鉴定结论作为认定案件事实依据，事实不清。在审理期间，经原、被告当事人同意，北京市高级人民法院委托做了第二次司法鉴定。司法鉴定结论认为，被告对熊某采取手术治疗的适应症存在质疑；对围手术期深静脉血栓形成认识不足，存在检测、预防、治疗等方面的缺陷，未能早期发现深静脉血栓形成；在肺动脉出现血栓时，也未能及时发现并有效处理，致使病情进一步加重；同时，抢救过程中出现心脏和肝脏破裂。综合分析，被告的过失行为造成熊某死亡。据此，法院终审判决认为，在鉴定结论明确的情况下，原审法院依据鉴定结论确认被告医疗过失造成熊某死亡的损害后果，判令被告承担民事损害赔偿责任，符合法律规定。北京市高级人民法院作出终审判决，驳回双方上诉，维持一审判决。

【评析】

该案经新闻媒体报道后，引起社会的广泛关注。从案情来看，该医疗损害纠纷涉及了实习生临床活动的性质、修改病历资料的法律后果、医疗损害赔偿标准等多个争议焦点，有必要进一步进行理论探讨。

(一)实习生临床活动的性质

张某(熊某的丈夫)和代理人调查熊某死因时发现，熊某治疗期间，负责其观察、诊疗、抢救的主治医师中，有两人既没有医师资格证书，更没有取得执业资格，还有一人虽已取得医师资格证书，但是同样没有执业证书。我国对从事医疗行业的人员实行严格的准入制度。医师执业注册制度实际是一项行政许可制度。医师取得职业资格后经注册取得行医资格，未注册不得从事诊疗活动。《执业医师法》的第14条规定，未经医师注册取得执业证书，不得从事医师执业活动。医学生和试用期医学毕业生从事临床实践活动不属于非法行医。但是对于医学生和试用期医学毕业生从事临床实践活动只能在具有行医权的医师指导下进行。因为，给予医学生和试用期医学毕业生见习机会，让他们参与临床锻炼与一线操刀，其实质是培养医护人员的必要阶段和唯一途径。医疗专业实习生如果不能参与临床实践活动，那就不可能成为合格的医务人员，医学事业也就无法发展。这与《执业医师法》的规定存在一定的冲突。但是，从《执业医师法》的立法目的来看，这样规定符合医学发展规律，有利于医学事业进步。

(二)修改病历资料的法律后果

病历资料又称病历档案、病志或医学文书，是医务人员对患者进行诊疗护理过程中形成的文字、图像、数据等资料的总和。病历资料是医务人员对疾病诊断和处理的科学结晶，是医务人员临床和科研的第一手资料。病历资料是解决医患纠纷的最直接的证据，无论是医疗事故鉴定还是法院审判都会以病历记载为依据。在医疗侵权案件中，医院及其医务人员以伪造、篡改或者销毁病历资料的方式阻碍患方维权的现象带有普遍性，这也是目前医院病历资料管理不规范存在的最大问题。

在本案中，原告及代理人发现病历资料多处被修改，并且病历资料存在前后矛盾的疑点。比如，患者的死亡时间竟然存在3个。医嘱单上记录：1月31日上午3点30分，尸体处理一次，显示病人已经死亡，但是在死亡志里边记录的则是上午4点50分，抢救无效呼吸心跳停止，而在证明死亡的心电图上，心跳呼吸停止的时间则是6点53分。在诉讼中，原告首先对被告方提交的病历资料提出质疑，并申请对病历资料的真实性、完整性、逻辑性等进行司法鉴定。病历资料书写是否符合《病历书写规范》的规定，这种形式上的审查，没有医学知识的法官尚可胜任；但是对于病历资料是否符合诊疗规范，这样的实质性判断法官却不能够胜任。实践中，法官通常把审查工作交给医学会或鉴定部门，而医学会或鉴定部门一般不会审查，而认为双方当事人认可，法院已经进行审查。病历资料的审查责任容易成为法庭和鉴定部门相互委托的责任。因此，经双方当事人同意，法庭委托司法鉴定部门进行鉴定。病历资料经过司法鉴定后，再对医疗行为的过失与因果关系鉴定，才能保证鉴定结论的真实性、客观性。本案先委托司法鉴定部门对病历资料的真实性进行鉴定，具有重要意义。

《侵权责任法》对伪造、篡改病历资料行为作出新的规定，该法第 58 条规定，隐匿或者拒绝提供与纠纷有关的病历资料以及伪造、篡改或者销毁病历资料的可以“推定医疗机构有过错”。

医疗文书的制作主体仅限于医务人员。根据《执业医师法》第 23 条规定，医师实施医疗、预防、保健措施，签署有关医学证明文件，医师不得出具与自己执业范围无关或者与执业类别不相符的医学证明文件。《医疗机构管理条例》第 32 条规定，未经医师（士）亲自诊查病人，医疗机构不得出具疾病诊断书、健康证明书或者死亡证明书等证明文件；未经医师（士）、助产人员亲自接产，医疗机构不得出具出生证明书或者死产报告书。《病历书写规范》第 7 条规定，实习或试用期的医务人员书写病历，还需医疗机构合法执业的医务人员审阅、修改并签名。如果是由实习医生代为记录的，则应由经治医生进行补充，并在确认记录的准确性、完整性后签名，才具备法律效力。若是由不具备合法资质的医务人员记录，即使记录内容与当时的情况一致，也不能成为有效证明。从病历资料来看，住院志、输血知情同意书、手术记录、抢救记录、死亡证明等医疗文书上都仅有上述 3 个未取得执业资格人员的单独签名，未有上级医师的签名。被告在答辩称，医院在病历书写上存在没有上级医师的签字确认的瑕疵，并不能证明上级医师实际上没有进行指导。这里存在着法律的认识错误。医学文书签字不仅仅是卫生行政管理问题，而是一种法律行为，关系到法律责任的分担。违反医疗文书书写规范不仅仅是行政管理的瑕疵，还会影响到诊疗行为的判断，乃至法律责任的分担。因此，被告方辩解不能成立。

（三）医疗损害赔偿标准

关于本案的赔偿数额和依据标准，争议较大。《医疗事故处理条例》规定医疗事故赔偿应当考虑具体因素，确定具体赔偿数额：第一，医疗事故等级；第二，医疗过失行为在医疗事故损害后果中的责任程度；第三，医疗事故损害后果与患者原有疾病状况之间的关系。在本案中，法院经双方当事人同意，两次委托司法鉴定，均认为被告在治疗、抢救过程中存在过失，其过失行为造成熊某死亡结果。因此，关于赔偿数额和依据标准，法院综合考虑到被告的过错程度以及损害的后果以及受诉法院地生活水平等因素。熊某虽不具有中国国籍(澳籍华人),但是,其生前工作、生活所在地均在北京市,一审法院以北京市标准作为计算损失的赔偿标准符合法律的规定。

案例七:

急诊过度检查延误治疗引发医疗损害案

【案情】

患者史某,男,40 岁,于 2009 年 5 月 4 日下午 1 时因“高处坠落跌伤,腰骶部活动不利半小时”被急救车送至北京某医院。当时患者神志清醒、腰背部剧烈疼痛,血压 90/60mmHg(急救车医生测量),被告接诊医生进行简单体格检查后,诊断为多发性创伤、失血性休克,开具数张检查单,嘱患者工友推患者楼上楼下辗转近 4 个小时做 X 光、B 超、CT 等检查,其间患者腹部越来越涨、臀部出现包块、表情极度痛苦。约下午 4 时许,患者出现心慌、胸闷、呼吸极度困难,此时被告医生测量血压等生命体征,告病情危重,邀 ICU 医生会诊,急诊科、骨科、ICU 科医生协商至 4 时 45 分入 ICU 病房。此时患者心跳、呼吸停止,经抢救无效宣布死亡。史某家属以医院抢救不力导致史某死亡告上法庭。

【判例】

人民法院受理,经双方当事人同意,委托某司法鉴定机构进行司法鉴定,鉴定结论认为,被告方在急诊过程中,操作不规范、措施处置不当,存在过度医疗检查,延误最佳诊疗时机,造成患者死亡。本案中,被告在诊疗过程中,严重违反医疗卫生法律法规及医疗护理操作常规,不认真履行充分注意义务,想尽一切办法多收取治疗费用,最终导致患者死亡的严重人身损害后果,违法行为与损害后果之间存在直接的因果关系。据此,人民法院根据《侵权责任法》的规定,依法判决被告承担医疗损害赔偿责任。

【评析】

急诊救治是医疗工作的重要组成部分,及时有效的救治是赢得生命的关键。在诊治过程中,医务人员必须遵守法律、法规,遵守技术操作规范,树立敬业精神,遵守职业道德,履行医师职责,尽职尽责为患者服务。就本案来看,被告在急诊治疗中存在过失主要有两点:第一,严重违反急救诊疗常规操作;第二,存在严重过度医疗行为。

(一)严重违反急救诊疗常规操作

《执业医师法》第22条第1款规定了医师在执业活动中应履行的义务。本案医方作为大型的、三级医疗机构，在诊疗活动中，完全有责任、有条件、有能力、也有义务按照医疗护理常规进行操作，使病人得到正确的、适当的救治。

在本案中，按照操作常规，接诊医护人员应迅速认真采集病史、认真体格检查，争取早期、准确、主动采取救护措施。发现患者存在休克时，更应积极抢救，并尽量避免不必要的辅助检查、减少搬动，疑内出血时应尽早手术。

而本案中被告显然违反这一原则，不认真进行体格检查，当时患者极度疼痛，且有内部出血症状，患者及家属强烈要求先做止痛、止血治疗，但接诊医生甚至没有测量患者血压、脉搏、呼吸、心率等，而是草率开具数张检查单，使本就危重的患者被搬来搬去近4个小时。其间患者腹部越来越涨、臀部出现包块、表情极度痛苦。首诊医生始终以不做完检查骨科不给收治为由，要求必须先做完检查。

根据病历记载，患者从入院至检查结束入ICU病房持续近4个小时，没有接受任何积极有效救治措施，医生也没有认真查找休克原因，仅仅是输入了不到1000ml的盐水加抗生素。严重违反创伤性休克的救治原则。

骨折病人，尤其是脊柱骨折，应尽可能的减少搬运，更要避免非专业的搬动，以免造成更为严重的再次损伤，而在本案中，被告却置患者全身多处骨折于不顾，在无任何医务人员陪同做监护、指导的情况下楼上楼下折腾近4个小时，其间造成再次损伤不可避免，患者也正是在这一过程中，病情迅速恶化并死亡。

根据《执业医师法》第22条规定，医师在执业活动中应树立敬业精神，遵守职业道德，履行医师职责，尽职尽责为患者服务。本案中，当患者变得越来越危重时，被告不是积极、迅速调动院内创伤急救资源，分秒必争抢救患者生命，而是急诊科、骨科、ICU三科医生互相推诿，在患者胸闷，憋气血压急剧下降的情况下，医师们经过45分钟协商后才确定由ICU收治。面对生命垂危的患者，被告医生冷漠的推诿、协商，完全违背其应有的职业道德和法定职责，使患者完全丧失了抢救机会。

(二)存在严重过度医疗行为

在学术上，一般把在临床上过度运用超出疾病诊疗根本需求的诊疗手段，称为“过度医疗”。其基本特征包括采用非“金标准”的诊疗手段；费用的超出与疾病对基本诊疗需求无关的过度消费，超出当时个人、社会经济承受能力和社会发展水平等。过度医疗成为医患矛盾的焦点之一，其造成的危害也是多方面的。医疗费用的上涨是各种过度医疗的最终表现形式，也是过度医疗产生其他后果的主要原因。过度医疗的存在导致患者和社会对医疗卫生系统的不信任感增强，由此产生的医疗纠纷也越来越多。过度医疗不仅浪费医疗资源，而且伤害患者身心健康。

在急救诊治中，时间就是生命。本案中，患者高处坠落跌伤，腰骶部及双肘疼痛，为临床常见的多发性创伤病人，该病伤情变化快，在急诊时能否得到及时有效的救治是赢得生命的关键，尤其受伤后的黄金1小时更为至关重要。同时，面对如此危重患者，被告应以抢救患者生命为宗旨，进行必要的检查，积极地救治。相反，接诊医生却置危重患者于不顾，开具大量检查单，多收费、重复收费，在患者极度痛苦、患者及患者家属强烈要求先止疼，治疗内出血的情况下，被告人坚持必须要做完全部检查才能入院手术。因此，在被告一系列严重不负责任的违规操作下，患者入院后几乎未经有效抢救，最终导致死亡。

《侵权责任法》第57条规定，医务人员在诊疗活动中未尽到与当时的医疗水平相应的诊疗义务，造成患者损害的，医疗机构应当承担赔偿责任。第63条规定，医疗机构及其医务人员不得违反诊疗规范实施不必要的检查。这是立法首次明确规定对过度医疗行为承担侵权责任。然而，司法中涉及过度医疗的争议应当"谁来界定"以及"以何为标准认定"等问题还需要进一步司法解释。司法认定"过度医疗"行为，应充分考虑卫生管理法律法规对医务人员"执业义务"的严格要求，充分考虑患者就诊时的医疗技术水平、医疗机构等级、医师职称等多种因素。同时还应参考相应的诊疗常规及诊疗指南，结合患者受伤情况进行综合认定，确保医患双方的合法权益。

案例八：

因出血性水痘引发医疗损害赔偿纠纷案

【案情】

2005年12月5日下午，于某在工作时突然感觉腰痛，前往该区妇婴医院治疗，经超声显像检查未见明显异常，但尿检中有血，妇婴医院给于某开了药，于某未服用。晚上10时左右，于某发现其腰痛未得到缓解，又到某中心医院急诊科治疗。该中心医院再次对于某进行超声显像检查，仍未见明显异常，根据妇婴医院的尿检报告单，中心医院诊断于某患肾结石，先打了一针止痛药，又静脉滴注一瓶"氨酸洛美沙星注射液"。输液后于某的腰痛有所缓解，回到家中。12月6日下午，于某因全身出现密集水疱，到一私人诊所查看后，又到该中心医院皮肤科就诊，执业助理医师王某诊断为水痘，处置为口服甘露聚糖肽片、抗病毒软胶囊，外用炉甘石洗剂1号和庆大霉素。之后，于某因腰痛未愈又到该中心医院外科就诊，超声显像检查为左肾结石、肠道积气，医生为其开了“净石灵胶囊”。12月8日，于某病情加重，于某先到某私人诊所查看，之后到该市第一人民医院就诊，该院对于某进行血常规化验，接诊医生无法确诊，认为最好转到更好的医院诊断。于某又来到该中心医院急诊科，接诊医生认为于某患的是传染病，告知到设有传染科的某二院治疗。到二院后，传染科和皮肤科、内科的医生一起会诊，未确诊。在病历中写道：“诊断不明确：1、药敏过敏性皮炎？2、水痘？有生命危险，目前血压正常，家属要求到中国医大二院就诊，签字后同意其转诊。”该二院派救护车将于某送到医大二院，16时18分到达医大二院急诊室，并进行抢救，16时48分，于某死亡。中国医大二院作出初步诊断：“1、水痘？2、呼吸循环衰竭”。于某死亡后，其父母以中心医院违反用药规定、未尽告知义务，使于某用药后出现光敏反应，擅自开具、调配假药和劣药等过错行为致于某死亡的后果为由诉至法院，请求被告赔偿原告经济损失265677元，精神损害抚慰金50000元。

【判例】

一审法院认为，于某在被告处滴注“氨酸洛美沙星注射液”，由于被告没有履行必要告知义务，引起光敏反应。被告单位助理医师未经仔细检查，擅自诊断为“水痘”，属于误诊行为，其过错程度比较严重，造成于某未得到及时、充分的治疗，与其死亡之间存在一定的因果关系；据此一审法院认定被告的过错行为造成于某死亡的后果，判决被告依法承担全部赔偿责任。

一审判决后，原告、被告均不服，提起上诉。该被告(中心医院)认为本案不应按一般医疗纠纷适用举证责任倒置原则。因为，于某在多家医院看病，仅要求被告举证有失公正；同时，光敏反应引起的水疱应在身体的暴露部位，而于某的水疱主要发生在没有暴露的前胸后背，这一事实足以证明他身上的水疱不是光敏反应所致。尽管被告在诊疗中存在不规范之处，但不规范诊疗行为与于某死亡结果之间并没有因果关系。请求依法改判，驳回于某家属的诉讼请求。原告认为，一审判决在认定事实和责任确认上正确，但依照《医疗事故处理条例》规定的标准赔偿是错误的。本案应该依照《最高人民法院关于审理人身损害赔偿案件适用法律问题的解释》赔偿标准。二审认为，中心医院申请做医疗事故技术鉴定，是举证的一种形式。由于于某死后未做尸检，鉴定机构无法做出因果关系的鉴定结论，致使中心医院的举证不能完成，无法查明死亡的真正原因。被告不能举证的原因是于某家属将其尸体火化，其家属应该承担于某死亡原因的证明责任。由于具有权威的医大二院没有否认于某患的是水痘，所以不能说明被告的诊断错误，于某家属不能证明于某的死亡与被告的医疗行为存在因果关系。因此，于某家属要求被告赔偿损失缺乏依据。据此判决：撤销一审判决，驳回于某家属的诉讼请求。

再审查明,除原审查明的事实,另查明2005年12月8日下午,在油田二院送诊医生简要告知患者病情后,医大二院医生听取患者家属病情代诉、查看患者体征,经皮肤科与感染科医生会诊,最后作出"出血性水痘"的死亡诊断。再审认为,中心医院在于某的就诊过程中存在过错:第一,被告中心医院为于某静脉滴注"氨酸洛美沙星注射液",对用药后几天内应避免日光和强光照射引起的光敏反应,医务人员未履行告知义务;第二,2005年12月6日于某身上起水疱到中心医院皮肤科就诊的过程中,皮肤科的接诊医生王某为无独立处方权的执业助理医师,没有询问其用药史和过敏史,处方中使用当时未取得卫生主管部门批准文号的炉甘石洗剂;第三,2005年12月8日上午,于某被送到中心医院急诊室再次急诊时,在患者病情非常严重的情况下仍然让患者转院的行为违反了《执业医师法》关于对危急患者不得拒绝急救处置的规定。本案中,在于某后来被中心医院宣告为传染病的情况下,患者家属害怕传染给他人而将尸体尽早火化属于情理之中,不能因未作尸检就不能判断于某的死亡和中心医院的医疗行为没有因果关系,而应根据医疗纠纷案件的因果关系推定规则认定。由于中心医院没有就其医疗行为与于某的死亡没有因果关系提供充足的证据,而且在于某的就诊过程中存在过错,故可推定中心医院的医疗行为与于某的死亡有因果关系,中心医院应当赔偿患者的经济损失,赔偿数额和赔偿项目应比照《医疗事故处理条例》规定的标准。据此判决:中心医院赔偿于某丧葬费8666元、被抚养人生活费65760元、精神抚慰金50000元。

【评析】

本案经过一审、二审、再审程序,诉讼长达5年时间,这是一起典型"马拉松"式医疗损害诉讼。本案的争议焦点是:被告在诊疗过程中是否存在过错以及过错与于某死亡之间有无因果关系。

从本案事实分析,于某身上自出现水疱至一天多时间后转为血疱,是水痘的症状还是滴注"氨酸洛美沙星注射液"后引起的光敏反应,是判断被申请人诊疗行为与于某死亡之间因果关系的前提。于某因身上出现水疱,主要在三家医院诊疗,2005年12月6日被告皮肤科助理医师王某诊断为"水痘",12月8日某二院未确诊,当日下午中国医大二院最终作出"出血性水痘"的死亡诊断。被告虽然是助理医师接诊,但不能推断出"水痘"的诊断结论是错误的;某二院未确定是否是"水痘",客观上与某二院无"出血性水痘"的诊疗经历有关;尤其是医大二院急诊科在某二院送诊医生简要介绍患者病情、听取患者家属病情代诉、查看患者体征后,经过皮肤科与感染科医生会诊,作出"出血性水痘"的死亡诊断。综上三家医院的诊疗过程来看，能够认定于某患有“出血性水痘”。

在医疗损害诉讼中，确定造成损害后果的各种原因的技术性很强，通过一般的医学常识很难判断。由于本案没有进行尸检，无法进行医学鉴定，只能从“出血性水痘”的病症本身和被告诊疗中的过错对造成于某死亡的作用作出基本判断后予以认定。在于某去被告急诊科、皮肤科门诊的三次诊疗过程中，2005 年 12 月 5 日晚，急诊科为于某滴注“氨酸洛美沙星注射液”时，未按药品说明书要求，避光使用、未告知使用后注意避光，以免引起光敏反应，存在一定过失，但不能推断与于某死亡之间存在着因果关系；12 月 6 日下午，皮肤科助理医师王某在患者主诉后，未仔细询问其以前治疗、用药情况，未经会诊独自作出“水痘”诊断、并且只作出开具简单抗病毒药的处置，不但违反了《执业医师法》关于执业助理医师必须在执业医师指导下执业的管理规定，对成人患水痘的严重性认识不足，违反了作为一个职业医生应尽的注意义务，其过错程度比较严重，造成于某未得到及时、有效的治疗，与其死亡结果之间存在一定的因果关系；12 月 8 日上午，急诊科接诊医生认为于某患的是传染病，在未经初步检查确认不需要急救处置的情况下（如量体温、血压），直接告知到设有传染科的某二院治疗。急诊科医生未收诊，虽不属于拒绝急救处置的严重过错行为，但其操作行为不规范，造成于某抢救时间一定程度的延迟。

客观地分析，于某的死亡主要原因是患“出血性水痘”未得到及时、有效治疗而死亡，而被告中心医院的诊疗行为一定程度上使得于某未得到及时、有效的治疗。由于患“出血性水痘”这种病的“病情极严重”，患有此病可能导致死亡。因此，于某的死亡不同于普通疾病因诊疗过错造成的损害，被告某中心医院对于于某的死亡损害后果应根据其过错行为应承担一定的责任。

（李海军）

参考文献

[1]陆庆标. 医疗纠纷诉讼实物操作[M]. 北京:中国法制出版社,2009.
[2]古津贤,张新华. 医事程序法[M]. 重庆:西南师范大学出版社,2009.
[3]冯磊. 医事程序法构建的实践与价值基础[J]. 经济研究导刊,2010(4).
[4]李国炜. 建立我国医事仲裁机制的再思考[J]. 医学与哲学,2005(2).
[5]王岳. 医疗纠纷法律问题新解[M]. 北京:中国检察出版社,2004.
[6]乔世明. 医疗事故的行政处理与刑事责任[M]. 北京:人民军医出版社,2009.
[7]林文学. 医疗纠纷解决机制研究[M]. 北京:法律出版社,2008.
[8]霍仲厚,吴灿. 临床接诊学[M]. 北京:人民军医出版社, 1998.
[9]汪建国. 检验医疗差错及医疗纠纷产生的原因分析及防范对策[J]. 新医学,2009(4).
[10]郭静,郭海瑞. 从举证责任谈医学文书的规范[J]. 医院管理论坛,2003(1).
[11]舒永珍. 医疗证明书相关法律问题分析[J]. 中医药管理杂志,2007(6).
[12]李晓东. 临床医生如何正确填写死亡医学证明书[J]. 中国病案,2007(7).
[13]曾琦. 开具《诊断证明书》需要注意的事项[J]. 中华医院管理杂志,2007(9).
[14]闫军让. 论病历资料的法律价值[J]. 医学与哲学(临床决策论坛版),2008(2).
[15]王蓓蓓,李海云. 规范病历书写保证医疗安全[J]. 医院管理论坛,2008(3).
[16]世界卫生组织技术报告丛书[M],北京:人民卫生出版社,1999.
[17]陈新谦,金有豫,汤光. 新编药物学[M]. 北京:人民卫生出版社,2003.
[18]黄羽佳. 国家基本药物制度在我国的建立与发展进程[J]. 中国药业,2007(24).
[19]胡希家. 如何使医患双方多使用基本药物[J]. 卫生经济研究,2009(3).
[20]王秀英,王琳,刘涛,等. 麻醉药品使用中存在的问题与对策[J]. 齐鲁药事,2006(8).
[21]信贵卫,赵汝民. 医疗机构麻醉精神药品使用管理分析[J]. 中国医院药学杂志,2005(8).
[22]廖胜斌,张友干. 确定毒性药品品种范围不能脱离毒性药品的特点[J]. 中国药事,2007(9).

[23]林文强.医疗用毒性药品管理现状的分析及建议[J].中国药房,2009(19).
[24]卢红星.中药不合理用药寻因[J].时珍国医国药,2006(7).
[25]赵捷.中药的不良反应与合理用药[J].中国临床医药研究杂志,2004,(120).
[26]陈学中,陈雨茜.医疗器械临床使用安全安全管理[J].中国医学装备,2009(6).
[27]王岳.医事法[M].北京:人民卫生出版社,2009.
[28]赵洪彬.药品医疗器械监督稽查与案件查处[M].北京:中国医药科技出版社,2006.
[29]许子彬.急诊医生接诊技巧及急救措施[J].中华全科医学,2008(12).
[30]李梅芳.急危重患者院内转运流程[J].现代医院,2008(7).
[31]陈绍辉,杨华.患者知情同意权及其法律保护[J].中国卫生法制,2002(4).
[32]杨立新,袁雪石.论医疗违反告知义务的医疗侵权责任[J].河北法学,2006(12).
[33]陈宁.论患方知情选择权及其限制.http://law.law-star.com.
[34]黄丁全.医事法[M].北京:中国政法大学出版社,2003.
[35]邓瑞平.人身伤亡精神损害赔偿研究[J].民商法学,2000(1).
[36]黄丁全.医疗:法律与生命伦理[M].北京:法律出版社,2004.
[37]William Dubois. "New Drug Research, the Extraterritorial Application of FDA Regulations, and the Need for International Cooperation" (2008), 36 Vand. J. Transnat'l L. 161, 167.
[38]王岳.从"韩国人参丸事件"反思我国药物临床试验中的法律问题[J].中国药房,2005(10).
[39]郑世保.医疗技术人体试验民事责任研究[J].中国医院管理,2008(28).
[40]李歆,王琼.美国人体试验的受试者保护的联邦法规对我国的启示[J].上海医药,2008(29).
[41]张静,王萍.卫生法学[M].重庆:西南师范大学出版社,2008.
[42]江伟.民事诉讼法[M].北京:高等教育出版社,2007.
[43]辜恩臻.论诉权的性质及其适用[J].法学杂志,2008(3).
[44]肖建华.民事诉讼当事人研究[M].北京:中国政法大学出版社,2002.
[45]何家弘.证据法学研究[M].北京:中国人民大学出版社,2007.
[46]陈界融.证据法学概要[M].北京:中国人民大学出版社,2007.
[47]李浩.民事举证责任研究[M].北京:法律出版社,2003.
[48]江伟.民事诉讼法学原理(第四版)[M].北京:中国人民大学出版社,2006.

[49]张卫平.民事诉讼法(第二版)[M].北京:法律出版社,2009.
[50]赵敏.医疗损害责任争议与处理[M].武汉:武汉大学出版社,2007.
[51]孟强.医疗损害争点与案例[M].北京:法律出版社,2010.
[52]杨立新.医疗损害责任研究[M].北京:法律出版社,2009.
[53]邹明理.司法鉴定法律精要与依据指引[M].北京:人民卫生出版社,2005.
[54]江伟.民事诉讼法[M].北京:高等教育出版社,2007.

图书在版编目(CIP)数据

医事程序法律实务 / 王萍，邓虹主编. — 杭州：浙江工商大学出版社，2012.9

（卫生法学系列丛书/吴崇其主编）

ISBN 978-7-81140-565-1

Ⅰ. ①医… Ⅱ. ①王… ②邓… Ⅲ. ①医药事故—处理—法规—中国—教材 Ⅳ. ①D922.16

中国版本图书馆 CIP 数据核字(2012)第 170879 号

医事程序法律实务

王　萍　邓　虹　主编

责任编辑　任晓燕
封面设计　王妤驰
责任校对　周敏燕
责任印制　汪　俊
出版发行　浙江工商大学出版社
（杭州市教工路 198 号　邮政编码 310012）
（E-mail:zjgsupress@163.com）
（网址:http://www.zjgsupress.com）
电话:0571-88904980,88831806(传真)
排　　版　杭州朝曦图文设计有限公司
印　　刷　杭州杭新印务有限公司
开　　本　710mm×1000mm　1/16
印　　张　22
字　　数　403 千
版 印 次　2012 年 9 月第 1 版　2012 年 9 月第 1 次印刷
书　　号　ISBN 978-7-81140-565-1
定　　价　58.00 元

浙江工商大学出版社营销部邮购电话　0571-88804227